Madagaskar

Heiko Hooge

Gratis-Download: Updates & aktuelle Extratipps des Autors

Unsere Autoren recherchieren auch nach Redaktionsschluss für Sie weiter. Auf unserer Homepage finden Sie Updates und persönliche Zusatztipps zu diesem Reiseführer.

Zum Ausdrucken und Mitnehmen oder als kostenloser Download für Smartphone, Tablet und E-Reader.
Besuchen Sie uns jetzt!
www.dumontreise.de/madagaskar

short.travel/zeftw

DUMONT
Reise-Taschenbuch

Reiseinfos, Adressen, Websites

Panorama – Daten, Essays, Hintergründe

Unterwegs auf Madagaskar

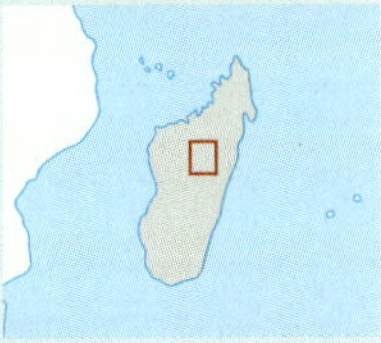

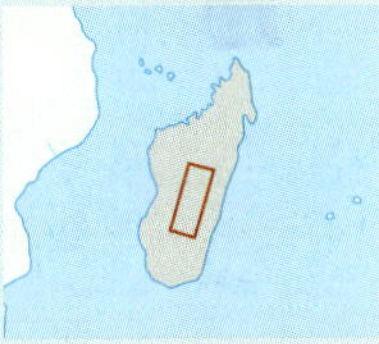

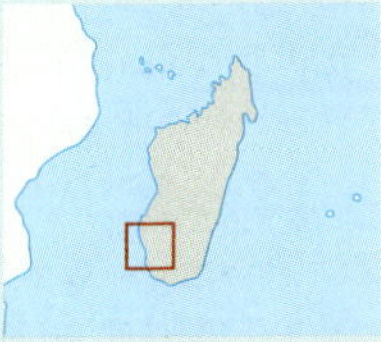

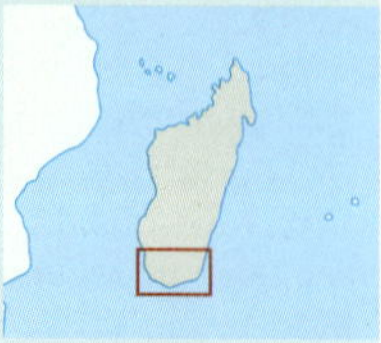

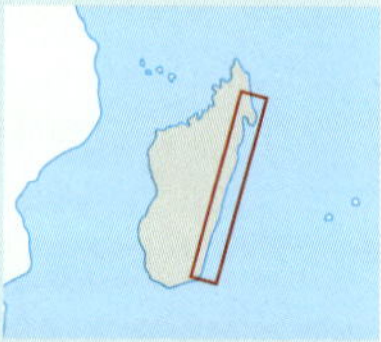

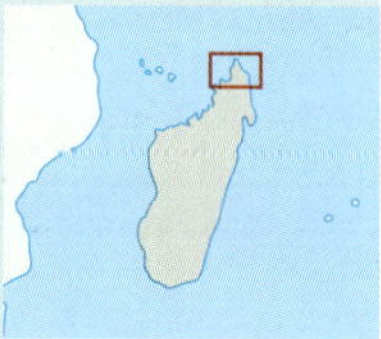

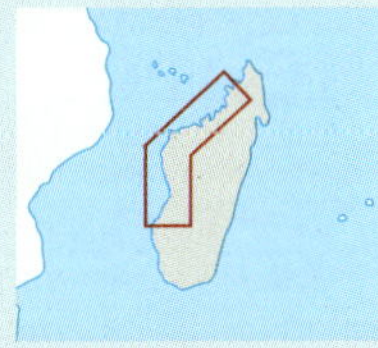

Auf Entdeckungstour

Karten und Pläne

s. hintere Umschlagklappe

► Dieses Symbol im Buch verweist auf die Extra-Reisekarte Madagaskar

Liebe Leserin, lieber Leser,

immer wenn ich von einer Madagaskar-Tour als Studienreiseleiter zurückkomme, habe ich eine Menge neuer Eindrücke und Erlebnisse im Gepäck. Schon seit mehr als 20 Jahren zieht mich diese große Insel im Indischen Ozean in ihren Bann. Auf einer der Touren unternahm ich mit einer Gruppe eine Wanderung durch die Reisterrassen der Betsileo. Spontan wurden wir von einer Familie zum Mittagessen eingeladen und bekamen dadurch Einblicke in den ländlichen Alltag. Aber auch das Altbekannte macht mir immer wieder große Freude: den mysteriösen Schreien der Indris im Wald von Andasibe zu lauschen oder die sonnenbadenden Kattas im Isalo-Gebirge zu beobachten. Bei jeder Reise berausche ich mich besonders an den intensiven Farben der Insel: am kräftigen Braunrot der Erde, am satten Grün der Reisfelder und am Türkisblau des Meeres.

Mit diesem Reiseführer möchte ich Sie ein Stück auf Ihrer Entdeckungsreise begleiten, zum Beispiel zu den vielseitigen Landschaften von Madagaskar. Da gibt es die feinen Sandstrände, die für einen Großteil der 4828 km langen Küste so typisch sind – mal sind sie umrahmt von Kokospalmen, mal belebt von Fischern oder einem idyllischen Hotel, mal sind sie einsam und verlassen. Die hübschen Städtchen im Hochland laden mit ihren roten Backsteinen zum Bummeln ein und ermöglichen Begegnungen mit den Einheimischen.

Eine der großen Besonderheiten Madagaskars ist die einzigartige Natur und ihre enorme Vielfalt. Während in den östlichen Regenwäldern Lemuren und Chamäleons inmitten einer Vegetation aus Schraubenpalmen, Farnbäumen und Orchideen leben, überrascht der trockene, halbwüstenhafte Südwesten mit einer bizarren Pflanzenwelt voller Wunder. Dornenbewehrt zeigt die Flora bereits vor der Regenzeit ihren Blütenzauber, nach ersten Regentropfen wächst dann aus scheinbar totem Geäst eine grüne Pracht heran. Aus diesem Gebiet stammen einige bekannte und beliebte Zimmerpflanzen, die Sie vielleicht auch bei sich zu Hause haben, z. B. der Christusdorn oder die Madagaskar-Palme.

Ich wünsche Ihnen außergewöhnliche Naturerlebnisse bei Ihrer Madagaskar-Reise und freue mich auf Ihre Rückmeldung!

Heiko Hooge

Ein Naturparadies: die Halbinsel Masoala im Osten Madagaskars

Leser fragen, Autoren antworten

Madagaskar persönlich – meine Tipps

Nur wenig Zeit? Madagaskar zum ersten Kennenlernen

Madagaskar ist 1,5-mal so groß wie Deutschland, mit einer kaum ausgebauten Verkehrsinfrastruktur, sodass Reisen auf der großen Insel gut geplant sein sollten. Wenn Sie nur wenig Zeit mitbringen, sollten Sie daher auch den einen oder anderen Flug einplanen und sich per Auto oder Bus entlang der besser ausgebauten Strecken bewegen. Von der Hauptstadt **Antananarivo** aus sind das zum Beispiel die **RN 2** in Richtung Ostküste sowie die **RN 7** in den Südwesten. Letztere ist die beliebteste Route, die vom Hochland und den anschließenden Grasebenen am **Andringitra-** und **Isalo-Gebirge** vorbei bis in den halbwüstenhaften Südwesten führt. Von ihrem Endpunkt, der Stadt **Toliara,** fliegt Air Madagascar Sie täglich wieder zurück in die Hauptstadt. Diese Tour ist bereits in einer Woche zu schaffen.

Welche Sehenswürdigkeiten sollten Sie besuchen?

Zu den touristischen Highlights des Landes zählt vor allem die einzigartige Natur und so gehören die **Nationalparks** zu den wichtigsten Sehenswürdigkeiten: Sie schützen die große Vielfalt an endemischen Pflanzen wie die beeindruckenden Baobabs, die Tierwelt mit ihren interessanten Le-

Putzige Inselbewohner: Kattas

Madagaskar zum Kennenlernen

muren (Halbaffen) und deren jeweiligen Lebensräume, vom dichten Bergregenwald der Ostküste bis zu den malerischen Granit- und Sandsteingebirgen im Süden. Kulturell bietet Madagaskar vor allem dank seiner unterschiedlichen Ethnien, in denen sich Afrikanisches und Asiatisches mischt, interessante Sehenswürdigkeiten. Besonders lohnenswert ist eine Fahrt in den Süden zu den beeindruckenden **Grabmälern der Antandroy und Mahafaly.** Auch wenn die Pisten dorthin schlecht sind, so entschädigen die interessant gestalteten Gräber doch für die Anstrengung und den Komfortverzicht, die eine Fahrt durch dieses kaum besuchte Gebiet unweigerlich mit sich bringt. Im Hochland von Madagaskar kann man dagegen der royalen Vergangenheit der Insel nachspüren. Das Spektrum reicht vom weithin sichtbaren **Rova,** dem Palast der Königin in der Hauptstadt Antananarivo, bis zur Sommerresidenz in **Ambohimanga** mit ihrem traditionellen Königshaus, das noch eine Vorstellung vermittelt, wie die Holzgebäude im Hochland vor der Ankunft der Europäer aussahen.

Bus oder Jeep – wie bereist man Madagaskar am besten?

Die Wahl des Verkehrsmittels ist letztlich eine Frage des Geldbeutels sowie der verfügbaren Reisezeit. Im Prinzip sind die meisten Orte Madagaskars mit Überlandbussen, den sogenannten Taxis-Brousses (Busch-Taxis), zu erreichen. Eine Ausnahme bilden einige

Bewährt als Transportmittel auf dem Land: Zebu-Karren

An der Nordküste können Schnorchler besonders viele Meerestiere beobachten

abseits gelegene Nationalparks. Die Busse sind sehr preiswert, jedoch auch oft in einem schlechten technischen Zustand, die Sitze sind schmal und unbequem. Die Abfahrtszeit ist recht variabel und meist geht es erst los, wenn das Fahrzeug voll besetzt ist. Zum Be- und Entladen werden immer mal wieder längere Stopps eingelegt, und abseits der asphaltierten Straßen kommen die ›Busch-Taxis‹ oft nur sehr langsam voran. Strecken von mehreren Hundert Kilometern dauern in der Regel ein bis zwei Tage. Der Vorteil dieser Fortbewegung: Sie ist billig und man bekommt interessante Einblicke in das Leben der Madagassen auf dem Lande. Auch wer nur wenig Französisch spricht, kann so die große Insel gut bereisen.

Wer auf etwas Komfort beim Reisen Wert legt und gerne selbst entscheidet, wo angehalten wird, ist mit einem Mietauto mit Fahrer weitaus besser bedient. Allerdings hat diese Art des Reisens auch ihren Preis. Alle örtlichen Agenturen bieten Allradautos mit Fahrer an, meist gegen eine Tagespauschale.

Wo kann man am besten wilde Tiere beobachten?

Madagaskars Halbaffen, die Lemuren, leben in unterschiedlichen Klimazonen und Landschaften, sind jedoch keine Kulturfolger und daher nur in den wenigen noch verbliebenen natürlichen Lebensräumen zu sehen. Gute Chancen, Lemuren in freier Wildbahn zu beobachten, haben Sie im **Andasibe-Mantadia-Nationalpark,** im **Ranomafana-Nationalpark** und in der Nähe der Schluchten im **Isalo-Nationalpark.** Auch private und kommunale Schutzgebiete wie der **Berenty- und Nahampoana-Park** bei Fort Dauphin oder der **Anja-Park** bei Ambalavao bieten zum Teil sehr gute Möglichkeiten Lemuren zu sehen. Die schönsten der zahlreichen Chamäleon- und Geckoarten finden Sie an der Nord- und Ostküste. Im Indischen Ozean um Madagaskar tummeln sich unzählige Fischarten, außerdem Wale, Gliederfüßer und Meeresschildkröten. Die besten Möglichkeiten für Schnorchler und Taucher bietet die Nordküste, genauer gesagt die Inseln vor der Küste. Zu den bekanntesten zählt das Marinereservat von **Nosy Tanikely** bei **Nosy Be.** Auch weiten Teilen der Westküste ist ein Korallenriff vorgelagert, das allerdings nicht mehr so artenreich ist wie das an der Nordküste.

Welche Strände sind empfehlenswert?

Sollten Sie Lust auf ein paar Tage am Strand verspüren, dann sollten Sie die Strände von **Nosy Sainte Marie** kennenlernen. Weißer Sand und Palmen sowie ausschließlich kleine Hotels machen die schmale Insel an der Ostküste zum tropischen Paradies. Wer jedoch mehr als nur Strand im Sinn hat und gerne nebenbei etwas unternehmen möchte, der findet auf der größeren Insel **Nosy Be** im Norden reichhaltigere Gestaltungsmöglichkeiten. Diese reichen vom Wassersport über Inselausflüge bis hin zu Wanderungen durch Kulturlandschaften oder in Lokobe, dem einzigen Naturreservat der Insel. Als schönster Strand auf Nosy Be gilt Andiana Beach. Besonders reizvoll sind jedoch auch die Strände der abseits liegenden, kleinen Inselchen wie denen des **Nosy-Hara-Archipels.**

Sightseeing abseits der ausgetretenen Pfade?

In Madagaskar sind nur wenige Nationalstraßen durchgängig asphaltiert. Daher ist für Fahrten in diese weniger erschlossenen Gebiete immer mit einem Mehraufwand an Zeit und Organisation zu rechnen. Mit einem guten Allradfahrzeug und einer Prise Abenteuerlust lassen sich aber auch in Madagaskar interessante Orte jenseits der gängigen Routen erfahren. Jedoch sollten vor einer solchen Reise immer aktuelle Informationen über die Pistenverhältnisse und die Sicherheitslage eingeholt werden. Zudem wird davon abgeraten, auf diesen Strecken selbst zu fahren, besser sollten Mietautos mit heimischem Fahrer gewählt werden.

Lohnenswert sind Touren zur **Südspitze** der Insel oder in den **Westen** (Morondava, Mahajanga). Eine Tour

Ideal für einen erholsamen Strandurlaub: die Insel Nosy Sainte Marie

Im Hochland von Madagaskar bezaubern kleine Dörfer vor rauer Bergkulisse

entlang der **Ostküste** ist aufgrund der sehr schwierigen Straßenverhältnisse und zahlreicher zu überquerender Bäche und Flüsse nur Profis zu empfehlen. Der **Norden** Madagaskars bietet, obwohl die meisten Rundreisen vom Hochland Richtung Südwesten verlaufen, ebenso ganz besondere Reize und eine große Vielfalt an Landschaften und Möglichkeiten. Von **Antsiranana** (Diego-Suarez) aus lässt sich der Nordteil gut erkunden – sei es der Regenwald im **Montagne-d'Ambre-Nationalpark** oder die bizarren Felsnadeln (Tsingys) im **Ankarana-Nationalpark.** Zudem bietet die Inselwelt vor der Küste vom abgelegenen **Nosy-Hara-Archipel** ganz im Norden bis zu den **Radama-Inseln** im Nordwesten eine Fülle an traumhaften Stränden und faszinierenden Unterwasserlandschaften. Lassen Sie sich von dieser Region verzaubern.

Und noch ein ganz persönlicher Tipp zum Schluss!

Sicher möchten auch Sie von einer Madagaskar-Reise gerne typische Dinge mit nach Hause nehmen – Brauchbares, Leckeres oder Dekoratives. Da hat Madagaskar schon einiges zu bieten. Einen großen Überblick über die handwerklichen Souvenirs und angebotenen Gewürze bekommt man auf dem **Marché d'Artisanat** außerhalb von Antananarivo, auf dem Weg zum Flughafen. Für den täglich geöffneten Markt sollte man sich viel Zeit nehmen zum Stöbern. Sinnvoll kann es auch sein, die Produkte direkt am Ort der Herstellung zu erwerben. Holzschnitzereien zum Beispiel im Hochlandstädtchen **Ambalavao,** Edelsteine und Gegenstände aus Zebuhorn in **Antsirabe,** bestickte Tischdecken in **Antananarivo,** Mohairteppiche in **Toliara** und Vanille von der Ostküste, wo sie sicher am frischesten ist.

NOCH FRAGEN?

Die können Sie gern per E-Mail stellen, wenn Sie die von Ihnen gesuchten Infos im Buch nicht finden:

hooge@dumontreise.de

info@dumontreise.de

Auch über eine Lesermail von Ihnen nach der Reise mit Hinweisen, was Ihnen gefallen hat oder welche Korrekturen Sie anbringen möchten, würden wir uns freuen.

Ort der Besinnung – Zoologisch-Botanischer Garten in Tsimbazaza, S. 103

Pittoresker Ruinencharme – das kolonialzeitliche Hôtel des Marines, S. 248

Lieblingsorte!

Eine Oase im Isalo-Nationalpark – der Canyon des Makis, S. 161

Bummeln durch ein typisches Hochland-Städtchen – Ambositra, S. 134

Zwischen Regen- und Dornenwald – der Andohahela-Nationalpark, S. 194

Sonne, Sand und Meer – der Libanona Beach in Tolagnaro, S. 205

Es erfüllt mich mit Freude, anderen Menschen ›mein‹ Madagaskar zu zeigen und näherzubringen und im Laufe der Jahre habe ich meine ganz persönlichen Lieblingsorte gefunden. Orte wie den Zoologisch-Botanischen Garten Tsimbazaza in der Hauptstadt, der wie eine Oase der Ruhe im Gewusel dieser Metropole wirkt. Oder den wunderschönen Strand von Libanona, wo die Wellen des Indischen Ozeans mit dem Sand spielen. Es gibt viel zu entdecken: Stellen mit wunderbarer Natur abseits der touristischen Trampelpfade oder Begegnungen mit lachenden Menschen in kleinen Dörfern, die so zu Wohlfühlorten werden, an die man immer wieder zurückkehren möchte.

Naturjuwel in der Bucht von Antongil – die Insel Nosy Mangabe, S. 232

Ankarafantsika – ein Park mit einzigartiger Tier- und Pflanzenwelt, S. 273

Schnellüberblick

Der Westen
Trockenwälder und majestätische Affenbrotbäume prägen den Westen Madagaskars. Am beeindruckendsten ist die grandiose Baobab-Allee bei Morondava. Entlang der Küste liegen endlose Sandstrände und abseits der Hauptrouten sind die Tsingys zu entdecken, bizarre Kalksandsteinformationen. S. 268

Der Südwesten
Eine einzigartige und für Europäer bisweilen ganz und gar fremde Pflanzenwelt entstand im halbwüstenhaften Südwesten Madagaskars. Krakenähnliche Didieraceen, Euphorbien und dicke Baobabs prägen das Landschaftsbild. Im Isalo-Nationalpark finden sich zudem märchenhafte Felsformationen. S. 156

Die Südspitze
Abseits jeglicher Hauptstraßen und touristischer Infrastruktur wartet eine raue, trockene und meist unberührte Natur. Zahlreiche kunstvolle Gräber mit Bildern und geschnitzten Holzstelen finden sich entlang der Pisten, auf denen hin und wieder eine Schildkröte den Weg kreuzt. S. 182

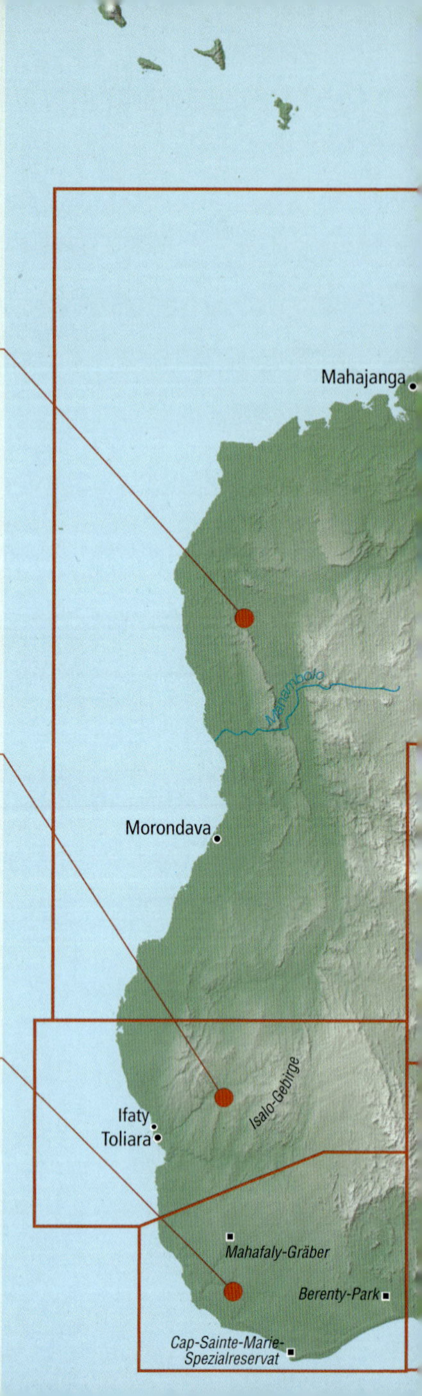

Der Norden

Der Übergang vom Regenwald zur Trockenzone hat faszinierende Landschaften entstehen lassen. Von Antsiranana aus können einige Naturparks gut erreicht werden. Die Insel Nosy Be im Nordosten ist ein El Dorado für Sonnenanbeter und Wassersportler. S. 242

Die Ostküste

Entlang der Ostküste erstreckt sich der Regenwald Madagaskars. In zahlreichen Schutzgebieten wie dem Masoala-Nationalpark zeigt er sich von seiner schönsten Seite. Die Insel Nosy Sainte Marie ist ein Tropenparadies abseits der Besucherströme. S. 198

Antananarivo und Umgebung

Die geschäftige Metropole im Zentrum des Landes ist eine der schönsten Hauptstädte Afrikas. Sie verteilt sich über mehrere Hügel. Auf dem höchsten thront der Rova, der alte Palast der Königin, ein Zeuge der royalen Vergangenheit. S. 86

Das Hochland

Zahllose Reisfelder, oft in Terrassen angelegt, und eine asiatischstämmige Bevölkerung erinnern im Hochland unweigerlich an deren Herkunft Indonesien. Malerische, zweistöckige, rote Lehm- und Backsteingebäude prägen die Siedlungen. S. 124

Reiseinfos, Adressen, Websites

Kioske mit einem bunten Warenangebot finden sich überall auf Madagaskar

SHIL

Informationsquellen

Infos im Internet

Das Internet bietet eine Reihe von Websites mit Infos zu Madagaskar, allerdings überwiegend in Französisch und Englisch. Die deutschsprachigen Angebote sind noch überschaubar.

www.botschaft-madagaskar.de
Die Botschaft der Republik Madagaskar bietet auf ihrer Homepage einige reiserelevante Informationen und Hinweise in deutscher Sprache.

www.madagaskar.de
Interessantes zu verschiedenen Aspekten einer Madagaskarreise hat der Reiseveranstalter Diamir-Reisen auf dieser Internetseite zusammengetragen.

www.madagascar-africa.com
Recht allgemein gehaltene Informationen zu Madagaskar.

www.madagasikara.de
Die private deutsche Webseite bringt fast täglich aktualisierte Medienberichte über Madagaskar in deutscher und französischer Sprache. Es gibt einen Chatroom, ein Forum für Diskussionen, Termine zu TV-Sendungen und Ausstellungen sowie ein Webseiten-Verzeichnis zu Madagaskar.

www.madagaskar.malala-madagascar.net
Eine Seite mit Informationen und zahlreichen Bildern zu verschiedenen Themen. Ausführliche Darstellung der politischen Ereignisse der letzten Jahre.

www.madagaskar-online.de
Ein Verzeichnis über deutsche Webseiten, die Informationen zu verschiedenen Themen Madagaskars anbieten.

www.parcs-madagascar.com
Die offizielle Internetseite der madagassischen Parkverwaltung informiert über Nationalparks, Reservate und sonstige Schutzgebiete, zurzeit nur in französischer Sprache Version.

www.sambava.de
Eine private Webseite mit allgemeinen Informationen zum Thema Madagaskar sowie Austauschmöglichkeiten für Interessierte und Freunde der Insel.

www.tripadvisor.de
Internationales Reiseportal mit Beschreibungen von Sehenswürdigkeiten sowie Hotel- und Restaurantbeurteilungen von Reisenden.

www.wwf.de/regionen/madagaskar
Informationen der Naturschutzorganisation WWF zu Madagaskar-Projekten.

Informationsstellen und Fremdenverkehrsbüros

Seit 2013 verfügt Madagaskar leider nicht mehr über ein Fremdenverkehrsbüro in Deutschland.

In der Hauptstadt Antananarivo befindet sich das Hauptbüro des staatlichen Tourismusamtes, »Maison de Tourisme« genannt. Daneben verfügen einige größere Provinzstädte ebenfalls über regionale Fremdenverkehrsbüros. Die Angaben hierzu finden Sie im Reiseteil beim jeweiligen Ort.

Office National du Tourisme de Madagascar
im Hauptbahnhof Soarano
Lot IBG 29c Antsahavola
Tel. 020 22 66115

www.madagascar-tourisme.com, ontm@moov.mg
Das Büro erteilt allgemeine Auskünfte über Reisemöglichkeiten auf Madagaskar. Es bietet Broschüren an und einige Land- und Stadtkarten, die käuflich zu erwerben sind. Die Mitarbeiter sprechen kein Deutsch und kaum Englisch, bei speziellen Fragen wenig hilfreich. Öffnungszeiten: Mo–Fr 9–17 Uhr. Eine Zweigstelle des Büros im Flughafen Ivato öffnet während der Ankunft internationaler Flüge.

ORTANA (Office Regional du Tourisme d'Antananarivo)
Haus FJKM (neben dem Eingang zum Goethe-Zentrum)
Antananarivo–Antaninarenia
Tel. 020 22 27051 oder 034 20 27051
info@ortana.mg, www.tourisme-antananarivo.com
Zweigstelle: Esplanade Jardin, Andohalo, Tel. 020 24 60093, ortanaandohalo@yahoo.fr
Das Tourismusbüro der Hauptstadtregion gibt Tipps für Unternehmungen in der Hauptstadt und Umgebung. Es bietet jede Menge nützlicher Informationen über Hotels, Restaurants, öffentliche Verkehrsmittel, Autoverleih etc. Die freundlichen, gut englisch und französisch sprechenden Mitarbeiter helfen auch bei Planungen über die Region hinaus. Öffnungszeiten: Mo–Fr 9–12 und 14–18 Uhr, Sa 8–12 Uhr.

Lesetipps

Die Auswahl an Büchern über Madagaskar im Buchhandel ist recht überschaubar. Lohnenswerte Literatur:

Michael Flach und Corina Haase: Madagasikara – Insel meiner Träume. Magdeburg 2007. Der sehr persönliche Bildband nimmt Sie mit auf eine interessante Bilderreise durch Madagaskar. In wunderschönen Aufnahmen wird dabei auch die Vielfalt der großen Insel Madagaskar vorgestellt.

Andreas Osterhaus: Madagaskar. München 1997. Ein Taschenbuch zur Geschichte des Landes. Der Autor spannt einen Bogen von der geologischen Frühzeit bis zur kommunistischen Phase nach der Unabhängigkeit.

Ida Pfeiffer: Verschwörung im Regenwald – Die Reise nach Madagaskar. Basel 1999. Eine ungewöhnliche Frau reist im 19. Jh. alleine durch Madagaskar. Ihre Erzählungen bieten interessante Einblicke ins dortige Leben unter Königin Ranavalona I.

Jean-Luc Raharimanana: Haut der Nacht – Erzählungen aus Madagaskar. Unkel 1997. Der Autor versucht in diesen Geschichten, dem teils erschreckenden Alltag auf Madagaskar ein literarisches Gesicht zu geben: Es geht um Armut, Gewalt und das Leiden, das damit verknüpft ist. Die Protagonisten befinden sich am Abgrund, im Angesicht des Todes, am Rande des Wahnsinns oder verlieren sich in Zynismus.

Michelle Rakotoson: Dadabe – Ein Kurzroman und zwei Erzählungen aus Madagaskar. Göttingen 1998. Die in Frankreich lebende madagassische Schriftstellerin hat bereits eine Reihe von Theaterstücken und Geschichten geschrieben. Nur wenige gibt es bisher auf Deutsch. Die Geschichten erzählen vielschichtig über gesellschaftliche und ganz persönliche Probleme der madagassischen Figuren. Regionale Besonderheiten und die Schönheit der Insel geraten dabei ebenso in den Blick wie die Auseinandersetzung mit einer Welt, die zwischen traditionellen und modernen Werten hin und her pendelt.

Albrecht G. Schaefer: KulturSchock Madagaskar. Bielefeld 2011. Als kultureller Leitfaden gedacht, informiert das Buch über die Alltagskultur und Traditionen der Madagassen und gibt wichtige Verhaltenstipps.

Wetter und Reisezeit

Klima

Aufgrund der geografischen Verhältnisse unterteilt sich Madagaskar in mehrere Klimazonen: Entlang der Ostküste zieht sich ein Gebirge, das den Großteil der vom Indischen Ozean kommenden Wolken abfängt. Daher ist das Klima der Ostküste das ganze Jahr über feucht. Im heißeren Südsommer entsteht über dem Ozean eine höhere Verdunstung, gleichzeitig kann die wärmere Luft mehr Feuchtigkeit aufnehmen. So kann ein Teil der Wolken über das Ostgebirge hinwegziehen und im dahinterliegenden Hochland abregnen. Nur ein geringer Teil dieser Wolken erreicht den relativ flachen Westen und Süden, weswegen es dort nur selten regnet. Die Wassertemperatur des Indischen Ozeans an Madagaskars Küsten beträgt das Jahr über zwischen 21 und 29 °C.

Madagaskars klimatische Zonen

Zentrales Hochland: Der sogenannte Südsommer (November bis März) ist warm mit einzelnen, zum Teil heftigen Schauern vor allem von Januar bis März. Im Südwinter (Juni bis September) ist es tagsüber mäßig warm, nachts allerdings sehr kalt, in einigen Gegenden bis zum Gefrierpunkt.

Ostküste: Im Osten herrscht generell ein tropisches, feuchtes Klima vor. Dort kann es das ganze Jahr über regnen, besonders aber in der Zeit von Dezember bis März. Der Osten unterteilt sich in zwei Unterzonen, den schmalen, flachen Küstenstreifen sowie den östlichen Gebirgszug. Die Temperaturen an der Küste liegen hauptsächlich zwischen 27 und 35 °C, mit einer relativ hohen Luftfeuchtigkeit. Im Gebirge ist es wesentlich frischer, im Südsommer zwischen 24 und 29 °C, im Südwinter zwischen 18 und 25 °C, nachts kühlt es ab, je nach Höhenlage teilweise auf unter 12 °C.

Westküste: Im Westen herrscht trockenes und warmes Klima vor. Im Südsommer ist es tagsüber heiß (30 bis 42 °C) mit vereinzelten Schauern, im Südwinter trocken und warm (21 bis 28 °C).

Südwesten: Das Gebiet zwischen Morombe und Amboasary hat halbwüstenhafte Bedingungen. Dort ist es im Südsommer heiß (Mitte bis Ende 30 °C), im späten Südsommer (März bis Mai) kommt es gelegentlich zu kleinen Regenschauern. Der Südwinter dagegen ist tagsüber warm (um 25 °C) und sehr trocken. Nachts kann es etwas frischer werden und die Temperaturen fallen teilweise unter 20 °C.

Madagaskars Wetter im Internet

www.wetteronline.de/Madagaskar.htm: Allgemeine Wettervorhersage für ganz Madagaskar.

www.wetter.com: Wettervorhersage für Antananarivo und Nosy Be.

www.klimadiagramme.de/all_af.html: Klimadiagramme zu verschiedenen Städten Madagaskars.

Jahreszeiten und Kleidung

Frühjahr

Die Regenzeit dauert in der Regel bis Ende März. Der April kann noch wechselhaft sein, im Mai ist es dann meist trocken (bis auf die Ostküste). Dies ist eine schöne Reisezeit, da nach dem Regen die Vegetation überall sprießt und im März/April die Reisfelder des Hochlands in saftigem Grün erstrahlen.

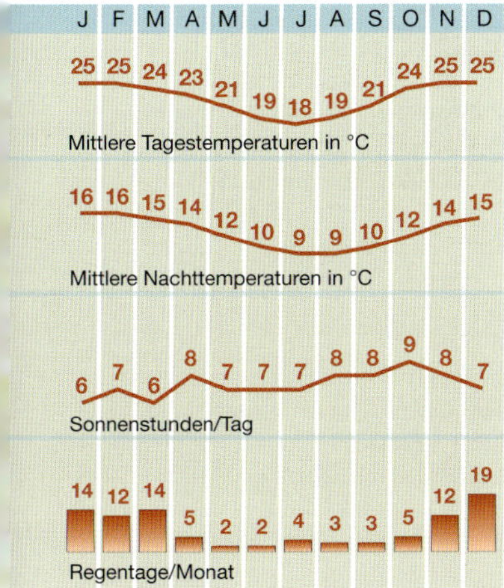

Klimadiagramm Antananarivo

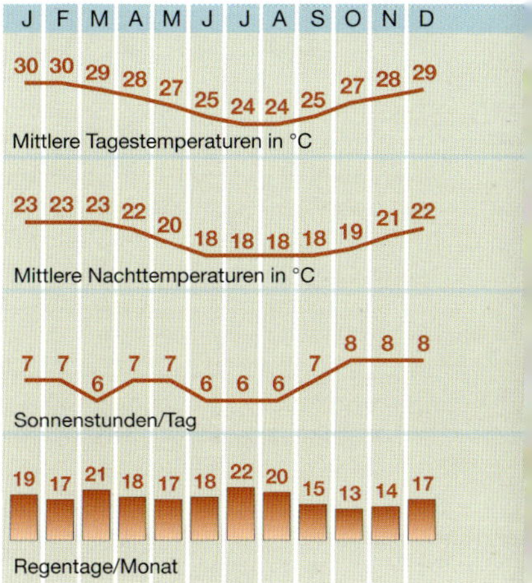

Klimadiagramm Toamasina

Sommer

Die Monate Juni bis August sind die kühlsten auf Madagaskar. Die Bezeichnung ›kühl‹ trifft vor allem auf das Hochland sowie auf die östlichen Bergregionen zu. Dort kann es dann nachts empfindlich kalt werden. In den übrigen Gebieten herrschen dagegen angenehm warme Temperaturen vor (20–28 °C).

Herbst

Unser Herbst ist gewissermaßen der Südfrühling. Von September bis November wird es im Hochland und in den Bergen der Ostküste langsam wärmer. Zum November hin können erste Regenschauer eintreten. Im September/Oktober bekommen die meisten Lemuren (Halbaffen) ihre Jungtiere und etliche Blumen und Bäume tragen Blüten.

Winter

Im Südsommer von Dezember bis März ist Regenzeit auf Madagaskar. Besonders im Hochland und an der Nord- und Ostküste kann es mitunter tagelang heftig regnen. Februar und Anfang März ist die Zeit, in der es immer wieder einmal Zyklone gibt, wie die Wirbelstürme im westlichen Indischen Ozean genannt werden. Einige Hotels haben in dieser Zeit geschlossen.

Kleidung und Ausrüstung

In unserem Sommer (Südwinter) sind für das Hochland und die Nationalparks an der Ostküste (Bergregenwald) auf jeden Fall Pullover und eine Jacke erforderlich! Bei Reisen an die Ostküste ist ganzjährig eine leichte Regenjacke zu empfehlen. Regenschirme sind für Wanderungen im Regenwald nicht geeignet. Ansonsten sollten im Koffer leichte Baumwollkleidung, Sonnenschutz (Sonnenhut und Sonnencreme) sowie Badesachen nicht fehlen. Für Wanderungen sind zudem festes Schuhwerk und ggf. Wanderstöcke von Vorteil. Da das Stromnetz auf Madagaskar nicht immer zuverlässig ist, sollte eine Taschenlampe mitgenommen werden.

Anreise und Verkehrsmittel

Einreisebestimmungen

Bürger aus Deutschland, Österreich und der Schweiz benötigen für die Einreise nach Madagaskar ein Visum. Dieses kann bei der Botschaft der Republik Madagaskar in Berlin beantragt werden. Ein touristisches Visum für einen Aufenthalt bis 30 Tage und einmaliger Einreise wird bei Anreise auch direkt an den internationalen Flughäfen von Antananarivo oder Nosy Be ausgestellt (22 €). Zur Erteilung des Visums ist ein bei Einreise noch mindestens sechs Monate gültiger Reisepass mit mindestens einer ganzen freien Seite vorzulegen. Bei der Beantragung eines Visums in der Botschaft ist zudem ein Formular auszufüllen. Dort sind auch Visa für längere Aufenthalte und zur mehrmaligen Einreise erhältlich (Kosten ca. 70 €). Bitte beachten Sie, dass seit 2012 jedes Kind, das ins Ausland reist, unabhängig vom Alter ein eigenes Reisedokument benötigt.

Zollvorschriften

Eingeführt werden können alle Gegenstände des täglichen Bedarfs. Wertvolle elektronische Geräte (z.B. teure Videokameras) müssen bei der Einreise deklariert werden. Devisen können in unbegrenzter Höhe ein- und ausgeführt werden, müssen aber ab einem Gegenwert von 7500 € bei der Einfuhr deklariert werden. Die Einfuhr von Waffen und Drogen aller Art ist strikt verboten.

Edel- und Halbedelsteine, Versteinerungen und Fossilien sowie alte Holzschnitzereien dürfen nicht bzw. nicht ohne entsprechende Begleitpapiere ausgeführt werden. Das Gleiche gilt für endemische Tiere und Pflanzen oder Teile davon. Reisende mit Wohnsitz außerhalb von Madagaskar dürfen bis zu 1 kg Schmuck ausführen, wenn sie Nachweise über den Tausch von Devisen mindestens im Wert des Schmucks vorweisen können.

Anreise und Ankunft

Mit dem Flugzeug

Die Wahl der Fluggesellschaften nach Madagaskar ist sehr begrenzt, weshalb Flugtickets im Vergleich zu ähnlich weiten Zielen relativ teuer sind. Direkte Linienflüge bieten nur Air Madagascar (ab Paris-CDG, Marseille und Mailand) und Air France (Paris-CGD, mit Anschlussflug ab Deutschland) an. Alternativen mit Umsteigen sind Air Mauritius über Mauritius und South African Airways über Johannesburg. Daneben gibt es Charterflüge von Corsairfly von Paris-Orly nach Antananarivo (www.air madagascar.com, www.airfrance.de, www.corsairfly.com, www.air-mauri tius.de, www.flysaa.com).

Vom Flughafen in die Stadt

Nach der Ankunft am Internationalen Flughafen Ivato (www.antanana rivoairport.com) sind zunächst die Einreiseformalitäten zu erledigen. In der Ankunftshalle befinden sich Schalter für Ausländer mit und ohne Visum. Falls das Visum noch nicht vor der Reise in Europa besorgt wurde, wird es ohne weitere Formalitäten am Flughafen erteilt. Alle Reisenden müssen eine Einreisekarte ausfüllen, die oft bereits im Flugzeug verteilt wird, jedoch auch im Ankunftsbereich ausliegt. Im relativ überschaubaren Flughafen werden die ankommenden Gäste bereits von einer Schar Einheimischer begrüßt, u.a. von Kofferträgern (Flughafenmitarbeiter tragen gekennzeichnete Overalls), Taxifahrern, Vertretern von Reiseagenturen und sonstigen Helfern. Im Flughafen gibt es mehrere Wechselschalter, dort sollte für den ersten Gebrauch ein kleiner Betrag gewechselt werden. Vor dem Flughafen stehen Taxis für die Fahrt in die Stadt. Sie dauert 45–60 Min., während der Hauptverkehrszeit oft auch länger. Preise für Taxifahrten sind Verhandlungssache. Der offizielle Preis beträgt 50 000 MGA (etwa 14 €), der gegenüber unerfahrenen Ausländern meist überboten wird. Ein Preis bis ca. 20 € ist sicher noch vertretbar. Zudem bietet Adema von 5–23 Uhr einen Shuttlebus zwischen dem Flughafen Ivato und dem Bahnhof in der Innenstadt an (10 000 MGA), Tel. 034 055 65 47.

Auf dem Seeweg

Es gibt keinen Schiffslinienverkehr zu einer der Hafenstädte Madagaskars. Möglichkeiten, Madagaskar über das Meer zu erreichen, bieten sich nur im Rahmen einer Kreuzfahrt an (z. B. Hapag Lloyd) oder ggf. auf einem Containerschiff. Die Fahrt von Rotterdam dauert allerdings fünf Wochen.

Verkehrsmittel auf der Insel

Überlandbusse/Taxis-Brousses

Im Verkehr zwischen den Städten sind Minibusse und Busse mittlerer Größe im Einsatz, die Taxis-Brousses (Busch-Taxi) genannt werden. Sie verkehren von Busbahnhöfen, die meist an der Ausfallstraße liegen. In den Ticketbüros am Busbahnhof kann bereits am Vortag ein Fahrschein erworben werden, ansonsten vor Abfahrt direkt im Bus. Die Strecken und Preise sind genau angegeben und festgelegt. Erste private Busunternehmen haben vor Jahren begonnen, einige Strecken mit komfortableren Überlandbussen zu bedienen, die etwas bequemer sind als die herkömmlichen Taxis-Brousses (Malagasy Car, Tel. 032 43 58888; Cotisse Transport, Tel. 032 110 27 33). Eine Alternative sind die Busse von Transpost nach Toliara und Mahajanga, ihr Büro ist im Postamt der Oberstadt (Tel. 033 12 96915, nahe Hôtel Colbert).

Preise für Taxi-Brousse-Strecken: von Antananarivo nach
... Antsirabe: 8000 MGA
... Toamasina: 25 000 MGA
... Mahajanga: 35 000 MGA
... Ampefy: 6000 MGA
... Manakara: 41 000 MGA
... Toliara: 52 000 MGA
... Antsiranana: 75 000 MGA
... Fort-Dauphin: 100 000 MGA

Mietwagen

Der Mietwagenverleih für Selbstfahrer ist nicht sehr verbreitet. Viele Agenturen vermieten ihre Wagen inklusive Fahrer – in einem Land ohne Notruf und Werkstattsystem sicher ein Vorteil. Zudem kennen sich die Fahrer auf den meist nicht ausgeschilderten Straßen

Autovermietungen

Avis: Rue Reverend Pere Callet, Antananarivo, Tel. 020 23 61027, Mo–Sa 8–12, 13.30–17.30, So 9–12 Uhr. www.avis.com.
Budget: 4, Av. de l'Indépendance, Analakely-Antananarivo, Tel. 020 22 611 11, Mo–Fr 7.45–12 und 14–18.30 Uhr, Sa. 7.45–12 Uhr, www.budget.com.
Rent a car: Villa Pradon, Antanimena, Tel. 020 22 21236, haingo.razafimandimby@sodiat.mg.
Hertz: 17 Rue Rabefiraisana, Analakely, Antananarivo, Tel. 020 222 29 61, Mo–Fr 7.30–12, 14–17.30, Sa 9–12, www.hertz.com.

besser aus. Zu beachten ist, dass für Fahrten jenseits der Nationalstraßen oftmals ein Allradfahrzeug notwendig ist. Der Preis für ein Fahrzeug pro Tag beinhaltet in der Regel bereits die Kosten für den Fahrer (Gehalt, Unterbringung und Verpflegung). Zum Fahren auf Madagaskar ist der europäische Führerschein ausreichend. Für den Fahrer besteht Anschnallpflicht.

Neben den internationalen Firmen gibt es eine ganze Reihe einheimischer Autoverleihfirmen, die in der Regel preisgünstiger sind. Weitere Informationen bei ORTANA, dem Fremdenverkehrsbüro der Hauptstadtregion.

Bahn

Madagaskar verfügt über vier Bahnstrecken, jedoch werden nur noch zwei Strecken sowie eine Teilstrecke im Linienverkehr für Passagiere genutzt. Zum einen die Bahnlinie von Fianarantsoa nach Manakara, sowie von Moramanga nach Ambatondrazaka und des Weiteren der Abschnitt von Moramanga nach Ambila und Toamasina. Zweimal wöchentlich fährt ein Passagierzug in beide Richtungen. Über die anderen Strecken (Antananarivo–Antsirabe und Antananarivo–Toamasina) wird zurzeit nur noch Güterverkehr abgewickelt.

Eine weitere Möglichkeit bilden die Charterzüge der **Madarail.** Der *Micheline* ist eine Art Schienenbus mit 19 Plätzen. Für die Strecke Tana–Antsirabe benötigt er 6 Std. (ca. 80 € pro Pers./bei 19 Pers.), für Tana–Andasibe 5 Std. Für größere Gruppen bietet sich der **Trans Lemurie Express** mit ein oder zwei Waggons mit je 50 Plätzen an (2016 wegen Infrastrukturarbeiten außer Betrieb). Er benötigt von Tana nach Antsirabe 7 Std. und nach Andasibe 6,5 Std. (Madarail, Bahnhof Soarano, Av. de l'Indépendance, Antananarivo, Tel. 020 22 345 99, tourisme@madarail.mg, www.madarail.mg).

Taxi und Pousse-Pousse

In allen größeren Städten gibt es Taxis. Diese können auf der Straße angehalten werden, wobei man einfach den Arm hebt. Taxistände befinden sich an Bus- und Bahnhöfen und vor größeren Hotels. Es gibt kein Taxameter. Der Fahrpreis wird bei Fahrtantritt ausgehandelt. Am besten vorher im Hotel oder Restaurant Erkundigungen nach dem Preis für die Strecke einholen. Das Gleiche gilt für die in einigen Städten noch üblichen Pousse-Pousse, die Rikschas für 1–2 Personen.

Öffentlicher Nahverkehr

Der öffentliche Nahverkehr in den Städten wird fast ausschließlich mit Minibussen durchgeführt, **Taxi-Be** (großes Taxi) genannt. Sie fahren auf festgelegten Strecken von der Innenstadt zu einem Ziel am Stadtrand. Die Strecke und Liniennummer sollte auf einem Schild in der Windschutzscheibe oder auf dem Dach ausgewiesen sein. Gehalten wird an festgelegten Stellen, die selten gekennzeichnet sind. Der Fahrpreis wird beim mitfahrenden Schaffner bezahlt. Für Ausländer ist das System schwer zu durchschauen und die Fahrer sprechen meist nur madagassisch.

Zebu-Karren

Die gängigste Transportmethode im Süden und traditionell im Hochland ist der Zebu-Karren. Eine Art Holzkutsche, die von einem Gespann von zwei Zebus gezogen wird (Foto S. 8). Für Ungeübte werden lange Strecken allerdings schnell zur Tortur. Möglichkeiten, eine Fahrt im Zebu-Karren auszuprobieren, gibt es z. B. in Ifaty (S. 174), die dortigen Hotels vermitteln solche Fahrten.

Organisiert reisen

Einige abseits gelegene Nationalparks sind mit öffentlichen Verkehrsmitteln nicht oder nur umständlich erreichbar.

Rikschas (Pousse-Pousse) sind in einigen Städten noch ein übliches Transportmittel

Für solche Ziele bietet es sich an, über eine örtliche Agentur einen Ausflug zu organisieren. Für Reisende, die sich vor Ort um nichts mehr kümmern möchten, sind von Deutschland aus gebuchte Rund- und Studienreisen mit erfahrenen Reiseleitern die richtige Wahl.

Reiseagenturen in Deutschland und der Schweiz: entweder mit deutschen Reiseleitern (Studienreisen) oder örtlichen Deutsch/Englisch sprechenden Guides (Erlebnisreisen/Rundreisen). Je nach Tour und Leistungen: 2500–5000 €.
Meiers Weltreisen: Frankfurt, Tel. 069 153 22 55 32, www.meiers-weltreisen.de. Klassische Rundreisen.
Gebeco: Kiel, Tel. 0431 544 60, www.gebeco.de. Rundreisen mit Besuch von Entwicklungsprojekten.
Magisches Afrika: Dortmund, Tel. 0231 58 97 92 29, www.magisches-afrika.de. Rundreisen mit Ostküste.
OneWorld – Reisen mit Sinnen: Dortmund, Tel. 0231 589 79 20, www.reisenmitsinnen.de. Studienreisen mit Fahrradtouren und Wanderungen.
Priori: Basel, Schweiz. Tel. +41 61 332 19 27, www.madagaskarhaus.ch. Umfangreichstes Madagaskar-Programm im deutschsprachigem Raum. Gruppenreisen zu unterschiedlichen Themen und individuelle Beratung.
Tanala Horizon: Adelshofen, Tel. 09865 941 72 94, www.tanalahorizon.com. Klassische Reiserouten, außergewöhnliche Expeditions-, Themen- und Fotoreisen.

Reiseagenturen vor Ort: Bei einem örtlichen *Tour Operator* können individuell zugeschnittene Reisen gebucht werden. Angeboten werden oft auch Mietwagen mit Fahrer. Madagassische Agenturen (teils Deutsch sprechend):
Malagasya Travel: Anjahana, Antananarivo, Tel: 02022 378 69, www.malagasya-travel.mg, malagasya@malagasya-travel.mg.
Madagascar Grace Tours: Ankadimbahoaka (gegenüber FJKM Kirche), Antananarivo, Tel. 032 07 92015, www.gracetours.mg, mgt@moov.mg.
Setam: 56, Av. de 26 Juin, Antananarivo, Tel. 020 22 32431, www.setam-madagascar.com, setam@iris.mg.
Informationen zu weiteren madagassischen Reiseagenturen finden Sie auf der französischsprachigen Website: **www.go2mada.com**.

Übernachten

In Antananarivo findet man eine große Vielfalt an Hotels und Gästehäusern. Auch in den touristisch sehr frequentierten Orten wie auf Nosy Be, Sainte Marie und entlang der Nationalstraße RN 7 (Antananarivo–Toliara) gibt es ein gutes Angebot von Hotels verschiedener Kategorien. In weniger besuchten Regionen ist die Auswahl aber weiterhin bescheiden. Dies gilt insbesondere für den Westen, den Nordosten und den Süden des Landes.

Auf Madagaskar gibt es keine Reservierungszentrale für Hotels und die Hotelbuchungsmaschinen im Internet erfassen bislang kaum Hotels auf der Insel. Möglichkeiten für direkte Online-Buchungen bieten zurzeit **www.reservations.mg** und **www.airbnb.de** an. Buchungen können ansonsten direkt bei den Hotels vorgenommen werden oder über einen Reiseveranstalter bzw. eine örtliche Reiseagentur (Adressen und Informationen s. S. 25) sowie **www.priori.ch**. Eine Zusammenstellung von Hotels und Restaurants bietet auch die Webseite des Verbandes der Hotels und Restaurants auf Madagaskar: **www.hotels-restaurants-madagascar.com** (französisch).

In vielen Hotels wird das Frühstück extra berechnet! Bei einigen Hotels ist zudem auch die Übernachtungssteuer *(Vignette Touristique)* von derzeit 5000 MGA (ca. 1,40 €) nicht im Zimmerpreis enthalten und wird aufgeschlagen.

Stadthotels

In allen größeren Städten gibt es mittlerweile gute bis sehr gute Hotels, die auch gehobenen Ansprüchen genügen. Neben einer mit europäischem Komfort vergleichbaren Ausstattung,

Auf der Insel Tsarabanjina gibt es nur Strände und ein stilvolles Luxushotel

Hochsaison auf Madagaskar
Sie dauert von Juli bis Oktober. In dieser Zeit sollten Flüge sowie Unterkünfte der gehobenen Klasse möglichst im Voraus gebucht werden.

verfügen sie über Internetanschluss, gute Restaurants, Bars und Swimmingpools. Das gilt neben der Hauptstadt Antananarivo besonders für die Städte Antsirabe, Antsiranana, Fianarantsoa, Tolagnaro, Toliara und Toamasina. Internationale Hotelketten sind mit Ausnahme der Hauptstadt (franz. Accor-Gruppe) nicht vertreten. Die Eigentümer sind größtenteils auf Madagaskar lebende Europäer.

Strandhotels

Durch italienisches und französisches Engagement gibt es auf der Insel Nosy Be seit einigen Jahren Strandhotels mit internationalem Standard. Ebenfalls gute, allerdings kleinere Hotels, hat die Insel Sainte-Marie zu bieten. Sehr gute Strandhotels findet man darüber hinaus in Ifaty (an der Südwestküste bei Toliara) sowie einige luxuriöse »Fly-in«-Resorts an der Nordwestküste. Die meisten Strandhotels sind bemüht, bei der architektonischen Gestaltung madagassische Baustile und Kunsthandwerk mit einfließen zu lassen.

Lodges in Nationalparks

Die Nationalparks Madagaskars sind touristisch sehr unterschiedlich erschlossen. Manche bieten eine breite Palette an Unterkünften und Aktivitäten, andere haben außer einem Campingplatz nichts vorzuweisen. Nationalparks mit mittlerweile guter Infrastruktur sind: Andasibe-Mantadia, Isalo und Ranomafana. Bei weiteren Parks gibt es zumindest Übernachtungsmöglichkeiten, teilweise auf niedrigem Niveau. Dazu gehören die Parks von Andringitra, Ankarafansika, Ankarana und Montagne d'Ambre. Nähere Infos zu Unterkünften in diesen Gebieten finden sich im Reiseteil.

Campingplätze

Die Ausstattung ist sehr einfach bis nicht vorhanden. Nur wenige Zeltplätze verfügen über Toiletten, Wasch- oder Kochgelegenheiten. Gerade bei Zeltplätzen in abgelegenen Parks muss in der Regel für alles selbst gesorgt werden. Ausgewiesene Campingplätze in Ortschaften gibt es nicht. Auf Nachfrage ist es möglich, im Garten einiger Hotels zu zelten. In Dörfern sollte man den *Chef de Fokontany* (»Dorfchef«) um Erlaubnis bitten.

Gästehäuser/Pensionen

Diese Form der Unterkunft ist auf Madagaskar noch relativ neu. Zwar gibt es in Antananarivo schon seit Jahren Angebote von Gästehäusern und kleinen privaten Pensionen, doch in anderen Städten beginnt die Entwicklung erst. In Zusammenarbeit mit Entwicklungsorganisationen wird versucht, heimische Familien bei der Einrichtung und dem Betreiben zu unterstützen. Durch diese Form der Hilfe zur Selbsthilfe möchte man ihnen die Möglichkeit geben, am Tourismus mitzuverdienen.

Ein gelungenes Beispiel dafür stellt die Altstadt von Fianarantsoa dar. Dort vermieten einige Familien jeweils ein bis zwei schön hergerichtete Zimmer in ihren traditionellen Häusern. Die Ausstattung und die Einrichtung in diesen Häusern sind sehr unterschiedlich und reicht vom aufwendig restaurierten Altbau mit Komfortbad bis zum einfachen Zimmer mit Gemeinschaftsbad.

Essen und Trinken

Madagassische Küche

Aufgrund mehrerer Einwanderungswellen wird die madagassische Küche von zwei recht unterschiedlichen Kulturkreisen geprägt, dem asiatischen und dem afrikanischen. Die ersten asiatischen Siedler Madagaskars brachten ihr wichtigstes Grundnahrungsmittel mit – den **Reis**.

Er heißt auf Madagaskar *vary* und wird in der Regel dreimal am Tag serviert. Morgens in Form von Reissuppe *(Vary sosoa)* oder Reiskuchen *(Mofo gasy)*. Beim Mittag- und Abendessen werden zum Reis verschiedene Gemüse (Kartoffeln, Süßkartoffeln, Möhren, Kohl, Maniok, Bohnen) gereicht. Fleisch und Fisch gibt es traditionell nur am Wochenende oder zu Feiertagen. Abgesehen von religiösen oder lokalen *Fadys* (Tabus), wird auf Madagaskar Fleisch vom Rind, Schwein, Huhn, Ente, Truthahn und Fisch gegessen. Ziege und Schaf sind dagegen nicht weit verbreitet. Die Vorliebe für Reis ist allen ethnischen Gruppen gemeinsam. Die Küche ist dennoch regional durchaus unterschiedlich. In küstennahen Gebieten spielt Fisch eine größere Rolle, und an der tropischen Nord- und Ostküste ist Kokosnuss eine weitverbreitete Spezialität. Im trockenen Westen und Süden Madagaskars kommen Hülsenfrüchte, Mais und Sorghum häufiger auf dem Teller.

Eine **Spezialität** der madagassischen Küche ist das *Romazava.* Dies ist ein Eintopf, der aus Fleisch (Rind oder Schwein) sowie verschiedenen grünen, einheimischen Gemüsen (Anamalao, Tisam, Anatsonga, Anamamy) zubereitet wird. Dieses bei uns nicht bekannte Gemüse erinnert geschmacklich etwas an Wasserkresse und Mangold. Ungewohnt, aber schmackhaft ist *Varanga.* Es besteht aus Rindfleisch, das zunächst weich gekocht wird. Anschließend brät man das in grobe Fasern zerteilte Fleisch in einer Pfanne kross an. Sehr beliebt ist auch *Ravitoto.* Das Nationalgericht ist ein Eintopf, der aus sehr klein gestampften Maniokblättern und fettem Schweinefleisch besteht.

Als **Beilage** wird zum Essen gerne *Rogay* gereicht, eine Art Tomatensalat aus klein geschnittenen Tomaten und Zwiebeln sowie etwas Chili. Die madagassische Küche ist von Haus aus nicht sehr scharf, wobei viele Madagassen durchaus gerne gut gewürzt essen. Die Speisen werden dementsprechend individuell nachgewürzt. Einheimische verwenden dabei gerne *Sakay,* einen Brei aus kleingehackten Chilischoten, Ingwer, Knoblauch und Öl. Ihn gibt es in zwei Varianten: *Sakay pilokely* mit gehackten grünen Chilischoten und *Sakay tsilanindimlahy* mit gehackten großen roten oder gelben Chilischo-

Vielfalt der Gewürze

Auf Madagaskar, das bei uns lange als Gewürzinsel bekannt war oder als die »Insel, auf der der Pfeffer wächst«, spielen Gewürze für die Küche eine große Rolle. Ein Großteil dieser Gewürze wird auf Madagaskar angebaut und teilweise sogar von hier exportiert. Neben dem bekannten Madagaskar-Pfeffer vor allem Nelken sowie Vanille, von der Madagaskar über die Hälfte der Weltproduktion liefert. Wichtig zum Würzen beim täglichen Kochen sind außerdem Chili, Ingwer, Muskat, Knoblauch, Gelbwurzel, Koriander und Zimt.

Im Restaurant Sakamanga in Madagaskars Hauptstadt Antananarivo

ten. Als **Snack** besonders beliebt sind *Samosas,* kleine dreieckig gefaltete Teigtaschen mit unterschiedlichen Füllungen wie Hackfleisch, Gemüse oder Fisch.

Traditionelle **Desserts** oder **Süßspeisen** sind nicht allzu zahlreich. Als Frühstück weit verbreitet oder als Snack zwischendurch ist *Mofo gasy* beliebt, kleine runde Reisküchlein, die aus einem Reismehl-Rohrzucker-Gemisch bestehen und in einer Metallform (ähnlich wie bei Muffins) mit etwas Öl über glühender Holzkohle gebacken werden. Besonders im Hochland beliebt ist *Koba.* Bei dessen Zubereitung werden Erdnüsse und Zucker zu einem Brei zerstampft, der in Brotform geknetet und mit einer Schicht Reisteig (Reismehl, Zucker, Wasser) umgeben in Bananenblätter eingewickelt gekocht wird. Das geläufigste madagassische Dessert ist jedoch **Obst.** Je nach Jahreszeit gibt es eine mehr oder weniger große Auswahl verschiedener Früchte. Das ganze Jahr erhältlich sind Bananen und Papaya. Saisonfrüchte sind Mangos, Litschi, Rambutan (hier Chinesische Litschis genannt), Mandarinen, Pomelos (hier Pampelmusen genannt), Pfirsiche, Pflaumen, Pok-Pok, Guaven sowie Anononenfrüchte wie beispielsweise der Zimtapfel.

Garküchen anstelle von Restaurants

Restaurants in unserem Sinne können sich viele Madagassen nicht leisten. Verbreitet sind daher Garküchen in den Straßen der Städte oder auf den Märkten. Hier werden leicht zuzubereitende Gerichte wie Suppen, Nudeln, gekochte Maiskolben oder

Buchtipp
Martina Hatchwell: **Essen wie auf Madagaskar,** 2006. Mit einem Einblick in die Geschichte der Insel und in den Alltag, botanische und historische Beschreibung der wichtigsten Gewürze und Kräuter sowie typische madagassische Rezepte.
Renate Matthews und Markus Zuber: **Cuisine solaire Madagaskar, Rezepte aus der Sonnenküche,** 2005. Bildband mit 40 Rezepten und vielen Fotografien. Mit dem Kauf des Buches wird das Projekt ADES (Herstellung und Verkauf von Solarkochern auf Madagaskar) unterstützt.

Fleischspieße angeboten. In einfachen Speiselokalen (*hotelys),* die in einem kleinen Raum nur ein paar Tischchen und Stühle bieten, ist die Auswahl ähnlich überschaubar und die Speisekarte meist auf Madagassisch. Nur in den von Touristen frequentierten Restaurants gibt es darüber hinaus französisch-, selten englischsprachige Menükarten.

Getränke

Der Madagasse trinkt traditionell *Ranonapango* (»Reiswasser«) und Tee. Neben schwarzem Tee werden vor allem Kräutertees und dabei gerne Zitronengrastee ausgeschenkt. Kaffee gelangte erst mit den Arabern an die Küste und später dann auch ins Hochland. Auf den Straßen der Städte finden sich »fliegende« Kaffeeanbieter, die mit einer großen Blechkanne, kleinen Tassen und einer Zuckerdose nach Kunden Ausschau halten.

Daneben sind frische Fruchtsäfte sehr beliebt. Neben Orangen-, Passionsfrucht-(Maracuja)-, Guave- oder Litschisaft wird Tamarindensaft angeboten. Bei Letzterem mischt man das angetrocknete Fruchtfleisch der Tamarindenfrucht mit Wasser und kocht es auf, der säuerliche Saft wird mit Rohrzucker nachgesüßt und kalt getrunken.

Die französischen Missionare brachten im 19. Jh. den Weinanbau nach Madagaskar, der dann während der französischen Kolonialzeit verfeinert wurde. Die Weinanbaugebiete liegen im südlichen Hochland, zwischen Fianarantsoa und Ambalavao.

In Antsirabe gibt es eine große Brauerei, die das beliebte »THB« (Three Horses Beer) herstellt. Aus der gleichen Brauerei (Star) kommt das etwas stärkere »Gold« und das Leichtbier »Queen«, des Weiteren ein Mischgetränk aus Bier und Limonade mit dem Namen »fresh«. Als nichtalkoholische Getränke sind diverse Limonaden (Achtung: »Bourbon Anglais« ist extrem süß) und Cola-Sorten gefragt, die selbst in jedem Dorf erhältlich sind.

Einfluss der Europäer

Seit der zweiten Hälfte des 19. Jh. haben französische Koch- und Essgewohnheiten Einfluss auf den madagassischen Speiseplan. Brot gibt es in der Regel in Form von Baguette. In den Städten findet man morgens zuweilen Croissants, am Tag Nudelgerichte mit Gemüse oder Leberpastete. Ein typisches Gericht mit französischem Einfluss ist Maigret de Canard (gebratene Entenbrust in grüner Pfeffersoße) oder die Beilage Macédoine, ein gekochter Gemüsesalat mit Mayonnaise.

Später asiatischer Einfluss

Asiatische Vertragsarbeiter, die während der Kolonialzeit nach Madagaskar kamen, bilden heute den Grundstock der asiatischen Bevölkerung, die hauptsächlich aus Indern, vor allem auch Pakistanis und Chinesen besteht.

Beide Gruppen haben ihrerseits die Küche Madagaskars bereichert. Von den Indern wurde z.B. das Currygericht übernommen, das man auch auf Madagaskar in allen möglichen Variationen zubereitet. Von den Chinesen wiederum stammt ein anderes, mittlerweile zu einer Art Nationalgericht aufgestiegenem Essen – das *Misao*. Es besteht aus Spagetti, die mit Gemüse und etwas Fleisch zusammengemischt werden.

Aktivurlaub

Madagaskar bietet eine breite Palette von Angeboten, sich während des Urlaubes aktiv zu betätigen. Neben dem Klassiker Wandern gibt es verschiedene Möglichkeiten des Wassersports, und zwar an der 4828 km langen Küste ebenso wie auf den Flüssen und Kanälen des Inlands. Darüber hinaus haben Agenturen zunehmend Motorrad- und Fahrradtouren im Programm.

Baden und Tauchen

Die zahllosen Traumstrände entlang der unendlichen Küsten Madagaskars laden zum Baden regelrecht ein. Vor dem Baden sollte allerdings sichergestellt sein, dass dies an der Stelle auch bedenkenlos möglich ist. Denn nicht überall kann gefahrlos gebadet werden. Dies gilt besonders für weite Strecken der Süd- und Ostküste, wo der Uferbereich recht steil ins Meer abfällt und starke Strömungen sowie Haie das Baden verhindern. In weiten Teilen der Westküste hingegen schützt ein vorgelagertes Riff die Badenden. Auch beim Schwimmen im Inland ist Vorsicht geboten, da einige Seen mit Bilharziose verseucht sind. Im Norden Madagaskars sind zudem einige Gewässer heilig. Am besten ist es, sich vor dem Baden bei der heimischen Bevölkerung zu erkundigen.

Neben Schwimmen ist Schnorcheln und Tauchen an den Küsten Madagaskars sehr beliebt. Gute Reviere befinden sich entlang der Westküsten-Riffe (z.B. Nosy Vé, s. S. 180) oder vor den Inseln im Norden (z.B. Nosy Tanikely, s. S. 263). Besonders zu empfehlen sind die Inselarchipele abseits von Nosy Be, ganz speziell die Marine-Nationalparks Sahamalaza und Nosy Hara. Weitere Informationen zum Tauchen auf Nosy Be: www.coralgardendiving.com.

Bootstouren

Schöne ein- oder mehrtägige Bootstouren kann man z. B. an der Ostküste, auf dem Pangalanes-Kanal unternehmen, einem während der Kolonialzeit von den Franzosen künstlich angelegten Kanal, der parallel zur Küste verläuft und an manchen Stellen nur durch Sanddünen vom Indischen Ozean getrennt wird (s. S. 212). Eine schöne Tagestour führt von Manambato nach Toamasina. Bei mehrtägigen Touren ist ein Zelt erforderlich, da in den Dörfern am weiteren Verlauf des Kanals keine Fremdenzimmer angeboten werden.

Im Westen der Insel fließen zwei große Flüsse, die bootstauglich sind: der Tsiribihina (über Antsirabe zu erreichen, s. S. 129) und der Manambolo

Zweiradtouren
Ein Veranstalter, der während seiner Rundreise einfache Fahrradtouren anbietet, ist: **One World,** www.reisenmitsinnen.de. Die Fahrradstrecken führen durch Teile des Hochlandes und durch faszinierenden Regenwald hinunter Richtung Ostküste.
Fahrradtouren unter Mitnahme des eigenen Fahrrads organisieren: **Afrika erleben,** www.afrika-erleben.de sowie **Bike Adventure Tours,** www.bike-adventure-tours.com.
Informationen für **Motorradtouren** bietet www.madagascar-on-bike.com.

(Anreise über Ampefy, s. S. 121). Auf diesen Touren bietet sich die einmalige Chance, in Gebiete zu kommen, die mit einem Fahrzeug nicht erreichbar sind. Spezialisiert auf Bootstouren ist die madagassische Agentur Mad Caméléon (Informationen auf deren Internetseite www.madcameleon.com).

Eine Flusstour abseits der üblichen Routen ist auch eine mehrtägige Tour auf dem Mangoky, die in die bizarre Welt der Dornenwälder hineinführt. Mit Start in Toliara ist sie gut an eine klassische Tour entlang der RN 7 anzubinden. Ebenfalls zu empfehlen ist eine Tour auf dem südlich von Toliara fließenden Onilahy. Als besondere Herausforderung gilt eine Wildwasserfahrt auf dem Sahatandra im Osten, die gut mit einem Besuch der Indris im Andasibe-Mantadia-Nationalpark zu kombinieren ist. Diese Bootstouren bieten u.a. an: **Gondwana Explorer Tours,** www.gondwanaexplorer.com, und **Tanala Horizon,** www.tanalahorizon.com.

Hochseeangeln

Das Angeln auf dem Indischen Ozean ist von allen touristischen Zentren an der Küste aus möglich. Meist bieten die Hotels Hochseeangeln mit eigenen Booten an, oder sie vermitteln eines. Besonders gute Möglichkeiten bestehen von Nosy Be, Nosy Sainte Marie, Ramena (bei Antsiranana), Ifaty (bei Toliara) und Tolagnaro aus.

Klettern

Bergklettern erfreut sich immer größerer Beliebtheit. Eines der schönsten Kletterziele auf Madagaskar ist das Andringitra-Gebirge (außerhalb des Nationalparks). Als Ausgangspunkt dient das Camp Catta (S. 154).

Radfahren/Radreisen

Madagaskar ist kein klassisches Radreiseziel, doch wächst der Bereich Rad- und Mountainbike-Touren seit Jahren an. In einigen Orten, vor allem an der Küste, gibt es mittlerweile Möglichkeiten, ein Fahrrad auszuleihen. Für längere Touren lohnt es sich ggf., ein meist aus chinesischer Produktion stammendes Fahrrad vor Ort neu zu kaufen. Für anspruchsvollere Touren sollte besser ein gutes Fahrrad aus Europa mitgebracht werden. Auf Madagaskar gibt es keine Fahrradwege. Die Hauptstraßen, mit Ausnahme der RN 2/7, sind aber nicht sehr stark befahren, sodass Fahrradfahren recht angenehm ist. Schöner und interessanter ist es jedoch auf den Seitenstraßen. In jeder kleinen Ortschaft gibt es zumindest einen Kiosk, an dem etwas zu trinken oder kleine Snacks (frittiertes Gebäck, Kekse) verkauft werden. Übernachtungsmöglichkeiten bieten nur die größeren Ortschaften, am sichersten zelten Sie an einem Dorfrand (Dorfchef fragen). Dabei genießt man stets die madagassische Hilfsbereitschaft, denn die Bewohner helfen ggf. beim Kochen oder Wasserholen. Ein-

Beliebtes Wanderziel: der Andringitra-Nationalpark

facher sind Fahrradreisen mit einem Veranstalter. Die Unterkünfte sind im Voraus ausgesucht worden und meist fährt ein Begleitfahrzeug zur Sicherheit mit, wie z. B. bei One World (siehe Kasten).

Wandern und Bergsteigen

Im Gegensatz zum nahen Ostafrika, wo die Natur meist in Safarifahrzeugen erkundet wird, muss sie auf Madagaskar erwandert werden. Nur so lassen sich die faszinierenden Landschaften mit ihren einzigartigen Tieren und Pflanzen wirklich entdecken und kennenlernen.

In den meisten Nationalparks gibt es ausgezeichnete Wanderrouten unterschiedlicher Längen und Schwierigkeitsstufen. Von Spaziergängen bis hin zu mehrtägigen Trekkingtouren. Die meisten Reiseveranstalter haben einige Nationalparks und damit auch Wanderungen in ihr Reiseprogramm aufgenommen. Spezialisiert auf Wandern und Trekking haben sich Veranstalter wie **Wikinger Reisen**, www.wikinger-reisen.de.

Die madagassischen Nationalparks bieten eine Vielzahl beeindruckender Wanderrouten. Landschaftlich ganz besonders reizvoll ist der Weg zum Pic Imarivolanitra (2658 m) im Andringitra-Nationalpark (S. 153). Für botanisch Interessierte ist die Tsimelahy-Route im Andohahela-Nationalpark unbedingt empfehlenswert.

Individualreisende können mit Hilfe der Parkbüros und örtlichen Führer mehrtägige Trekkingtouren ebenfalls selbst organisieren. Ein Erlebnis ist der Big Tour Trail im Isalo-Nationalpark, der in 4–6 Tagen durch wunderschöne Felslandschaften und die grünen Oasen des Isalo-Gebirges führt (S. 162).

Feste und Traditionen

Traditionelle Feste

Die madagassischen Feste sind regional sehr unterschiedlich, je nach ethnischer Gruppe und lokalen Traditionen. In der Regel gibt es keine festen Termine, da die Festtage nach bestimmten Riten oder von Astrologen jeweils neu bestimmt werden.

Das Jahr der Feierlichkeiten beginnt im Hochland von Madagaskar mit dem **Alahamadibe,** einem Fest, mit dem die Menschen den Beginn des Mondjahres feiern. Durch die Opferung eines Zebus und spirituelle Reinigungen wird hierbei der Segen des Gottes Zanahary erbeten. Zu den größeren Festen gehört das im April/Mai ebenfalls im Hochland stattfindende **Taralily-Fest** (Reiserntefest), bei dem die Bewohner der umliegenden Dörfer zu einem gemeinsamen Festessen zusammentreffen, außerdem gibt es Musik, Gesang und Tanz. Weitere Feste, die im Zusammenhang mit dem Einbringen der Ernte stehen, werden auch in anderen Regionen gefeiert, z. B. das **Santa-Bary-,** das **Petra-Dango-** oder das **Lohavogny-Fest.** Dabei wird den Vorfahren für ihre Unterstützung gedankt und ein Teil der ersten Ernte geopfert oder an den Ortsvorsteher übergeben.

Die Zeit nach der Ernte ist die Periode, in der sich die Madagassen den **Ahnen** zuwenden und zugleich auch ihre Beschneidungssrituale vollziehen. Hierdurch festigt man tradierte gesellschaftliche Regeln und stärkt die sozialen Bindungen. Während die Beschneidung im Hochland **Famorana** heißt, nennt sie die Volksgruppe der Betsimisaraka im Südosten **Zolaza.** Das wohl größte Beschneidungsfest, das **Sambatra,** findet nur alle sieben Jahre im Monat Oktober in Mananjary (Ostküste) statt (s. S. 214). Während des einwöchigen Festes werden alle Jungen der Region gemeinsam beschnitten.

Eine Vielzahl der Feste steht in ganz direktem Bezug zu den Ahnen. Das bekannteste ist die im Hochland begangene **Famadihana**, das sogenannte »Totenumbettungsfest« (s. S. 68). Bei dieser großen Familienfeierlichkeit nimmt man die in Leichentücher gehüllten Knochen eines Verstorbenen aus dem Familiengrab und trägt sie unter fröhlichem Gesang und Musizieren durch das Dorf. Später werden sie dann, in einem frischen Leichentuch, wieder zurück in das Grab gelegt. Im Verlauf der Zeremonie erzählen die Festteilnehmer dem Verstorbenen die Neuigkeiten aus Familie und Dorf.

Feiertage

1. Januar (Neujahr)
29. März (Jahrestag des antikolonialen Aufstandes 1947)
1. Mai (Tag der Arbeit)
26. Juni 1960 (Nationalfeiertag, Tag der Unabhängigkeit von Frankreich im Jahr 1960)
15. August (Mariä Himmelfahrt)
1. November (Allerheiligen)
25. Dezember (Weihnachten)
sowie die variablen Feiertage Ostermontag und Christi Himmelfahrt

Königsahnen

Bei den Sakalava im Westen spielen bis heute Ahnenfeiern für die ehemaligen Könige eine große Rolle. Die Sakalava aus Boina (Region Mahajanga) wiederum treffen sich im Juli zum **Fanompoambe-Fest.** Im Rahmen der

Zur Tradition der madagassischen Feste gehört Musik und Gesang

Feierlichkeiten reinigt man die Umgebung der Gräber und bietet den Vorfahren Honig und Alkohol dar.

Beim sogenannten Bad der Reliquien wird den Königsahnen gehuldigt. Die Sakalava aus Menabe treffen sich alle fünf Jahre im August in Belo-sur-Tsiribihina zum **Fitapoha-Fest.** Es dient dazu, den Bund mit dem einstigen König zu erneuern und ihm ewige Treue zu versprechen. Die Zeremonien dauern eine Woche lang, nur am Montag und Mittwoch wird geruht, da die beiden Tage den Sakalava als unheilig gelten. Beim Fest stehen Gesang, Tanz und die Opferung eines Zebus im Mittelpunkt. Es gipfelt auch hier im »Bad der Reliquien« als dem Höhepunkt der Festtage.

Im Norden begeht man alle fünf Jahre im November das **Tsanga-Tsaina** (Königsfest) der Antakarana, bei dem ein verzierter hölzerner Balken auf dem Festplatz in die Erde gerammt wird. Während der Pfahl den König und gleichzeitig die Männlichkeit symbolisiert, stellt der Boden unter ihm die Mutter Erde dar und steht damit für Fruchtbarkeit. Das Tsanga-Tsaina-Fest soll die Verbindung zwischen dem historischen König Tsimiharo und seinen Nachkommen stärken sowie den neuen Herrschenden Macht verleihen. Während der Tage sind Pilgerfahrten zum Mitsio-Archipel als ehemaligem Rückzugsort der Könige und zu den unterirdischen Höhlen von Ankarana wichtig. Mit tagelangen Tänzen und Gesang sowie dem Hissen der Königsfahne, auf der ein Halbmond und rote Sterne zu sehen sind, gehört dieses traditionelle Fest zu einem der beeindruckendsten auf Madagaskar.

Fady

Das *Fady* ist ein traditionelles Gebot oder Verbot mit meist nur lokaler oder regionaler Bedeutung. Diese »Tabus« nehmen auch heute noch Einfluss auf das alltägliche Leben der Madagassen. Daher sollten sich Reisende auf Madagaskar beim Besuch heiliger Orte nach den örtlichen *Fady*s erkundigen und ihr Verhalten danach ausrichten. Reiseleiter und örtliche Führer weisen auf die *Fady*s hin. In Nationalparks sind sie meist auch ausgeschildert.

Festivals

Ende Mai findet auf Nosy Be das **Musikfestival Donia** statt. Das größte Festival im Westlichen Indischen Ozean dauert mehrere Tage; präsentiert werden Musikgruppen aus Madagaskar und der Region (www.festival-donia.com).

Auf der Insel Nosy Sainte Marie feiert man Ende August/Anfang September das **Zagnaharibe-Fest** (Festival der Wale) mit Ausstellungen, Kunstmarkt und Konzerten.

Ein international renommiertes Festival ist **Madajazzcar.** An dem **Jazz-Festival** in Madagaskars Hauptstadt Antananarivo nehmen jedes Jahr zahlreiche bekannte Musiker teil (alle Informationen bietet www.madajazzcar.mg).

Reiseinfos von A bis Z

Apotheken

Jede Stadt verfügt über Apotheken, die auf Madagaskar *Pharmacie* oder *Fivarotam-Panafody* genannt werden. Abseits der Großstädte ist das Angebot an Medikamenten allerdings beschränkt. Benötigte Medikamente sollten daher besser direkt aus Europa mitgebracht werden. Mittel gegen Fieber, Durchfall, Malaria und Schmerzen sind in der Regel aber überall erhältlich.

Ärztliche Versorgung

In allen Städten gibt es private niedergelassene Ärzte sowie Krankenhäuser. Der Versorgungsstandard entspricht nicht dem in Europa. Nur in Antananarivo finden sich einige gut ausgerüstete Arztpraxen und Kliniken. Im Ernstfall sind die nächsten Krankenhäuser mit europäischem Standard auf der zu Frankreich gehörenden Nachbarinsel Réunion zu erreichen (tgl. Flugverbindung). Eine Auslandskrankenversicherung ist zu empfehlen.

MM Clinic
Route de l'Université
Antananarivo
Tel. 020 222 35 55
mm24@wanadoo.mg,
Privatklinik, einige Ärzte sprechen Deutsch, tgl. 24 Std., guter Service, eigener Ambulanzwagen.

Institut Pasteur
Antananarivo
Tel. 020 22 40164
www.pasteur.mg, ipm@pasteur.mg
Das bekannte französische Institut ist spezialisiert auf Tropenkrankheiten (und keine Klinik für Verletzungen und Brüche und/oder chirurgische Eingriffe).

Diplomatische Vertretungen

Botschaft der Republik Madagaskar in Deutschland
Seepromenade 92
14612 Falkensee (bei Berlin)
Tel. 03 32 22 31 40
www.botschaft-madagaskar.de,
info@ botschaft-madagaskar.de
Mo–Fr 9–12.30, 13.30–16.30 Uhr

Konsulat der Republik Madagaskar in Österreich
Thomas Krapfenbauer
Pötzleinsdorfer Str. 96
A-1180 Wien
Tel. (+43) 1 479 12 73 oder 1 478 15 22

konsulat.madagaskar@vienna.at
Mo, Mi, Do 9–12 Uhr

Deutsche Botschaft auf Madagaskar
101 Làlana Pastora Rabeony Hans
Ambodirotra (Antananarivo)
Tel. 020 22 23802/03
www.antananarivo.diplo.de
Mo–Do 7–12.30, 13–16, Fr 7–13 Uhr
In dringenden Notfällen: Bereitschaftsdienst der Deutschen Botschaft Daressalam, Tel. (+255) 786 971692.

Feiertage

s. S. 34

Geld

Die madagassische Währung heißt Ariary (MGA). Die Geldscheine der Währung gibt es in den Werten 100, 200, 500, 1000, 5000 und 10 000 MGA. Daneben sind Münzen zu 50, 20, 10 und 5 MGA im Umlauf. Wechselkurs: 1 € = 3600 MGA, 1000 MGA = 0,28 €; 1 CHF = 3300 MGA, 1000 MGA = 0,30 CHF. Geld sollte möglichst schon in der Hauptstadt in madagassische Währung gewechselt werden. In der Provinz ist der Wechselkurs schlechter und der Umtausch nimmt zudem viel Zeit in Anspruch. Teure Hotels und Restaurants sowie einige Souvenirshops akzeptieren zwar Euro, unterwegs auf Madagaskar ist aber die heimische Währung gefragt. Dabei sollte man auf die Mitnahme von relativ kleinen Scheinen achten (500er bis 2000er). Ein 10 000-Ariary-Schein kann auf einem kleinen Markt oft nicht gewechselt werden. In großen Hotels sowie in Souvenirshops kann fast immer mit Euro (oder ggf. mit US-Dollar) bezahlt werden. Auf der Urlaubsinsel Nosy Be ist die Akzeptanz des Euro weit verbreitet.

Geld tauschen alle Banken und lizensierte Wechselbüros, Wechselkursvergleiche sind zu empfehlen. Zum Geldwechseln wird ein Reisepass benötigt. In Antananarivo sind u. a. auf der Avenue de l'Indépendance illegal wechselnde Geldhändler unterwegs, um die man besser einen großen Bogen machen sollte. Fahrlässig ist es, in aller Öffentlichkeit versteckte Geldbörsen hervorzuholen oder in dickeren Geldbündeln nach passenden Scheinen zu suchen. Der benötigte Betrag sollte vorher separat mitgeführt werden.

Das Bezahlen mit Kreditkarte ist auf Madagaskar nicht weit verbreitet. Nur große und teure Hotels akzeptieren die Bezahlung mit Karte, in der Regel Visa und Mastercard. In Antananarivo und in den großen Provinzstädten kann an einigen Geldautomaten der französischen Bankinstitute (Societé General, CA-BNI, BNP-BMOI) mit der europäischen Maestro-Karte Geld abgehoben werden. Da die Bankautomaten (ATM) nicht immer einsatzbereit sind, sollte man sich aber nicht darauf verlassen! Die früher beliebten Reisechecks *(traveller cheques)* sind auf Madagaskar schwer einzulösen. Sie werden nur von großen Bankfilialen akzeptiert. Die zweite Unterschrift sollte hundertprozentig mit der ersten übereinstimmen, sonst wird die Annahme des Schecks verweigert.

Gesundheit

Für Madagaskar sind keine Impfungen gesetzlich vorgeschrieben. Es wird lediglich der Nachweis einer Gelbfieberimpfung verlangt, wenn die Einreise nach Madagaskar von einem Gelbfieber-Epidemiegebiet aus erfolgt. Für Reisen in tropische Länder sollte zum eigenen Schutz überprüft werden, ob die bei uns allgemein üblichen Impfungen gegen Tetanus und Polio

Handeln/Feilschen
Die Preise in Geschäften sowie für Lebensmittel auf den Märkten sind Festpreise. Bei allen anderen Produkten, vor allem Souvenirs, kann und sollte gehandelt werden. Zumeist können Ausländer nicht in dem Maße Preise herunterhandeln wie Einheimische.

noch gültig sind. Die Notwendigkeit einer Hepatitis-A-Impfung sollte mit dem Hausarzt abgeklärt werden. Für Reisende, die sich in einer Gruppe auf den üblichen Routen bewegen, sind Typhus- und Cholera-Impfungen nicht notwendig.

Malaria ist auch auf Madagaskar ein Thema, das Risiko einer Ansteckung regional aber sehr unterschiedlich. Im Hochland und in den Gebirgen relativ gering verbreitet, gibt es an den Küsten eine hohe Ansteckungsgefahr. Das höchste Risiko besteht an der ganzjährig feuchtwarmen Ost- und Nordküste. Immer mehr Mediziner gehen dazu über, keine Malariaprophylaxe zu empfehlen. Um die Bildung von Resistenzen gegenüber den Antimalaria-Wirkstoffen nicht zu fördern, wird geraten, die Medikamente »stand-by« mitzunehmen. Diese werden dann bei Bedarf eingenommen, wenn beim Auftreten der typischen Symptome (hohes Fieber, Schüttelfrost, Gliederschmerzen) kein Arzt verfügbar ist. Letztendlich muss jeder selbst entscheiden, welches Risiko er eingehen möchte.

Kinder

Die Kinderliebe der Einheimischen schlägt sich in der Begegnung der Madagassen mit den Kindern Reisender nieder: Wer mit Kindern reist, erfährt in aller Regel erhöhte Aufmerksamkeit und Hilfe. In vielen Hotels werden für einen geringen Aufpreis im Zimmer der Eltern Kinderbetten aufgestellt. Einige Unterkünfte bieten auch Familienzimmer an. In den Nationalparks zahlen Kinder bis 12 Jahre nur 200 MGA Eintritt.

Medien

Auf Madagaskar ist die Medienlandschaft zwar vielfältig, beschränkt sich aber hauptsächlich auf die Hauptstadt Antananarivo. Dort gibt es eine ganze Reihe von Fernsehsendern, Radiostationen, Zeitschriften und Tageszeitungen. Außerhalb der Hauptstadt befinden sich nur in den großen Provinzstädten Ableger der großen Radio- und TV-Sender. Tageszeitungen gibt es nur in Großstädten mit täglichen Flugverbindungen. Alle Medienformate nutzen die Sprachen Malagasy und/oder Französisch. In sämtlichen Medienbereichen sind sowohl staatliche als auch private Medienfirmen aktiv. Die Berichterstattung ist relativ frei, d. h. es gibt offiziell keine Zensur. Aus den Flugzeugen übrig gebliebene französisch- und englischsprachige Zeitungen werden manchmal vor dem Postamt der Oberstadt von Antananarivo verkauft. Deutschsprachige Medien sind in Madagaskar kaum zu bekommen.

Die Verbreitung des Internets steckt noch in den Kinderschuhen. Nur in den großen Städten gibt es eine Reihe von Internetcafés, die ländlichen Gebiete sind meist nur über Mobilfunk an das Datennetz angeschlossen.

Nationalparks

Madagaskar verfügt zurzeit über 25 Nationalparks. Diese werden von der staatlichen Behörde »Madagascar National Parks« verwaltet. Die bekanntesten sind der Andasibe-Mantadia- und Ranomafana-Nationalpark im Osten und der Isalo-Nationalpark im Westen. Zwei Parks schützen neben einem Landteil auch die Meeresfauna: Mananara-Nord und Sahamalaza. Die meisten Nationalparks sind mittlerweile für Besucher zugänglich. Für den Besuch muss ein Eintrittsgeld entrichtet werden, je nach Park zwischen 10 000 und 25 000 MGA. Alle Schutzgebiete dürfen nur mit offiziellen Parkführern erkundet werden. Diese werden von den örtlichen Parkbüros vermittelt. Ihr Entgelt ist unterschiedlich, Preislisten hängen in den Büros aus. Die Öffnungszeiten sind in der Regel 7/8–17/18 Uhr (Büro in Antananarivo, Tel. 020 22 41538, www.parcs-madagascar.com).

Notruf

Es gibt auf Madagaskar kein einheitliches Notrufsystem. Bei Notfällen im Hotel sollte man sich an die Rezeption wenden. In der Hauptstadt Antananarivo gelten folgende Telefonnummern: **Polizei** 117, **Feuerwehr** 118.
Sperrung von Bank- und Kreditkarten: Bankkarte 0049 116 116, MasterCard 0049 69 79 33 19 10, VISA 0049 69 79 33 19 10, American Express 0049 69 97 97 10 00, Diners Club 0049 69 66 16 61 23. Halten Sie Ihre Kreditkarten- und Kontonummer sowie die BLZ bereit!

Öffnungszeiten

Landesweit einheitliche Öffnungszeiten existieren nicht. Kleine Geschäfte (Kiosk) haben täglich geöffnet, meist von 6 bis 22 Uhr. Dort gibt es ein Grundangebot der wichtigsten Lebensmittel wie z.B. Reis, Öl, Konserven. Große Supermärkte haben ebenfalls länger (8–20 Uhr) sowie an Sonntagen (9–14 Uhr) auf.

Geschäfte: Mo–Fr 8–12 und 14–18 Uhr, Sa 8–12 Uhr
Märkte: ca. 6–18 Uhr, Wochenmärkte ca. 6–16 Uhr
Banken: Mo–Fr 8–11, 14–16 Uhr
Post: Mo–Fr 8–12, 14–17, Sa 8–12 Uhr

Reisekosten

Die Preise in Antananarivo und auf der touristischen Insel Nosy Be liegen fast auf europäischem Niveau. Dies gilt außerhalb der zwei Regionen ebenfalls für Hotels und Restaurants der oberen Preiskategorie. Auf Märkten oder in madagassischen Restaurants dagegen liegen die Preise deutlich darunter. Einige Preisbeispiele:

Öffentliche Verkehrsmittel
Die **Taxifahrt** von Antananarivo-Zentrum zum Flughafen kostet 15–20 €, vom Zentrum Tolagnaro zum Flughafen 2 €. Für ein **Taxi-Be** innerhalb Antananarivo werden ca. 0,20 € berechnet. Die Fahrt mit dem **Taxi-Brousse** von Antananarivo nach Taomasina kostet etwa 7 €.

Unterkünfte
Der Preis für einfache Unterkünfte (Zimmer mit Gemeinschaftsbad) liegt bei etwa 5 €. Im 4- und 5-Sterne-Bereich zahlt man zwischen 100 und 180 € pro DZ.

Restaurants
Essen und Getränke in gehobenen Restaurants (meist europäisch geführt) haben fast europäisches Niveau. Je nach Auswahl und Standard des Restaurants kostet ein Gericht zwischen 3 und 10 €. In Restaurants der mittleren Kategorie wird für ein Gericht zwischen 2 und 7 € verlangt, in einfachen Restaurants ca. 1 bis 4 €.

Getränke
Abgesehen von Bars und Restaurantbetrieben der gehobenen Klasse mit ihren Preisen auf ähnlich hohen Niveau wie in Europa kostet ein Bier

Sicherheit
Madagaskar gilt als sicheres Reiseland. Aber wie in vielen Ländern sind einige Verhaltensvorschriften zu beachten. In Antananarivo gibt es geübte Taschendiebe. Bei einem Stadtspaziergang sollten daher alle Wertgegenstände im Hotel bleiben oder gut am Körper versteckt sein. Das gilt auch beim Besuch von großen Märkten. Ein Spaziergang alleine nach Einbruch der Dunkelheit sollte vermieden werden. In den Provinzstädten ist es dagegen etwas ruhiger. Generell gilt allerdings auch dort, dass das offene Mitführen von Wertgegenständen (z. B. teuren Uhren, Schmuck) möglichst vermieden werden sollte.
Auf Madagaskar leben keine für Menschen gefährlichen Tiere. Es gibt keine großen Raubtiere und alle Schlangenarten sind für Menschen harmlos. Skorpione sind selten, deren Stiche können allerdings sehr schmerzhaft sein.

(THB 0,5 l) etwa 1,30 bis 1,50 €, eine Cola (0,3-l-Flasche) 0,70 bis 0,90 €, ein Kaffee/Tee 0,20 bis 0,35 €.

Reisen mit Handicap

Reisende mit Handicap finden in Madagaskar kaum auf sie zugeschnittene Angebote. Nur wenige Hotels sind barrierefrei. Hilfreich sind örtliche Agenturen, die Reisen nach persönlichen Vorgaben organisieren (s. Individualreisen S. 25).

Souvenirs

Beliebte Mitbringsel aus Madagaskar sind Gewürze aller Art, vor allem Vanille ist preiswert zu bekommen. Typisch sind dem Grabschmuck nachempfundene Schnitzereien wie die sogenannten *Aloalo.*

Praktisch für zu Hause sind die vielen aus Fasern der Raphia-Palme hergestellten Taschen, Platzdeckchen und Körbe oder Utensilien aus Zebuhorn wie Bestecke, Becher und Salzstreuer. Ein besonderes Souvenir ist sicher eines der typischen madagassischen Musikinstrumente. Die Bambusgitarre *Valiha* etwa wird oft mit schönen Schnitzereien versehen. Ein Souvenir-Klassiker aus Madagaskar ist das Spiel »Solitaire« mit Kugeln aus echten Halbedelsteinen.

Straßenkinder

Auf Madagaskar gibt es in einigen großen Städten Straßenkinder, die bettelnd durch die Straßen ziehen. Ein Teil der Kinder sind keine wirklichen Straßenkinder, sie werden von ihren Eltern zum Betteln geschickt und können so nicht zur Schule gehen. Auch an einigen touristischen Orten gibt es Kinder, die betteln. Sie sollten ihnen nie etwas zustecken, da Sie sie damit zum weiteren Betteln ›erziehen‹. Wenn Sie Zeit haben, laden Sie ein Kind zum Essen an einer der Garküchen an der Straße ein. Besser noch, Sie unterstützen Initiativen, die sich um Kinder und Straßenkinder professionell kümmern. Ein Verein, der gute Arbeit leistet, und sich um die Straßenkinder von Antananarivo kümmert, ist **Zaza Faly e.V.** (»glückliches Kind«). Bei einer vorherigen Anmeldung ist auch ein Besuch der Einrichtung möglich (weitere Informationen unter www.zaza-faly.de).

Telefonieren

Das Mobilfunknetz ist gut ausgebaut und deckt zumindest die größeren Ortschaften sowie die wichtigen Nationalstraßen ab. Im Jahr 2009 gab es bereits 1,2 Mio. Mobilfunknutzer auf Madagaskar. Mehrere Anbieter stehen zur Verfügung (Telma, Orange, Airtel), eine SIM-Prepaidkarte kostet nur wenige Euro. Für Vieltelefonierer ist dies die preiswertere Alternative zu den meist sehr teuren Telefongesprächen vom Hotel aus. In großen Städten gibt es zudem Telefonshop-Anbieter auf der Straße, das sind kleine mobile Stände, die ein Telefon für Gespräche zu festen Minutenpreisen bereithalten. Die Preise stehen zumeist auf einer Papptafel.

Auch deutsche Vertragshandys können auf Madagaskar genutzt werden. Roamingpartner von T-Mobile sind Telma und Airtel, von Vodafone Orange und Airtel. Handys mit deutscher Prepaidkarte funktionieren nicht. Festnetznummern beginnen mit 020 (+ Vorwahl + Rufnummer), Handynummern mit 03 (+ Ziffer des Mobilfunkanbieters + 7-stellige Rufnummer).

Vorwahl Deutschland: 00 49
Vorwahl Österreich: 00 43
Vorwahl Schweiz: 00 41
Vorwahl Madagaskar: 00 261

Trinkgeld

Bei persönlichen Dienstleistungen wird auch auf Madagaskar ein Trinkgeld erwartet. In Restaurants beispielsweise ist es üblich, den Rechnungsbetrag stets aufzurunden. In den Hotels der touristischen Zentren erwarten die Zimmermädchen ebenfalls einen kleineren Geldbetrag (als Anhaltspunkt dient umgerechnet bis 0,50 € pro Nacht).

Bei einheimischen Führern, die keinen öffentlich ausgeschriebenen und damit feststehenden Preis haben, gilt mindestens ein Trinkgeld in Höhe des jeweiligen Eintrittsgeldes (der Museen, Privatparks etc.) als angemessen. Aber auch die Nationalparkguides, für die Entgelte offiziell festgelegt sind, erwarten darüber hinaus noch einen Obolus für eine gelungene Führung. Trinkgeld sollte stets in der Landeswährung gezahlt werden. Für Fahrer und Reiseleiter am Ende der Reise gelten die internationalen Standards (ein bis zwei Euro pro Tag und Person). Mit den Trinkgeldern sollte aber immer auch die Zufriedenheit über die erbrachte Leistung zum Ausdruck gebracht werden.

Umgangsformen

Auf Madagaskar geht es meist etwas gemütlicher zu. *Mora mora* (langsam) wie die Madagassen es selbst nennen. In Büros wie Banken und Postämtern wird vieles akribisch geprüft und eingehalten, was mitunter sehr zeitraubend sein kann. Geduld ist gefragt, ungeduldiges Verhalten gilt als unhöflich. Beim Besuch von Gräbern und Kultstätten können örtlich bestimmte Kleidervorschriften gelten. Im Hochland sind kurze Röcke und Shorts nicht gern gesehen, an den wärmeren Küsten erregt das aber kein Aufsehen. Auf FKK sollte verzichtet werden.

Wasser

Leitungswasser sollte auf Madagaskar weder getrunken noch außerhalb der Hauptstadt zum Zähneputzen verwendet werden. Wasser in Flaschen gibt es in jedem Ort zu kaufen.

Zeit

Madagaskar gehört zur ostafrikanischen Zeitzone. Sie ist der Mitteleuropäischen Winterzeit um 2 Std. voraus. Während der Sommerzeit beträgt der Zeitunterschied nur noch plus 1 Std.

Panorama – Daten, Essays, Hintergründe

Traumstrände finden sich auf Nosy Iranja, einer Nachbarinsel von Nosy Be

Steckbrief Madagaskar

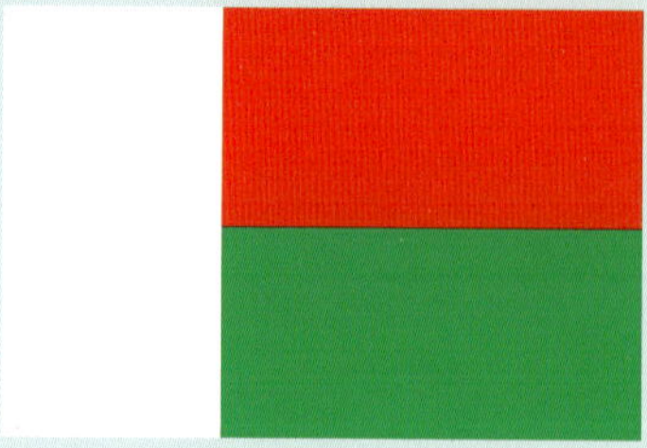

Lage und Fläche: Madagaskar liegt im westlichen Indischen Ozean auf 12° bis 25° südlicher Breite und 43° bis 51° östlicher Länge, in etwa auf der Höhe von Mosambik. Es hat eine Fläche von insgesamt 587 041 km², eine Nord-Süd-Ausdehnung von 1600 km und eine Ost-West-Ausdehnung zwischen 450 und 580 km.

Hauptstadt: Antananarivo, im zentralen Hochland gelegen (ca. 2 Mio. Einw.).

Einwohner: Madagaskar hat rund 25 Mio. Einwohner (geschätzt 2016). Sie verteilen sich auf insgesamt 18 verschiedene ethnische Gruppen. Etwa 1 % der Einwohner sind Ausländer (Asiaten und Europäer).

Sprache: Die Sprache der Madagassen ist Malagasy, eine aus dem indonesischen Sprachraum stammende Sprache, die in verschiedenen Dialekten auf der gesamten Insel gesprochen wird. Daneben ist die ehemalige Kolonialsprache Französisch offizielle Amtssprache, die hauptsächlich nur in der gebildeten Bevölkerungsschicht verbreitet ist. Englisch war kurzzeitig von 2007 bis 2010 ebenfalls Amtssprache.

Währung: Die alleinige offizielle Währung heißt Ariary (MGA). Der Name stammt von der Bezeichnung einer Silbermünze aus vorkolonialer Zeit. Diese wurde ab 1961 neben dem offiziellen Franc Malgache wieder eingeführt, der 2005 abgeschafft wurde. 1 € sind ca. 3600 Ariary (Stand April 2016).

Zeitzone: Madagaskar gehört zur ostafrikanischen Zeitzone. Der Unterschied beträgt zur westeuropäischen Winterzeit plus 2 Std., zur westeuropäischen Sommerzeit plus 1 Std.

Landesflagge: Die Nationalflagge Madagaskars wurde 1958 offiziell eingeführt und basiert auf den weiß-roten Farben des Imerina-Reiches. Das Grün steht für die Küstenbewohner.

Geografie und Natur

Madagaskar ist nach Grönland, Neuguinea und Borneo die viertgrößte Insel der Welt. Sie lässt sich in fünf geografische Zonen einteilen: Die Ostküste, an der sich ein Höhenzug erstreckt, der einen Teil der Wolken des Indischen Ozeans abfängt und das feuchte Klima im Osten verursacht; das Hochplateau, das sich auf einer Höhe zwischen 800 und 1500 m befindet; der Norden mit seinem Tsaratanana-Massiv und der mit 2876 m höchsten Erhebung der Insel, dem Mt. Maromokotro; schließlich der Westen mit seinen Trockenwäldern sowie der noch trockenere Südwesten.

Die Einzigartigkeit der madagassischen Natur ist in der frühen Trennung vom afrikanischen Kontinent vor etwa 160 Mio. Jahren sowie in der abgeschiedenen Insellage begründet. Nur so konnten sich ältere Tier- und Pflanzenarten länger halten bzw. sich ungestört weiterentwickeln. Auf Madagaskar sind fast 80 % der Pflanzen und Tiere endemisch, das heißt sie kommen nur auf dieser Insel vor. Hervorzuheben sind die Lemuren (Halbaffen), die nur hier die Evolution überdauert haben.

Geschichte

Nach der ersten Besiedlung der Insel zunächst durch Asiaten aus dem indonesischen Raum (ab dem 1. Jh. n. Chr.) und später von Afrikanern (ab dem 5. Jh. n. Chr.) entstanden verschiedene Volksgruppen mit eigener Kultur, aber gemeinsamer Sprache. Ab dem 16. Jh. bildeten sich die ersten Königreiche. So entwickelte sich das Merina-Reich ab dem 18. Jh. zum größten und mächtigsten und beherrschte im 19. Jh. große Teile Madagaskars. Nach einigen vergeblichen Versuchen der Europäer, für längere Zeit auf der Insel Fuß zu fassen, eroberten die Franzosen Mitte des 19. Jh. mehr und mehr Teile Madagaskars und machten die Insel 1896 zu einer ihrer Kolonien, die bis ins Jahr 1960 Bestand hatte. Nach der Kolonialzeit erlebte der unabhängige Staat verschiedene politische Systeme.

Staat und Verwaltung

Die Republik Madagaskar (Repoblikan'i Madagasikara) ist seit 1998 eine präsidiale Demokratie mit einem Premierminister an der Spitze der Regierung. Angelehnt an das französische System ist der Präsident mit weitreichenden Befugnissen ausgestattet. Ebenso hat das Militär eine gewisse Machtposition, die bei politischen Auseinandersetzungen zutage tritt. Nach dem Putsch von 2009 fanden 2013 freie Wahlen statt; keiner der ehemaligen Präsidenten durfte teilnehmen.

Ursprünglich war Madagaskar in sechs Provinzen (Faritany) eingeteilt; diese Strukturierung wurde Ende 2009 abgeschafft. Die wichtigste regionale Gliederung stellen heute die 22 Regionen dar. Diese wiederum teilen sich in insgesamt 116 Distrikte. Neben dem Parlament, das alle fünf Jahre gewählt wird, besteht eine zweite Kammer als Vertretung der Regionen.

Wirtschaft und Tourismus

Madagaskar gehört zu den ärmsten Ländern der Welt, verfügt aber über Bodenschätze wie Graphit, Chrom, Eisenerz, Nickel, Phosphat, Gold sowie Edel- und Halbedelsteine. Bedeutendster Sektor der Wirtschaft ist die Landwirtschaft. Angebaut und exportiert werden Reis, Vanille, Kaffee, Tee, Zuckerrohr, Gewürze (Nelken, Pfeffer), Kakao, Erdnüsse, Litschi, Baumwolle und Sisal. Der Tourismus spielt für die heimische Wirtschaft noch eine untergeordnete Rolle, obwohl sich die Regierungen seit 1992 verstärkt um einen Ausbau bemühen.

Bevölkerung

Die Bevölkerung Madagaskars setzt sich aus 18 verschiedenen ethnischen Gruppen zusammen. Die beiden im Hochland lebenden Völker der Merina (27 % der Gesamtbevölkerung) und Betsileo (12 %) sind asiatischer (indonesischer), die anderen 16 hauptsächlich afrikanischer Abstammung. An den Küsten leben Ethnien mit leichtem arabischen Einschlag.

Religion

Rund 50 % der Madagassen bekennen sich zum Christentum, etwa die Hälfte davon zum Katholizismus, die andere Hälfte verteilt sich auf die protestantischen Kirchen. Ein großer Teil von etwa 40 % der Madagassen hängt traditionellen Religionen an, wobei die Übergänge zu den Weltreligionen oft fließend sind. Etwa 7 % der Bevölkerung sind Muslime.

Geschichte im Überblick

	Frühzeit
vor 180 Mio.	Madagaskar löst sich vom afrikanischen Kontinent.
	Einwanderung
um 400	Erste Einwanderungswelle aus dem indonesischen Raum. Um das Jahr 800 Wanderbewegungen vom Nordosten der Insel ins Hochland.
um 1000	Die ersten Afrikaner kommen über den Kanal von Mosambik.
um 1200	Erste Ansiedlungen von arabischen Seefahrern im Norden.
	Die ersten Europäer
1500/1506	Der Portugiese Diego Diaz erreicht zufällig die Küste Madagaskars. 1506 betritt sein Landsmann Fernando Suarez madagassischen Boden.
1642	Die Franzosen gründen ihren Stützpunkt Fort Dauphin im Südosten.
	Zeit der Königreiche
Mitte 17. Jh.	Einige Merina-Königreiche haben sich im Hochland etabliert. Im Westen bilden sich die ersten Sakalava-Reiche.
1795	König Andrianampoinimerina macht Antananarivo zum Hauptsitz.
1810–28	Regierungszeit von König Radama I., in seiner Zeit erste Missionsniederlassungen in Madagaskar (1818/20).
1828–61	Regierungszeit von Königin Ranovalona I.
1836	Ein Jahr nach Veröffentlichung der Bibel in madagassischer Sprache müssen die christlichen Missionare auf Anordnung der Königin Madagaskar verlassen. Das Christentum wird verboten.
1837	Erster Botschafter Madagaskars wird nach London entsandt.
1861–63	Regierungszeit von König Radama II. Das Verbot der christlichen Lehre wird aufgehoben.
1863–68	Nach dem Mord an Radama II. besteigt Königin Rasoherina den Thron und schließt 1865 einen Freundschaftsvertrag mit den Briten.
1868–83	Regierungszeit von Königin Ranavalona II.; sie heiratet den Premierminister und konvertiert zusammen mit ihm zum Protestantismus.
1883–97	Regierungszeit von Königin Ranavalona III.

Europäischer Einfluss

1883–85 Ein Streit um das Erbe des Konsuls Jean Laborde führt zum ersten französisch-madagassischen Krieg. Während des Krieges wird im Mai 1883 der erste deutsch-madagassische Freundschaftsvertrag zwischen Königin Ranavalona III. und Kaiser Wilhelm I. geschlossen.

1894–96 Der zweite französisch-madagassische Krieg endet mit dem Sieg Frankreichs. Madagaskar wird französisches Protektorat. 1896 erhält die Insel den offiziellen Status einer französischen Kolonie.

1897 Die Merina-Monarchie wird am 28. Februar abgeschafft und die letzte Königin nach Réunion verbannt. Sie stirbt 1917 im Exil in Algerien.

ab 1929 Erste Demonstration für die Unabhängigkeit Madagaskars in Antananarivo. Zu Beginn der 1930er-Jahre gründet Jean Ralaimongo die erste Unabhängigkeitsbewegung.

1942 Kurzzeitige Besatzung der Insel durch die Briten.

1943 Die Briten übergeben Madagaskar den Franzosen unter De Gaulle.

1947 Im März Beginn des »Großen Aufstandes« gegen die französische Kolonialmacht. Rund 80 000 Madagassen kommen dabei ums Leben.

Das unabhängige Madagaskar

1950er-Jahre Erste politische Gruppierungen und Parteien werden gegründet und setzen sich für eine Unabhängigkeit Madagaskars ein.

1958 Madagaskar wird am 10. Oktober eine »Autonome Republik«, erste allgemeine Wahlen werden vorbereitet.

1960 Am 26. Juni erhält Madagaskar offiziell die Unabhängigkeit, Tsiranana wird erster Präsident.

1972 Wegen Protesten gegen seine Politik sowie auf Druck des Militärs tritt Tsiranana zurück und General Ramantsoa übernimmt die Macht.

1975 Im Februar muss Ramantsoa wegen Machtstreitigkeiten im Militär zurücktreten, Nachfolger Ratsimandrava wird nach einigen Wochen im Amt ermordet. Ihm folgt Ex-Außenminister Didier Ratsiraka.

1977 Ratsiraka kappt die Beziehungen mit Frankreich und wendet sich dem Ostblock zu. Unter ihm setzt eine »Malagassisierung« ein, bei der u. a. die kolonialen Städtenamen geändert werden.

1980 Die anglikanische, Luthersche und katholische Kirche schließen sich im Council of Christian Churches of Madagascar (FFKM) zusammen.

1989 Bei der vorgezogenen Präsidentenwahl wird Ratsiraka mit 62 % der Stimmen für 7 Jahre wiedergewählt. Es wird allgemein von Wahlfälschung ausgegangen. Ratsiraka gerät innen- wie außenpolitisch unter Druck. Nach dem Zusammenbruch des Ostblocks sucht er wieder engeren Kontakt zu Frankreich. Im Dezember beschließt das Parlament eine Verfassungsänderung, der Sozialismus bleibt aber in der Verfassung verankert.

1990 Im August lädt der Kirchenbund FFKM zur Versammlung Hery Velona (HV=Lebende Kräfte) ein. Er möchte mit den politischen und gesellschaftlichen Gruppen eine neue Staatsordnung schaffen. Ratsirakas Parteigänger boykottieren die Versammlung, die im Verlauf der nächsten Monate zum Koordinierungsorgan der Opposition wird.

1991 Die HV ruft ab dem 10. Juni zum Generalstreik auf. Er wird 6 Monate dauern und das Land weitgehend lähmen. Über Monate hinweg demonstrieren Hunderttausende in der Hauptstadt friedlich für einen Regimewechsel. Am 17. Juli gibt die HV eine eigene Übergangsregierung bekannt. Albert Zafy wird deren Premierminister. Der eigentliche Premierminister Colonel Victor Ramahatra verhängt den Ausnahmezustand. Am 10. August ruft die HV zum Protestmarsch zum Präsidentenpalast in Iavoloha auf, um Ratsiraka zum Rücktritt zu drängen. Ratsiraka setzt Hubschrauber mit Tränengas und Granaten gegen die Demonstranten ein. Dieser Tag gilt als Wendepunkt, viele Anhänger Ratsirakas kehren ihm nach diesem blutigen Tag den Rücken. Frankreich beendet die militärische Zusammenarbeit. Der neue Premierminister Razanamasy stellt am 26. August seine Regierung vor, in der einige gemäßigte Oppositionspolitiker vertreten sind. Erst nach der Einigung aller Parteien werden am 19. Dezember die letzten Streiks beendet. Madagaskar ist wirtschaftlich am Boden.

1992 Am 19. August wird ein Referendum zur neuen Verfassung abgehalten, die mit 72 % der Stimmen angenommen wird. Bei den Präsidentenwahlen am 25. November treten acht Kandidaten an. Zafy erreicht 45 %, Ratsiraka 29 % und Rakotonirina 10 %.

1993 Bei einer Stichwahl erhält Zafy die meisten Stimmen und wird als neuer Präsident vereidigt. Beginn der sogenannten 3. Republik.

1995/96 Im November geht der Palast der Königin (Rova) in Flammen auf. Didier Ratsiraka kommt aus dem Exil zurück und gewinnt die Wahlen.

Die jüngsten Entwicklungen

1999 Marc Ravolomanana wird Bürgermeister von Antananarivo.

2001 Am 16. Dezember finden Präsidentschaftswahlen statt. Der Wahlsieg von Ratsiraka wird wegen Manipulationen von der Opposition nicht anerkannt.

2002 Anfang des Jahres kommt es zu Ausschreitungen zwischen Ratsiraka und Teilen des Militärs sowie Ravalomanana und seinen Anhängern. Am 29. April entscheidet das höchste Gericht Madagaskars auf Wahlsieg zugunsten Ravalomananas, der am 5. Mai vereidigt wird. Ratsiraka erkennt das Urteil nicht an, es folgen turbulente Wochen, die auf einen Bürgerkrieg hinauslaufen. Auf Druck der USA und nachdem Frankreich seine Unterstützung einstellt, geht Ratsiraka am 5. Juli ins Exil nach Paris.

2003 Präsident Ravalomanana verkündet beim 5. World Parks Congress in Durban, Südafrika, seine Pläne zur Verdreifachung der ausgewiesenen Naturschutzgebiete in Madagaskar.

2006 Bei erneuten Wahlen gewinnt Ravalomanana souverän (54,8 %).

2007 Eine neue Verfassung mit weiteren Machtbefugnissen für den Präsidenten wird verabschiedet. Englisch wird dritte Staatssprache.

2009 Im Januar beginnen Demonstrationen gegen Präsident Ravolamanana, nachdem ihm der Bürgermeister der Hauptstadt illegale Machenschaften vorwirft. Am 17. März tritt Präsident Ravolamanana auf Druck des Militärs zurück, das Bürgermeister Andry Rajoelina zum Präsidenten ernennt. Die AU und EU erkennen den neuen Präsidenten nicht an und fordern Neuwahlen. Hilfsgelder werden auf Eis gelegt.

2010 Die Opposition vermutet hinter dem Wahlergebnis des Referendums zur Legalisierung der Präsidentschaft Rajoelinas eine Fälschung.

2011 Auf internationalen Druck hin wird eine Übergangsregierung gebildet, die von den meisten Oppositionsparteien unterstützt wird.

2013 Am 25. Oktober fanden die immer wieder verschobenen Präsidentenwahlen statt. Bei der notwendigen Stichwahl am 22. Dezember wird Hery Rajaonarimampianina zum neuen Präsident gewählt.

2015 Eine Amtsenthebung des Präsidenten durch das unzufriedene Parlament wird im Juni vom Verfassungsgericht gestoppt.

Madagaskar Royal

Königin Ranavalona trug den Beinamen »die Schreckliche«

Über Jahrhunderte lässt sich die Geschichte verschiedener Königreiche und Dynastien auf Madagaskar zurückverfolgen. Doch kein Reich war je so machtvoll wie das der Merina.

Als Etienne de Flacourt im Jahre 1648 im heutigen Tolagnaro ankam, existierte dort bereits ein kleines Königreich namens Madécase. Der Franzose leitete den Namen wahrscheinlich von dem Wort Malagasy ab, wie die Einheimischen sich nennen.

Wie Flacourt berichten viele Reisende jener Zeit über Königreiche und Herrscher. Bis zum 17. Jh. hatten es allerdings nur die im Westen lebenden Sakalava geschafft, ein einheitliches, großes Reich zu etablieren. Der Rest des Landes war in unzählige kleine Reiche aufgesplittert.

Beginn der Merina-Herrschaft

Auch die Merina im Hochland hatten im 17. Jh. noch mehrere Herrscher. Der Tradition nach residierten die Könige auf dem höchsten Hügel der Umgebung. Viele sahen sich als Halbgötter und als Mittelpunkt des Universums. Mitglieder der königlichen Familie wurden **Andriana** genannt.

Durch die vielen herrschenden Könige sollen im 18. Jh. etwa 20 % der Merina-Bevölkerung zur königlichen Kaste gezählt haben. Die Bürgerlichen hießen **Hova** und verwalteten sich vor Entstehung der königlichen Kaste vermutlich selber.

Die erste Zusammenführung mehrerer kleiner Merina-Reiche zu einem größeren Reich gelang König Andriamasinavalona Anfang des 18. Jh. Schon zu Lebzeiten verfügte er jedoch, dass sein Reich unter seinen vier Söhnen aufgeteilt werden sollte. Durch die Wirren eines aufkommenden Bürgerkrieges ging sein Reich allerdings schon vor 1740 unter. Der Bürgerkrieg sollte noch bis etwa 1790 dauern.

Die Einigung der Merina

Ein Merina-König gelangte Ende des 18. Jh. durch den Sklavenhandel zu größerer Macht. Sein Name war Andrianampoinimerina (1750–1809). Er begann seine Eroberungszüge 1787 mit dem Sturz des Königs von Ambohimanga. Dort richtete er sich ein und begann die kleinen Reiche der Umgebung unter seine Herrschaft zu bringen. Im Jahre 1795 zog er auf einen anderen, höheren Hügel um – Analamanga, das spätere Antananarivo. Er trieb den Sklavenhandel voran und sicherte sich so Einfluss auch über die Grenzen seines Reiches hinaus. Allein für die Nachbarinseln Réunion und Mauritius wurden zwischen 1767 und 1810 rund 50000 Sklaven exportiert. 1810 stirbt der König und sein Lieblingssohn, der erst 17 Jahre alte Radama I., wird 1810 sein Nachfolger. Auf dem Totenbett soll er den berühmt gewordenen Satz gesagt haben: »Imerina wurde vereint, das Meer soll die Grenze meiner Reisfelder sein.«

Mitte 1817 eroberte Radama die Hafenstadt Toamasina und kontrollierte dort den Handel mit Wohlwollen der britischen Herrscher.

1820 durften die ersten Missionare der London Missionary Society auf die Insel. Sie wurden vom König beauftragt, eine lateinische Schriftform für die madagassische Sprache zu entwickeln. Bis 1825 hatte Radama I. sämtliche wichtigen Regionen und Häfen Madagaskars erobert, inklusive des bis dato großen Sakalava-Reiches Boina im Westen. Drei Jahre später starb er im Alter von 35.

Ranavalona, die Schreckliche

Auf König Radama I. folgte seine Hauptfrau als Königin Ranavalona I. Vom Militär bekam sie einen *mpitaiza andriana* (königlichen Leibwächter) an die Seite gestellt, der wenig später ihr offizieller Liebhaber wurde. So verlagerte sich die Macht mehr und mehr hin zur Militärführung, die der bürgerlichen Hova-Kaste entstammte. Um diese Macht für ›ihr Militär‹

zu sichern, ließ sie alle näheren Verwandten Radamas verhaften und exekutieren. Ende 1828 teilte sie den britischen Gesandten mit, dass sie sich nicht mehr an die Verträge mit Großbritannien gebunden fühlt.

Die ersten Europäer wurden des Landes verwiesen und Ranavalona I. verfügte, dass sich Madagaskar wieder stärker auf seine Traditionen besinne. Sie führte die *tagena* wieder ein, eine grausame Methode, mittels Gift Schuldige zu überführen.

Nachdem die Briten von der Königin in die Schranken verwiesen wurden, glaubte Frankreich seine Zeit sei gekommen. Bei einem Überfall der französischen Flotte wurde 1829 die Hafenstadt Toamasina eingenommen, die allerdings kurze Zeit später von den Franzosen wieder aufgegeben werden musste. Ende 1831 verbat Ranavalona I. weitere Taufen zum Christentum, 1835 wurde die christliche Religion ganz verboten und die Missionare verbannt. In den folgenden Jahren wurden Tausende von Madagassen auf Anordnung der Königin hingerichtet oder bei einer *tagena* vergiftet. Ranovalona I. ging daher mit dem Beinamen »die Schreckliche« in die Geschichtsbücher ein.

Einer der wenigen Europäer, der das Vertrauen der Königin besaß, war der Franzose Jean Laborde. Er kam 1831 nach Madagaskar und errichtete für die Königin den ersten Industriekomplex in Mantasoa, wo in den 1840er-Jahren 20 000 Arbeiter arbeiteten.

Die letzten Monarchen

Als Königin Ranavalona I. 1861 starb, wurde ihr Sohn Rakoto als Radama II. zum Nachfolger gekrönt. Im Gegensatz zu seiner Mutter fuhr er einen sehr europafreundlichen Kurs. Radama II. regierte allerdings nur zwei Jahre, bis zu seinem gewaltsamen Tod 1863. Um den Mord an dem König gab es viele Spekulationen. Vermutet wurde ein Auftragsmord des oberen Militärs, da Radama zu viel Macht beanspruchte. Bis zum Ende der Monarchie folgten nurmehr Frauen auf dem Thron. Auch diese Tatsache hatte mit der Machtpolitik der oberen Kaste zu tun. Zunächst wurde Radamas zweite Frau Rabodo als Königin Rasoherina gekrönt.

Der wiederkehrende Einfluss der Europäer wurde bald in der Staatsorganisation sichtbar. Ein Premierminister sollte fortan die täglichen politischen Geschäfte führen. Als erster Premierminister wurde 1864 Rainilaiarivony, ein Enkel einer der Generäle von König Andrianampoinimerina, der Königin zur Seite gestellt. Sie heirateten später und Rainilaiarivony wurde die wichtigste politische Person bis zum Ende der Monarchie.

1868 starb Rasoherina nach langer Krankheit. Durch Intrigen des Premierministers wurde wieder eine Frau, diesmal die erste Witwe von König Radama II. zur Königin Ranavalona II. erwählt. Im Verlauf ihrer Regentschaft schafft die Regierung auf Druck der Europäer 1877 die Sklaverei ab. Nach Ranavalonas Ableben wurde im November 1883 die junge 22-jährige Ranavalona III. zur letzten Königin von Madagaskar gekrönt. Sie heiratete ebenfalls den Premierminister und erhielt ihm dadurch die Macht. Nach der Niederlage gegen die Franzosen und der Etablierung einer französischen Kolonie wurde 1897 die Monarchie von den Franzosen abgeschafft. Ranavalona ging zunächst nach Réunion, später in die algerische Hauptstadt Algier, wo sie 1917 starb.

Ein Volk – oder viele Völker?

Auf der Insel Madagaskar haben sich im Laufe der Jahrhunderte verschiedene ethnische Gruppen gebildet. Allgemein anerkannt sind 18 Ethnien. Daneben werden heute zusätzlich noch einige kleine, kulturell selbstständige Gruppen unterschieden.

Die Einwanderer aus Asien, die vor rund 2000 Jahren als erste Menschen nach Madagaskar kamen, haben das Land und seine heutige Kultur entscheidend mitgeprägt.

Insgesamt sind allerdings nur zwei der offiziell 18 ethnischen Gruppen Madagaskars reiner asiatischer Abstammung – die Merina und die Betsileo. Beide leben im zentralen Hochland, wo sie die Agrarkultur des Reisanbaus pflegen. Diese Tradition inklusive der Anlage von Terrassenfeldern wurde ebenso bewahrt wie die spezielle Beziehung der Menschen zum Tod und der Glaube an die besondere Stellung der Ahnen. Solcherart Gebräuche und Riten finden sich in ähnlicher Form auch heute noch bei Völkern im indonesischen Raum.

Gemeinsame Sprache

Interessant ist vor allem, dass alle Ethnien die gleiche Sprache sprechen – das Malagasy, das asiatischen Ursprungs ist. Daraus kann man schließen, dass auch die afrikanischen Einwanderer, die später auf die Insel kamen, diese Sprache übernommen haben. Hieraus ergibt sich wiederum die Folgerung, dass die Bewohner Madagaskars schon von Anfang an einen regen kulturellen und wahrscheinlich auch wirtschaftlichen Austausch pflegten.

In den frühen 1990er-Jahren hat man herausgefunden, dass die Sprache einem Dialekt der indonesischen Insel Borneo sehr nahe kommt. Im Laufe der Zeit aber entwickelte jede Gruppe ihren eigenen Dialekt, der die Verständigung einiger Ethnien untereinander recht schwierig werden lässt. Seitdem sich das Machtzentrum und damit die Hauptstadt im Hochland befindet, hat sich der Merina-Dialekt als Hochmadagassisch etabliert. In der Sprache gibt es auch einige afrikanische Elemente. So stammen die Haustierbezeichnungen aus den ostafrikanischen Bantu-Sprachen, da Haustiere erst später über den kurzen Weg von Afrika nach Madagaskar gebracht wurden.

Machtstreben und Abgrenzung

Durch die Bildung verschiedener ethnischer Gruppen aufgrund von Kultur, Geografie, Glaube und Lebensweise wurden die Beziehungen innerhalb der Insel im Laufe der Jahrhunderte schwieriger. Die Gruppen begannen ein Zusammengehörigkeitsgefühl zu entwickeln und sich damit voneinander abzugrenzen. Vor rund 500 Jahren entstanden die ersten kleinen Königreiche, deren jeweilige Herrscher nach mehr Macht strebten. Seit dem die Europäer ab dem 16. Jh. immer wieder auf die Insel kamen, wird von Kämpfen und Auseinandersetzungen zwischen verschiedenen Volksgruppen berichtet. Ab dem 17. Jh. begann sich ein einheitliches Merina-Reich im Hochland zu etablieren, das im 18. Jh. die südlich benachbarten Betsileo mit einbezog. Die Beziehung zu den afrikanischen Küstenbewohnern wurde schwierig, da die aus dem asiatischen Raum stammenden Hochlandbewohner begannen, sie als Menschen zweiter Klasse anzusehen. Die Merina-Herrscher brachten Menschen vor allem von der Ostküste als Sklaven in ihr Reich. Nach der Eroberung weiter Teile Madagaskars blieben die Merina, später auch mit Unterstützung der Europäer, die politisch Mächtigen im Land. Bis heute, lange nach Abschaffung von Sklaverei und Monarchie, gibt es immer noch Animositäten zwischen den Hochland- und den Küstenbewohnern. Da die vornehmlich afrikanischen Küstenbewohner zahlenmäßig die Mehrheit stellen, gewann bei Wahlen in der Regel ein von dort stammender Präsidentschaftskandidat. 2002 wurde mit Marc Ravalomanana erstmals ein Merina zum Präsidenten gewählt.

Ethnische Vielfalt

Neben den beiden schon erwähnten Ethnien des Hochlandes (Merina, Betsileo) stammen die Menschen der anderen Gruppen hauptsächlich von afrikanischen Einwanderern ab. Im Norden Madagaskars leben zwei Ethnien (Antankarana, Tsimihety), die sich in ihrer Lebensweise ähneln.

Die **Antakarana** an der Küste sind mit dem Hirtenvolk der Sakalava verwandt. Bei ihnen ist wahrscheinlich so manches Piratenblut mit eingeflossen. Zum Schutz vor den Merina hatten sie schon früh eine enge Beziehung zu den Franzosen. Dennoch haben sie sich ihren Glauben an Naturgötter weitestgehend bewahrt.

Das größte Verbreitungsgebiet haben die **Sakalava,** die den gesamten Westen der Insel bewohnen. Sie sind hauptsächlich Rinderhirten.

An der Nordwestküste leben die **Makoa**. Sie stammen vom Volk der Makua in Mosambik ab.

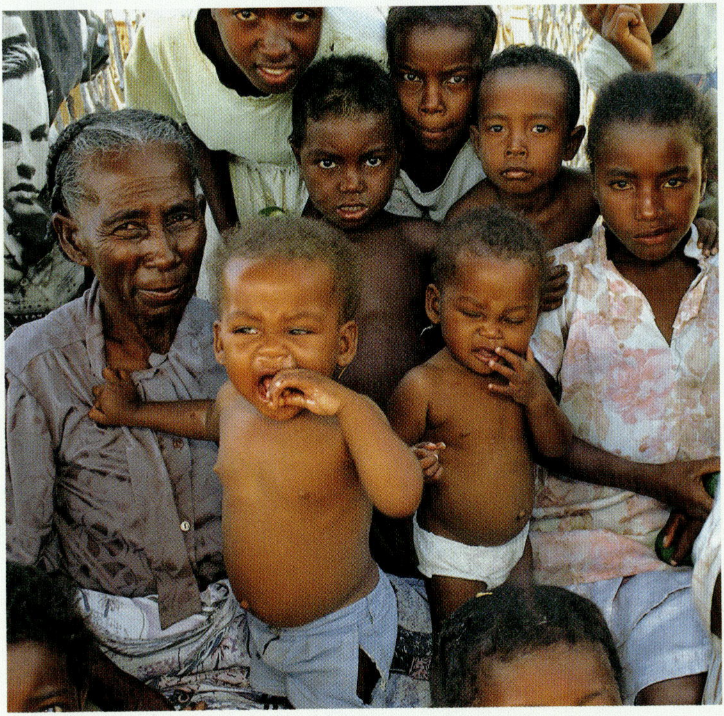

Kinderreichtum wird von allen madagassischen Ethnien als Segen betrachtet

Die an der Südwestküste lebenden **Vezo** sind eng mit den Sakalava verwandt. Durch ihre Lebensweise als Fischer an der Küste haben sie im Laufe der Zeit jedoch eine abweichende Kultur entwickelt, die sie heute von ihren rinderhütenden Verwandten unterscheidet.

Im trockenen Süden leben die drei Gruppen der **Mahafaly, Antandroy und Antanosy.** Sie müssen sich mit den schwierigsten Naturverhältnissen auf Madagaskar arrangieren. Die Mahafaly verehren jeweils einen heiligen Baum in ihren Dörfern. Neben Rinderzucht bauen sie Mais und Maniok an.

Im zentralen Süden leben die **Bara,** ähnlich wie die Sakalava ein Volk von Rinderzüchtern. Bei den Bara-Männern sind Mutproben, wie das Stehlen von Rindern, Tradition. Für die Frauen bedeutet dies, das ein Mann gut für sie sorgen kann und keinerlei Furcht kennt.

An der oberen Ostküste (etwa von Mananjary bis Sambava) sind die **Betsimisaraka** als größte Gruppe zuhause. Sie entstanden im Laufe des 18. Jh. aus dem Zusammenschluss mehrerer kleiner Gruppen. Darüberhinaus leben im Osten der Insel insgesamt acht weitere kleine Gruppen.

Literarisches Madagaskar

Die lange unbekannte Insel Madagaskar hat schon früh Schriftsteller zu Geschichten inspiriert. Heimische und ausländische Autoren widmeten der Insel spannende Reiseberichte und hintergründige Erzählungen.

Aufgrund der fehlenden Schriftkenntnisse in Madagaskar gab es bis 1820 keine Literalisierung von Texten. Eine Ausnahme bildete das Volk der Antaimoro, das bereits einige Jahrhunderte seine eigene Schriftsprache, das arabisch geprägte Sorabe pflegte. Märchen *(Angano)*, Sagen *(Ohabolana)* und Reden *(Kabary)* wurden ansonsten nur mündlich weitergegeben. Die erste Anthologie »Malaiische Märchen aus Madagaskar und Insulide« erschien 1922 in Deutschland.

Im August 1818 kamen die ersten Missionare nach Madagaskar. Sie verbreiteten neben dem Christentum auch die lateinische Schrift und entwickelten ein Schriftbild für das Malagasy. Zunächst beschränkten sich die Bücher auf christlich-religiöse Texte; als erste madagassische Zeitschrift erschien 1861 »Ny teny soa« (Die gute Lehre).

Während der Zeit der französischen Kolonie übten die Europäer großen Einfluss auf die Literatur des Landes aus. Auch wurde in den neu gegründeten Schulen auf Französisch unterrichtet. Die Literatur erweiterte sich von religiösen Texten zu Theaterstücken, Kurzromanen und Gedichten. Mit der Emanzipierung der madagassischen Schriftsteller nahmen die Konflikte mit der Kolonialmacht stetig zu. Viele Literaten mussten ab 1915 ins Exil oder ihre Arbeit ganz einstellen. Etwa ab 1930 begann sich die Literatur zu wandeln. Mehr und mehr madagassische Literaten schrieben auf Malagasy und versuchten, ihr eigenes kulturelles Erbe in ihren Texten darzustellen. Nach der Unabhängigkeit entspannte sich das Verhältnis zu Frankreich langsam und moderne Schriftsteller entdeckten für sich wieder die französische Sprache.

Hierzulande wurde moderne madagassische Literatur erstmals Ende der 1990er-Jahre in deutscher Übersetzung veröffentlicht. Vor allem Werke der 1948 geborenen Schriftstellerin Michéle Rakotoson, die seit 1983 in Frankreich lebt und dort Theaterstücke und Erzählungen, aber auch einige Romane veröffentlichte. In »Dadabé« (1998) erzählt sie mal amüsant, mal nachdenklich über gesellschaftliche wie persönliche Probleme ihrer Figuren. In »Die verbotene Frau« (2000) zeigt sie ihre Hauptfigur hin- und hergerissen zwischen Tradition und Moderne, zwischen Stadt und Provinz.

Der Blick von außen

In den letzten Jahrhunderten war das Gros der deutschen Literatur zu Madagaskar meist auf Reiseberichte und naturwissenschaftliche Essays beschränkt. Eine der bekanntesten frühen Reiseberichte in deutscher Sprache war der von Ida Pfeiffer, die in den Jahren 1856/57 Madagaskar bereiste. In jener Zeit regierte die fremdenfeindliche Königin Ranavalona I. Ida Pfeiffer gehörte zu den wenigen, die in dieser Zeit überhaupt nach Madagaskar reisten. Interessant sind vor allem ihre Beschreibungen der Hauptstadt und Schilderungen vom Hof der Königin. Sie wird Zeugin eines Umsturzversuchs und muss mit dem in Ungnade gefallenen Jean Laborte, einem früheren Vertrauten der Königin, flüchten. Unter dem Titel »Verschwörung im Regenwald« wurde ihr Reisebericht publiziert.

Anfang des 20. Jh. entdeckten deutsche Schriftsteller die Insel vor der Küste Afrikas. Ein Name wie Madagaskar hatte eine gewisse exotische Anziehungskraft, die in der Trivialliteratur genutzt wurde, um das Interesse an Romanen und Erzählungen zu wecken. So erschien 1916 der Detektivroman »Seine Exzellenz von Madagaskar« des schwedischen Autors Anders Eje in deutscher Übersetzung. 1930 wurde Hermann Gerstmayers Roman »Bei den Bergkaffern auf Madagaskar« publiziert, in dem der Autor angeblich »wahre Begebenheiten« von einer ihm unbekannten Insel erzählt. Etwas ernster nahm es Max Mezger (1876–1940), der selbst rund 20 Jahre als Kaufmann auf der Insel lebte. In seinem 1939 erschienenen Buch »Aufruhr auf Madagaskar« verarbeitete er einen Konflikt zwischen Madagassen und den französischen Kolonialherren, der sich 1904 im Südwesten der Insel abgespielt hatte. Der Roman setzt sich sehr kritisch mit der Rolle der Europäer in ihren Kolonien auseinander.

Da Reisebücher über exotische Länder beim Publikum reges Interesse fanden, wurden auch ausländische Autoren

Der Roman von M. Mezger setzt sich kritisch mit der Rolle der Europäer in ihren Kolonien auseinander

ins Deutsche übersetzt. 1954 erschien »Heißes Dorf auf Madagaskar« des Polen Arkady Fiedler. In ihm verknüpft er Reisebeschreibungen mit Geschichten und örtlichen Sagen. Während des Zweiten Weltkriegs und danach war es Friedrich Schnack (1888–1977), der den Deutschen die Insel Madagaskar näher brachte. Bereits 1942 erschien sein Reisebuch »Große Insel Madagaskar«. Hier erzählt er ausführlich über die Gebräuche und Riten der Inselbewohner, über die verschiedenen Landschaften und Kulturen.

Seit den 1970er-Jahren beschränkten sich die Veröffentlichungen über die Insel meist auf eher sachliche Reiseliteratur und Bildbände. Eine Ausnahme ist der 1988 erschienene, sehr persönliche Gedichtband über Madagaskar von Rulo Melchert »Auf dem stierhörnigen Mondkahn«.

Fady – vom Tun und Lassen

Ein fady ist ein traditionelles Gebot oder Verbot, das über viele Generationen überliefert wurde und in der Regel nur lokale oder regionale Bedeutung hat. Diese Tabus nehmen zum Teil auch heute noch Einfluss auf das alltägliche Leben der Madagassen.

»Bitte Schuhe ausziehen«, sagt der Dorfälteste in gedämpftem Ton. Mit Schuhen das Areal des heiligen Baumes der Ahnen zu betreten, wäre eine Missachtung ihrer Würde, mit der man den Zorn der Ahnen auf sich zieht. Der riesenhafte Ficus gilt als Wohnstätte der Seelen der Verstorbenen und ist der örtlichen Bevölkerung heilig. Zur Begrüßung und gleichzeitigen Besänftigung der Ahnen wird an einer bestimmten Stelle am Baum etwas mitgebrachter Rum vergossen.

Wer sich in Madagaskar auf die Reise begibt, wird unweigerlich mit einem *fady* in Berührung kommen. Der ursprüngliche Hintergrund der *fady* entstammt dem Glauben, dass die Handlung einer Person die Lebenskraft einer anderen Person oder einer Gemeinschaft schwächen sowie einen negativen Einfluss auf das Schicksal nehmen kann. Das steht im Zusammenhang mit dem Glauben an die »lebenden Seelen« der Verstorbenen, die sich an ausgesuchten Orten zusammenfinden, zeitweise aber auch unter den Lebenden weilen.

Fady helfen dabei, das familiäre und gesellschaftliche Leben zu regeln. Die Verletzung eines *fady* kann Un-

Große Grabmäler wie dieses im Hochland bei Ambatolampy gelten als Statussymbol

glück bringen, da die Ahnen verärgert über den Regelverstoß reagieren.

Damit ein Einzelner durch sein Fehlverhalten nicht eine ganze Gemeinschaft ins Unglück stürzt, wurden von Autoritätsseite aus Strafen für das Übertreten oder Nichteinhalten eines *fady* eingeführt. Die Nichtbeachtung kann also sowohl die Strafe durch die Lebenden wie die Strafe der Ahnen zur Folge haben. Durch die eigene Bestrafung versucht die Gemeinschaft, der Verstimmung der Ahnen entgegenzuwirken. Des Weiteren ist es möglich, durch bestimmte Riten eine Nichteinhaltung des *fady* zu relativieren bzw. wiedergutzumachen, das heißt, die Geister der Ahnen zu besänftigen.

Heilige Stätten

Fady gelten oft an rituellen (religiösen) oder besonderen Orten. Etwa an Seen, in Höhlen oder bei Grabstellen. Ein Besucher solcher Orte sollte immer darauf achten, ob dieser nicht mit einem *fady* verbunden ist. Das ist nicht immer einfach, da mancherorts auch allein schon das Reden über ein *fady* tabu ist. Um sich dennoch dem Thema zu nähern, ist die Frage nach der Geschichte des Ortes hilfreich, die in der Regel mit dem *fady* in Zusammenhang steht. Solcherlei Geschichten wurden von Generation zu Generation weitergegeben und dienen gleichzeitig zur Erklärung des jeweiligen Verbots.

Neben Orten können auch Tätigkeiten oder Verhaltensweisen mit einem *fady* belegt sein. In einem Ort ist es vielleicht *fady*, sich vor die Tür zu setzen, bei einer Familie ist es *fady*, Fleisch von Schafen zu essen. An solch ein Gebot ist man allerdings nicht unbedingt für alle Zeiten gebunden. Eine Aufhebung des *fady* kommt zustande, wenn ein Ahne im Traum zu einem Ombiasy (Sternen- und Schicksalsdeuter) oder Dorfältesten spricht und die überlieferte Geschichte in einem anderen Licht erscheinen lässt oder aber von Ahnen eine bestimmte Änderung oder sogar die Aufhebung eines *fady* direkt verlangt wird.

Verbote und Verhaltensregeln

Fady können sehr unterschiedlich sein und den gesamten Lebensbereich eines Menschen bestimmen. Sie gelten entweder nur innerhalb einer Familie, eines Dorfes, einer Region oder einer ethnischen Gruppe. So ist es bei den Antandroy *fady*, Schildkröten zu essen, während bei den benachbarten Mahafaly Schildkröten als Delikatesse gelten. Seen sind oft mit einem *fady* belegt, was unter Umständen mit früheren Unglücksfällen in Verbindung steht. So gibt es im Norden der Insel Seen, in denen heilige Krokodile mit Opfergaben gefüttert werden, um sich so das Wohlwollen der Ahnen zu sichern, die als Strafe tödliche Übergriffe der Krokodile veranlassen könnten.

Auch Gräber und spirituelle Orte sind meist nur mit Opfergaben an die Ahnen zu betreten, da mit einem Besuch deren Ruhe gestört wird. Meist sind die Opfergaben alkoholische Getränke, doch kommen zur Besänftigung der Ahnen auch Tieropfer vor. In der Regel werden Hühner dargebracht, nur selten ein Zebu. Die Opferung ist eine vorbeugende Geste, um um Verzeihung zu bitten, falls ein *fady* nicht eingehalten wird. Das madagassische Wort für Entschuldigung steht damit auch in Zusammenhang: *Aza fady* heißt wörtlich übersetzt »lass es nicht tabu sein«.

Viele Reisende gönnen sich im Anschluss an eine Rundreise durch Madagaskar ein paar ruhigere Tage zum Entspannen. An einem der schönen tropischen Strände findet man garantiert paradiesische Erholung pur.

Zur Auswahl stehen die vorgelagerten ›Badeinseln‹ Nosy Be an der Nordwestküste und Nosy Sainte Marie an der Ostküste. Beide gehen im Tourismus ganz unterschiedliche Wege. Denn die eine, Nosy Be, wurde und wird zu einem touristischen Zentrum mit internationalen Hotels und entsprechender Infrastruktur ausgebaut. Die andere, Nosy Sainte Marie, konnte sich bislang dagegen erfolgreich wehren und bietet als Gegensatz beschaulichen Strandurlaub in kleinen, einfachen Hotels weit ab von jeglichem Rummel.

Zwei Inseln – zwei Konzepte

Nosy Be – die Große im Norden

Die größte der vorgelagerten Inseln an Madagaskars Nordwestküste ist schon seit Beginn des organisierten Tourismus auf Madagaskar in den 1960er-Jahren ein Schwerpunktziel der Reisenden sowie der Tourismusplanungen. Nach ersten Erfolgen, strand- und sonnenhungrige Europäer für das madagassische Paradies zu gewinnen, bereitete der wirtschaftliche Niedergang während der kommunistischen Zeit unter Diktator Ratsiraka in den späten 1970er- und 1980er-Jahren dem Traum von einem florierenden Tourismus ein jähes Ende.

Anfang der 1990er-Jahre herrschte nach dem Machtwechsel zunächst Aufbruchstimmung. Madagaskar sollte für den Pauschaltourismus geöffnet werden. Die Branchenriesen Neckermann und TUI nahmen sich der Destination an. Das Engagement dauerte allerdings nur kurz. Nach zwei Jahren gaben beide deutschen Veranstalter wieder auf. Auf Nosy Be war die Hotel- und Versorgungslage damals noch zu schwierig und die Veranstalter wollten sich finanziell nicht umfangreicher einbringen. Erste Versuche, neue Hotels zu etablieren, scheiterten an der madagassischen Korruption.

Erst Ende der 1990er-Jahre begann mit dem Einstieg der Italiener auf Nosy Be ein grundlegender Wandel. Den Investoren war klar, dass nur eine direkte Flugverbindung nach Europa eine dauerhafte Auslastung von Strandhotels gewährleisten würde. Investitionen in Strandhotels, die nur auf Anschlussgäste nach Rundreisen warteten, schienen nicht rentabel zu sein. So wurde der Flughafen von Nosy Be modernisiert

Auf Nosy Sainte Marie werden tropische Träume wahr

und vergrößert, um Charterflieger von Europa aufnehmen zu können. Ein neues Strandresort entstand und weitere Infrastrukturmaßnahmen griffen. Heute stellt Nosy Be das einzige regionale Ziel in Madagaskar dar, das es in die Kataloge der Pauschalreiseveranstalter geschafft hat.

Für Nosy Be entscheiden sich in erster Linie die Reisenden, die neben Erholung bei Sonne, Sand und Strand auch aktiven Urlaub suchen. Und da hat Nosy Be einiges zu bieten: Schnorchelreviere und Tauchschulen, ein Naturschutzreservat (Lokobe) mit Lemuren und Reptilien, ein Marine-Reservat (Nosy Tanikely) und mehrtägige Segelausflüge zu anderen Archipelen. Eine Anzahl von Restaurants bietet Abwechslung, vor allem im Inselhauptort Hell-Ville.

Nosy Sainte Marie – die Verträumte im Osten

Wer entlang der traumhaften Strände dieser kleinen, aber recht langgezogenen Insel vor der Ostküste Madagaskars entlangspaziert, der kann sich gut vorstellen, warum sich einst die Piraten dieses Fleckchen Erde als erholsamen Rückzugsort und Versteck ausgesucht hatten. Bis heute hat Sainte Marie viel von seinem Charme und seiner Ruhe bewahren können.

Auf diesem Eiland finden sich nur kleine Hotels, die es mit harter Lobbyarbeit geschafft haben, den großen Tourismuszirkus von sich fernzuhalten. Der Kampf der alteingesessenen kleinen Tourismusbetriebe hatte den Erfolg, dass die Regierung sich später ein alternatives Konzept für die Weiterentwicklung der Insel zu eigen machte. Seither ist klar, das auf der beschaulichen Insel Sainte Marie keine anonymen Gebäudekomplexe gebaut werden, sondern kleine und zum Teil durchaus feine Hotels die touristische Zukunft des Eilands prägen. Noch heute gibt es kaum motorisierte Fahrzeuge auf der Insel. Ein idealer Ort also, um abseits der Traumstrände zu spazieren oder auch das Fahrrad zu nutzen.

Und so ist die Insel das Ziel der Reisenden, die neben entspannter Erholung am Strand, die Abgeschiedenheit lieben, die sie den Einheimischen oft näher kommen lässt.

Zu den Inselnamen

Der Name **Nosy Sainte Marie** für die Insel an der Ostküste hat sich in den letzten Jahren als Bezeichnung etabliert. Er entstand aus der Zusammenführung des madagassischen und des kolonialen Namens der Insel. Der offizielle madagassische Name lautet eigentlich Nosy Boraha: *Nosy* bedeutet Insel, *Boraha* soll, so eine Vermutung, vom Wort Abraham oder Ibrahim abstammen und auf die ersten ausländischen Siedler zurückgehen, die wahrscheinlich im 15./16. Jh. auf die Insel kamen.
Die Portugiesen nannten die Insel später Santa Maria, woraus die Franzosen dann Ile Sainte Marie machten. Nach der Umbenennung der Orte mit kolonialen Namen in den 1970er-Jahren hat sich der madagassische Name Nosy Boraha dann nie wirklich durchsetzen können.
Die Erklärung des Names der nördlichen Insel **Nosy Be** (ausgesprochen Nussi Bé, mit weitgehend verschlucktem i) ist hingegen weitaus einfacher: Er bedeutet schlicht ›große Insel‹.

Demokratie und Demonstration – von Präsidenten und Umstürzen

Die Demokratie auf Madagaskar hatte – wie in vielen anderen ehemaligen Kolonien auch – immer einen schweren Stand. Aber auch interessierte Bürger, die sich nicht alles gefallen ließen …

Die Madagassen hatten nicht viele Möglichkeiten, sich in Demokratie zu üben. Während der Monarchie oder der französischen Besatzungszeit waren die Voraussetzungen dafür nicht gegeben. Selbst nach der Unabhängigkeit 1960 und der Wahl des ersten Präsidenten folgte schon bald das jähe Ende der ersten Demokratieversuche. 1972 brachte ein Putsch das Militär an die Macht. Ab 1975 verfestigte sich die Militärdiktatur durch Admiral Didier Ratsiraka. Seit dem Ende der Einparteienherrschaft 1991 versucht sich Madagaskar nun erneut in Demokratie.

Friedlicher Umsturz

Die politische Emanzipation der Madagassen begann Ende der 1980er-Jahre, als sich mehr und mehr Kritik und Widerstand gegen das herrschende System und die politische Struktur im vom Militär beherrschten Einparteienstaat entwickelte. Diese Entwicklung mündete in den Jahren 1990/91 in großen Demonstrationen gegen das herrschende Regime. Interessanterweise in genau jener Zeit, als sich auch in Mittel- und Osteuropa Widerstand gegen die diktatorischen Regime regte.

In der ersten Hälfte des Jahres 1991 gingen über Wochen hin mehrere Hunderttausend Menschen tagtäglich auf die Straße, um friedlich für einen Politikwechsel zu demonstrieren. Diese für Afrika enorme Bewegung für

Demokratie blieb fast unbemerkt von der Weltöffentlichkeit, die zu der Zeit einzig mit dem Wandel in Europa beschäftigt schien. Durch die »Macht des Volkes« kam es schließlich zu einer Übergangsregierung und 1993 zu den ersten freien demokratischen Wahlen seit zwei Jahrzehnten.

Ein neues System

Wie in Osteuropa hatte auch Madagaskar Probleme bei der Umstellung von seiner kommunistischen Staatswirtschaft zur freien Marktwirtschaft. Vielen Madagassen ging es dadurch erst einmal schlechter, weshalb die politische Stimmung im Laufe der Amtszeit Präsident Zafys zusehends kippte. Immer mehr Menschen sehnten sich nach der ›guten alten Zeit‹ zurück – durchaus eine Parallele zu der in Osteuropa spürbaren Tendenz. Bei den Wahlen 1996 machte sich die allgemeine Unzufriedenheit deutlich bemerkbar. Die meisten waren enttäuscht, dass der Regimewechsel nicht die erhoffte Besserung ihrer Lebensumstände brachte. Bei der Stichwahl zwischen Präsident Zafy und dem zurückgekehrten Ex-Diktator Ratsiraka standen die Wähler, wie viele es sahen, vor der Entscheidung zwischen »Pest oder Cholera«. Ratsiraka profitierte von der Unzufriedenheit der Bevölkerung und gewann die Wahl.

Ex-Diktator Ratsiraka – und kein Ende

Didier Ratsiraka schien geläutert und versprach eine »ökologische Republik«. Allerdings dauerte es nicht lange, bis seine Familie wieder verlorenes wirtschaftliches Terrain zurückerobert hatte und die Wähler wähnten sich bald in einem politischen Albtraum. Nichts wurde wirklich besser, politische Resignation aufgrund mangelnder Alternativen machte sich breit.

Neue politische Hoffnung keimte auf, als 1999 ein neuer Bürgermeister in Antananarivo gewählt wurde. Marc Ravalomanana machte sich in der Hauptstadt einen guten Namen, indem er neue Ideen einbrachte, die Infrastruktur verbesserte und die hygienischen Verhältnisse in der Stadt deutlich verbesserte. Als Inhaber einer erfolgreichen Lebensmittelproduktion, trauten ihm viele auch eine bessere Wirtschaftspolitik zu. Bei den Wahlen kam es zum Showdown mit Ratsiraka, der in einem Eklat endete.

Das Wahlergebnis im Dezember 2001 wurde von der Opposition mit dem Vorwurf von Wahlfälschung nicht anerkannt. Um Ravalomanana zu unterstützen, gingen Zehntausende von Bürgern auf die Straße der Hauptstadt und demonstrierten gegen die Wahlmanipulation. Ratsiraka schlug mit Hilfe des Militärs zurück. Ein offener Machtkampf entwickelte sich zwischen den beiden Lagern. Nur durch den Einfluss der Vereinigten Staaten von Amerika konnte der Ausbruch eines Bürgerkrieges verhindert werden. Ratsiraka gab auf und ging zum zweiten Mal nach Frankreich ins Exil.

Der Hoffnungsträger

Nach der Übernahme des Präsidentenamtes im Juli 2002 begann Marc Ravalomanana sich sogleich um die Wirtschaft und die Modernisierung des Landes zu bemühen. Sein besonderes Interesse galt nicht zuletzt dem Naturschutz. Leider zeigte sich nach einigen Jahren des Regierens, dass auch der Hoffnungsträger vor Selbstbereicherung nicht gefeit war – seine eigene Firma soll durch illegale Hilfen auf Kosten des Staates profitiert haben.

Auch wenn sich in wirtschaftlicher Hinsicht die Verhältnisse positiv veränderten, den meisten Madagassen ging es nicht wirklich besser. Als die Teuerung der Nahrungsmittel durch die internationale Wirtschaftslage unaufhaltsam spürbar wurde, lastete man ihm das persönlich an. Im Dezember 2007 standen Kommunalwahlen an und Ravalomanana zeigte, dass er aus den Fehlern seiner Vorgänger nichts gelernt hatte.

Trotz starker Behinderungen durch den Präsidenten wurde allerdings in der Hauptstadt der Bürgermeisterkandidat der Opposition ins Amt gewählt. Im Laufe des Jahres 2008 begann der neue Bürgermeister Andry Rajoelina mit Anschuldigungen gegen den Präsidenten. Angebliche Vergehen in seiner eigenen Zeit als Bürgermeister der Hauptstadt wurden ihm dabei unterstellt. Nicht wenige vermuteten Ex-Diktator Ratsiraka im fernen Paris als den heimlichen Drahtzieher. Die politische Stimmung in der Bevölkerung begann zu kippen, als bekannt wurde, dass der Präsident einen Vertrag mit der koreanischen Firma Daewoo abschloss, in dem es um die Abtretung von 1,5 Mio. ha Land zum Anbau von Getreide für die asiatische Firma ging – ein beginnender Trend, bei dem sich bevölkerungsreiche asiatische Staaten Nahrungsquellen für die Zukunft sichern wollen.

Missbrauch der Wähler?

Ab Januar 2009 kam es immer wieder zu Demonstrationen, um die Position des Bürgermeisters zu stärken und Aufklärung für die von ihm vorgebrachten Vorwürfe zu fordern. Diese eskalierten im Februar, als im Zuge der Demonstrationen die Geschäfte des Präsidenten ausgeraubt und angezündet wurden. Die Krise endete vorläufig mit dem Rücktritt des Präsidenten im März 2009. Ungeklärt blieb zunächst, ob die Bürger sich wieder eines schlechten Präsidenten entledigt haten oder ob sie im Kampf der politischen Lager missbraucht wurden, um dem nächsten schlechten Präsidenten Platz zu machen. Andry Rajoelina wurde am 21. März 2009 vom Militär als Übergangspräsident vereidigt.

Aktuelle Entwicklungen

Im Juni 2009 wurde Ex-Präsident Ravalomanana in Abwesenheit in einem Schnellverfahren wegen Amtsmissbrauch zu vier Jahren Gefängnis verurteilt. Unter Vermittlung des ehemaligen mosambikanischen Präsidenten Chissano kam es zu einem Treffen aller ehemaligen Präsidenten (Ratsiraka, Zafy, Ravalomanana) mit Rajoelina in Maputo, bei dem eine gemeinsame Übergangsregierung aller Parteien beschlossen wurde, an der die ehemaligen Präsidenten allerdings nicht selbst beteiligt sind. Zurück in Madagaskar weigerte sich Rajoelina zunächst, den Plan umzusetzen. Nur durch internationalen Druck kam die nationale Übergangsregierung zustande. Rajoelina wurden je ein Co-Präsident von Albert Zafys Partei CNR und der TM, der Partei von Marc Ravalomanana, zur Seite gestellt.

Bei den Präsidentschaftswahlen Ende 2013 gewann der von Rajoelina unterstütze Kandidat Hery Rajaonarimampianina die Stichwahl.

Gräber und Ahnen – Totenkult auf Madagaskar

Die verschiedenen Ethnien Madagaskars haben unterschiedliche Traditionen mit ihren Toten und den Ahnen der Verstorbenen umzugehen. Ein Teil dieser Riten und die besondere Stellung der Ahnen ist wahrscheinlich das Erbe der asiatischen Einwanderer. Denn auch im indonesischen Archipel spielt der Tod eine große Rolle in den traditionellen Gesellschaften.

Im Hochland finden sich traditionell Familiengräber, in denen die Toten einer Familie über mehrere Generationen bestattet werden. In anderen Regionen werden riesige Einzelgräber (bei den Mahafaly) oder Doppelgräber (bei den Antandroy) errichtet. Bei den Antanosy im Südosten aber spielt die Grabstätte selber kaum eine Rolle. Die Toten werden weit weg vom Dorf in einem schmucklosen Grab beerdigt. Hingegen finden sich an den Hauptstraßen bzw. Hauptwegen Gedenksteine, die die Lebenden tagtäglich an die Verstorbenen erinnern sollen.

Vor allem im Westen und Süden wird bei einigen ethnischen Gruppen mit einem traditionell üblichen Grabschmuck die einstige Stellung des Verstorbenen in der Familie bzw. in der Gesellschaft repräsentiert. So ist es bei den Mahafaly Brauch, bei der Beerdigung ein Großteil der dem Toten gehörenden Zebus zu schlachten. Während der Bestattungsfeierlichkeiten werden die Tiere gegrillt, von den Gästen verzehrt und die Schädel anschließend auf das Grab gelegt. Noch Jahre später erkennt man anhand der Anzahl von Zebuschädeln auf dem Grab den Reichtum der dort bestatteten Person.

Grabverzierungen mit symbolischer Bedeutung

Die Mahafaly verzieren ihre Gräber mit hölzernen Stelen. Neben traditionellen Symbolen tragen diese *aloalo* genannten Stelen auf ihrer Spitze einen Hinweis für die wichtigen Dinge im Leben des Verstorbenen, etwa die Darstellung eines Zebu, wenn er eine große Herde hatte, oder eines Autos, wenn er Taxifahrer war.

Der Diebstahl dieser Stelen durch Touristen und die seltener werdenden Bäume haben die Mahafaly in einigen Gegenden dazu veranlasst, die Symbole für das Leben des Verstorbenen auf die Außenmauer des Grabes zu malen. In heutiger Zeit sind das nicht selten auch Plakate des Lieblingsfilms oder ein Flugzeug, das von einer weiten Reise erzählt.

Auch die im Westen lebenden Sakalava versahen ihre Gräber mit hölzernen Skulpturen. Viele davon stellten erotische Szenen dar, die Hinweise auf die Fruchtbarkeit des Verstorbenen lieferten. Heutzutage sind Gräber mit solchen Skulpturen kaum noch zu se-

Begleitet von Musik werden die Toten in Matten gehüllt zum Familiengrab getragen

Verhaltensregeln
Das Besuchen von Gräbern ist in den meisten madagassischen Gesellschaften Fremden, d. h. nicht zur Familie oder dem Dorf gehörigen Personen, verboten. Selbst das Fotografieren stellt in einigen Gegenden (Südwesten) ein *fady*, also ein Tabu da. Vor allem Grabplätze sollten daher nicht betreten werden, es sei denn, eine örtliche Person genehmigt und begleitet einen Besuch! Im Reiseteil wird darauf hingewiesen, welche Gräber von Besuchern fotografiert werden können.

hen, da sie Grabräuber (meist Touristen) häufig als Souvenir außer Landes brachten.

Feier zur Wandlung der Seelen

Die Totenumwendungsfeier, *famadihana,* ist ein im Hochland bei den Merina und Betsileo verankertes wichtiges Familienfest zu Ehren eines Verstorbenen. Dieses große Fest, zu dem stets die gesamte Familie sowie das Dorf eingeladen werden, und zu dem oft sogar die Verwandten aus Europa eigens angereist kommen, ist für die Familien ein extrem kostspieliges Unterfangen, wofür oft jahrelang gespart werden muss.

Sinn und Zweck der *famadihana* ist zunächst die Umwandlung der Seele des Verstorbenen zu einem höheren, Gott *(Zanahary)* nahestehenden Wesen. Dem Glauben nach lebt die Seele (*fanahay*) des Verstorbenen weiter. Bei der ersten *famadihana* (Umdrehung) wird die Seele in das göttliche Wesen Andriamanitra umgewandelt (gedreht) und lebt fortan in Gottes Reich.

Der Leichnam eines Angehörigen wird im gemeinsamen Familiengrab beerdigt, selbst wenn er längere Zeit nicht mehr bei der Familie oder im Dorf wohnte. Diese Familiengräber bestehen aus einem eckigen, zu etwa einem Drittel in die Erde eingelassenen gemauerten Raum. Zu diesem Raum führt eine Tür, die nur zu Beerdigungen und Feierlichkeiten geöffnet wird. Innerhalb des Raumes werden die Toten in Nischen an den Wänden abgelegt. Alle ein bis drei Jahre wird für den Toten eine *famadihana* organisiert. Es gibt keine feste Regel, wann genau dieses Fest veranstaltet werden soll. Oftmals hängt die Festlegung des Tages mit einem besonderen aktuellen Ereignis zusammen, etwa wenn einem Familienmitglied im Traum der Verstorbene erscheint.

Die Vorbereitungszeit für das Fest braucht mehrere Tage, wenn nicht gar Wochen. Während des Festes ist die Familie für die Bewirtung aller Gäste verantwortlich. Am Morgen versammeln sich die geladenen Gäste, zusammen wird musiziert, gesungen und getanzt. Dann werden feierlich die Tür zum Familiengrab geöffnet und die in Leichentücher gehüllten Überreste des Toten herausgeholt. Während einer kleinen Zeremonie öffnet man das Leichentuch und bettet die Reste des Leichnams, meist nur noch Knochen, in ein neues frisches Leichentuch um. Anschließend trägt man sie unter fröhlichem Singen und Musizieren durch das Dorf. Dabei werden dem Verstorbenen die Neuigkeiten aus der Familie sowie dem Dorf erzählt. Nach der Feier legt man die sterblichen Überreste im neuen Leichentuch wieder zurück ins Grab.

Einzigartig – Flora und Fauna der Insel

Die auf Madagaskar endemische *Stapelianthus madagascariensis*

Eine außerordentliche Vielfalt und Einzigartigkeit zeichnet die Flora und Fauna Madagaskars aus. Über 80 % der Tier- und Pflanzenarten der Insel kommen nur dort vor.

Die große Insel im westlichen Indischen Ozean war ursprünglich Teil des südlichen Urkontinents Gondwanaland. Dieser brach vor etwa 180 Mio. Jahren auseinander und teilte sich in die Kontinente Südamerika, Antarktis, Australien und Afrika sowie die von Afrika abgelösten Teile Indien und Madagaskar. Diese Kontinentaldrifttheorie war bis in die 1980er-Jahre durchaus umstritten. Madagaskar spielte dabei in der Beweisführung eine wichtige Rolle, da sich auf der Insel Tierarten finden, die ihre nächsten Verwandten nicht im naheliegenden Afrika und Asien, sondern in Amerika haben, so etwa die Madagaskar-Boa oder der Madagaskar-Leguan. Auch die *Rhipsalis* (Urkaktus), jene Pflanzen, aus denen sich später die heute bekannten Kakteen entwickelten und deren natürliche Verbreitung auf Amerika beschränkt ist, sind in Madagaskar zu finden.

Zeit zur Anpassung

Durch die unterschiedlichen Klimazonen, die von der Halbwüste im Südwesten bis zu den Regenwaldgebieten an der Nord- und Ostküste reichen, haben sich im Laufe von Jahrmillionen Tier- und Pflanzenarten an ihren jeweiligen Lebensraum angepasst und verändert. Der Kanal von Mosambik war eine Art Schutzbarriere, die nur wenige Arten überwinden konnten. Somit bekamen die madagassischen Arten kaum Konkurrenz und konnten diverse ökologische Nischen besetzen.

Flora vom Feinsten

Madagaskar verfügt mit über 12 000 Arten über eine unglaubliche Pflanzenvielfalt. In den feuchten Regenwäldern finden sich von zierlichen Moosen bis hin zu riesigen Laubbäumen viele Arten auf engstem Raum. Allein 960 Spezies der wunderschön blühenden Orchideen gibt es auf Madagaskar. Dazu über 170 Palmarten. Im trockenen Südwesten finden sich zahlreiche, teils bizarr anmutende Pflanzen, die dem dortigen schwierigen Klima trotzen. So zum Beispiel die majestätischen Baobabs, im Deutschen auch Affenbrotbäume genannt, die in ihren mächtigen Stämmen reichlich Wasser speichern können. Von den weltweit nur acht Arten sind allein in Madagaskar sechs heimisch. Ebenso auf Wasserspeicherung spezialisiert sind die kleineren Pachypodien. Eine Art ziert in Deutschland als Madagaskar-Palme zahlreiche Fensterbänke. Ähnlich wie die Kakteen in Amerika tragen etliche Pflanzen des Südwestens Dornen zum Schutz vor Fressfeinden. Darunter zählen neben den Pachypodien zahlreiche Euphorbien, von denen auf der Insel mehr als 700 Arten vorkommen. Eine dieser Dornenträger aus Madagaskar ist bei uns ebenfalls eine beliebte Zimmerpflanze, der Christusdorn.

Makis, Tenreks & Co.

Fast alle der 151 Säugetierarten (ohne Fledermäuse und Flughunde) sind ausschließlich in der Region (Madagaskar und Komoren) zu finden. Diese hohe Quote an endemischen Säugetieren ist einmalig in der Welt. Sie teilen sich zoologisch in fünf Ordnungen. Die erdgeschichtlich alte Ordnung der Insektenfresser ist auf Madagaskar mit 30 Spezies vertreten. Darunter nur zwei Gattungen von Spitzmäusen. Die weiteren gehören zur Gruppe der Tenreks. Sie erinnern etwas an unsere heimischen Igel. Bei den Raubtieren finden sich lediglich acht Arten. Davon erreicht nur die Fossa, ein katzenähnliches Raubtier, eine respektable Größe von bis zu 160 cm Länge.

Die bekannteste und größte Gruppe der Säugetiere Madagaskars sind mit mittlerweile 93 bekannten Arten die Lemuren (Halbaffen). Ihre Herkunft in Madagaskar ist noch nicht abschließend geklärt. Man geht aber davon aus, dass nach der Trennung Madagaskars vom afrikanischen Festland und der evolutionären Entstehung von Halbaffen einige Individuen den Weg über den Kanal von Mosambik mit Hilfe von schwimmendem Holz oder Pflanzenteilen schafften. Die enge Verwandtschaft der madagassischen Lemurenarten untereinander lässt die Entstehung der Artenvielfalt aufgrund einer Ursprungsart möglich erscheinen. Die Entwicklung der Lemurenarten ist dennoch sehr erstaunlich. Vom winzigen Mausmaki bis hin zu den (bereits ausgestorbenen) gorillagroßen Megaladapis reicht die Palette. Sie haben es verstanden, sich auf unterschiedliche Lebensräume und Nahrungsquellen einzustellen. Die im Regenwald beheimateten Indris und Sifakas sind an die Ernährung durch spezielle Blätter angepasst. Den Kattas im Südwesten gelingt es, sich sicher und ohne sich zu verletzen in den dornenbewehrten Ästen zu bewegen. Eine ganz besondere Anpassung zeigt das Fingertier. Es besetzt in Madagaskar quasi die Nische, die bei uns die Spechte einnehmen. Mit ihrem guten Gehör und ihren großen Ohren können sie Maden selbst unter der Rinde der Bäume aufspüren. Mit ihren starken Schneidezähnen brechen sie die Rinde auf und ziehen mit ihren extralangen Fingern die Maden aus den Löchern heraus (s. a. S. 76).

Exotische Vogelwelt

Madagaskar ist im Vergleich zu Afrika ein eher vogelarmes Gebiet. 283 Vogelarten sind bekannt, davon 209, die auf der Insel brüten. Das ist nur rund ein Viertel dessen, was die ostafrikanischen Nachbarn an Vogelarten vorweisen können. Allerdings kommen fünf Vogelfamilien und 37 Vogelgattungen (das sind 51 % der Brutarten) nur auf Madagaskar vor. Damit hat die Insel, verglichen mit ähnlich großen Ländern, die höchste Prozentzahl an endemischen Vogelarten. Unter diesen besonders hervorzuheben sind die neun Gattungen der Couas, auf Deutsch auch Seidenkuckuck genannt. Sie haben unterschiedliche Lebensräume und Regionen erobert. Der Riesencoua und der Gelbkehlcoua leben hauptsächlich auf dem Boden, während der Spitzschopfcoua im östlichen Regenwald und der Weißkehlcoua im westlichen Trockenwald vorkommt.

Interessant sind auch die 15 Arten der Vangas. Diese Gruppe endemischer Vogelarten hat sich sehr stark an unterschiedliche Nahrung angepasst. Der Sichelvanga zum Beispiel hat einen länglichen gebogenen Schnabel, mit dessen Hilfe er Insekten hinter der Rinde oder aus totem Holz hervorholen kann. Heute sind 41 der madagassischen Vogelarten sehr selten oder gar vom Aussterben bedroht.

Urzeitliche Inselbewohner

Unter den Reptilien, die auf Madagaskar vertreten sind, finden sich einige ungewöhnliche Gattungen. Andere zeichnen sich durch eine große Artenvielfalt aus. Auffallend für eine Insel östlich der afrikanischen Küste sind drei Arten von Würgeschlangen – zur Gruppe der Boas gehörend –, die ansonsten im weit entfernten Südamerika vorkommen. Das Gleiche gilt für die sieben Arten von Leguanen. Sie stammen noch aus der Zeit von Gondwana, lebten also schon bei der Trennung vom Urkontinent hier. Eine andere Reptiliengruppe, die ebenfalls Madagaskar schon seit der Urzeit besiedelt, sind die mit rund 70 Arten vertretenen Chamäleons. Damit ist rund die Hälfte aller Chamäleonarten weltweit in Madagaskar zu Hause.

Auch kann sich die Insel 175 unterschiedlicher Froscharten rühmen. Die kleinen madagassischen Mantella-Frösche erinnern im Aussehen an die bunten südamerikanischen Pfeilgiftfrösche, nur sind diese nicht oder kaum giftig.

Literaturtipps

Klaus Liebel, Wolfgang Schmidt: Madagaskar, Naturreiseführer, Münster 2007.

F. W. Henkel, Wolfgang Schmidt: Amphibien und Reptilien Madagaskars, Stuttgart 1995. Informatives Nachschlagewerk und Bestimmungsbuch.

www.wildmadagascar.org: Informationen zum Thema Natur sowie aktuelle Artikel mit Bezug auf den Naturschutz in Madagaskar.

Schatzkammer Dornenwald

Der Dornenwald im Südwesten Madagaskars ist sicher eines der faszinierendsten Biotope weltweit. Eine Vielzahl an ungewöhnlichen Pflanzenarten gibt es dort zu entdecken. Eine Schatzkammer für jeden Naturfreund.

Obwohl die Artenvielfalt Madagaskars durchaus schon in den früheren Jahrhunderten bekannt war, haben Naturwissenschaftler erst nach der Unabhängigkeit des Inselstaates angefangen, sich mit dieser Naturvielfalt intensiver zu beschäftigen. Im Südwesten der Insel kommen aufgrund der klimatischen Verhältnisse die meisten der sukkulenten Pflanzenarten Madagaskars vor. Es sind Pflanzen, die sich in besonderer Weise dem Leben in einem sehr trockenen Lebensraum angepasst haben.

Das Gebiet ist für Botaniker von besonderem Interesse, da 90 % der Pflanzenarten endemisch sind, d. h. nur hier vorkommen. Damit weist das Gebiet den höchsten Prozentsatz an endemischen Pflanzenarten auf der Insel aus. Einer der wegweisenden Pioniere in der Erforschung der madagassischen Flora ist der deutsche Botaniker Professor Werner Rauh, der sich seit 1956 mit dieser Region beschäftigt.

Eine Klimazone für sich

Der sogenannte Dornenwald erstreckt sich im Südwesten der Insel, etwas oberhalb von Morombe (Mangoky-Fluss) an der mittleren Westküste (ca. 200 km nördlich von Toliara) bis hinüber nach Kap Anavaka im Südosten. Er umfasst ein Gebiet, das sich entlang dieser Küste etwa 50 bis 120 km ins Inland erstreckt. Dieses Gebiet (siehe Karte S. 74) ist

das trockenste Madagaskars, mit einem jährlichen Regenfall bis unter 350 mm. Eine ungewöhnlich lange Trockenzeit von bis zu neun Monaten ist typisch für die Region. Der wenige Regen, der in der kurzen »Regenzeit« fällt, entlädt sich häufig in Stürmen, die über das Land fegen. Die höchste Niederschlagswahrscheinlichkeit liegt hier im Januar. Die durchschnittliche Tagestemperatur beträgt im Jahresmittel 26 °C (max. 30–33 °C, min. 15–21 °C).

Wald voller Dornen

Seine Bezeichnung Dornenwald bekam das Gebiet aufgrund der Tatsache, dass sich eine Vielzahl von Pflanzen mit Dornen oder Stacheln bewehrt, um vor Fressfeinden geschützt zu sein.

Die beiden charakteristischen Pflanzengruppen sind die Euphorbien, zu Deutsch Wolfsmilchgewächse, und die Didieraceen (Tentakel-Bäume). Diese endemische Pflanzengruppe bekam ihren seltsamen Namen (engl.: Octopussy Tree) von ihren nach oben strebenden tentakelartigen Zweigen, die mit langen Stacheln gut gegen natürliche Feinde ausgerüstet sind.

Ein Großteil der Pflanzen verliert nach der sogenannten Regenzeit die Blätter, damit während der monatelangen Trockenzeit nicht mehr Wasser verdunstet als nötig. Um in dieser Zeit dennoch über das lebenswichtige Wasser zu verfügen, bilden einige Pflanzen weitläufig verzweigte Wurzelsysteme, andere speichern es in ihren dicken Stämmen oder Wurzeln. So etwa die majestätischen Baobabs, auch Affenbrotbäume genannt, die in ihren aus

Bestimmend für die Flora des Südens: Dornenwald

Fasern bestehenden Stämmen reichlich Wasser speichern – die großen Exemplare bis zu 100 000 l. Sie können bis zu drei Jahre ohne Regen überleben. Von den weltweit nur acht Arten sind alleine in Madagaskar sechs endemisch. Ebenso auf Wasserspeicherung spezialisiert sind die Pachypodien oder Elefantenfußgewächse, in Madagaskar auch Zwergbaobabs genannt.

Neues Leben

Kurz vor Beginn der Regenzeit fangen etliche Pflanzenarten des Südwestens an zu blühen. Unglaublich, wie viele Farben dann zu entdecken sind. Mit dem ersten Regen sprießen die frischen grünen Blätter. In wenigen Tagen verwandelt sich eine wie abgestorben wirkende Landschaft in ein grünes Paradies. Weite Teile des ursprünglichen Dornenwaldes sind heute allerdings in Gefahr. Zum einen steigt durch das Bevölkerungswachstum der Druck, Flächen zu roden und zum Anbau von Maniok u. Ä. zu nutzen. Zum anderen steigt der Verbrauch an Brenn- und Bauholz. Daneben verbreiten sich seit einigen Jahrzehnten die ursprünglich von den Franzosen eingeschleppten exotischen Pflanzenarten stark.

Die eigentlich in Mittelamerika beheimateten Feigen-Kakteen *(Opuntia ficus-indica)* und Sisal-Agaven *(Agave sisalana)* vermehren sich schnell. Sie verdrängen dadurch mehr und mehr heimische Arten. Die Opuntien sind allerdings für Menschen und Tiere dieser Gegend auch sehr nützlich. Die Kakteenfeigen genannten Früchte sind bei Menschen, aber auch bei heimischen Tieren wie etwa der wunderschön gezeichneten Strahlenschildkröte sehr beliebt. Auch werden die Pflanzen als lebende Zäune verwendet.

Touren durch den Dornenwald
Recht einfach zu besuchen sind die Dornenwälder im Hinterland des Strandortes Ifaty (nähe Toliara) und beim bekannten Berenty-Park im Süden (Amboasary). Auf der Fahrt von Tolagnaro zum Berenty-Park liegt der Andohahela-Nationalpark, der ebenfalls einen Teil des Dornenwaldes schützt. Reisen mit botanischen Inhalten finden Sie u. a. beim Forum Anders Reisen: www.forumandersreisen.de. In Deutschland kann man im Frankfurter Palmengarten einen guten Einblick in die Pflanzenwelt des madagassischen Dornenwaldes bekommen.

Madagaskars Tierwelt

Auf Blätternahrung spezialisiert: der Indri, Madagaskars größter Lemur

Die einzigartige Tierwelt Madagaskars ist ein Anziehungspunkt für Naturliebhaber, Hobbybiologen wie auch Naturwissenschaftler gleichermaßen. Erstaunlich ist die Existenz vieler, in der übrigen Welt nicht mehr vorkommender Tiere. Hier ein Überblick über die wichtigsten Arten.

Primaten

Allgemeiner Überblick, s. S. 70.
Maki ist der generelle madagassische Name für Lemuren. Unter diesem Begriff werden zwölf mittelgroße Arten zusammengefasst, die sich in ihrer Lebensweise nicht sehr voneinander unterscheiden. Viele dieser Makis wurden früher als Unterarten des Braunen Makis angesehen, heute gelten sie als eigene Arten. Sie ernähren sich sehr vielseitig, von Früchten und Blüten, zudem von Insekten und Blättern. Der Rotstirnmaki *(Eulemur rubifrons)* ist oft im Ranomafana Nationalpark zu sehen sowie im Berenty-Park, wo er angesiedelt wurde. Der Mohrenmaki lebt *(E. macaco)* im Norden auf Nosy Be und Nosy Komba.

Bambusmakis

Die Gruppe der Bambuslemuren besteht aus sechs Arten. Am weitesten verbreitet ist der Graue Bambuslemur *(Hapalemur griseus)*, der in den Bambusregionen fast der gesamten Ostküste zu Hause ist. Der Goldene Bambuslemur *(H. aureus)* gelangte zu einiger Berühmtheit, da er erst 1986 entdeckt wurde. Er lebt nur im Ranomafana-Nationalpark und den angrenzenden Gebieten. Alle Arten ernähren sich ihrem Namen entsprechend von Bambus. Sie haben sich allerdings auf verschiedene Teile der Pflanze spezialisiert. Der Große Bambuslemur *(Prolemur simus)* holt sich mit seinem kräftigen Gebiss das Mark aus den Bambusstangen, der Goldene frisst dagegen die Bambustriebe und der Graue wiederum die Blätter.

Fingertiere

Dies ist sicherlich die eigenartigste Lemurenart. Sie hat im madagassischen Ökosysthem die Stellung des Spechtes eingenommen. Mit seinen großen Ohren kann das Fingertier Insekten und Maden auch unter der Rinde hören. Mit seinen langen Schneidezähnen nagt er das Holz auf und zieht mit dem langen Mittelfinger die Beute hervor. Das nachtaktive Fingertier ist selten und sehr scheu und daher nur sehr selten zu sehen. Die beste Möglichkeit dazu bietet die Insel Nosy Mangabe.

Katta mit auffälligem Ringelschwanz

Indris

Mit einer Körperhöhe von 80 cm ist der Indri *(Indri Indri)* heute die größte noch existierende Lemurenart. Als einziger Lemur ist er nur mit einem Stummelschwanz von 10 cm ausgestattet. Der Indri lebt in den Bergregenwäldern der Ostküste und ernährt sich hauptsächlich von Blättern. Kleine Familiengruppen bewohnen ein Territorium, das sie mit für unsere Ohren seltsamen Schreien (die manche an Walgesänge erinnern) gegenüber anderen beanspruchen. Am besten sind die Indris im Andasibe-Mantadia-Nationalpark zu beobachten.

Kattas

Der Katta *(Lemur katta)* mit seinem charakteristischen schwarz-weiß geringelten Schwanz ist wohl der bekannteste Vertreter der Lemuren. Er wird in vielen zoologischen Gärten Europas gehalten und ist daher sicher vielen Reisenden vertraut. Zu beobachten im Berenty-Park sowie im Andringitra- und Isalo-Nationalpark.

Mausmakis

Sie sind die kleinsten Primaten überhaupt und machen ihrem Namen alle Ehre. Nur mausgroß sind die nachtaktiven Tiere, die in allen Lebensräumen zu Hause sind, vom trockenen Südwesten bis zur feuchten Ostküste. Mittlerweile sind 14 Arten von Mausmakis bekannt. Etliche von ihnen wurden erst in den letzten Jahren von Wissenschaftlern entdeckt. Für den Laien sind sie in der Dunkelheit aller-

Der Larvensifaka überwindet den Boden ›tanzend‹ auf zwei Beinen

dings kaum zu unterscheiden. Mit ein wenig Glück kann man sie bei Abendspaziergängen in allen Schutzgebieten der Insel entdecken.

Sifakas

Die mit den Indris verwandten Sifakas sind etwas kleiner als diese und haben einen langen Schwanz. Es gibt insgesamt neun Arten, die in verschiedenen Lebensräumen zu Hause sind, im Trockenwald des Westens genauso wie im Regenwald des Ostens. Sie sind sehr unterschiedlich gefärbt, vom schneeweißen Seidensifaka *(Propithecus canditus)* bis hin zum schwarzen Perrier-Sifaka *(P. perrieri)*. Den unterschiedlichen Sifaka ist gemein, das sie sich überwiegend auf Blätternahrung spezialisiert haben. Die am häufigsten zu sehende Art ist der Larvensifaka *(P. verreauxi)*. Er kommt in den trockeneren Zonen des Südwestens vor und ist dafür bekannt, dass er auch größere Abstände zwischen Bäumen auf dem Boden überwindet, indem er seitlich auf zwei Beinen springt. Das macht den Eindruck, als ob er tanzen würde. Daher auch sein Beiname »tanzender Lemur«, zu sehen u. a. im Berenty-Park, im Andringitra- sowie Isalo-Nationalpark.

Varis

Der Schwarz-weiße Vari lebt wie sein naher Verwandter, der Rote Vari, in den Regenwäldern der Ostküste. Er hat ein breites Nahrungsspektrum, frisst aber am liebsten Früchte. Die schön gezeichneten Tiere haben ein sehr plüschiges Fell, um den kalten Winternächten im Bergregenwald zu trotzen.

Das ehemalige Wappentier des Kölner Zoos ist scheu und in den Nationalparks der Ostküste selten zu sehen.

Wieselmakis

Diese nachtaktiven mittelgroßen Lemurenarten leben in verschiedensten Lebensräumen über ganz Madagaskar verteilt. Nachdem in den letzten Jahren weitere Arten der Wieselmakis entdeckt wurden, sind heute 23 Arten bekannt, die alle von der nächtlichen Jagd auf Insekten leben und am Tag in Baumhöhlen schlafen. Manchmal können bei einer Tageswanderung in Wäldern schlafende Wieselmakis in Baumhöhlen entdeckt werden.

Fossa, das größte Raubtier Madagaskars

Der Streifentenrek ist ein Insektenfresser

Weitere Säugetiere

Raubtiere

Auf Madagaskar leben im Gegensatz zum afrikanischen Festland nur wenige Raubtiere. Die acht Arten gehören zu den Familien der Schleichkatzen und Mangusten und sind relativ klein. Eine Ausnahme macht aber das größte Raubtier Madagaskars, die Fossa *(Cryptoprocta ferox)*. Sie kann ein Gewicht von bis zu 10 kg erreichen. Die fünf Arten der Madagaskar-Mangusten wiegen nur 600–800 g. Eine ungewöhnliche Nahrungsspezialisierung hat die Ameisenschleichkatze *(Eupeleres goudoti)*, sie ernährt sich hauptsächlich von Erdwürmern. Die Raubtierarten sind überwiegend dämmerungs- und nachtaktiv. Sie sind nur mir viel Glück zu beobachten.

Tenreks

Sie gehören zu den ältesten Säugetierarten, die heute noch die Erde bevölkern. Die auf Madagaskar endemischen Tenreks gehören zu den Insektenfressern. Einige der insgesamt 28 Arten erinnern an Igel. Sie sind nachtaktiv und in freier Natur schwer zu beobachten. Der große Tenrek

(Tenrec ecaudatus) gilt bei einigen madagassischen Völkern als Delikatesse.

Fledertiere
Flughunde und Fledermäuse sind in Madagaskar häufig anzutreffen. Die Tiere schwärmen nach Einbruch der Dunkelheit aus ihren Tagesverstecken und gehen auf Nahrungssuche. Die meist recht großen Flughunde ernähren sich von Früchten, während die meist kleineren Fledermäuse hauptsächlich Insekten fangen. Im Norden gelten Flughunde als Delikatesse, sie sind wegen ihrer Vorliebe für Früchte bei den Bauern jedoch äußerst unbeliebt.

Reptilien und Amphibien

Chamäleons
Mit 65 Arten lebt etwa die Hälfte der weltweiten Chamäleonarten auf Madagaskar, darunter die kleinste wie auch die größte Chamäleonart. Diese eigentümlichen Reptilien zeichnen sich durch ihre lange Zunge aus, die zum

Der Sirenenfrosch ist leichter zu hören als zu sehen

Erbeuten von Insekten dient. Die Tiere können zudem je nach Licht oder Temperatur ihre Hautfarbe ändern.

Geckos

Die Kletterkünstler, die auf glatten Scheiben mühelos hinauflaufen können, begegnen einem in Madagaskar überall. Am weitesten verbreitet sind die braungrauen nachtaktiven Hausgeckos. Nach Einbruch der Dunkelheit sind sie oft in der Nähe von Lichtquellen zu sehen, um die vom Licht angezogenen Insekten zu erbeuten. Bekannt ist die Insel für ihre Vielfalt an bunten Taggeckos. Die meist leuchtend grünen Tiere sitzen gerne auf großblättrigen Pflanzen, um sich zu sonnen.

Schildkröten

Es leben fünf Arten von Landschildkröten auf Madagaskar, hinzukommen vier Arten Sumpfschildkröten, die allesamt mehr oder weniger stark bedroht sind. Am bekanntesten ist die schön gezeichnete Strahlenschildkröte. Sie lebt im trockenen Südwesten des Landes und wird in Madagaskar auch gerne als Haustier gehalten. Im selben Verbreitungsgebiet ist auch die Spinnenschildkröte zu Hause. Besonders selten sind Exemplare der größten Art, die Pflugscharschildkröte, sowie die kleine Flachrückenschildkröte. Beide haben ein nur noch winziges Verbreitungsgebiet an der Westküste.

Schlangen

Madagaskar hat einen Vorteil gegenüber dem Kontinent: Es gibt keine Schlangenart, die dem Menschen gefährlich werden könnte. Die größten Schlangen sind die drei Arten von Boas. Die Würgeschlangen ernähren sich von großen Nagetieren, Vögeln und Lemuren.

Chamäelons sind je nach Licht oder Temperatur anders gefärbt

Frösche

In den letzten Jahren sind durch verstärkte Forschungsmaßnahmen über 130 neue Froscharten auf Madagaskar entdeckt worden. Fast alle Froscharten Madagaskars sind endemisch (99 %). Insgesamt leben fast 300 Amphibienarten auf der großen Insel. Am bekanntesten sind die roten Tomatenfrösche, die in den Waldgebieten der Ost- und Westküste heimisch sind. Sie können ein Sekret zur Abwehr von Feinden absondern. Besonders schön sind die kleinen und meist bunten Mantella-Frösche. Ihr Farbenspiel erinnert an die südamerikanischen Pfeilgiftfrösche. Besonders im Regenwald jeden Abend lautstark zu vernehmen, aber selten zu sehen, sind die Baumsteigerfrösche.

Vögel

Die Vogelwelt Madagaskars ist nicht so artenreich wie in anderen afrikanischen Ländern, dennoch überaus vielfältig. Besonders interessant sind die Arten, die ausschließlich auf Madagaskar vorkommen. Die Gruppe der Papageien ist mit drei Arten nur spärlich vertreten. Zwei davon, die Vasa-Papageien, sind untypisch schwarz-grau gefärbt. Nur das kleine Grauköpfchen hat ein auffälliges grünes Gefieder. Alle drei sind beliebte Haustiere in Madagaskar. Unter den Greifvögeln besonders interessant ist der seltene Madagaskar-Fischadler. Er lebt nur noch in wenigen Abschnitten der nördlichen Westküste. Häufiger zu sehen sind die Madagaskar-Falken oder die Schmarotzer-Milane.

Die ausgestorbenen Riesen

Madagaskar war einst Heimat zahlreicher Tierarten, die heute nur noch von Reiseberichten oder Fossilfunden bekannt sind. Etliche dieser nicht mehr existenten Arten sind erst nach der Ankunft der ersten Menschen, das heißt in den letzten zwei Jahrtausenden ausgerottet worden.

Seit Jahrzehnten beschäftigen sich Wissenschaftler mit dem Leben auf Madagaskar vor Ankunft des Menschen. Zahlreiche interessante Knochenfunde aus jener Zeit wurden gemacht, und bislang sind 25 ausgestorbene Säugetierarten entdeckt worden. Anhand von Gewaltspuren an Tierknochen gehen Forscher davon aus, dass einige Tierarten noch vor rund 2000 Jahren, also bei Ankunft der ersten Menschen auf Madagaskar, gelebt haben müssen und gejagt wurden. Dazu gehören u.a. eine Zwergflusspferdart und das Riesenfingertier *(Daubentonia robusta)*.

Interessant ist, dass es wohl auch in früheren Zeiten keine größeren Raubtiere auf Madagaskar gab. Bis heute ist nur eine verwandte Art der noch lebenden katzenähnlichen Fossa bekannt. Diese war nur wenig größer als ihre heute noch lebende Verwandte. In mündlichen Überlieferungen einiger Regionen ist von einer schwarzen Fossa die Rede. Aufsehen erregten Funde von Tieren, die an afrikanische Erdferkel erinnerten, mit ihnen aber nicht direkt verwandt sind. Es handelt sich dabei um zwei Arten einer eigenen Tierordnung *(Bibymalagasia)*, die bisher nur in Madagaskar gefunden wurde. Die Tiere *(Plesiorycteropus sp.)* waren ursprünglich im Hochland Madagaskars zu Hause. Zudem konnten bisher mindestens drei Zwergflusspferdearten auf Madagaskar nachgewiesen werden. Ein Teil lebte sicher noch bis ins 18. Jh., bevor die Menschen sie endgültig ausrotteten.

Lemuren in allen Nischen

Ursprünglich gab es in Madagaskar eine große Anzahl von Lemurenarten. Durch ihre teilweise extreme Anpassung an Lebensnischen konnten bis zu 20 Arten einen Lebensraum bewohnen. Alle waren Waldbewohner und durch die fehlenden Raubtiere gegenüber den einwandernden Menschen zunächst wahrscheinlich nicht besonders scheu. Die Zerstörung der Wälder, vor allem auf dem Hochplateau, sowie ihre einfache Jagd wurden ihnen zum Verhängnis.

Allein 17 Lemurenarten sind in den letzten 2000 Jahren, also nach der Besiedelung durch den Menschen, ausgerottet worden. Dazu gehören drei Familien, die somit überhaupt nicht mehr existieren. Die Faulen-Lemuren *(Palaeopropithecidae)*, die Affen-Lemuren *(Archeolemuridae)* und die Koala-Lemuren *(Megaladapidae)*. Die Faulen-

Lemuren erhielten ihren Namen aufgrund der Tatsache, dass sie eine ähnliche Lebensweise wie die bekannten Faultiere hatten. Unter ihnen sind die größten Lemurenarten überhaupt zu finden. *Archeoindri* zum Beispiel wurde bis zu 200 kg schwer. Unter den großen ausgestorbenen Lemurenarten waren einige, die sich mehr am Boden aufhielten, im Gegensatz zu den auf Bäumen lebenden heutigen Arten. Besonders der Archeolemur lebte fast ausschließlich am Boden.

Es halten sich Vermutungen, dass einige wenige Exemplare der riesigen Lemuren bis vor wenigen Jahrhunderten noch lebten. Der Franzose Etienne Flacourt (1607–60), der 1648 nach Madagaskar kam und zehn Jahre später das erste umfassende Werk über die Insel veröffentlichte, beschrieb 1658 die Begegnung mit einem »kalbsgroßen« Lebewesen mit menschenähnlichem Gesicht. Noch 1952 behauptete ein älterer Mann von der Ostküste, er habe einen Lemuren gesehen, der so groß wie ein siebenjähriges Mädchen war und sich am Boden fortbewegte. Ob all diese Geschichten am Ende wahr sind, lässt sich mit Sicherheit abschließend nicht klären.

Gefiederter Gigant

»Der Vogel war so riesig, dass wenn er seine Flügel ausbreitete, er die Sonne verdunkelte«. – Es war kein geringerer als der berühmte Seefahrer Sindbad, der in seinen Märchen von 1001 Nacht die Geschichte eines riesenhaften Vogels erzählte. »Er packte den Mann mit seinen Krallen und flog mit ihm davon«. Ein Großteil dieser Geschichte des Vogel Rock, wie er genannt wird, ist sicher reines Seemannsgarn. Aber der Ursprung dieses Märchens könnte tatsächlich beim Elefantenvogel von Madagaskar gelegen haben, von dem angenommen wird, dass ihn die Besucher der Insel noch bis ins 17. Jh. hinein leibhaftig zu sehen bekamen. *Aepyornis maximus* ist sein wissenschaftlicher Name, und er war wohl der größte je auf der Erde lebende Vogel.

Verschiedene Fundstellen seiner Überreste zeugen davon, dass der Elefantenvogel einst in allen Regionen der Insel heimisch war. Der schon erwähnte Franzose Etienne de Flacourt berichtet über einen »riesenhaften Vogel, der nicht fliegt«. Es ist anzunehmen, dass er einer der letzten Europäer war, der diesen knapp 500 kg schweren und 3 bis 4 m großen Gesellen noch lebend sah. Außer diesem riesigen, mythenbehafteten Vogel wurden weitere etwa 20 ausgestorbene Vogelarten entdeckt. Unter diesen Entdeckungen sind keine Vögel älter als 20 000 Jahre.

Riesenhaft ist schon das Ei des ausgestorbenen Elefantenvogels

Unterwegs in Madagaskar

Einzigartiges Wanderparadies: die Hügellandschaft des Andringitra-Nationalparks

Das Beste auf einen Blick

Antananarivo und Umgebung

Highlights!

Antananarivo: Die Hauptstadt Madagaskars erstreckt sich malerisch über mehrere Hügel. Mit ihrer Kolonialarchitektur, den roten Backsteinhäusern und engen Altstadtgassen gehört *Tana*, wie die Stadt liebevoll von den Madagassen genannt wird, wohl zu den schönsten Hauptstädten Afrikas. S. 88

Andasibe-Mantadia-Nationalpark: Der meistbesuchte Nationalpark des Landes schützt einen der letzten Bergregenwälder Madagaskars und ist vor allem durch das Ende der 1990er-Jahre eingegliederte Indri-Reservat Analamazaotra bekannt. S. 112

Auf Entdeckungstour

Rova – der Palast der Königin: Als erster Merina-König errichtete Andrianjaka 1610 auf dem höchsten Hügel der heutigen Hauptstadt einen Palast. Spätere Könige und Königinnen erweiterten das Areal zu einem repräsentativen madagassischen Palastbezirk. S. 98

Ein Samstagabend in der Hauptstadt: Die langen Abende in Antananarivo bieten einiges für Ausgehfreudige und Nachtschwärmer. Vom traditionellen Sprech- und Tanztheater *Hira Gasy* über Restaurants bis zu Clubs, in denen Sie zu unterschiedlichen Rhythmen das Tanzbein schwingen können. S. 106

Kultur & Sehenswertes

Park Andohalo: Auf der Bühne im Park finden am Wochenende oft Konzerte oder Tanz- und Theateraufführungen statt. Unter der Woche spielen die Jungen hier Fußball. 11 S. 97

Museum Andafivaratra: Das Museum im ehemaligen Palast des Premierministers zeigt die wenigen königlichen Gegenstände aus dem 19. Jh., die vor dem Brand des Rova 1995 gerettet werden konnten. 12 S. 97

Zu Fuß unterwegs

Tany Mena Tours: Alternative Stadttouren und Ausflüge »Zu den königlichen Stätten« oder zu »Madagaskars heiligen Orten und Traditionen«. 1 S. 105

Auf dem Indri-2-Trail: Im Andasibe-Mantadia-Nationalpark lassen sich bei einer Wanderung die schwarz-weißen Indris beobachten. S. 113

Genießen & Atmosphäre

Rosengarten: Der kleine Rosengarten am Ende der Treppe zur Oberstadt (am Place de l'Indépendance) lädt zum Verweilen und Ausruhen ein. 7 S. 96

Restaurant Le B: Im schönen modernen Ambiente mit viel Holz wartet man gerne auf das leckere Essen. Tagsüber genießt man auf der Terrasse den Blick auf die Stadt. Le B bietet eine der besten Küchen der Stadt. 2 S. 104

Abends & Nachts

La Boussole: Das Lokal mit Bar und Restaurant ist ideal für ein geselliges Beisammensein. Ob zum Essen oder zum Plaudern, ist es der richtige Ort für einen schönen Abend. 3 S. 108

La Caverna: Der neueste Club in Antananarivo bietet Karaoke sowie Musik zwischen Mainstream und afrikanischen Rhythmen zum Abtanzen. 7 S. 108

Malerisch gelegene Metropole

Antananarivo!

Antananarivo liegt inmitten des Hochlandes und verteilt sich über mehrere Hügel. Sie ist die unumstrittene Metropole des Landes, ihr politisches, wirtschaftliches und kulturelles Zentrum. Dabei unterscheidet sich die mit rund 2 Mio. Einwohnern größte Stadt der Insel auffällig von anderen afrikanischen Hauptstädten. Mit ihren engen Altstadtgassen, die sich die Hügel hinauf- und hinunterschlängeln, und den vielen roten Backsteinhäusern mit ihren Balkonen steht sie im Kontrast zum Betoneinerlei anderer urbaner Zentren des Kontinents, was sie zu einer der schönsten Metropolen Afrikas macht.

Über dem Zentrum thront auf dem mit 1668 m höchsten Hügel der Stadt der Rova, der alte Palast der Königin – architektonischer Zeuge einer Zeit, in der noch Könige und Königinnen von hier aus das Land beherrschten. Die Stadt ist ein Schmelztiegel der ethnischen Vielfalt der Insel, neben den Menschen mit afrikanischen Wurzeln gibt es ebenso viele asiatischer Herkunft. Abseits der Innenstadt wird es schnell ländlich, und zwischen den Hügeln stößt man bis heute auf Reisfelder. Noch vor 100 Jahren befanden sich in der heutigen Innenstadt große Flächen für den Reisanbau. Ihre Trockenlegung schuf Platz für die Errichtung neuer Gebäude und Straßen.

Antananarivo (*Tananarive* auf Französisch) wird von den Madagassen liebevoll kurz *Tana* genannt. Die Stadt liegt auf einer durchschnittlichen Höhe von 1435 m und wirkt durch ihre Hügel auf den ersten Blick etwas unübersichtlich, doch sind ihre wichtigsten Stätten und Sehenswürdigkeiten gut zu Fuß

Blick vom ehemaligen Königspalast Rova über die madagassische Hauptstadt

Infobox

Reisekarte: J 15

Touristeninformation

ORTANA (Office Regional du Tourisme d'Antananarivo): Haus FJKM (Treppe zur Oberstadt, neben dem Eingang zum Goethe-Zentrum), Antananarivo-Antaninarenia, Tel. 0261 20 22 27051, info@ortana.mg; Zweigstelle: Esplanade Jardin, Andohalo, Tel. 020 24 600 93, ortanaandohalo@yahoo.fr.

Internet

www.tourisme-antananarivo.com: Stadtinfos (französisch), mit Hotel- und Restaurantführer sowie Tourenvorschlägen für die Hauptstadt und Umgebung.
www.madaplan.com: Branchenbuch

Anreise und Weiterkommen

Flug: Der internationale Flughafen Ivato liegt rund 15 km außerhalb. Von hier fliegt Air Madagascar alle wichtigen Städte des Landes an. Taxis warten vor dem Terminal (Kosten 15–20 €). Der Shuttlebus Navette fährt von 5–23 Uhr alle 45 Min. auf zwei verschiedenen Routen in die Stadt. Preiswerter geht es mit den öffentlichen Minibussen, Station außerhalb des Flughafengeländes an der Hauptstraße (ca. 1,50 €).

Stadtbus: Es gibt ein enges Netz von Minibuslinien, die auf festgelegten, jeweils auf einem Schild an der Windschutzscheibe angezeigten Routen verkehren. Allerdings existieren keine Fahrpläne und kaum ausgezeichnete Haltestellen, daher ist die Nutzung für Ausländer etwas schwierig. Die Preise sind unschlagbar günstig: Strecken in der Innenstadt 0,20–0,70 €.

Überlandbus: Nach Mahajanga, Malagasy Car, Tel. 032 43 58888, malagasycar@gmail.com, Abfahrt am Hotel Le Grand Melis in Analakely tgl. 7 Uhr, Ankunft Mahajanga 17 Uhr, 90 000 MGA (ca. 25 €), inkl. Mittagessen; Transpost, Tel. 033 12 96915, Abfahrt an der Post in Antaninarenina, Fahrzeuge nicht klimatisiert, aber besser als herkömmliche Taxis-Brousses, Di, Do, Sa, 30 000 MGA (ca. 9 €) ohne Essen.

Andere, einst populäre Busgesellschaften haben während der letzten Krisenjahre ihren Betrieb eingestellt. Weitere Überlandverbindungen mit Taxi-Brousse (Busch-Taxis = einfache Überlandbusse).

Taxi-Brousse: Von Antananarivo aus gelangen Sie mit einem Taxi-Brousse in fast alle Teile des Landes. Die Taxi-Brousse-Stationen liegen außerhalb des Stadtzentrums, jeweils an den Ausfallstraßen der jeweiligen Richtung.

Taxi: Die cremeweißen Taxis sind in der Stadt einfach zu bekommen. Sie stehen vor vielen großen bzw. zentralen Hotels. Ansonsten ist es üblich, ein Taxi einfach auf der Straße durch Handzeichen anzuhalten. Preise müssen ausgehandelt werden, Strecken in der Innenstadt etwa 3–5 €.

Mietwagen: Mehrere internationale und nationale Mietwagenfirmen bieten Fahrzeuge an. Das Fahren ohne Chauffeur kann aber abenteuerlich werden. Die Straßenbeschilderung ist sehr dürftig und der Verkehr in der Innenstadt oft recht chaotisch. Durch die vielen engen Gassen, die meist Einbahnstraßen sind, drängen sich gerade zur Rushhour zu viele Autos, sodass es kaum ein Durchkommen gibt.

Lalana Pasteur
Arabe Ampanjaka Toera
L. Naka Rabemanantsoa
Lalana Randriambahiny
Lalana Dokotera Ramisaray
Arabe Lietnà Andrian
Kianja Ambiky
Lalana Rainandriamampan
Arabe Rabezavana
Ar. Andrianampoinimerina
Av. de l'Indépendance
Lalana Radama I.
Arabe Rainibetsimisaraka
ANALAKELY
Lalana Refotaka
Lalana Jean Jaurès
L. Dr. Charles Rabemananjara
Markt
Kianja Andrianjaka
L. Ramamonifisoa
ISOTRY
Grabmal des Premierministers Rainilaiarivony
Rasoamanarivo
Kianja Iabomary
Lalana Andrianary Ratianarivo
G. Ramanantsoa
Kianja Lars Dahle
Lalana Rainilaiarivony
Ratsimilaho
Kianja Ho Chi Minh
Lalana Russie
Arabe Rainitsarovy
Lalana Dokotera Andrianavony
Lalana Titsy
Lalana Jean Ralaimongo
Lac Anosy
Lalana Agosthino Neto
Lalana Nyavana Ramanantoanina
Lalana Andrianaivoravelona Joseph
Lalana Ranaivo Jules
Lalana Mohamed V.
L. Dokotera Razafindratandra Randramazo
Details siehe S. 106 Entdeckungstour Nachtleben
Lalana Ramiandrasoa Alfred
Kianja Karl Marx
L. Pascal Rakotobe
Lalana Rajoelina J.
Lalana Ramanankirahina Ph.
Kianja Raherisoa Norbert
Mahamasina-Stadion
Palais des Sports et de la Culture
Lalana Andriba
Hôpital Ravoahangy Andrianavalona Joseph
L. Pastora Rainitsimba
Lalana Dokotera Davioud Jacques
L. Dokotera Ravoahangy Andrianavalona Joseph
Lalambe-Jeneraly Richard Ratsimandrava
L. Rakotonirainy Alphonse
Gare Routière du Sud
Lalana Pierre Rabary
Andriamanantena Georges
0
250
500 m

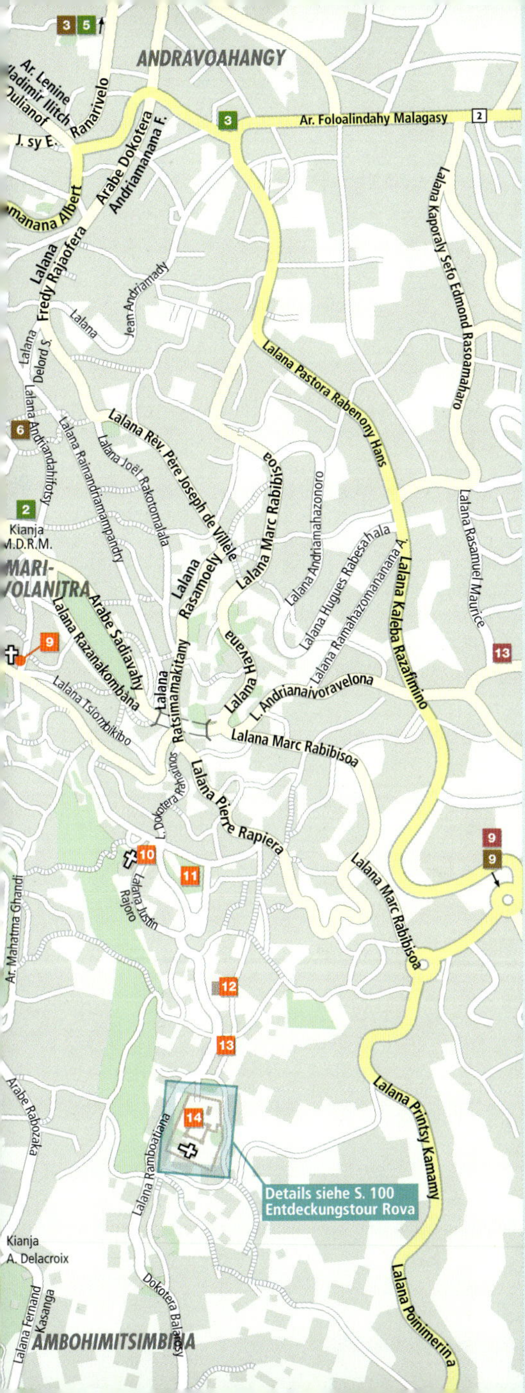

Antananarivo

Sehenswert

1 Hauptbahnhof
2 Av. de l'Indépendance
3 Hôtel de Ville (Rathaus)
4 Marktplatz und -gebäude
5 Piratenmuseum
6 Place de l'Indépendance
7 Rosengarten
8 Palais d'Ambohitsorohitra
9 Kirche Ambatonakanga
10 Kirche Andohalo
11 Andohalo-Park
12 Palais de Rainilaiarivony
13 Königlicher Gerichtsplatz
14 Rova
15 Lac Anosy
16 Blumenmarkt
17 Zoologisch-Botanischer Garten Tsimbazaza
18 Théâtre Municipal d'Isotry

Übernachten

1 Carlton
2 Colbert
3 Tamboho Hotel
4 De Louvre
5 Tana
6 Palissandre
7 Le Pavillon de l'Emyrne
8 Rova
9 Ariandro
10 Aina
11 Le Muraille de Chine
12 Anjary

Essen & Trinken

1 Villa Vanille
2 Le B
3 La Villa
4 Le Marrakech
5 Kudeta
6 O'Poivre Vert
7 Tatao
8 Grand Orient
9 Tranovola
10 Le Jardin du Raphia

Fortsetzung S. 92

11 Café La Potinière
12 Café de la Gare
13 La Gastro Pizza

Einkaufen
1 Roses & Baobab
2 Fusion Iray
3 Markt in Andravoahangy
4 Marché d'Artisanal
5 Waterfront
6 Hazomanga

Aktiv
1 Tany Mena Tours
2 La Medina
3 Madagascar on Bike

Abends & Nachts
1 Alliance Française
2 Goethe-Zentrum
3 La Boussole
4 Le Caveau
5 Le Club
6 Pandora
7 La Caverna
8 La Suite 101
9 The Green
10 Le 6

zu erreichen. Die Innenstadt lässt sich grob in zwei Bereiche teilen – die Unterstadt und die Oberstadt.

Das Herz von Antananarivo ist der Stadtteil Analakely mit der Avenue de l'Indépendance. Diese von den Franzosen gebaute Prachtstraße führt vom Bahnhof aus in südöstlicher Richtung. Mit dem sich südwestlich anschließenden Stadtteil Tsaralalana bildet sie die sogenannte Unterstadt.

Die südöstlich angrenzende Oberstadt erstreckt sich im Bereich des Präsidentenpalastes bis hinauf zum Rova, dem Palast der Königin, und umfasst die Stadtteile Antananirenina, Ambatonakanga bis Andohalo.

Geschichte

Die Gründung der Stadt geht zurück auf den Merina-König Andrianjaka, der sich 1610 auf dem 1668 m hohen Hügel Analamanga (Blauer Wald) niederließ und dort seinen Palast errichtete. Nachdem er seine Armee am Fuße des Hügels stationiert hatte, erhielt der Ort einen neuen Namen: Antananarivo – »Stadt der Tausend«. Um seine Soldaten und deren Familien ernähren zu können, ließ der König die umliegenden Sümpfe in Reisfelder umwandeln. Doch nach seinem Tod verlor das kleine Reich schnell an Macht und das Machtzentrum der Merina verlagerte sich.

Das Gebiet des heutigen Antananarivo kommt erneut in den Blickpunkt der Politik, als König Andrianampoinimerina 1795 den Hügel eroberte und sich entschloss, seinen Sitz vom 16 km entfernten Ambohimanga ins südlichere Anatananarivo zu verlegen. König Andrianampoinimerina stirbt 1809 und sein junger Sohn Radama I. wird sein Nachfolger. Zu diesem Zeitpunkt ist Antananarivo mit etwa 25 000 Einwohnern bereits die größte Stadt Madagaskars. Durch die Eroberungen weiter Teile Madagaskars sichert sich Radama I. die Macht und Antananarivo den Status als Hauptstadt.

Am 30. September 1895, während des Zweiten Französisch-Madagassischen Krieges, nehmen französische Truppen die Stadt ein. Einige Tage später wird Madagaskar offiziell zum Protektorat Frankreichs erklärt. Ein Jahr später bekommt die Insel den Status einer Kolonie. Die Franzosen entscheiden sich, *Tananarive*, wie sie die Stadt selber in Anlehnung an die Aussprache nennen, zur Hauptstadt ihrer Kolonie zu machen. Schon bald werden ausgedehnte Reisfelder rund um die damalige Stadt – große Be-

Im Zentrum der Stadt: die Treppe zur Oberstadt führt nach Faravohitra

COURS
ACEEM

reiche der heutigen Innenstadt – trockengelegt; auch die heutige Avenue de l'Indépendance »lag« damals noch inmitten eines großen Reisfelds.

In den Jahrzehnten bis zum Zweiten Weltkrieg errichtet man eine große Anzahl neuer Gebäude und Straßen. So wird etwa die ehemalige Botschaft zum Gouverneurspalast (heute Präsidentenpalast) erweitert, der Bahnhof (1908–10), das Rathaus und die heutige Avenue de l'Indépendance gebaut.

Unter Gouverneur General Gallieni realisiert man weitere Großprojekte. Zwischen 1924 und 1934 können u. a. die beiden Tunnel, die die Stadtteile Analakely mit Anosy und Ambohojatovo mit Antshabe verbinden, fertiggestellt werden. Ebenso entsteht in dieser Zeit der zentrale Marktplatz mit seinen Marktgebäuden. Nach dem Zweiten Weltkriegkommt die Stadtplanung fast zum Erliegen. Erst nach der Unabhängigkeit 1960 gelingen wieder Umsetzungen größerer Projekte wie z. B. der Neubau von Parlament und Ministerien. Am Anosy-See entsteht allmählich ein regelrechtes Regierungsviertel. Doch der Enthusiasmus der ersten Jahre nach der Unabhängigkeit ist bald verflogen.

Bei den Unruhen gegen Präsident Tsiranana im Jahr 1972 wird das kolonialzeitliche Rathaus Opfer der Flammen. Mit der Machtübernahme des Militärs und Diktator Ratsirakas geht es mit dem Land und damit auch der Hauptstadt weiter bergab. Anfang der 1990er-Jahre haben viele Geschäfte in den Arkaden der einstigen Prachtstraße geschlossen, die Häuser sind teilweise marode und auf den Straßen reiht sich ein Schlagloch ans nächste.

Mit dem Ende der Diktatur 1992 geht es wieder leicht bergauf. Häuser werden saniert, Straßen erneuert. Ein wirklicher Aufbruch gelingt aber erst nach der Wahl des Geschäftsmannes Marc Ravolomanana zum Bürgermeister. Er schafft es, örtliche Firmen zu mobilisieren, sich aktiv an Stadtentwicklungsprojekten und anderen städtischen Maßnahmen zu beteiligen. So entschließt sich etwa eine Autofirma den zur Jauchegrube verkommenen Behorika-See im gleichnamigen Stadtteil zu sanieren. Der zu versumpfen drohende See wurde ausgebaggert und ist heute ein Schmuckstück. An einem anderen ursprünglich vermüllten See im Stadtteil Ambodivona entstand in den letzten Jahren die Tana Waterfront, ein großer Komplex mit modernem Shoppingcenter sowie Wohn- und Geschäftshäusern.

Die Unterstadt

Die Unterstadt wird dominiert von der Avenue de l'Indépendance und ihren Arkaden. Die ehemalige Prachtstraße aus der Kolonialzeit ist nach der Abschaffung des früheren Wochenmarktes Zoma sowie einigen Verschönerungsprojekten Ende der 1990er-Jahre wieder eine beliebte Flaniermeile. Etliche Häuser der Arkaden sind seither renoviert oder ganz erneuert worden, in viele zuvor leer stehende Ladenlokale sind erneut Geschäfte gezogen, es gibt Restaurants und gemütliche Cafés. Des Weiteren befindet sich in dem Analakely (›Kleiner Wald‹) genannten Stadtteil der Bahnhof und der zentrale Markt (Place Rabarihoela). Im sich westlich anschließenden Viertel Tsaralalana liegt neben weiteren Geschäften und Bankinstituten auch das Rotlichtviertel. Die Bars bringen abends etwas Leben in die Straßen.

Hauptbahnhof und Avenue de l'Indépendance

Antananarivos **Hauptbahnhof (Gare de Tananarive** bzw. **Gare de Soarano)** 1 wurde als kolonialzeitlicher Monumentalbau errichtet und 2009 kernsaniert. Entstanden ist er in den Jahren zwischen 1908 und 1910, nach Plänen des Architekten Fouchard im französisch-italienischen Stil; er markiert den Beginn der Prachtstraße **Avenue de l'Indépendance** 2 (madag.: *Araben' ny Fahaleovantena*), die vom Bahnhof Richtung Südosten verläuft. Sie wird auf beiden Seiten von Arkaden gesäumt, die 1936 erbaut wurden und heute unter Denkmalschutz stehen. Auf dem Weg unter den weiten Rundbögen kann man auch bei Regen trockenen Fußes shoppen. In der Mitte der Allee gibt es einen breiten Grünstreifen, der zur Kolonialzeit mit Blumenbeeten bestückt war.

Hôtel de Ville 3

Auf halber Strecke auf der Avenue de L'Indépendance Richtung Marktplatz steht links auf der Höhe des großen Springbrunnens das neue, im Jahr 2011 eingeweihte Rathaus. An gleicher Stelle befand sich einst das historische Hôtel de Ville (Rathaus), das bei den Unruhen 1972 einem Feuer zum Opfer fiel. Pläne zum Wiederaufbau scheiterten zunächst an fehlenden finanziellen Mitteln und so wurde auf der brachliegenden Fläche Ende der 1990er-Jahre ein kleiner Park angelegt. Der Wunsch zur Wiedererrichtung des Rathauses blieb bestehen und Ende 2008 begannen die Bauarbeiten. Das Rathaus wurde mit geringen Modifikationen wieder im historischen Kolonialstil errichtet.

Marktplatz und Marktgebäude 4

An ihrem Ende mündet die Allee in die **Avenue de 26 Juin 1960** (Datum der Unabhängigkeit). Dort stehen etwa 100 m weiter links die historischen **Marktgebäude.** Diese wurden mitsamt dem umliegenden Platz ab 1925 auf Geheiß von General Gallieni erbaut. Neben einem zentralen Gebäude kommen einige Dutzend kleine Häuser in den Blick, die alle mit roten Backsteinziegeln gedeckt sind. Der Markt ist täglich von 8–17 Uhr geöffnet und bietet Lebensmittel, Textilien und Imbisse.

Auf dem asphaltierten Platz davor, der heute als Parkplatz dient, fand früher der Wochenmarkt statt. Der *Zoma* (›Freitag‹) genannte Markt entwickelte sich in Laufe der 1980er-/1990er-Jahre zum größten Freiluftmarkt Afrikas und weitete sich allmählich vom angestammten Platz über die Avenue de l'Indépendance bis weiter in die Nebenstraßen aus. Die Stadt versank wegen der zu dieser Zeit gesperrten Straßen allwöchentlich im Verkehrschaos. Und was für Besucher sicherlich ein einmaliges Erlebnis war, erwies sich für die Hauptstadt zunehmend als ernstes Problem. Ende der 1990er-Jahre entschied der Bürgermeister, den Wochenmarkt abzuschaffen. Die Händler wurden, nach Warengruppen getrennt, an dezentralen Orten untergebracht, an denen heute der jeweilige Markt die ganze Woche über stattfindet.

Piratenmuseum 5

103, Rue de Liége (4. Etage),
Mo–Fr 8–17 Uhr, Sa/So nach Voranmeldung, 30 000 MGA (ca. 8,30 €)

Ein Ende 2008 eröffnetes Piratenmuseum befindet sich im Stadtteil Tsararlanana, nur fünf Gehminuten südwestlich vom Bahnhof. Auf Schautafeln wird in Französisch die allgemeine Geschichte der Piraten dargestellt. Ein Schwerpunkt bildet dabei die madagassische Piratenzeit. Daneben gibt es einzelne historische Exponate, so ist z.B. eine alte Kanone zu bewundern. Führungen gibt es auf Deutsch und Englisch (www.piratenmuseum.ch).

Die Oberstadt

Place de l'Indépendance und Rosengarten

Auch die Oberstadt besteht aus mehreren Stadtteilen. Zentral liegt der Stadtteil Antaninarenina, dessen Mittelpunkt der kleine **Place de l'Indépendance** 6 (Platz der Unabhängigkeit) ist, der wiederum am Ende der Treppe liegt, die gegenüber den alten Markthäusern von der Unterstadt heraufführt. Auf diesem Platz steht das Denkmal des ersten Präsidenten Madagaskars, Philibert Tsiranana.

Anschließend wird der ehemalige **Rosengarten** 7 erreicht. Mit seinen Sitzbänken lädt er besonders nach dem anstrengenden Treppenaufstieg zum Verweilen und Ausruhen ein.

Palais d'Ambohitsorohitra und Umgebung

Der nordwestlich hinter dem Garten angrenzende Stadtteil Isoraka hat sich zur Topadresse für gute Restaurants gemausert. Etliche renovierte alte Backsteinhäuser geben dem Viertel Flair. Gegenüber dem Präsidenten-Denkmal führt eine kurze Straße mit Mittelstreifen (Rue Rainilaiarivony) zum **Palais d'Ambohitsorohitra** 8, dem alten Präsidentenpalast. Dieser wurde vom Architekten Jully im Jahre 1890 zunächst als französische Botschaft errichtet, diente dann einige Jahre später der Kolonialverwaltung und war nach der Erlangung der Unabhängigkeit 1960 Sitz des Präsidenten. Links vor dem Palast gelangt man in eine Gasse, die am kolonialzeitlichen **Hôtel Colbert** 2 vorbeiführt, das 1928 als »Hôtel du Commerce« eröffnet wurde. Auch wenn es von außen wenig hermacht, zählt es bis heute zu den besten Adressen der Stadt. Insbesondere wegen seines vorzüglichen Restaurants und der seit 1946 dort etablierten Patisserie. Neben dem Präsidentenpalast und dem berühmten Hôtel Colbert zieht vor allem die Einkaufsstraße **Rue Ratsimilaho** die Besucher an. In der urigen schmalen Straße, wegen der ehemals zahlreichen Schmuckgeschäfte von den Einheimischen früher »Straße der Juweliere« genannt, reihen sich heute Boutiquen, Banken, Buchläden und Restaurants aneinander. Auch einige Juweliere sind dort noch zu finden. Folgt man der Straße nach rechts aufwärts, gerät rechter Hand eine winzige Moschee in den Blick, es ist eines der wenigen islamischen Gotteshäuser der Hauptstadt.

Ambatonakanga 9

Etwas später folgt an einer Kreuzung auf der linken Seite die Kirche Ambatonakanga. Die Kirchengemeinde wurde 1831 gegründet und erlebte unter der antichristlich regierenden Königin Ranavalona I. schwere Zeiten. Zur Erinnerung an die Märtyrer jener Jahre errichtete man diese Kirche, deren Weihe 1867 stattfand.

Nachdem man die Kreuzung geradeaus passiert hat, gabelt sich die Straße. Die rechte, steilere Rue Ratefinanahary führt weiter durch den Stadtteil Andohalo bis auf den höchsten Hügel der Stadt, den Anatirova.

Auf dem Königshügel

Der Anatirova überragt als höchste Erhebung die anderen Hügel die Stadt. Mitsamt der eindrucksvollen Palastruine schon von Weitem zu sehen, bietet er einen guten Orientierungspunkt. Auf der Rue Ratefinanahary von der Oberstadt kommend, etwa 300 m nach der Gabelung an der Kirche Ambatonakanga, erscheint auf der rechten Seite die katholische **Kirche Andohalo** 10. Sie ersetzte 1873 einen hölzernen Vorgängerbau. Papst

Johannes Paul II. hielt hier während seines Madagaskarbesuches 1989 eine Messe ab. Rechts neben der Kirche befindet sich eine Treppe mit 200 Stufen, die hinab zum Stadtteil Mahamasina führt. Neben der Kirche steht das rekonstruierte Haus des französischen Ingenieurs Jean Laborde, der in der Regierungszeit von Königin Ranavalona I. (1828–61) einige Bauwerke sowie den ersten Industriekomplex Madagaskars errichtete (s. S. 109).

Oberhalb der Kirche liegt der **Andohalo-Park** 11. Offiziell heißt er Kianja Edoard Andrianjafintrino, benannt nach einem bekannten madagassischen Schriftsteller und Journalist (1881–1972). Auf dem Platz befindet sich eine Bühne, auf der an Wochenenden und Feiertagen oft Konzerte oder Tanz- und Theateraufführungen stattfinden. Die Woche über spielen dort Kinder Fußball.

Oberhalb des Platzes befindet sich das vor wenigen Jahren neu gestaltete **Denkmal zur Unabhängigkeit** und ein kleiner Stadtpark mit Sitzgelegenheiten. Darüber markiert der Nachbau eines ehemaligen Tores den Beginn des königlichen Bezirks auf dem Anatirova-Hügel.

Die Straße geht beim Steintor in die Rue Ravelojaona über. Schon bald ist links ein herrschaftliches Gebäude mit vier auffälligen Türmen zu sehen – das **Palais de Rainilaiarivony** 12, der ehemalige Palast des Premierministers Rainilaiarivony. 1872 vom Briten William Pool erbaut, wurde er 1976 durch ein Feuer teilweise zerstört. Nach Renovierungsarbeiten in den späten 1980er-Jahren war das Gebäude 1990 wiederhergestellt und beherbergt heute das **Museum Andafivaratra,** das die bei dem Feuer im benachbarten Rova geretteten Gegenstände der Merina-Könige zeigt (tgl. 9–17 Uhr, Erw. 10 000 MGA).

Unterhalb des Museums, auf der gegenüberliegenden Straßenseite, stehen links vor einer kleinen Kirche noch zwei ursprüngliche Holzhäuser, wie sie in der Hauptstadt im 19. Jh. noch zahlreich zu finden waren. Unweit des Palast-Museums liegt ein Gebäude, das an einen offenen römischen Tempel erinnert. Unter dem durch diverse Rundsäulen getragenen Dach befand sich zur Zeit der Monarchie der **Königliche Gerichtsplatz** 13. Hier wurden nicht nur die Urteile, sondern hinter dem Gerichtsgebäude auch gleich die Todesurteile vollstreckt. Entlang einer Mauer mit einem Tonrelief, das traditionelle madagassische Szenen zeigt, führt die Straße auf den **Rova** 14 zu (s. Entdeckungstour S. 98), das königliche Palastareal der Merina-Dynastie.

Hier oben endet der Rundgang durch die Ober- und Unterstadt Antananarivos. Taxis für eine Rückfahrt sind in der Regel am Eingang zum Rova zu bekommen. Für einen Rückweg zu Fuß empfiehlt es sich, nur bis zur katholischen Kirche Andohalo zurückzulaufen und dann die Treppen rechts neben der Kirche nach unten zu nehmen. Die Stufen führen hinab zum schönen Anosy-See. Über die Rue Jean Ralaimongo gelangt man wieder zum Stadtteil Analakely, wo der Rundgang begann.

Lac Anosy 15

Der Anosy-See westlich der Oberstadt gab dem heutigen Stadtteil seinen Namen. Er entstand durch die Entwässerung des Umlandes. Im See steht weithin sichtbar ein großer goldener Engel, ein von den Franzosen zunächst in Erinnerung an die im Ersten Weltkrieg Gefallenen errichtetes Denkmal. Heute dient es den Madagassen zum Gedenken der zahlreichen Toten während der beiden Welt- ▷ S. 101

Auf Entdeckungstour: Rova – der Palast der Königin

Merina-König Andrianjaka ließ sich 1610 auf dem höchsten Hügel der heutigen Hauptstadt nieder und errichtete dort seinen Palast. Spätere Könige und Königinnen erweiterten das Terrain zu einem regelrechten Palastbezirk mit eigener Kirche und königlichem Friedhof. Die späteren Gebäude entstanden unter zunehmender Beeinflussung des europäischen Architekturstils.

Start: Haupteingang des Königspalastes Rova 14

Öffnungszeiten: tgl. 9–17 Uhr

Eintritt: 10 000 MGA

Infos/Planung: Zeitweise ist der Palast wegen Wiederaufbauarbeiten werktags geschlossen. An Sonn- und Feiertagen sind aber geführte Besichtigungen möglich.

»Das Meer soll die Grenze meiner Reisfelder sein«, sprach einst König Andrianampoinimerina, der Gründer der Hauptstadt. Auch wenn man nicht ganz so weit schauen kann, die Aussicht vom Königshügel Anatirova auf die Stadt ist grandios. Die letzten sieben Monarchen der Merina residierten hier und schufen im Laufe der Zeit ein herrschaftliches Areal mit zahlreichen Palastbauten, eigener Kirche und Königsgräbern.

Das königliche Areal

Den Zugang zum königlichen Areal ermöglicht ein stattliches, 1855 errichtetes **Tor (1)** im Norden. Auf ihm sitzt ein königlicher Adler *(Voromahery)*, der majestätisch seine Flügel ausbreitet, es ist ein Geschenk Napoleons III. Durch das Tor hindurch betreten Sie einen **Vorplatz (2)**, *Kianja* genannt, der den Herrschenden für Audienzen und Verkündigungen diente. Die kleinen ›Häuser‹ auf der linken Seite des Kianja sind königliche Gräber. Im ersten, mit einem roten Spitzdach versehenen **Grabbau zur Linken (3)**, wurden die Gebeine der Königinnen (Ranavalona I., II., III. und Rasoherina) beigesetzt; im **rechten Grabbau, (4)** die der Könige (Andrianampoinimerina, Radama I. und Radama II). Hinter den beiden Hauptgräbern befinden sich **weitere sieben Gräber (5)** in Form von kleinen königlichen Holzhütten, in denen frühere Könige sowie deren Familienangehörige bestattet sind.

Direkt neben diesen Gräbern stand ursprünglich der **Tranovola-Palast (Silbernes Haus, 6)**, der bei einem Feuer 1995 vollkommen zerstört wurde. Nur ein nackter Platz ist anstelle des Palastes geblieben, den König Radama I. 1818 in Auftrag gegeben hatte und der 1820 fertiggestellt wurde. Das Dach bekam als erstes in Madagaskar hölzerne Dachziegel, die später mit silberner Farbe angestrichen wurden, daher der madagassische Name des Gebäudes. Bei der Renovierung 1845 erhielt es außen herum eine europäisch beeinflusste Säulengalerie als Zierde.

Der Palast der Königin

Aus der Mitte des Areals ragt als größter Palastbau der weithin sichtbare **Palast der Königin (Manjakamiadana, 7)** heraus. Schon von Weitem sind die vier Türme, die den verheerenden Brand von 1995 überstanden haben, als Wahrzeichen zu sehen. Der Palast wurde zunächst im Stil eines traditionellen Königshauses aus Holz errichtet, nur um einige Dimensionen größer. In der Mitte des Gebäudes stand ein mächtiger Edelholzstamm von 39 m Höhe, der das Dachgeschoss stützte.

Den Auftrag zum Bau erteilte Königin Ranavalona I. ihrem Vertrauten Jean Laborde, der den Bau 1838/39 errichtete. Er war einer der wenigen ausländischen Vertrauten der häufig fremdenfeindlich agierenden Königin. Ihr missfiel die Überfremdung der madagassischen Kultur. »Wer immer der neuen Religion folgt, wird den Tod finden«, sagte sie bei ihrer Thronrede. Fortan begann sie Christen zu verfolgen. 1837 wurde die erste Christin zum Tode verurteilt. Zehntausende ereilte das gleiche Schicksal, und Ranavalona erhielt den wenig schmeichelhaften Beinamen: die Schreckliche (s. S. 51).

30 Jahre nach dem Bau des Manjakamiadana gab Königin Rasoherina dem Engländer James Cameron den Aufrag, den teilweise maroden Holzpalast mit einem dreistöckigen Bau aus Stein zu ummanteln. Dieser Steinbau wurde 1875 fertiggestellt und überstand das große Feuer von 1995.

Die traditionellen Königshäuser

Rechts neben dem heute nicht mehr vorhandenen Palast Tranovola steht ein rekonstruiertes traditionelles Königshaus, das **Mahitsiela-Fanjaka (8)**. Das Original wurde 1796 von König Andrianampoinimerina errichtet. Die traditionellen Paläste waren rechteckige Holzbauten, die durch ein

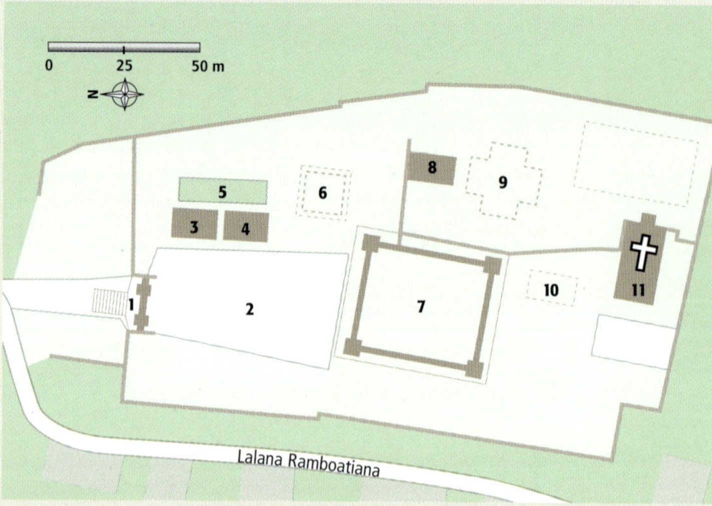

1 Eingangstor, 2 Vorplatz, 3 Grab der Königinnen, 4 Grab der Könige, 5 Weitere Gräber, 6 Palast Tranovola, 7 Palast der Königin, 8 Königshaus Mahitsiela-Fanjaka, 9 Palast Manampisoa, 10 Königshaus Besakana, 11 Kirche Fiangona

hochragendes (fast doppelt so hohes) und von drei Säulen getragenes, steiles Spitzdach gekrönt wurden. Im Innern befand sich nur ein Zimmer, das als Schlaf-, Ess- und Empfangsraum diente. Auf dem gestampften Lehmfußboden standen einfache Hocker. Der König nächtigte in einem Hochbett, sodass darunter noch Platz zum Sitzen war.

Auf dem Platz neben dem Holzhaus errichtete auf Geheiß der Königin Rasoherina der Brite James Cameron (1800–75) von 1863–66 den **Manampisoa-Palast (9)**. Das Gebäude hatte die Grundform eines Kreuzes und ähnelte einem englischen Landhaus. Es diente in den Jahren vor dem Brand als Museum zur madagassischen Geschichte.

Links hinter dem Palast der Königin stand ein ebenfalls durch das Feuer zerstörtes traditionelles Königshaus, das **Besakana (10)**. Es war das erste der auf diesem Areal errichteten Königshäuser. König Andrianjaka ließ es 1610 erbauen. Die Stelle ist derzeit durch einen wiederaufgestellten Holzrahmen gekennzeichnet, der als Grundstock für einen späteren Wiederaufbau des Hauses dienen soll.

Den hinteren Abschluss des Palastareals bildet die **königliche Kirche (Fiangona, 11)**, Königin Ranavalona II. bekannte sich zum Christentum und beauftragte den Briten William Pool in den 1870er-Jahren mit dem Bau einer Kirche. Diese anglikanische Kirche wurde 1881 eingeweiht. Ebenfalls durch das Feuer stark zerstört, konnten die dadurch notwendigen Wiederaufbauarbeiten, vor allem die Rekonstruktion des hölzernen Altars, im Jahr 2003 abgeschlossen werden.

kriege, als viele zum Dienst in der französischen Armee gezwungen wurden.

Von einem Steg, der hinüber zum Denkmal führt, hat man eine wunderbare Aussicht auf den Rova. Ein Spaziergang um den schönen See herum ist besonders im Südfrühling (Mitte Sept.–Ende Okt.) ein Genuss. Dutzende Jacaranda-Bäume, die das Ufer säumen, bilden dann mit ihren türkisblauen Blüten einen herrlichen Anblick.

Blumenmarkt 16

Beim Rundgang um den See lohnt sich ein Abstecher zum Blumenmarkt in der Rue Ravoahangy Andrianavalona. Außer farbenfrohen Blumen gibt es dort kunstvoll geflochtene Kränze sowie Topf- und Gartenpflanzen. Beim Blumenmarkt liegt auch die Bushaltestelle für regionale Ziele Richtung Südwesten entlang der RN 1, u. a. nach Fenoarivo, Arivonimamo und Ampefy.

Tsimbazaza

Zoologisch-Botanischer Garten 17

Tgl. 9–17 Uhr, 10 000 MGA (ca. 3 €)

Im Stadtteil Tsimbazaza befinden sich einige Ministerien und der **Zoologisch-Botanische Garten** der Hauptstadt (s. Lieblingsort S. 103). Der Stadtteilname Tsimbazaza bedeutet auf Deutsch »nicht für Kinder«. Ein ungewöhnlicher Name für einen Ort, an dem sich der Zoo befindet. Der Name entstand allerdings zu einer Zeit, als dort Soldaten stationiert waren und Kinder daher den Ort tunlichst meiden sollten.

Der Zoologisch-Botanische Garten wurde von Pierre Boiteau 1925 gegründet. Sein Ursprung geht auf die 1902 von Didier Joseph Gallieni gegründete Académie Malgache zurück. In der Akademie wurde viele Jahre über die Gründung eines Gartens diskutiert. Die Realisierung sowie Sicherstellung der Finanzierung nahm dann wieder etliche Jahre in Anspruch.

Heute zeigt der 20 ha große Garten einen Querschnitt der madagassischen Flora und Fauna. In einem großzügig angelegten Park mit zwei kleinen Seen werden auf Inseln auch einige Lemurenarten gehalten. Ein Highlight ist sicherlich das Nachttierhaus, in dem die nächtlich aktiven Lemurenarten wie etwa das ungewöhnliche Fingertier oder die winzigen Mausmakis beobachtet werden können. Erwähnenswert ist zudem die Haltung des äußerst seltenen Madagaskar-Seeadlers *(Haliaeetus vociferoides).* In einem vom Botanischen Garten Missouri (St. Louis/USA) gestalteten Gartenbereich wachsen besonders interessante Pflanzen aus dem Südwesten Madagaskars. Etliche internationale Institutionen haben durch Spenden eine kontinuierliche Verbesserung der Tierhaltung ermöglicht, darunter auch einige deutsche Zoos. 2006 besuchte Bundespräsident Köhler den Park und setzte sich für eine weitere Zusammenarbeit beider Länder in Naturschutzfragen ein.

Das dem Garten angeschlossene **Museum der Académie Malgache** präsentiert sich mit zwei ständigen Ausstellungen. In der naturkundlichen Schau gibt es u. a. Skelette ausgestorbener Tiere zu bewundern, z. B. des legendären Vogel Rock sowie prähistorischer Lemurenarten. Eine umfangreiche Sammlung präparierter Tiere zeigt eine Übersicht der Säugetier-, Vogel- und Insektenwelt Madagaskars. Die zweite, ethnologisch ausgerichtete Ausstellung widmet sich den 18 Ethnien Madagaskars und zeigt ihre Kultur und ihre Bräuche. Auf dem Parkgelände finden sich zudem einige Beispiele von Gräbern unterschiedlicher Volksgruppen. Das Museum ist seit mehreren Jahren wegen Renovierung geschlossen, ein Zeitpunkt für eine Wiedereröffnung steht noch nicht fest.

Mein Tipp

Kunstvoll wohnen
Eine herrliche Atmosphäre erwartet den Gast im **Tamboho Hotel** 3, das mit seinem großzügigen roten Backsteinbau die Architektur des Hochlandes aufgreift. Im Inneren gibt es vielfältige Beispiele madagassischer Kunst. Angenehmen Komfort bieten dem Gast ein 25 m langes Schwimmbecken, Massage-Angebote und kostenloser Internetzugang. Das Hotel liegt im Bereich der neugeschaffenen Waterfront im Stadtteil Ambodivona.

Übernachten

Dominierend – **Carlton** 1: Rue Pierre Stibbe, Anosy, Tel. 020 22 26060, www.carlton-madagascar.com, contact@carlton.mg, DZ ab 110 €. Das ehemalige Hilton ist das höchste Gebäude der Hauptstadt. Das aus den 1970er-Jahren stammende Hochhaus liegt malerisch am Anosy-See, von den Zimmern bietet sich Ihnen ein herrlicher Blick auf die Stadt.

Traditionell – **Colbert** 2: 29, Rue Printsy Ratsimamanga, Antaninarenina, Tel. 020 222 02 02, Fax 020 22 34012, www.hotel-restaurant-colbert.com, DZ ab 100 €. Eines der ältesten Hotels Madagaskars. Auch wenn es heute vergleichbaren Komfort auch in anderen Hotels gibt, so versprüht das 1935 gegründete 4-Sterne-Hotel noch reichlich kolonialen Charme. Zum Hotel gehören ein exzellentes Restaurant (Hauptgerichte ab 5,50 €), ein Casino, ein Café, eine ausgezeichnete Patisserie und eine Bar.

Komfort und Kunst – **Tamboho Hotel** 3: Tana Water Front, Tel. 020 22 69300, Fax 020 22 32775, www.hoteltamboho.com, DZ 105–130 € inkl. Frühstück (s. Mein Tipp links).

Markante Lage – **De Louvre** 4: 4, Place P. Tsiranana, Antaninarenina, Tel. 020 22 39000, Fax 020 22 64040, www.hotel-du-louvre.com, hoteldulouvre@simicro.mg, DZ ab 105 €. Das Hotel befindet sich in einem umgebauten ehemaligen Kaufhaus, in direkter Nähe zum Präsidentenpalast in der Oberstadt. Die unteren beiden Etagen wurden 2009 komplett neu gestaltet.

Design – **Tana** 5: 4, Rue Rabehevitra, Antaninarenina, Tel. 020 22 31320, Fax 020 22 31303, www.tana-hotel-madagascar.com, tanahotel@moov.mg, DZ ab 85 €. Sehr stylisch und modern eingerichtet. Kein Restaurant.

Mit Aussicht – **Palissandre** 6: 13, Rue Andriandahifotsy, Faravohitra, Tel./Fax 020 22 60560, www.hotel-palissandre.com, resapalissandretanahotel-palissandre.com, DZ ab 87 €, DZ Deluxe 185 €, Frühstück 10 €. Schön mit Holz eingerichtetes Hotel im Zentrum, mit herrlichem Blick über die Stadt. Restaurant mit Terrasse, kleines Schwimmbad.

Romantisch – **Le Pavillon de l'Emyrne** 7: 12, Rue Rakotonirina Stanislas, Isoraka, Tel. 020 22 25945, www.pavillondelemyrne.com, reservation@pavillondelemyrne.com, DZ ab 75 €. Das kleine Hotel liegt in der Nähe der Botschaft der Komoren. Es besteht aus zwei schön renovierten alten Stadthäusern, jedes Zimmer ist anders.

Modern – **Rova** 8: Rue Docteur Vilette, Isoraka, 020 22 29277, www.rovahotel.com, resa@rovahotel.com, DZ ab 32 €. Das 16 Zimmer umfassende Hotel ist modern eingerichtet. Von einigen oberen Zimmern bietet sich ein schöner Blick auf den Rova.

Familiär – **Ariandro** 9: Andohan'i Mandroseza, Tel. 020 22 27378, www.facebook.com/AriandroGuestHouse,

Lieblingsort

Ort der Besinnung – der Zoologisch-Botanische Garten in Tsimbazaza 17

Der 1935 gegründete Garten im Stadtteil Tsimbazaza (s. S. 101) bietet dem Besucher eine Oase der Entspannung inmitten des Trubels der Millionenstadt. Bei einem Spaziergang bekommt man einen Eindruck von der Vielfalt der Pflanzen und Tiere Madagaskars. Auch Liebespaare, die ein wenig Zeit für sich haben möchten, kommen gerne hierher. An Wochenenden, wenn viele Familien unterwegs sind, kann es allerdings manchmal recht voll werden.

ariandroco@yahoo.fr, DZ 20–30 €. Gepflegtes Gästehaus außerhalb des Zentrums.

Fairer Preis – **Aina** 10: Rue Ratsimilaho, Tel. 020 22 63051, ainahotel@gmail.mg, www.ainahotel.com, Preis DZ ab 75 000 MGA (ca. 20 €). Das kleine Stadthotel liegt günstig in der Oberstadt. Kein eigenes Restaurant. Gutes Preis-/Leistungsverhältnis.

Zentral – **Le Muraille de Chine** 11: 1, Av. de l'Indépendance, Tel. 020 22 23013, murchine@moov.mg, DZ ab 22 €. Das alteingesessene Hotel liegt günstig in der Nähe des Bahnhofs. Im angeschlossenen chinesischen Restaurant können Sie preiswert speisen.

Mittendrin – **Anjary** 12: Rue Ranaivo, Tel. 020 22 23418, www.anjary-hotel.com, DZ ab 20 €. Hotelkomplex mitten in einem lebendigen Stadtviertel in der Innenstadt. Einfache, saubere Zimmer.

Essen & Trinken

Altes Stadthaus – **Villa Vanille** 1: Place Antanimena, Tel. 020 22 20515, villavanille@simicro.mg, tgl. geöffnet, Hauptgerichte ab 5 €. Europäische und madagassische Speisen im gehobenen Ambiente. Dazu allabendlich heimische Livemusik.

Modernes Ambiente – **Le B** 2: 72, Av. Grand Didier, Isoraka, Tel. 032 04 79245, tgl. 12–15 und 18–24 Uhr, Hauptgerichte ab 5 € (s. Entdeckungstour S. 106).

Klein & Fein – **La Villa** 3: Rue Ramanantsoa, Isoraka, Tel. 020 24 22052, tgl. 12–14, 18.30–23 Uhr. Hauptgerichte ab 4,50 €. Internationale Küche mit Schwerpunkt auf italienischen Gerichten. Altes Stadthaus mit kleiner Außenterrasse und einigen Gästezimmern.

Nordafrikanisch – **Le Marrakech** 4: Route des Hydrocarbures, Ankorondrano, Tel. 020 22 33501, marrakech.tana@gmail.com, Hauptgerichte ab 4 €. Einfaches Restaurant mit nordafrikanischer Küche. Kleiner Garten zum Draußensitzen.

Mit Stil – **Kudeta** 5: Rue de la Réunion, Tel. 020 22 28154, www.kudeta.mg, Hauptgerichte ab 5 €. Gelungene Mischung aus Bar und Restaurant. Das Essen ist hervorragend, macht Lust aufs Wiederkommen.

Der Klassiker – **O'Poivre Vert** 6: Seitlich der Av. de l'Indépendance (Hotel de France), Analakely, Hauptgerichte ab 5 €. Gute französische Hausmannskost, vor allem leckere Steaks in grüner Pfeffersoße.

Echt madagassisch – **Tatao** 7: Stadtteil Isoraka, Rue Ramanantsoa, im Hotel Radama, tgl. geöffnet, s. Mein Tipp links.

Chinesisch – **Grand Orient** 8: Rue Andrianampoinmerina, die Straße am Bahnhof rechts hoch, Tel. 020 22 20288, Hauptgerichte ab 4 €. Das Restaurant liegt an einem kleinen Platz. Lange Zeit das beste chinesische Restaurant der Stadt. Gediegene Atmosphäre mit klassischer Musik.

Traditionell – **Tranovola** 9: Rte. d'Ambohipo, Ambatoroka, Tel. 020 22 33471,

Mein Tipp

Madagassische Spezialitäten

Das Restaurant **Tatao** 7 bietet *Sakafo Malagasy* – madagassische Spezialitäten. In rustikaler Atmosphäre können Sie hier original madagassische Gerichte probieren (ab 4 €). Nehmen Sie am besten das »Tatao Royal Dish«, dann bekommen Sie die unterschiedlichsten Speisen in vielen kleinen Schälchen serviert und haben eine Auswahl (reicht für 2 Pers.). Nebenan befindet sich mit Art et Jardin ein netter kleiner Souvenirladen. Geöffnet 6–22 Uhr.

tranovola@moov.mg, Hauptgerichte ab 3,50 €. Das Restaurant befindet sich im gleichnamigen Aparthotel. Gute traditionelle madagassische Küche, Möglichkeit, verschiedene Gerichte zu probieren.

Rustikal – **Le Jardin du Raphia** 10: Rue Ranavalona III., Ambatonakanga, Tel. 020 22 25313, hotelraphia@moov.mg, tgl. 12–22 Uhr, Hauptgerichte ab 3 €. Mittagsbuffet, nette Atmosphäre mit Blick von oben auf die Stadt.

Süßes – **Café la Potinière** 11: 35, Av. de l'Indépendance, Tel. 020 22 23354, Kuchen und Kaffee ab 2 €. Konditorei und Eiscafé nahe dem Air-Madagascar-Büro. Leckere Törtchen und Gebäck laden zum Verweilen während eines Stadtrundgangs ein.

In kolonialem Ambiente – **Café de la Gare** 12: im Hauptbahnhof, Av. de l'Indépendance, www.cafetana.com, Tel. 020 22 61112, Mo–Sa 6–23, So 11–22 Uhr. Ein Lokal, das 2010 im renovierten Hauptbahnhof eröffnete, mit Kulturprogramm.

Pizza & mehr – **La Gastro Pizza** 13: Antanimora, Tel. 034 06 78663, www.lagastronomie-pizza.com, Mo–Sa 10–20 Uhr, Pizza ab 2 €. Madagassische Pizza-Kette mit preiswerten Pizzen und anderen Gerichten. Es gibt 14 weitere Lokale im Stadtgebiet.

Einkaufen

Kunsthandwerk – **Roses & Baobab** 1: Rue des 77 Parlamentaires, Antsahavola, Tel. 032 40 61560, www.rosesetbaobab.com. Die Galerie einer madagassischen Künstlervereinigung bietet ein breitet Spektrum. So verkauft der Künstler Solo hier seine Mini-Nachbildungen aus Blech. Autos, Motorräder und andere Fahrzeuge wurden mit viel Liebe zum Detail hergestellt.

Kreatives in Holz – **Fusion Iray** 2: Faravohitra, Tel. 020 22 63628, Mo–Sa 9.30–18.30 Uhr, fusion@moov.mg. Das Geschäft liegt an der Straße zum Energieversorger JIRAMA, 150 m vom Hotel Palissandre. Kunstvolles aus Holz, von Skulpturen bis zu Möbelstücken.

Souvenirs – **Kunsthandwerksmärkte:** Zwei Märkte in Antananarivo bieten eine große Auswahl an Kunsthandwerk und traditionellen Souvenirs, der **Markt in Andravoahangy** 3 und der **Marché d'Artisanal** 4 an der Hauptstraße Richtung Flughafen.

Modernes Shoppen – **Waterfront** 5: Ein von Müll befreiter, renaturierter See bildet den Mittelpunkt dieses neuen Stadtteils mit einem modernen Shoppingcenter, das kaum Wünsche offen lässt.

Natürliche Souvenirs – **Hazomanga** 6: Nähe Hotel Sakamanga, Tel. 032 02 52743, Mo–Sa 9–18.30, So 10–17 Uhr. Kunsthandwerk und Souvenirs aus sozialen Projekten. Alle Artikel sind naturverträglich hergestellt.

Aktiv

Stadttouren – **Tany Mena Tours** 1: Rue 26 Juin 1960, Analakely, Tel. 020 22 32627, www.tanymenatours.com, tanymenatours@simicro.mg. Alternative Stadttouren zu verschiedenen Themen. Die Halb- bis 2-Tages-Touren führen auch in die ländliche Umgebung der Hauptstadt.

Entspannung – **La Medina** 2: Rue Rainitsarovy, Isoraka, Tel. 034 04 13433, www.lamedinatana.com, Mo–Do 10–19, Sa 10–21 und So 14–20 Uhr. Verschiedene Massagen und Kuren zum Verwöhnen.

Motorradtouren – **Madagascar on Bike** 3: Tel. 020 22 48429, www.madagascar-on-bike.com. Die Firma Madagascar on bike organisiert Motorradtouren. Nach Voranmeldung kann man Motorräder für eigene Touren mieten.

▷ S. 108

Auf Entdeckungstour:
Ein Samstagabend in der Hauptstadt

Antananarivo bietet einiges für Nachtschwärmer – von traditionellem Sprech- und Tanztheater bis zu coolen Clubs. Außerdem gibt es zahlreiche Restaurants für jeden Geschmack.

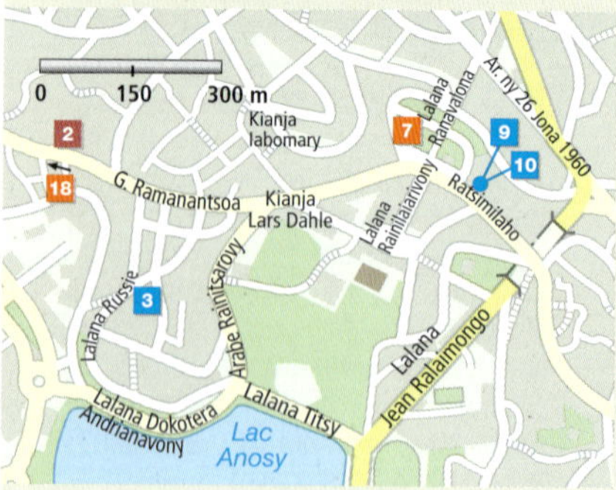

Start: Théâtre Municipal d'Isotry, Stadtteil Isotry (Unterstadt)
Endpunkt: Club Le 6 in der Rue Ratsimilaho (Oberstadt)
Dauer: ca. 4 Std. (*Hira Gasy* ca. 2 Std.)
Infos/Planung: Eintritt *Hira Gasy* 2000 MGA, Veranstaltungsorte und -zeiten können sich beim *Hira Gasy* immer mal wieder ändern! Informationen über ORT-ANA, Tel. 020 22 27051 oder 034 20 27051, info@ortana.mg.

Es wird schon früh dunkel zwischen Äquator und dem südlichen Wendekreis des Steinbocks. Spätestens gegen 19 Uhr sind die letzten Sonnenstrahlen verschwunden und das abendliche Leben in der Hauptstadt Antananarivo beginnt. Neben den Veranstaltungen der internationalen Kulturinstitute gibt es auch eine typisch madagassische Form der Unterhaltung: das *Hira Gasy*. Im **Stadtteil Isotry,** westlich des Bahnhofs und des daneben liegenden **Viertels Tsaralalana,** befindet sich das **Théâtre Municipal d'Isotry** 18, eine Institution, die die Tradition des Sprech- und Tanztheaters weiterleben lässt.

Typisch madagassisch

Der Ursprung des **Hira Gasy** geht zurück auf den Merina-König Ralambo (1575–1610), der die *Pihira Gasy* genannten Tanz- und Musikgruppen dazu nutzte, das Volk zu versammeln und seine Anordnungen zu verkünden. Bei den zunächst *Jejilava* genannten Veranstaltungen nutzten die Monarchen die Musik- und Tanzdarbietungen für ihre politischen Zwecke. Heute dient das *Hira Gasy* zur Unterhaltung des Publikums, dennoch ist zuweilen auch eine politische Note beabsichtigt. Die traditionelle Veranstaltung wird von mindestens zwei Gruppen von Männern und Frauen gestaltet. Diese tragen jeweils unterschiedliche Auffassungen zu gesellschaftlichen Fragen und Themen wie Freundschaft, Liebe, Ehe, Politik oder Arbeit unterhaltsam und wie in einem Wettstreit vor. Auf die *Kabary* genannten Reden folgen Gesangseinlagen und traditionelle Tänze. Etwa 25–30 Vortragende wirken mit, moderne Technik ist verpönt, es gibt weder Mikrofone noch Verstärker. Auch wenn die meisten Europäer kein Madagassisch verstehen, ist der Besuch dennoch ein Erlebnis, oft lassen sich Besucher mitreißen, man lacht und diskutiert miteinander und die zahlreichen Lieder und Tänze sind eine überaus sehens- und hörenswerte Abwechslung.

Perfektes Abendprogramm

Voller neuer Eindrücke geht es mit hungrigem Magen in südöstlicher Richtung zur Avenue Grand Didier. Im Restaurant **Le B** 2 erwartet Sie ein modernes Ambiente mit viel Holz. In der schönen Atmosphäre dieses Lokals wartet man gerne auf die leckeren Speisen. Nachdem der freundliche Kellner eine Schiefertafel mit den tagesaktuellen Gerichten vor Ihnen aufgestellt hat, bleibt nur die Qual der Wahl. Die Auswahl lässt bereits ordentlichen Appetit aufkommen.

Nach dem vorzüglichen Essen führt Sie die Straße links weiter hinauf zum oberen Teil von Isoraka. Dort befindet sich die gemütliche Bar **La Boussole** 3, in der es übrigens ebenfalls hervorragendes Essen gibt. Die Bar bietet zudem lokalen Künstlern die Gelegenheit, ihre Werke auszustellen. Daher sind immer wieder neue und interessante Objekte zu bewundern. Bevor sich die Nachtclubs der Stadt füllen, genießt man hier z. B. bei einem heimischen Three-Horses-Bier ein geselliges Beisammensein.

Von dort können Sie später – auch nachts – bequem zu Fuß zum Nachtclub **Le 6** 10 gehen. Auf dem Weg dorthin kommen Sie am **Rosengarten** 7 vorbei. Dort befindet sich das bei Reisenden beliebte **Le Buffet du Jardin** mit Fast Food und Snacks (Sa/So 24 Std. geöffnet). Im Le 6 tanzt ein gemischtes Publikum zu moderner europäischer und afrikanischer Musik. Im benachbarten **Café The Green** 9 können Sie noch eine Runde Billard spielen, bevor die Taxifahrt zurück zum Hotelbett die lange Nacht beendet.

Abends & Nachts

Kulturzentrum – **Alliance Française** 1: Av. de l'Indépendance, Analakely, Tel. 020 22 21107, 22 20856, www.alliancefr.mg, aftananarive@alliancefr.mg. Im französischen Kulturzentrum finden Ausstellungen, Filmvorführungen und Konzerte auch madagassischer Künstler statt.

Kulturräume – **Goethe-Zentrum** (Cercle Germano Malagasy 2: Immeuble FJKM, Analakely, Tel. 020 22 33092, 22 21442, www.goethe.de/ins/mg/ant, il@cgm-mada.de. Das deutsche Kulturzentrum liegt direkt an der Treppe zur Oberstadt. Hier finden Ausstellungen, Konzerte und zuweilen auch Theateraufführungen statt.

Gemütliche Bar – **La Boussole** 3: 21, rue Docteur Villette, Isoraka, Tel. 020 22 35810, Kaffee 1 €, Hauptgerichte ab 5 € (s. Entdeckungstour S. 106).

Alteingesessen – **Le Caveau** 4: 4, Rue J. Rabehevitra, Antaninarenina. Eine Institution seit über drei Jahrzehnten, gemischtes Publikum und Livemusik.

Beliebt – **Le Club** 5: ehemals Le Bus, Antanimena. Große, moderne Disco.

Einfach – **Pandora** 6: 1, Rue Rabobalahy, Antaninarenina. Wechselnde Musik, hin und wieder Motto-Abende.

Modern – **La Caverna** 7: Isoraka, Tel. 033 05 05804, www.facebook.com/Caverna.by.Siid. Von 14 Uhr an Karaoke-Kneipe, ab 21 Uhr Club mit angesagter Musik. Junges Publikum.

Gut besucht – **La Suite 101** 8: Rus Ratsimilaho, Ambatonakanga Tel. 032 11 12323, www.facebook.com/LaSuite101, tgl. 19–5 Uhr. Café, Bar und Club im modernen Ambiete.

Trendy – **The Green** 9: Rue Ratsimilaho, Kneipe und Billard-Bar mit Karaoke. Geöffnet tgl. ab 19 Uhr.

Gute Mischung – **Le 6** 10: 13, Rue Ratsimilaho, Tel. 032 02 57365, lesix@moov.mg. Diskothek in der Oberstadt.

Infos & Termine

Internet

Teknet Internetcafé: 32, Rue du G. Ramanantsoa, im Stadtteil Isoraka (gegenüber dem Isoraka Hotel), Mo–Sa 9–20, So 14–20 Uhr.

Termine

Aktuelle Veranstaltungen und Termine finden Sie in den zahlreichen Tageszeitungen der Stadt. Die zwei größten sind L'Express und Midi Madagasikara. Das kostenlose monatliche Anzeigenheftchen Tana Planète mit Informationen aus der Hauptstadt liegt in vielen guten Hotels und Restaurants aus.

Madajazzcar: Das älteste Musikfestival Madagskars bringt seit über 20 Jahren alljährlich im Oktober den Jazz für zwei Wochen in die Stadt. Einige Konzerte finden auch außerhalb in anderen Städten statt. Programminfos bietet www.madajazzcar.mg.

Kunstmarkt Hosotra: Seit vielen Jahren findet im August eine Ausstellung madagassischer Künstler statt. Drei Wochen lang zeigen sie in einer Open-Air-Ausstellung auf dem Parkplatz vor den historischen Markthäusern im Zentrum Antananrivos ihre Werke.

Verkehr

s. Infobox S. 89

Östlich der Hauptstadt

Zahlreiche sanfte Hügel prägen das Landschaftsbild rund um die Hauptstadt. Schon am Stadtrand beginnt der landwirtschaftliche Anbau, auch einige Reisfelder sind darunter. Es ist das Stammland der Merina. Gute Straßenverbindungen in die nähere und weitere Umgebung von Antananarivo bieten nur die ausgebauten nationalen Hauptstraßen, die sogenannten *Routes Nationales* (RN).

Durch die stetig wachsenden Siedlungen an der Peripherie der Hauptstadt führt die RN 2 in ein regenreicheres, recht grünes Gebiet. Der ursprüngliche Wald auf den umliegenden Hügeln ist schon lange abgeholzt. Heute säumen überwiegend aufgeforstete Eukalyptus- und Nadelholzwälder die Strecke. Als Verbindung zwischen Antananarivo und der größten und wichtigsten Hafenstadt im Osten der Insel, Toamasina, ist die RN 2 die eigentliche Hauptverkehrsader Madagaskars. Ein Großteil aller Waren des landesweiten Handels wird auf dieser sehr kurvenreichen Straße transportiert. Daher sind hier zumindest tagsüber zahlreiche Lastwagen und Taxis-Brousses unterwegs. Gleichzeitig ist sie aber auch für Reisende der schnellste Weg in den Bergregenwald der Ostküste.

Lac Mantasoa ▸ K 15

Der ca. 2000 ha große Stausee liegt etwa 63 km östlich von Antananarivo. Die Abzweigung von der RN 2 befindet sich beim Ort **Manjakandriana.** Von dort gelangt man nach 15 km Piste an den See. Bleibt man noch einige Kilometer auf der RN 2, gibt es bei **Ambatolaona** eine zweite, ausgeschilderte Abzweigung, diese Piste ist in einem etwas besseren Zustand.

Am heutigen **Mantasoa-See** befand sich einst der vom Franzosen Jean Laborde errichtete erste Industriekomplex Madagaskars. Auf Anordnung der damaligen Königin Ranavalona I. baute der Ingenieur Mitte des 19. Jh. hier eine industrielle Produktion auf. Neben einer Glasfabrik umfasste das Areal, Spinnereien, Backsteinbrennereien, Waffenschmieden und eisenverarbeitende Stätten und bot zeitweilig 20 000 Menschen Arbeit.

Nach dem 1857 fehlgeschlagenen Putsch gegen die Königin musste Jean Laborde fliehen und das Land verlassen, denn Ranavalona I. war davon überzeugt, dass er in diesen Putschversuch verwickelt war. Kurz darauf zerstörten die Arbeiter auf ihre Anordnung hin die Fabriken. Nach der Kolonialisierung legten die Franzosen dann an dieser Stelle im Jahr 1936/37 einen Stausee an, wobei ein großer Teil der ehemaligen Industrieanlagen im Wasser versank.

Heute ist der Lac Mantasoa insbesondere an Wochenenden ein beliebtes Ausflugsziel für die Hauptstädter. Um den See zu erkunden, eignet sich am besten eine Bootstour (S. 110). Zudem ist Angeln sehr beliebt. Daneben bieten die Hotels am See sportliche Aktivitäten wie Tennis, Basket- und Volleyball an (Infos auf www.mantasoa.com).

Übernachten

Kolonialer Charme – **Le Domaine de L' Hermitage:** Mantasoa, Tel. 020 42 66054 oder 032 44 14909, Fax 020 42 66064, www.ermitagehotel-mg.com, batoivre@moov.mg, DZ ab 40 €. Das gemütliche Hotel stammt aus der späten Kolonialzeit und bietet Bootsfahrten und Reitausflüge an. Es verfügt über 32 Zimmer, Restaurant, Bar und Billard. Zudem gibt es einen Campingplatz.

Beliebt – **Mantasoa Lodge:** Mantasoa, Tel. 020 42 66085 oder 034 10 08723, www.mantasoalodge.com, DZ ca. 34 €. Haupthaus und modern eingerichtete Bungalows, die direkt am See liegen.

Aktiv

Wassersport – **Bootstouren:** Ruderboote für Touren auf dem See kann man bei den oben genannten Hotels leihen. Der Stausee ist recht unübersichtlich und hat viele Seitenarme, daher ist es wichtig, sich die Strecke gut einzuprägen.

Madagascar Exotic Park

▶ K/L 15

Tgl. 8–17 Uhr, Eintritt 15 000 MGA (ca. 5,20 €) plus Kosten für den Führer (10 000 MGA mit Sifaka-Wald, 5000 MGA ohne Sifaka-Wald)
Unweit des Ortes Mandraka befindet sich der private Madagascar Exotic Park der Familie Peyrieras. Ursprünglich als Schmetterlingsfarm in den 1980er-Jahren gegründet, spezialisierten sich die Betreiber später auf Reptilien und Amphibien. Der Biologe Francois Le Berre (Neffe des Besitzers) betrieb hier Mitte der 1990er-Jahre Forschungen zu diversen madagassischen Chamäleonarten. Den Besuchern bietet der Park heute eine gute Gelegenheit, die Vielfalt der madagassischen Reptilienwelt kennenzulernen. Im Wald hinter dem Park leben einige zahme, hier ausgesetzte Sifakas.

Moramanga ▶ L 15

Die Stadt Moramanga, 115 km östlich der Hauptstadt und an der Bahnstrecke Antananarivo – Toamasina (s. S. 215) gelegen, hat rund 25 000 Einwohner. Der Ortsname bedeutet »billige Mangos«. Geschichtlich hat die Stadt einige Bedeutung für die Madagassen. Am 29. März 1947 begann von Moramanga aus der madagassische Aufstand gegen das französische Kolonialregime. Dieser wurde von den Franzosen in wenigen Monaten brutal und blutig niedergeschlagen. Am Bahnhof befindet sich heute ein Denkmal, das an die Toten des Aufstandes erinnert.

Gendarmerie-Museum

Di–So 9–17 Uhr, Eintritt ca. 1 €
In Moramanga befindet sich ein bisher wenig bekanntes Gendarmerie-Museum. Es zeigt unter anderem neben alten Fahrzeugen auch Waffen vergangener Zeiten. Außerdem informiert das Museum über den Kolonialaufstand vom 29. März 1947. Auf vergilbten Fotos werden die historischen Ereignisse wieder lebendig. Die Aufnahmen dokumentieren aber auch sehr schön, wie sich das Leben der Madagassen in den vergangenen Jahrzehnten verändert hat.

Infos

Verkehr

Bahn: Es gibt momentan keine Zugverbindung zwischen Antananarivo und Moramanga. Auf dem Streckenabschnitt Moramanga – Toamasina verkehren zweimal wöchentlich Passagierzüge (hin: Mo, Do, zurück: Di, Fr, Fahrzeit rund 10 Std.). In Moramanga beginnt auch die im Jahr 1920 gebaute, 167 km lange Bahnlinie Richtung Norden zum Lac Alaotra (hin: Mi, Sa 10:30 Uhr, zurück: Do, So 7 Uhr, Fahrzeit jeweils 6 Std., Fahrpreis 3–5 €).
Taxi-Brousse: Überlandbusse fahren regelmäßig von der Busstation in Moramanga auf der RN 44 bis Ambatondrazaka (Fahrtzeit ca. 4 Std.). Dort müssen Sie in einen Bus nach Andreba umsteigen. Die Busse fahren dann in der Regel weiter entlang des Sees bis Andilamena, 40 km nördlich des Lac Alaotra.

Abstecher zum Aloatra-See ▸ L 12/13

Der See liegt ca.170 km nördlich von Moramanga und ist über die Nationalstraße RN 44 zu erreichen. Auf dem Weg dorthin wirkt die hügelige Landschaft, deren Höhen meist mit Gras bewachsen sind, zuweilen karg. Doch hin und wieder tauchen vor allem Richtung Osten Reste des Regenwaldes auf. Das am See gelegene **Andreba,** etwa 30 km oberhalb der Stadt Ambatondrazaka, ist die vorletzte Station der Bahnlinie nach Toamasina.

Das Gebiet um den See gehört zu den wichtigsten Reisanbaugebieten Madagaskars. Im Südsommer erstrahlen die zahlreichen Reisfelder in einem unglaublich intensiven Grün. Seit einigen Jahren befindet sich am Ufer des Sees ein durch die örtliche Gemeinde in Zusammenarbeit mit der Naturschutzorganisation Madagascar Wildlife Conservation geführter Naturpark. Im Bereich des **Bandro-Parks** lebt u. a. der vom Aussterben bedrohte Aloatra-Bambuslemur (Erw. 4 €, www.madagascar-wildlife-conservation.org).

Übernachten, Essen

Sehr einfach – **Camp Bandro:** Reservierung unter Tel. 020 26 34787 oder 034 10 14760, contact@madagascar-wildlife-conservation.org, DZ ca. 6 €, Campingmöglichkeit für knapp 2 €. Schön beim See gelegenes Camp mit einfachen Zimmern und einem Zeltplatz, Essen auf Bestellung, weitere Restaurants in Andreba.

Aktiv

Birdwatching am Wasser – **Kanutour:** Organisiert vom Bandro-Park und dem Camp Bandro (s. oben). Mit einem Kanu können Sie geruhsam die ufernahen Bereiche und ihre Vogelwelt erkunden. Kanutour bis 1,5 Std. ca. 3,60 €.

Andasibe (Perinét) ▸ L 15

Der kleine Ort Andasibe liegt 26 km östlich von Moramanga und etwa 2 km abseits der RN 2. Von der Nationalstraße aus sind schon bei der Anfahrt die Ausläufer des Regenwaldes in der Ferne zu erkennen. In der Umgebung von Andasibe befindet sich das bekannteste und älteste Schutzgebiet Madagaskars, das **Indri-Spezialreservat Analamazaotra,** das mittlerweile zum Nationalpark Andasibe-Mantadia (s. S. 112) gehört.

Die Geschichte des Ortes beginnt 1907, als die Eisenbahngesellschaft hier ein Lager anlegte. Nach Fertigstellung der Bahnstrecke entstand ein Bahnhof und ein Umschlagplatz für Holz und Graphit, zwei wichtige Rohstoffe der Gegend. 1936 wurde ein größeres Bahnhofsgebäude errichtet – das Buffet de la Gare, es war bis 1993 das einzige Hotel weit und breit (2016 wegen Renovierung geschlossen).

Das ursprüngliche Reservat Analamazaotra ist 1908 als erstes Waldschutzgebiet Madagaskars gegründet worden, um einen Teil des östlichen Regenwaldes zu schützen. Bei dem auf einer Höhe zwischen 900 und 1100 m gelegenen, 810 ha großen Gebiet handelt es sich allerdings heute um Sekundärwald. Die einstigen Urwaldriesen und dessen wertvolle Gehölze haben die Franzosen bereits in den 1930er-Jahren abgeholzt. Über die Jahrzehnte hat sich der Wald mittlerweile wieder regeneriert und besteht nun zumeist aus mittelgroßen Laubbaumarten.

Birdwatching im Andasibe-Mantadia-Nationalpark: Hier gibt es 112 Vogelarten

1970 bekam das Gebiet aufgrund des dort lebenden seltenen Indri den Status eines Spezial-Reservates. Der von den Madagassen *Babakoto* genannte Indri ist die größte heute noch lebende Lemurenart.

Die mit einem plüschigen Fell ausgestatteten Tiere leben in kleinen Familiengruppen, bestehend aus jeweils einem Männchen und Weibchen und ihrem Nachwuchs. Das meist einzelne Jungtier wird nach einer knapp 5-monatigen Tragezeit geboren. Die Indris ernähren sich hauptsächlich von Blättern heimischer Baumarten. Diese Tatsache sowie ihre Stressanfälligkeit sind der Grund dafür, warum es früher nicht gelang, diese Lemuren in menschlicher Obhut zu halten. Indris kennen drei unterschiedliche Komunikationsschreie: den Paarungsruf, den Warnruf und den Territorialruf. Letzterer ertönt vor allem in den Morgenstunden und hat einen recht mystischen Klang. Mehrere Familiengruppen im Park sind an Menschen gewöhnt und sehr gut zu beobachten.

Andasibe-Mantadia-Nationalpark! ▸ L 15

Der Nationalpark Mantadia liegt auf Höhen zwischen 900 und 1250 m und

wurde 1989 gegründet. Ende der 1990er-Jahre hat man das »Indri-Reservat« Analamazaotra (s. S. 111) mit eingegliedert und den Park in Andasibe-Mantadia umbenannt. Das Gebiet umfasst nun ca. 15 480 ha. Im Südwinter, vor allem bei Regen kann es recht frisch werden, die Tagesdurchschnittstemperaturen betragen ca. 18 °C.

Neben dem Indri gibt es 13 weitere Lemurenarten. Darunter den tagaktiven Diadem-Sifaka, den Schwarz-weißen Vari und den Grauen Bambuslemur. Von den fünf nachtaktiven Arten sind der winzige Braune Mausmaki und das seltsam anmutende Fingertier hervorzuheben. Neben den Lemuren finden sich 20 weitere Säugetierarten im Park, die selten zu sehen sind. Zu den 112 Vogelarten des Nationalparks gehören u. a. der Rotstirn-Coua und die Blaue Madagaskartaube. Des Weiteren kommen eindrucksvolle 135 Reptilien- und Amphibienarten vor. Die größte ist die Madagaskar-Baumboa *(Sanzinia madagascariensis)*. In einem nur kleinen Sumpfgebiet des Parks lebt das von einem deutschen Biologen entdeckte Goldfröschchen *(Mantella aurantiaca)*.

Wanderung auf dem Indri-2-Trail

Strecke: ca. 6 km, Dauer: 3–4 Std., bei intensiver Tierbeobachtung länger

Der Analamazaotra genannte Teil des Nationalparks eignet sich sehr gut für Wanderungen und Lemurensichtungen. Mehrere Touren von unterschiedlicher Länge werden angeboten, die alle beim **Parkeingang** beginnen. Einige Hundert Meter hinter dem Eingangsbereich, jenseits der Brücke über einen kleinen Fluss, befindet sich eine **Zuchtstation** für endemische Fischarten.

Von dort zweigen die Wege der verschiedenen Routen in den sekundären Regenwald ab. Der Wanderweg Indri-2 führt von der Lichtung der Fischzuchtanlage eine Anhöhe hinauf in den Wald und folgt zunächst dem Pfad **Indri-1.** Entlang des Weges sind die auch im Sekundärwald typischen madagassischen Regenwaldpflanzen zu sehen wie Schraubenpalmen und Farnbäume. In diesem Gebiet besteht eine gute Möglichkeit, die größte Lemurenart zu beobachten: die in einen dichten, schwarz-weißen Pelz gehüllten Indris. An einer Gabelung zweigt der Weg Indri-1 links ab, der Indri-2-Trail geht geradeaus weiter.

Nach etwa 2 km führt der auf **Indri-2-Pfad** nach Norden und in einem

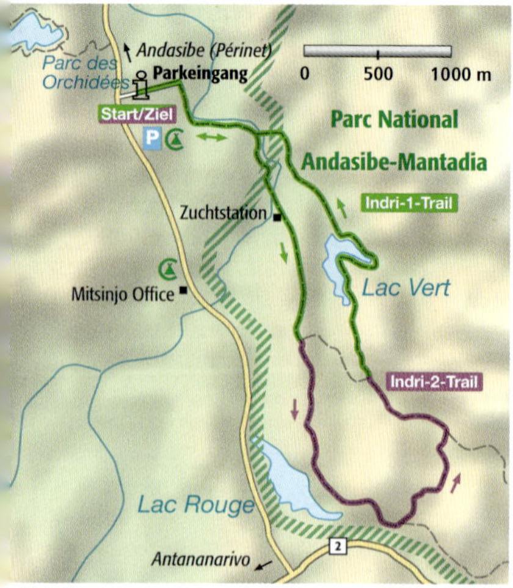

Wanderung auf dem Indri-2-Trail

Bogen zum **Grünen See** (Lac Vert). Entlang des romantischen Gewässers wachsen Farnbäume, durch die ab und an Reiher, Rallen und Eisvögel am See zu sehen sind. Am See trifft der Weg wieder auf den Indri-1-Trail und führt über zwei **Holzbrücken** zurück zum Ausgangspunkt der Wanderung.

Übernachten, Essen

Komfortabel – **Vakona Lodge:** ca. 4 km hinter Andasibe Richtung Mantadia, Tel. 020 22 62480, Fax 020 22 62567, www.hotelvakona.com, DZ-Bungalows ab 75 €. Vakona ist der madagassische Name der hier weit verbreiteten Schraubenpalme, die im Nationalpark zu finden ist. Die Lodge liegt mitten in einem Eukalyptuswald. Das Restaurant mit Kamin und gutem Essen befindet sich auf Stelzen in einem kleinen See. Die Bungalows sind im Halbrund um diesen See angeordnet. Zur Lodge gehören eine Lemureninsel und ein kleiner Park mit Krokodilen (Eintritt Hotelgäste 3 €/ sonst 5 €).

Naturnah – **Eulophiella Lodge:** 1 km vor der RN 2 Abzweigung nach Andasibe rechts ab (ausgeschildert), knapp 6 km Piste bis zur Lodge, Tel. 020 22 24230 oder 032 07 56782, www.eulophiella.com, zwei Kategorien von Bungalows, Superior DZ ab 65 €, einfache DZ ab 41 €. Die Bungalows der Lodge liegen sehr ruhig am Waldrand. Gutes Restaurant, Nachtwanderungen werden angeboten.

Viel Raum – **Andasibe:** etwas außerhalb des Ortes, Tel. 034 14 32627, www.andasibehotel-resto.com. DZ ab 61 €. 20 geräumige Bungalows mit großem Bad.

Idyllisch – **Feon ny ala:** 200 m nach der Abzweigung von der RN 2 auf der rechten Seite, Tel. 020 56 83202, DZ-Bungalows ca. 30 €, DZ Bungalows mit Gemeinschaftsbad ca. 17 €. Der Name des Hotels bedeutet »Stimme des Waldes«. 30 Bungalows mit Blick auf einen kleinen Waldsee direkt am Reservat. Mit Glück werden Sie morgens bereits von den Rufen der Indris geweckt.

Ortsnah – **Mikalo:** Nähe Bahnhof, Tel. 034 11 69692, mikalo.andasibe@yahoo.fr, DZ 30 €. Die ehemals zum Hotel Buffet de la Gare (geschlossen) gehörenden, sechs großen Bungalows liegen am Wald, nur wenige Gehminuten vom Bahnhof entfernt. Zum Hotel gehören auch die vier kleineren Bungalows gegenüber dem Bahnhof.

Einfach – **Orchidée:** in Andasibe (hinter dem Bahnhof), Tel. 034 36 02449, DZ 50 000 MGA (ca. 14 €), DZ mit Gemeinschaftsbad 35 000 MGA (ca. 9 €). Sehr einfache, aber saubere Zimmer.

Aktiv

Gemeinde-Projekt – **Mitsinjo Forest:** Das kleine, kommunale Waldschutzgebiet wird von der Analamazaotra

Forest Station verwaltet, die sich gegenüber dem Eingang zum Analamazaotra-Reservat befindet. Es ist eine Initiative der Gemeinde, um selbst besser vom Tourismus profitieren zu können. Alle erzielten Einnahmen gehen an die örtliche Gemeinschaft. Angeboten werden Tages- und Nachtwanderungen auf einfachen Naturpfaden, eines der Highlights ist eine im Wald lebende, an Menschen gewöhnte Indri-Familie (tgl. 7–17, für Nachtwanderung 18.30–21 Uhr, Wanderungen inkl. Führer 20 000–40 000 MGA (ca. 6–12 €), die interessanten Nachtwanderungen im Wald (und nicht wie sonst üblich auf der Straße) 20 000 MGA (ca. 5,50 €). Weitere Informationen bietet die Website www.mitsinjo.org.

Infos

Das Parkbüro des Andasibe-Mantadia-Nationalparks mit Museum ist Ausgangspunkt der Wanderungen, es liegt an der Straße zwischen dem Abzweig von der RN 7 und Andasibe (tgl. 7–18 Uhr, Eintritt 45 000 MGA/ca. 12,50 € plus Guide-Gebühren ab 20 000 MGA je nach Wanderung). Der Eingang zum eigentlichen Mantadia-Wald liegt ca. 17 km östlich von Andasibe, an der (privaten) Straße Richtung Vakona Lodge.

Verkehr

Bahn: Per Bahn von Moramanga und Toamasina aus zu erreichen, zurzeit Di und Sa.

Taxi-Brousse: Zwischen Antananarivo und Toamasina verkehren regelmäßig Überlandbusse. Von der Nationalstraße dann zu Fuß weiter zum Park bzw. zum Ort Andasibe. Von Andasibe aus gibt es regelmäßige Busverbindungen nach Moramanga. Dort kann man nach Antananarivo umsteigen.

Nordöstlich der Hauptstadt

Die Nationalstraße RN 3 führt in nordwestlicher Richtung aus Antananarivo hinaus. Zunächst passieren Sie auf der Fahrt Stadtteile mit zunehmenden Kleinstadtflair. Dann trennen immer öfter größere Reisfelder die einzelnen Stadtteile, bis hinter der Stadtgrenze die Siedlungen einen dörflichen Charakter annehmen. Die unterwegs in den Blick geratenen schönen Villen zeigen, dass dies eine bevorzugte Wohngegend wohlhabender Bürger ist.

Ilafy ▶ J 15

Rund 10 km außerhalb der Stadt liegt auf der rechten Seite der RN 3 der kleine Ort Ilafy. Hier hatte einst der Hova-Klan Tsimiamboholahy seinen Sitz. Während der Monarchie repräsentierten die Hova, deren Großfamilien sich in Klans formierten, die gehobene bürgerliche Kaste der Merina. Einige ausgewählte Hova-Klans, deren Mitglieder beim Militär und in der Verwaltung des Reichs hochrangige Ämter bekleideten, dienten zugleich der Machtsicherung des jeweils herrschenden Königs. Ein kleines Museum zeigt eine Auswahl an Gegenständen des alltäglichen Lebens sowie Exponate zur religiösen und politischen Geschichte (Di–So 10–16 Uhr, Eintritt ca. 1,10 €).

Ambohimanga ▶ J 15

Von der RN 3 zweigt bei Kilometerpunkt 16 links eine Straße zum 5 km entfernten Ambohimanga ab (ausgeschildert). Der 1468 m hohe »Blaue Hügel«, so die deutsche Übersetzung des Namens, war einst der Herrschersitz der Könige des gleichnamigen Merina-Reiches. Die Erhebung ragt aus einer ländlichen Idylle mit Bauernhäusern und Feldern empor und ist durch seine teilweise bewaldeten Flanken schon von Weitem als grüner Hügel zu erkennen. Die auf ihm errichteten Palastgebäude, der erste entstand bereits im 15. Jh., befinden sich auf einem kleinen Plateau unterhalb der Hügelspitze und sind daher aus der Entfernung nicht zu erkennen.

Der letzte König von Ambohimanga, ein Herrscher namens Andrianampoinimerina (1788–1810), eroberte die Nachbarreiche und zog zu guter Letzt von seinem angestammten Hügel hinunter nach Antananarivo. Seitdem diente der Berg von Ambohimanga als eine Art Sommerresidenz der Könige von Antananarivo.

Am Fuße des Hügels existiert noch ein originales Eingangstor von 1787. Dieses wurde allabendlich durch einen daneben platzierten riesigen rundlichen Stein verschlossen. Das königliche Areal oben auf dem Hügel ist von einer hohen Schutzmauer umgeben. Auf dem Platz davor, dem *Fidasiana,* steht links ein großer, über 450 Jahre alter den Madagassen heiliger Ficus-Baum, unter dem einst die Ankündigungen des Königs verlesen wurden.

Auf dem Areal innerhalb der Palastmauer, das durch zwei Tore zugänglich ist, befinden sich mehrere Gebäude. Der originale Holzpalast von König Andrianampoinimerina thront zentral in der Mitte. Unter Königin Ranavolona I. erbaute man 1871 links daneben die zweistöckige Sommerresidenz. Im Erdgeschoss befand sich der Empfangs- und Speisesaal, oben lagen Schlaf-, Bade- und Ankleidezimmer. In einem ebenfalls zweistöckigen Anbau nutzte man den unteren Raum als Gästezimmer, den oberen als königliches Arbeitszimmer. Von dort hat man einen herrlichen Blick in die Landschaft.

Oberhalb des neueren Palastes kann man eine kleine Hütte besichtigen, die den Königsfamilien als Totenhaus *(Tranomanara)* diente. Davor liegt der eingezäunte Friedhof mit Opferstelle. Alle dort beerdigten Mitglieder der königlichen Familie wurden 1897 von den Franzosen nach Antananarivo überführt. Mehr als 100 Jahre später hat man Anfang 2009 die ursprünglichen Grabhäuser des Friedhofes wieder aufgebaut. Dem Totenhaus am nächsten steht das Grabhaus von König Andrianampoinimerina, daneben ein größeres Doppelgrabhaus für seine Vorgänger Andriambelomasina (1730–70) und Andriantsimitoviaminandriana (1710–30). Neben dem Doppelgrabhaus wiederum gibt es ein kleineres Grabhaus für die Mütter und Angehörigen der Könige. Gleich rechts neben den Grabhäusern befindet sich das Bad der Königin (kleines Becken) und das Bad des Königs (großes Becken). Ein Weg führt außen an der Palastmauer entlang weiter nach oben. Von einem kleinen felsigen Platz aus hat man einen schönen Blick auf die Hauptstadt Antananarivo. Ambohimanga ist seit dem Jahr 2000 als UNESCO-Weltkulturerbe ausgewiesen.

Infos

Eintritt: tgl. 9–16.45 Uhr, Ticket 10 000 MGA (ca. 2,80 €).
Anfahrt: Mit einem Taxi-Brousse vom Stadtteil Ambodivona aus zu erreichen (ca. 0,50 €), mit dem normalen Taxi etwa 20 € (Hin- und Rückfahrt).

Anjozorobe ▸ K 14

Die kleine Stadt liegt rund 75 km nordöstlich der Hauptstadt und mar-

Die riesige Steinplatte verschloss im 18. Jh. allabendlich das Tor von Ambohimanga

kiert den Endpunkt der RN 3. Sie ist von Antananarivo aus mit einem Taxi-Brousse in 2,5 Std. einfach zu erreichen. In der Nähe befindet sich das **Reservat Anjozorobe Angavo.** Eine Piste unterhalb der Stadtverwaltung führt zum Reservat und zu den Unterkünften. Das Reservat selbst schützt ein 66 500 ha großes Gebiet mit einem der letzten Überreste des madagassischen Hochland-Regenwaldes. Die Vegetation ist allerdings eine sekundäre, weswegen die Bäume allesamt nicht sehr hoch sind.

Für den Besucher des Parks ist dies ein großer Vorteil, denn es erleichtert die Beobachtung von Tieren. Mit etwas Glück gibt es eine Reihe interessanter Arten zu sehen. Unter den zehn Lemurenarten, die in dem Reservat heimisch sind, kann man beispielsweise den schönen Diadem-Sifaka oder ein Exemplar des Schwarz-weißen Indris entdecken. Die Wege beginnen bei den beiden Lodges. Die besten Chancen, Tiere zu sehen, bieten sich, wenn man am frühen Morgen startet. Darüber hinaus werden Nachtwanderungen zum Beobachten nachtaktiver Tiere angeboten.

Übernachten, Essen

Einfach – **Saha Forest Camp:** 9 km Pistenstraße von Anjozorobe (ausgeschildert), Tel. 020 22 31210, s.rajaobelina@fanamby.org.mg, www.sahaforestcamp.mg. Zehn Bungalows an einem Hang, je 63 € inkl. Frühstück. Restaurant mit Terrasse und Blick auf den Regenwald. Das Camp wird von der NRO Fanamby geführt, die auch Gemeindeprojekte in Zusammenhang mit dem Reservat leitet. Touren in den

Wald und zu den Projekten werden angeboten.

Aktiv

Regenwald – **Anjozorobe-Angavo-Reservat:** Wanderungen mit Führer kosten ca. 4,50 € p. P., Nachtwanderung ca. 2,20 € p. P. mit Möglichkeiten, verschiedene Lemurenarten zu sehen. Die Tiere sind allerdings noch nicht sehr an Menschen gewöhnt. Die Wandertouren sind recht einfach, die Höhenunterschiede gering.

Nördlich der Hauptstadt

Die kaum befahrene Nationalstraße RN 4 führt in nördlicher Richtung aus Antananarivo heraus. Sie ist die Hauptverbindungsstraße in den Nordwesten und Norden Madagaskars, allerdings im späteren Verlauf nicht immer in einem guten Zustand.

Die Landschaft des nördlichen Hochlands prägen zahllose Hügel und ebenso zahllose, wie eingestreut wirkende große, blanke Granitfelsen. Durch den Jahrhunderte andauernden Kahlschlag sind die einstigen Hochlandwälder fast vollständig verschwunden. In den Tälern befinden sich Felder für den Anbau von Reis und Gemüse. Die grasbewachsenen Hänge bieten den Zebu-Rindern Nahrung.

Die RN 4 führt zunächst 375 km in nördlicher Richtung bis Ambondromany, biegt dann nach Westen und endet nach weiteren ca. 155 km in Mahajanga (Mahjunga) an der Westküste (s. S. 274). Weiter nach Norden gelangt man von Ambondromany aus auf der RN 6 bis hinauf nach Antsiranana (Diego-Suarez, s. S. 244).

Die Fälle von Farahantsana ▸ J 15

Madagaskars zweitlängster Fluss Ikopa fließt in Ost-West-Richtung und sein Wasser führt über etliche Fälle und Stromschnellen. Die höchsten Wasserfälle sind mit 37 m die von Farahantsana. Sie befinden sich in der Nähe der Ortschaft Mahitsy, die an der RN 4 etwa 34 km nördlich der Hauptstadt liegt. Beabsichtigt man den Besuch der abseits gelegenen Fälle, sollte man in Mahitsy nach einem Führer fragen. Oberhalb des Ortes gibt es des Weiteren ein Benediktinerkloster, und auf einem Hügel in der Umgebung betreibt die Deutsch-Madagassische Gesellschaft seit 2000 ein Wiederaufforstungsprojekt (www.dmg-ev.org).

Ankazobe ▸ J 14

Ankazobe, nächstgelegene Ortschaft zum Ambohitantely-Reservat, liegt etwa 95 km nördlich von Antananarivo und wird von der RN 4 in zwei Teile zerschnitten. In dem ruhigen Hochlandstädtchen gibt es keinerlei touristische Einrichtungen. Ein Markt bietet aber die Möglichkeit, Grundnahrungsmittel einzukaufen.

Ambohitantely-Spezialreservat ▸ J 14

Eingebettet in die Hügellandschaft des madagassischen Hochlandes befindet sich etwa 140 km nördlich der Hauptstadt und 30 km von Ankazobe entfernt das Ambohitantely-Spezialreservat. Es erstreckt sich auf einer Fläche von mehr als 5600 ha auf Höhen zwischen 1300 und 1650 m und schützt einen der letzten noch verbliebenen Hochland-Regenwälder. Diese sind allerdings nur noch in einzelnen, immer wieder von Grasland unterbrochenen Parzellen vorhanden. Dadurch wirken sie wie dunkelgrüne Oasen, die den heutigen Besucher daran erinnern, wie es hier einmal vor dem Eingriff des Menschen ausgesehen hat. Die reine Waldfläche des Reservates macht etwa 1600 ha aus.

Der Wald selbst weist eine große Fülle von Tier- und Pflanzenarten auf. Unter den neun Säugetierarten sind z. B. der Braune Maki *(Eulemur fulvus)*, der Östliche Wollmaki *(Avahi laniger)* und der Braune Mausmaki *(Microcebus rufus)*. Zudem leben 50 Vogelarten in diesem Reservat, u.a. die Madagaskarweihe *(Circus macrosceles)* und der seltene Schopfibis *(Lophotibis cristata)*. Außerdem gibt es 32 Reptilien- und Amphibienarten, darunter die winzigen Erdchamäleons *(Brookesia sp.)*. Bei den Pflanzen (insgesamt sind 35 Pflanzenfamilien vertreten) ist die winterharte Madagaskar-Königspalme *(Dypsis decipiens)* besonders verbreitet.

Das Naturschutzgebiet wird als Schulungsstätte für Mitarbeiter des Ministeriums und für Studenten der Biologie genutzt. Es verfügt aber über keine touristische Infrastruktur. Campingausrüstung und Nahrungsmittel müssen daher selber mitgebracht werden.

Übernachten

Im Reservat gibt es drei **Campingplätze** mit Toiletten und Duschen, 2000 MGA (ca. 0,70 €) pro Zelt/Nacht.

Infos

Eintritt: tgl. 8–17 Uhr, Ticket 25 000 MGA (ca. 7 €), Parkführer bis 2 Std. 5000 (ca. 1,40 €), darüber 8000 MGA (ca. 2,30 €), Tel. 033 01 95804. Es gibt mehrere Wanderwege, Dauer 2–5 Std. Das Reservat wird seit 1996 durch das Nationalpark-Management (MNP) verwaltet.

Verkehr

Auf der RN 4 bei Kilometerpunkt 125 liegt das Dorf Firarazana. Dort befindet sich ein Pistenabzweig, der zum 15 km entfernten Reservat führt.

Taxi-Brousse: Von der Bushaltestelle in Antananarivos Stadtteil Vassacos gibt es tgl. Verbindungen nach Ankazobe. Von dort fahren Busse weiter nach Norden, steigen Sie im Dorf Firarazana aus. Für die 15 km bis zum Reservat benötigen Sie zu Fuß 3 Std.

Sohisaka-Naturreservat

► J 14

Sechs Kilometer nördlich von Firarazana befindet sich ein weiteres, kleines Reservat. Das 33 ha große Sohisaka-Naturreservat ist Teil des Ankafobe-Waldes, einem kleinen Rest des schwindenden Hochland-Regenwaldes. Das Schutzgebiet wird vom Botanischen Garten Missouri/USA geleitet und wurde wegen einer akut vom Aussterben bedrohten endemischen Pflanzenart dort etabliert. Der Sohisaka-Baum *(Schizolaena tampoketsana)*, benannt nach seinem madagassischen Namen, gehört zu den Malvenartigen Gewächsen; von ihm gibt es nur noch 160 wildlebende Exemplare, die Hälfte davon wächst in diesem Reservat. Der Laubbaum mit seinen kräftigen, mittelgroßen Blättern trägt kirschbaum-ähnliche weiße Blüten.

Maevatanana ► H 11

An der RN 4, 194 km nördlich von Ankazobe und 6–7 Fahrstunden von Antananarivo entfernt, liegt Maevatanana. Die rund 25 000 Einwohner zählende Stadt am Ikopa-Fluss ist die Hauptstadt der Region Betsiboka, eines Gebietes, das sich von Mahatsinjo im Süden bis Ambondromamy im Norden erstreckt und vom Beveromay-Plateau (1300 m) im Osten bis zum Ankara Plateau (500 m) im Westen reicht. Mit durchschnittlich acht Einwohnern pro km² ist es eine der am dünnsten besiedelten Regionen Madagaskars.

Die Franzosen gründeten die Stadt etwa auf halbem Wege zwischen Antananarivo und Mahajanga. Im Zentrum weist noch ein Grabmal auf die einstigen Kolonialherren hin. Der 300 m hoch gelegene Ort zählt zu den Inlandsstädten mit den höchsten Tagesdurchschnittstemperaturen auf Madagaskar. Im Südsommer werden zuweilen 37 °C erreicht.

Im Umland der Stadt pflanzt man hauptsächlich Reis, aber auch Süßkartoffeln und Tabak an. Oft halten die Taxis-Brousses zwischen Antananarivo auf ihrer Fahrt nach Mahajanga in Maevatanana, damit Fahrer und Reisende eine Pause zum Mittagessen einlegen können. Es gibt keine touristischen Einrichtungen, nur einige einfache Restaurants und eine Tankstelle. Die Abzweigung nach Mahajanga (s. S. 274) liegt 90 km weiter nördlich.

Westlich der Hauptstadt

Die RN 1 verlässt Antananarivo im Südwesten. Sie ist die erste ausgebaute Asphaltstraße Madagaskars und führte ursprünglich zum alten Flughafen der Stadt bei Arivonimamo. Von dort sollte sie bis zur Westküste führen. Diese Pläne wurden allerdings nie realisiert. Die Nationalstraße endet heute auf halber Strecke in Tsiroanomandidy, ca. 210 km westlich der Hauptstadt.

Lemurs Park ▸ J 15

www.lemurspark.com, *tgl. 9–17 Uhr, Eintritt 20 000 MGA, Tel. 020 22 23436*
Beliebt bei den Hauptstädtern ist ein Ausflug in den 22 km außerhalb von Antananarivo liegenden Lemurs Park. Auf dem 5 ha großen Gelände werden neun Lemurenarten in Freianlagen gehalten und bieten hervorragende Möglichkeiten, schöne Bilder von den Tieren in »natürlicher« Umgebung zu machen. Zudem wachsen 50 verschiedene Pflanzenarten im Park. Ein Restaurant und ein Shop sorgen für das leibliche Wohl der Besucher (Menü 25 000 MGA). Der private Park engagiert sich auch in pädagogischer Hinsicht und bietet Naturkundeunterricht für Kinder an. Ein Shuttlebus verkehrt vom Stadtteil Analakely aus zum Park (9–14 Uhr, nur nach Anmeldung, Tel. 033 11 25259, 25 000 MGA inkl. Eintritt).

Antongona ▸ J 15

www.tourisme-antananarivo.com, Di–So 9–16 Uhr
Etwa 30 km außerhalb der Hauptstadt kann man einen ehemaligen Königssitz der Merina-Antongona besichtigen. Kurz vor Erreichen des Ziels zweigt beim Dorf Imerintsiatosika eine schlechte Piste ab (Allrad erforderlich, oder zu Fuß weitergehen), die zum 1500 m entfernten Antongona führt. Das Dorf liegt zwischen zwei Hügeln, Ambohibato im Osten und Ambohirandrana im Westen. Der große Granitfelsen, der die Spitze des westlichen Hügels bildet, ragt 200 m über Antongona empor. Von dort genießt

man eine wunderbare Aussicht. Auf dem Felsen befinden sich zwei kleine hölzerne Königshäuser und ein Grab. Das Dorf Antongona, gegründet unter König Ralambo (1575–1610), war die Hauptstadt des Reiches Ambodirano, bis dieses Ende des 18. Jh. von König Andianampoinimerina erobert und in sein Reich integriert wurde. Seit 1982 ist der ehemalige Königssitz Museum.

Ampefy ▸ H 15

Seit Langem ist die Region um Ampefy an Wochenenden ein beliebtes Ausflugsziel für die Hauptstädter. Über eine gute Asphaltstraße ist das Gebiet mit dem Auto in 2,5 Std. zu erreichen. Die Abzweigung an der RN 1 zur RN 43 befindet sich in Analavory, von dort sind es noch 10 km bis Ampefy.

Beim kleinen See Mahiatrondro (»dürrer Fisch«) zweigt der Weg zu den **Lily-Wasserfällen** ab. Die Fahrzeit über die staubige Piste bis zum Parkplatz (Parkgebühr 0,40 €) dauert nur 15 Minuten. Von dort sind es gerade einmal 100 m bis zu dem schönen und während bzw. nach der Regenzeit höchst eindrucksvollen Wasserfall. Auf einer Breite von ca. 25 m stürzt das Wasser über eine Felskante 12 m in die Tiefe. Über einzelne Felsen ist es möglich, von unten recht nahe an den Fall heranzukommen, die Gischt macht dies allerdings zu einem etwas feuchten Vergnügen. Nach dem Wasserfall schlängelt sich der Fluss, an dessen Ufer einige Bananenstauden wachsen, durch eine grasgrüne Hügellandschaft.

Ampefy selbst ist ein kleiner, aber netter Hochlandort mit typischen roten Backsteinhäusern. Bei einem Spaziergang entlang der Hauptstraße bis zum kleinen Markt bekommen Sie einen Eindruck vom Alltagsleben der Merina.

Hinter Ampefy befindet sich der **Vulkansee Itasy.** Der Hauptstraße aus dem Ort folgend wird das Dorf Antanimarina erreicht, von dort biegen Sie links zum See ab. Der auf einer Höhe von fast 1800 m liegende Itasy-See ist 9 km lang und gehört zu den größten Binnenseen Madagaskars. Er wird von zwei Flüssen gespeist, der Fluss Lily entspringt aus ihm. Sein Wasser ist durch die Sedimente der Erosion recht trübe, die flachen Ufer sind kaum bewachsen. Der See ist durchschnittlich 4 m tief, liegt die tiefste Stelle 10 m unter dem Wasserspiegel. Auf einem Hügel, der sich wie eine Halbinsel in den See zieht, steht auf einem hohen runden Sockel eine Marienstatue – sie soll die absolute Mitte Madagaskars markieren. Von dort haben Sie einen schönen Blick über den See. Die hügelige Landschaft ringsrum ist leider weitestgehend abgeholzt und hat Feldern und Grasbewuchs Platz gemacht. Achtung: Auf das Schwimmen im See sollten Sie wegen Bilharziose verzichten!

Übernachten

Praktisch – **Kavitaha:** Tel. 034 10 45970, www.hotelkavitaha.net, kavitaha.ampefy@gmail.com, DZ 19 €. Das angenehme, seit 1930 bestehende Hotel, verfügt über saubere Zimmer, Restaurant und Pool. Direkt im Ort gelegen.

Idyllisch – **Auberge La Terrasse:** an der Hauptstraße, schräg gegenüber dem gleichnamigen Restaurant, Tel. 020 48 84028 oder 032 07 16780, www.ampefy.com, DZ-Bungalow ab 40 000 MGA (ca. 12 €), Familienbungalow 50 000 MGA (ca. 14 €). Im Gartenbereich des Hotels hinter der Hauptstraße gibt es vier saubere, im madagassischen Stil eingerichtete Bungalows mit je einem DZ und zwei Familienbungalows mit je zwei DZ. Am See Kavitaha

Der farbenprächtige Geysir von Andranomandraotra, unweit von Ampefy

liegen wunderschön vier DZ in Bungalows mit eigener Terrasse.
Einfach – **Auberge Bellevue:** RN43, Tel. 034 0611821, www.auberge-belle-vue.com. DZ 44 000 MGA (12,50 €), Frühstück ca. 1,70 €. Einfaches Gästehaus mit Zimmern und Bungalows, Restaurant, südlich des Ortes gelegen.

Essen & Trinken

Madagassisch & International – **La Terrasse Restaurant:** an der Hauptstraße, Tel. 020 48 84028, laterrasse.ampefy@moov.mg, Hauptgerichte ab 2,50 €. Überdachte Terrasse.
Am See – **L'Eucalyptus:** Tel. 032 022 7517, Hauptgerichte ab 2,50 €. Idyllisch an einem kleinen See hinter Ampefy gelegen. Madagassische und europäische Küche.
Klein aber fein – **Au bout du Monde:** Hauptgerichte ab 2 €. Kleines Restaurant mit einfachen Gerichten beim Lily-Wasserfall.
Mini-Pizzeria – **Lily Pizza:** beim Parkplatz des Lily-Wasserfalls gelegen, Tel. 033 18 93938, Pizza ca. 2 €.

Geysir von Andranomandraotra

▶ H 15

Zurück auf der RN 1 lohnt ein Abstecher zum Geysir von Andranomandraotra. Von Analavory an der RN 1 bis zur Abzweigung zum Geysir sind es etwa 4,5 km. Von dort fahren Sie über eine gute Pistenstraße an Papayaplantagen entlang bis zum 25 Minuten entfernten Parkplatz (Parkgebühr 0,40 €, Eintritt 0,80 €). Von dort sieht man den Geysir bereits. Aus mehreren Öffnungen spritzt kalk- und mineralhaltiges Wasser an die Oberfläche. Kalkablagerungen haben an einigen Stellen wunderschöne, in Beigetönen leuchtende glatte Felsen entstehen lassen.

Tsiroanomandidy ▶ G 15

Eingebettet in eine sanfte Hügellandschaft liegt die Stadt am Ende der ausgebauten RN 1, 120 km von Ampefy und 4–5 Fahrstunden von Antananarivo (210 km) entfernt. Landesweite Bekanntheit verschafft der Stadt mit ihren ca. 30 000 Einwohnern der größte **Rindermarkt** Madagaskars (s. unten). Hunderte, oft auch Tausende von Zebus kommen zusammen und stehen zum Verkauf. Ein guter Teil wird von Zwischenhändlern später bis in die Hauptstadt getrieben. Die Stadt bietet ansonsten keine Sehenswürdigkeiten. Ein Besuch der überdachten Markthalle mit ihrem bunten Treiben ist aber lohnenswert. In der Stadt werden aus den Wurzeln des Grases Vetiver *(Vetiveria zizanioides)* hauptsächlich Tierfiguren, Hüte und Körbe gefertigt, indem die Wurzeln in bestimmter Weise geflochten und gebunden werden. Die von einer Hilfsorganisation iniziierte Produktion kann besichtigt werden. Historisch gesehen erzielte der Ort eine gewisse Bedeutung, als Merina-König Radama I. hier im Jahre 1822 die Schlacht gegen König Ramitraho vom Sakalava-Reich Menabe gewann und damit einen großen Schritt in Richtung auf die Gesamtherrschaft über Madagaskar tätigte.

Übernachten

Sauber – **Relais du Bongolava:** Tel. 032 05 19119. Bestes Hotel vor Ort, dennoch recht einfach, mit Gemeinschaftsbad. Insgesamt zehn saubere, recht kleine Zimmer.

Einfach – **Chez Marcelline:** Nördlich vom Markt. Acht einfache Zimmer.

Infos & Termine

Rindermarkt: Zum bekannten Markt von Tsiroanomandidy werden die zum Verkauf stehenden Zebus der gesamten Region getrieben. Er findet jeden Mi und Do auf einem großen Platz etwas abseits des Zentrums statt.

Verkehr

Flug: Die Stadt verfügt über einen Flughafen mit Verbindungen nach Antananarivo und weiteren Westküstenstädten (je nach Flugplan).

Auto: Die Weiterfahrt auf der Straße ist wegen der schlechten Pisten praktisch unmöglich.

Manambolo-Fluss ▸ G 14

Der Manambolo entspringt 130 km westlich von Antananarivo und gehört zu den größten und wichtigsten Flüssen Westmadagaskars. Über weite Strecken ist er mit dem Boot befahrbar. Rund 70 km vor seiner Mündung in den Kanal von Mosambik durchfließt er die spektakuläre Manambolo-Schlucht. Auf den Sandsteinfelsen sind mit etwas Glück Lemuren zu entdecken (s. unten Kasten Manambolo-Flusstour).

Mein Tipp

Manambolo-Flusstour ▸ G 14

Ein außergewöhnliches Erlebnis bietet eine Bootstour auf dem Manambolo, die man u. a. in Tsiroanomandidy beginnen kann, wobei zunächst vom dortigen Flughafen nach Ankavandra geflogen wird (Flugdauer ca. 30 Min.). Dort werden die Kanus bestiegen und die 3–5 Tage dauernde Bootstour nimmt ihren Lauf. Einzigartig sind die Landschaften und Dörfer, die fernab der Straßen nur vom Fluss aus erlebt werden können sowie die Bademöglichkeiten in romantischen Naturbecken. Übernachtet wird in Zelten. Infos zu Flusstouren u. a. auf www.tanalahorizon.com (s. a. Entdeckungstour S. 286).

Das Beste auf einen Blick

Das Hochland

Highlight!

Fianarantsoa: Der Hauptort des Volkes der Betsileo war auch zu Zeiten der Merina-Herrschaft und der französischen Kolonialzeit ein wichtiger Verwaltungsstandort. Die Altstadt am ehemaligen Hügel der Königin konnte bewahrt werden und gibt heute einen guten Eindruck davon, wie das Leben in der Stadt der vergangenen zwei Jahrhunderte ausgesehen hat. Die engen Gässchen führen vorbei an kleinen Kirchen und alten Stadthäusern, und zwischendurch geben die Häuserlücken einen herrlichen Blick auf die Stadt und die hügelige Landschaft ringsherum frei. S. 143

Auf Entdeckungstour

Dschungelexpress – von Fianarantsoa nach Manakara: Die einzige für den Passagierverkehr noch funktionierende Bahnstrecke Madagaskars führt den Reisenden von Fianarantsoa im Hochland bis hinunter nach Manakara an die Ostküste. Sie ist für viele Menschen die einzige Verbindung mit der Außenwelt. Mit der Bahn bringen sie ihre Erzeugnisse zu den Märkten der Städte. Die Bahnfahrt über kurvenreiche Schienen durch den Regenwald, vorbei an abgelegenen Dörfern, ist ein außergewöhnliches Erlebnis – Madagaskar pur. S. 148

Kultur & Sehenswertes

Holzschnitzer von Ambositra: Die kleine Volksgruppe der Zafimaniry führt in Ambositra die Tradition der kunstvollen Holzbearbeitung weiter. S. 133

Papier der Antaimoro: Die Antaimoro lernten als erstes Volk Madagaskars von den Arabern die Herstellung von Papier. In Ambalavao wird dieses Papier noch mit traditionellen Techniken hergestellt. S. 151

Zu Fuß & mit dem Rad

Bergwanderung: Der 2642 m hohe Tsiafajavona westlich von Ambatolampy bietet eine gute Gelegenheit, die Bergwelt des Hochlandes zu erkunden. S. 127

Radtour zur Küste: Als herrliche Strecke für eine Radtour bietet sich die RN 25 zwischen Ranomafana-Nationalpark und Ostküste an. S. 141

Genießen & Atmosphäre

Thermalbad Ranomafana: Im Dorf Ranomafana befindet sich ein altes Thermalbad aus kolonialzeitlichen Tagen. Der Pool bietet insbesondere auch nach einer Wanderung in den umliegenden Regenwäldern des Ranamafana-Nationalparks wohltuende Entspannung. S. 142

Abends & Nachts

Soafia Dance: Alteingessener Nachtclub beim gleichnamigen Hotel in Fianarantsoa. Eine der wenigen Möglichkeiten im Hochland, am späten Abend auszugehen. S. 147

Zwischen Reisterrassen und sanften Hügeln

Das Hochland ist eine durch zahlreiche Hügel geprägte Landschaft im Zentrum Madagaskars. Es erstreckt sich vom Alaotra-See und dem Beveromay-Plateau im Norden bis nach Ambalavao im Süden. Im Osten bilden die Berge und Schluchten der Ostküstenkante seine Grenze, während es nach Westen hin langsam ausläuft.

Dazwischen liegen teils ausgedehnte Reisfelder, auf denen das Grundnahrungsmittel der Madagassen angebaut wird. Zur Vergrößerung der Anbauflächen sind viele der Felder an den Hängen der Hügel im Terrassenbau angelegt worden. Die Hügel selbst sind vielerorts nur mit Gras bewachsen und dienen als Weideland für die Zebus (Buckelrinder).

Der im Hochland früher heimische Wald wurde bereits vor Generationen gerodet und das Holz als Bau- und Feuerholz verwendet. Mancherorts finden sich zur heutigen Holzgewinnung Wiederaufforstungen mit Eukalyptus- und Nadelbäumen.

Infobox

Touristeninformation

Region Antsirabe: ORTVA, Rue Maréchal Foche, Antsirabe, Tel. 020 44 96186, www.antsirabe-tourisme.com.
Region Fianarantsoa: ORTF, Fianarantsoa, Tel. 020 75 90467, ortfianara@yahoo.fr.

Anreise und Weiterkommen

Durch das Hochland führt die gut ausgebaute Nationalstraße RN 7. Alle Orte entlang der Strecke sind mit Taxis-Brousses zu erreichen. Die Bahnstrecke nach Antsirabe ist nicht mehr in Betrieb. In den Städten stehen Pousse-Pousse und Taxis zur Verfügung.

Von der Hauptstadt Richtung Süden

Die Nationalstraße RN 7 führt in südlicher Richtung aus der Hauptstadt Antananarivo heraus. Nach einigen Kilometern passiert man den unter Diktator Ratsiraka in den 1980er-Jahren erbauten **Präsidentenpalast von Iavoloa,** der architektonisch dem Rova (Palast der Königin) nachempfunden ist. Neben dem offiziellen Präsidentenpalast in der Oberstadt von Antananarivo diente das Gebäude auch den nachfolgenden Präsidenten als Zweitsitz.

Etwa nach einer Fahrstunde erreicht man den direkt an RN 7 liegenden **Anamalanga-Park,** einen Freizeitkomplex mit Bungalows, Restaurant und verschiedenen Sporteinrichtungen. Dort verbringen madagassische Familien gerne ihr Wochenende.

Ambatolampy ▸ J 16

Die kleine Stadt ist der erste größere Ort südlich von Antanananarivo (70 km) und Zentrum der Aluminium-Verarbeitung. Ambatolampy liegt, wie der Name der Stadt, »Ort der Felsen«, verrät, am Fuß des Ankaratra-Massivs. Der 28 000 Einwohner zählende Ort ist seit Jahrzehnten für seine Restaurants bekannt. Zahlreiche Hauptstädter besuchen die Stadt am Wochenende, um hier frischen Fisch, Flusskrebse oder Froschschenkel zu essen. Für Wochenendausflügler ebenfalls interessant sind Wandertouren zum dritthöchsten Berg Madagaskars, dem **Tsiafajavona** (2642 m). Von dort oben genießt man einen herrlichen Blick auf die grüne Berglandschaft.

Musée de la Nature

Tel. 020 42 49264, tgl. 8–17 Uhr, Eintritt 6000 MGA (ca. 2 €)
Etwa 2 km außerhalb der Stadt liegt ein kleines naturkundliches Museum, dessen Besuch vor allem jene interessieren wird, die sich für die Vielfalt der madagassischen Insektenwelt interessieren. Besonders die große Sammlung an heimischen Schmetterlingen ist sehenswert.

Übernachten, Essen

Rustikal – **Manja Ranch:** etwa 2 km außerhalb der Stadt (Mandrevondry), Tel. 033 11 99370, bijouxline@yahoo.fr, DZ-Bungalow 30 000 MGA (ca. 9 €), einfache DZ mit Gemeinschaftsbad ab 10 000 MGA (ca. 3 €). Eine freundlich geführte Lodge in ruhiger Lage. Zelten ist möglich und wird nicht in Rechnung gestellt, wenn Sie im Restaurant essen. Es stehen auch Pferde für Reitausflüge zur Verfügung.

Im Zentrum – **Rendezvous de Pécheurs:** Direkt an der Hauptstraße gelegen, Tel. 020 42 49302, Hauptgerichte ab 3 €. Madagassische und europäische Speisen in rustikalem Ambiente, netter Service. Das Lokal ist besonders mittags stets gut besucht. Es stehen auch einige einfache Zimmer zum Übernachten zur Verfügung.

Aktiv

Wandertour – **Auf den Tsiafajavona:** Der 2642 m hohe Basaltberg liegt ca. 20 km westlich von Ambatolampy. Um sich über eine Piste dem Berg zu nähern, ist ein Allradfahrzeug erforderlich. Das Hotel **Manja Ranch** (s. links) organisiert Touren und vermittelt Führer.

Transportkarren Marke Eigenbau

Tsinjoarivo ▸ K 16

Von Ambatolampy aus lohnt ein Abstecher zur ehemaligen Residenz der Königin Rasoherina, die etwa 45 km südöstlich davon liegt. Eine Piste führt über Antsampandrano nach Tsinjoarivo, wo man nach ca. 3,5 Fahrstunden den aus mehreren Gebäuden bestehenen Komplex erreicht, ein Wärter führt Sie herum. Von dort haben Sie einen fantastischen Blick in die Umgebung und auf die gegenüberliegenden **Wasserfälle Onive** (tgl. 8–16 Uhr, Eintritt ist ein Trinkgeld für den Wärter).

Antsirabe

Sehenswert
1 Bahnhof
2 Denkmal
3 Thermalbad
4 Kathedrale
5 Markt

Übernachten
1 Arotel
2 Hôtel des Thermes
3 Residence Camelia
4 Imperial
5 Hasina
6 Au Geranium
7 Cercle Mess Mixte
8 Le Royal Palace

Essen & Trinken
1 L' Arche
2 Le Venise
3 Manambina
4 Razafimanjy

Einkaufen
1 Chez Joseph
2 L'Artisant
3 Art en miniature

Aktiv
1 Bootstour

Abends & Nachts
1 Le Tahiti

Antsirabe ▸ H/J 17

Rund 170 km südlich der Hauptstadt liegt Antsirabe (»viel Salz«) auf einer Höhe von 1550 m und ist mit ihren ca. 240 000 Einwohnern die höchste Großstadt Madagaskars. Im Südwinter wird es in Antsirabe sehr kalt, wobei die Temperaturen nachts bis zum Gefrierpunkt sinken können. Aber auch im Südsommer sind die Nächte oft recht frisch. Antsirabe ist von vier erloschenen Vulkanbergen umgeben, dem Famoizankova (2367 m) im Norden, dem Itogafeno (2202 m) im Westen, dem Ibity (2240 m) im Süden und dem Vontovorona (2054 m) im Osten.

Die zweitgrößte Stadt der Merina verdankt ihre Gründung den Wasserquellen, die hier auch heute noch sprudeln. Auch Königin Ranavalona II. entdeckte die Quellen für sich und nutzte das dort extra für sie errichtete Bad während ihrer Erholungsaufenthalte an den nahe gelegenen Kraterseen. Zur Stadt entwickelte sich der Ort allerdings erst, als sich hier 1872 norwegische Missionare niederließen und eine Missionsstation mit Schule gründeten. Später wurde Antsirabe wegen des vorherrschenden gemäßigten Klimas sehr geschätzt, viele Franzosen etwa hatten hier ein Wochenendhaus und gaben der Stadt den Beinamen »Vichy Madagaskars«.

Heutzutage ist Antsirabe ein wichtiger Wirtschaftsstandort, befinden sich doch hier die größte Getreidemühle und die größte Brauerei des Landes (THB-Bier). Des Weiteren gibt es eine große Textilfabrik (Cotona) und einige milchverarbeitende Betriebe.

Stadtspaziergang

Wenn während der Kolonialzeit die überwiegend französischen Europäer für einige Tage in die Stadt kamen, reisten sie von der Hauptstadt aus mit dem Zug an. Nach ihrer Ankunft am prachtvollen **Bahnhof** 1 wurden die Besucher mit einer Kutsche oder einem Pousse-Pousse über die Prachtallee hinüber zum Hotel des Thermes gebracht. Von dort war es nur ein kurzer Spaziergang hinunter zum Thermalbad oder hinüber zur katholischen Kathedrale. Auch wenn die Bahnlinie zwischen Hauptstadt und Antsirabe heute stillgelegt ist und der Reisende nicht mehr unbedingt vom Bahnhof aus die Stadt erkunden muss, sind die damaligen Wege und die Atmosphäre noch gut nachvollziehbar. Die Fassade des Bahnhofs etwa präsentiert sich noch immer im Glanz kolonialzeitlicher Architektur; allerdings haben die Villen entlang der Prachtallee ihre gute Zeit schon länger hinter sich.

Im Zentrum der Allee steht ein **Denkmal** 2, das die 18 ethnischen

Gruppen Madagaskars darstellt, sowie ein Denkmal für die Nationalhymne (»Fahaleovantena«). Am Ende dieser Allee erhebt sich wie eh und je das 1897 im kolonialen Stil errichtete **Hôtel des Thermes** 2. Auch das schöne Hotelgebäude hat schon bessere Tage gesehen, aber der Charme der großzügigen Anlage lässt die mittlerweile renovierungsbedürftigen Zimmer vergessen. Dem Hotel zu Füßen liegt das ebenfalls aus der Kolonialzeit stammende **Thermalbad** 3. In dem schmucken Gebäude sind Zimmer mit Badewannen ausgestattet, sodass jeder Gast sein privates Bad mit Heilwasser nehmen kann.

Der Hauptstraße Avenue Mal Foch nach Süden folgend, liegt auf der linken Seite die katholische **Kathedrale** 4. Der helle Steinbau verfügt über eine imposante Front, die mit kleinen Türmchen verziert ist. Auf der höchsten Spitze befindet sich ein eisernes Kreuz. Die architektonische Gestaltung des Kircheninneren erinnert an einen Basilikagrundriss. Zwei Reihen mit sieben Säulen, verbunden durch zugespitzte Rundbögen, tragen den Oberbau. Im Inneren fallen die schönen Glasfenster auf. Die zweigeteilten Glaskunstwerke zeigen Szenen biblischer Geschichten. Hinter der Kathedrale endet der Teil der Stadt, dessen Architektur auf die Kolonialzeit verweist. Es folgt die madagassisch geprägte Altstadt mit ihren engen Gassen und auch der farbenfrohe **Markt** 5 lädt zu einem Bummel ein.

Übernachten

Gediegen – **Arotel** 1: Rue Ralaimongo, Tel. 020 44 48120, Fax 020 44 49149, arotel.inn@moov.mg, DZ ab 45 €. Große Zimmer mit Heizung. Das dazugehörige Restaurant ist eines der besten der Stadt.

Kolonialer Prachtbau – **Hôtel des Thermes** 2: Place de l'Indépendance, Tel. 020 44 48762, sav.sofitrans@sofitrans.mg, DZ ab 45 €. Der schmucke Bau von 1897 mit seiner großen Gartenanlage und einem Swimmingpool versetzt Gäste zurück in vergangene Zeiten. Die Zimmer sind allerdings renovierungsbedürftig.

Familiär – **Residence Camelia** 3: Tel. 020 44 48844, camelia@simicro.mg, www.laresidencecamelia.com, DZ ca. 40 €. Älteres Anwesen, das sich über mehrere Gebäudeteile erstreckt, in denen sich die unterschiedlich großen Zimmer befinden. Das geschmackvoll eingerichtete Restaurant bietet sehr gutes Essen und im Garten lässt es sich herrlich sitzen, speisen und trinken.

Einfach, aber zentral – **Imperial** 4: Av. de l'Indépendance, Tel. 020 44 48333, imperialhotel@moov.mg, DZ 40 000 MGA (ca. 12 €). Einfaches Stadthotel in zentraler Lage. Mit Spielhalle und Disco am Wochenende.

Zentral – **Hasina** 5: Av. J. Ralaimongo, Tel. 020 44 48556, Fax 020 44 48355, ho telhasina@moov.mg, DZ ab 40 000 MGA (ca. 12 €). 34 unterschiedlich ausgestattete Zimmer in einem dreistöckigen Gebäude mitten im Zentrum.

Schlicht und gut – **Au Geranium** 6: 25, Route du Vélodrome, Tel. 033 12 21866, drlisy@yahoo.fr, DZ ab 7 €. Freudliches Gästehaus mit acht Zimmern etwas abseits der Innenstadt.

Für Sparsame – **Cercle Mess Mixte** 7: Av. Maréchal Foch, Tel. 020 44 48366, DZ 25 000 MGA (ca. 7 €), DZ mit Gemeinschaftsbad 15 000 MGA (ca. 4,50 €). Einfaches Hotel mit Snack-Bar, Internetcafé und Souvenir-Shop.

Modern – **Le Royal Palace** 8: Tsarasaotra, Straße nach Ambositra, Tel. 020 44 49040, www.leroyalpalace.mg. DZ ab 31 €. Relativ neues Hotel mit Restaurant und Pool, freies WLAN.

Koloniales Ambiente: das Hôtel des Thermes in Antsirabe

Essen & Trinken

Für Feinschmecker – **L'Arche 1**: Rue Stavanger, Tel. 032 02 479 25, Hauptgerichte ab 3,50 €. Eine Mischung aus madagassischer und französischer Küche, dazu gibt es manchmal Livemusik.
Multikulti – **Le Venise 2**: Manodidina ny Gara, Tel. 4493870 oder 033 11 41161, restaurantlevenise@yahoo.fr, Hauptgerichte ab 3 €. Restaurant mit Terrasse und netter Atmosphäre, sehr gute Küche und nettes Personal.
Man spricht deutsch – **Manambina 3**: Rte. d'Antananarivo, Tel. 020 44 49302, Mittags- und Abendtisch, Hauptgerichte ab 3 €. Internationale Küche und vegetarische Gerichte.
Populär – **Razafimanjy 4**: Rue J. Ralaimongo, Tel. 020 44 48353, Hauptgerichte ab 2 €, Mittags- und Abendtisch. Beliebtes Lokal mit madagassischen und chinesischen Gerichten.

Einkaufen

Edelsteine – Antsirabe ist Madagaskars **Hauptstadt der Edelsteine.** Dort befinden sich traditionell die madagassischen Verarbeitungsbetriebe, die meist auch einen Verkaufsraum haben. Der bekannteste ist **Chez Joseph 1**: Rue Kléber, in der Altstadt, Tel. 020 44 48305, Mo–Fr 8–12 und 14–16 Uhr, Sa 8–12 Uhr. Neben der Edelsteinschleiferei und dem Verkaufsraum sind die wichtigsten Halbedelsteine in ihrer Rohform zu bewundern.
Kunsthandwerk – **L'Artisant 2**: Av. de l'Indépendance, Souvenir-Shop mit einer guten Auswahl.
Stickereien – Im Hochland werden einfache, aber schöne **Stickereien** noch handgefertigt. In Antsirabe liegt eines der Zentren dieser Kunst. Vor allem Tischdecken werden so verziert und von fliegenden **Händlerinnen** im Zentrum (z.B. **vor dem Arotel 1**), sowie in Souvenirgeschäften angeboten.
Blechfahrzeuge – **Art en miniature 3**: Lot 02-G-200, Parc de l'Est, Tel. 032 42 69300. Der Künstler Mamy Rajamason beherrscht das Handwerk, aus alten Blechdosen höchst kunstvoll Autos, Fahrräder und sonstige Fahrzeuge herzustellen.

Aktiv

Baden – **Thermalbad** 3: Das kolonialzeitliche, etwas renovierungsbedürftige Thermalbad unterhalb des Hotel des Thermes verfügt über ein Freibad und separate Badekabinen im Gebäude. Ein privates Bad im heißen Heilwasser ist ein interessantes Erlebnis und kostet 1 €. Außerdem werden verschiedene Massagen angeboten.
Bootstour – **Tsiribihina-Fluss** 1: Von Antsirabe aus ist der Ausgangspunkt Miandrivazo für Bootstouren auf dem Tsiribihina-Fluss zu erreichen. Diese herrliche Bootstour mit Zeltübernachtungen führt durch einzigartige Landschaften und eine Schlucht bis hinunter zur Mündung des Flusses in Belo sur Tsiribihina. Von dort ist ein Transfer über eine schlechte Piste nach Morondava erforderlich. Die Bootstour dauert 3–5 Tage und ist bei mehreren Reiseveranstaltern zu buchen (Pauschalpreis für alle Tage *all inclusive* ca. 600 €).

Abends & Nachts

Le Tahiti 1: Der Nachtclub befindet sich im Hotel Diamant, am Nordende der Stadt, stadtauswärts links von der RN 7. Eine der ältesten Discos der Stadt, die am Wochenende gut besucht ist.

Infos

Verkehr

Auto: Antsirabe ist durch die RN 7 gut an die anderen Städte des Hochlandes angebunden. Nach Westen besteht die Möglichkeit, über die RN 34 nach Miandrivazo zu gelangen (250 km), dem Ausgangspunkt für Bootstouren auf dem Tsiribihina-Fluss.
Taxi-Brousse: Für Überlandfahrten befinden sich am nördlichen und südlichen Ende der Stadt entlang der RN 7 die Taxi-Brousse-Stationen in die jeweilige Richtung.
Stadtverkehr: Der innerstädtische Verkehr wird überwiegend mit Pousse-Pousse (Rikschas) und einigen Taxis abgewickelt.

Umgebung von Antsirabe ▸ H 17

In der Umgebung von Antsirabe befinden sich einige **Kraterseen.** Als Ausflugsziel leicht zu erreichen sind die beiden westlich der Stadt liegenden Seen Andraikiba und Tritriva. Auf der RN 34 ist nach wenigen Kilometern die Abzweigung ausgeschildert.

Andraikiba-See

Bereits von den Merina-Königinnen, später dann von den Franzosen wurde der Andraikiba-See als Badesee geschätzt. An die Kolonialzeit erinnern noch alte Umkleidekabinen und ein Sprungturm. Als Ausflugsziel sind die Ufer des Andraikiba besonders an Wochenenden ein beliebter Ort, um hier ein Picknick zu veranstalten. Heute dient der See der Trinkwasserversorgung der Stadt und das Baden ist nicht mehr erlaubt.

Tritriva-See

Landschaftlich reizvoller liegt der etwa 10 km weiter entfernte Kratersee Tritriva. Umgeben von einem Nadelwald, befindet er sich auf einer Höhe von 1880 m inmitten eines Vulkankegels. Für den Besuch des Sees muss Eintritt bezahlt werden (5000 MGA/1,40 €). Ein Führer erzählt Ihnen gerne die Legende des Sees. Diese handelt von einem König, der durch einen Traum rechtzeitig gewarnt wird und seinen auf dem Berg befindlichen Palast verlässt. Nach dem vorhergesagten gewaltigen Vulkanausbruch füllte sich der entstandene Krater mit Wasser. Dieses Wasser gilt als Geschenk des Gottes Zanahary und ist heilig, denn dieser hatte den König im Traum gewarnt.

Am gegenüberliegenden Ufer gab es bis vor wenigen Jahren zwei in sich verschlungene Bäume, die allerdings bei einem Zyklon 2005 ins Wasser stürzten. Auch zu den Bäumen erzählt man sich eine Legende, die Geschichte einer verbotenen Liebe. Das junge Paar (Ravolahanta und Rabenoro), dessen Eltern die Verbindung strikt untersagten, sieht keinen Ausweg mehr und stürzt sich in den See. An genau der Stelle, an der die beiden ertranken, wuchsen zwei ineinander verschlungene Bäume, die ewige Liebe des Paares symbolisierend. Es gibt einen Weg um den schönen See, der Spaziergang dauert etwa eine Stunde.

Ambositra ▶ J 18

Ambositra ist auf der RN 7 von Norden kommend der erste größere Ort der Betsileo. Diese ethnische Gruppe, heute die drittgrößte Volksgruppe Madagaskars, ist wie die Merina asiatischer Abstammung und für ihre kunstvoll angelegten Reisterrassen bekannt. Einer Legende nach wurden sie einst von einer Prinzessin der Antaimoro in das fruchtbare Hochland geleitet. Dort gründeten sie, mit den Merina vergleichbar, ab dem 16. Jh. kleine Königreiche.

Die Betsileo gelten als tüchtige Bauern. Neben Reis werden Taro, Maniok und Gemüse angepflanzt. Zudem halten die Familien einige Haustiere wie Zebus, Schweine, Hühner und Enten. Ähnlich wie die Merina führen auch die Betsileo bei ihren Toten regelmäßig »Umbettungszeremonien« *(Famadihana)* durch.

Die Stadt Ambositra liegt auf einer Höhe von 1345 m und hat etwa 30 000 Einwohner. Als wichtiges Zentrum der Betsileo war sie im 18. Jh. Sitz ihres Königs. Doch Anfang des 19. Jh. wurde die Stadt noch unter dem Merina-König Andrianampoinimerina von dessen Sohn Prinz Rakoto, dem späteren König Radama I., erobert und dem Merina-Reich zugeschlagen.

Heute ist Ambositra das Zentrum der Holzschnitzer, was auch an der Nähe zum kleinen Volk der Zafimaniry liegt, jenem in den nahen Bergwäldern lebenden Volksstamm, der über Jahrhunderte die Kunst der Holzschnitzerei auf Madagaskar verfeinerte. Die Dörfer der Zafimaniry mit ihren wunderschönen, durch Schnitzereien verzierten Hütten sind in einem Tagesausflug von Ambositra aus zu besuchen.

Die zahlreichen roten Backsteingebäude sind typisch für die Bauweise der Städte des Hochlands. Auffällig ist das große **Benediktinerkloster,** in dem ausländische Missionare auf ihren Aufenthalt in Madagaskar vorbereitet werden und u.a. die heimische Sprache Malagasy lernen.

Rova Ambositra (Tompon'Anarana)

Der ehemalige Sitz des Betsileo-Königs liegt auf einem Hügel etwas außerhalb der Stadt. Eine kurze Wanderung von etwa 40 Minuten führt vom Stadtrand auf den Hügel. Schöner ist allerdings der Weg durch die Reisfelder zum Rova-Hügel (1,5 Std.). Lokale Führer (ca. 20 000 MGA, 5,50 €) sind über jedes Hotel in Ambositra zu bekommen.

Hat man den Hügel erreicht, führt ein Weg über Steinstufen zu einem kleinen Vorplatz. Dort befindet sich ein Fels, der über eine Treppe zu besteigen ist. Der König liebte diesen Ort und zog sich dorthin zum Fano-

Lieblingsort

Ambositra – urig und gemütlich ► J 18

Ambositra ist eine Kleinstadt mit besonderem Flair. Die Hauptstraße wird von alten Backsteinhäusern gesäumt, in denen sich urige Läden befinden. Entlang der Straße bieten zahlreiche Verkäufer ihre Waren an. Und trotz aller Geschäftigkeit ist die Stadt ein gemütlicher Ort geblieben, in dem es stets Zeit für einen netten Plausch gibt.

ronaspielen zurück – einem traditionellen madagassischen Brettspiel für zwei Personen.

An einem rechteckigen Platz weiter oben stehen zwei Königshäuser. Eines war für den König selbst, das zweite für seinen engsten Berater bestimmt. Vor einigen Jahren brannte eines der beiden Häuser nieder und wurde 2009 durch einen Nachbau ersetzt. Auf der gegenüberliegenden Seite befindet sich das Grab des Königs. Links daneben eine neuere Grabstätte von 1988, in die Mitglieder der Königfamilie umgebettet wurden. Im Königshaus können historische und nachgebildete Gebrauchsgegenstände aus der royalen Zeit der Betsileo besichtigt werden.

Übernachten

Gemütlich – **Motel Violette:** Madiolahatra, am südlichen Ortseingang, Tel. 020 47 71084, motel-violette@moov.mg. DZ ab 20 €. Nette Unterkunft mit acht Zimmern und einigen Bungalows.

Traditionell – **L'Artisan Hotel:** Manarintsoa, Tel. 032 51 99609, artisan_hotel@yahoo.fr. Das Hotel hat einen Garten mit fünf Bungalows im Stil der königlichen Häuser der Zafimaniry. Deren Zimmer sind etwas klein, haben aber wunderschöne Holzschnitzereien, ca. 16 €. Größer sind die Familienhäuschen für 20 €. Daneben gibt es DZ in zwei separaten Häusern für 14–18 €. Frühstück ab 1,90 €. Im guten Restaurant kostet das Menü ca. 5,50 €.

Rustikal – **Nambinina Hotel:** Nähe Palast de Justice (ausgeschildert), Tel. 034 13 50473, hotelnambinina@yahoo.fr, kleine DZ 10 €, große DZ 12 €. Abseits der Hauptstraße gelegen mit schönem Blick auf die Umgebung der Stadt. Kleines Hotel mit wenigen Zimmern, die aber nett und sauber im rustikalen Holzstil eingerichtet sind. Es gibt kein Restaurant, Frühstück auf Anfrage.

Einfach – **Jonathan Hotel:** Est-Vinany (gegenüber Jovenna Tankstelle), Tel. 032 07 01972 oder 033 21 60005, www.hoteljonathan.com, DZ mit Gemeinschaftsbad 8–10 €, DZ mit Bad/WC 10–12 €. Relativ neues Stadthotel mit insgesamt 12 sauberen Zimmern (mit TV). Das Restaurant hat eine recht umfangreiche Speisekarte.

Großer Name, kleines Hotel – **Grand Hotel:** Rue du Commerce. Einst eine Institution in der Stadt, jedoch wegen Renovierung bis auf Weiteres geschlossen.

Essen & Trinken

Die Stadt hat nur sehr einfache Restaurants zu bieten. Am besten essen kann man in den Hotels.

Einfach & Gut – **Tanamasoandro:** Atsinanavinany (RN 7 Richtung Süden), Tel. 020 47 71365, Hauptgerichte ab 2 €. Nett eingerichtetes Lokal mit preiswerten madagassischen und europäischen Speisen.

Einkaufen

Alles aus Holz – **Holzschnitzereien:** Es gibt mehrere Holzwerkstätten in Ambositra, zum Beispiel gegenüber dem Grand Hotel (s. oben). Alle haben ein angeschlossenes Geschäft, wo eine Auswahl an Schnitzereien angeboten wird. Traditionell sind Nachbildungen von Grabstelen oder Haushaltsutensilien. Daneben gibt es günstig schöne Einlegearbeiten aus Holz.

Aktiv

Ausflug – **Dörfer der Zafimaniry:** Eine schlechte Straße führt von Ambositra nach Osten Richtung **Antoetra.** Im Hauptort der Zafimaniry gibt es nicht mehr viele traditionelle Häuser, aber etliche Holzwerkstätten. Von Antoetra aus können zu Fuß noch traditionelle kleine Zafimaniry-Dörfer erreicht werden, z.B. das nächstgelegene Ifasina (1,5 Std.) oder Sakaivo-Nord (2 Std.). In Antoetra gibt es zwei einfache Hotels.

Infos

Verkehr

Taxi-Brousse: Überlandbusse fahren nach Norden über Antsirabe bis nach Antananarivo (RN 7). Nach Nordosten besteht eine Verbindung ins 35 km entfernte Fandriana. Von dort kommen Sie mit einem Taxi-Brousse über die RN 42 nach Antsirabe. Diese Busse fahren vom Busbahnhof an der nördlichen Ausfahrt (RN 7) der Stadt ab. Die Busse nach Süden bis Fianarantsoa (RN 7) und nach Westen über Ivato nach Ambatofinandrahana (RN 35) starten vom Busbahnhof an der südlichen Ausfahrt (RN 7) der Stadt.
Stadtverkehr: In der Innenstadt stehen Pousse-Pousse zur Verfügung (ca. 1 €).

Von Ambositra nach Fianarantsoa

Lemur Forest Ialatsara

▶ J 19

Von Ambositra 84 km weiter südlich auf der RN 7 wird der **Ialatsara-Wald (Lemur Forest Camp)** erreicht. Seit 2002 schützt eine private Initiative den 2000 ha großen Wald. Die eine Hälfte besteht aus Naturwald, die andere wurde wieder aufgeforstet. Der von einigen Bächen durchzogene Wald gehört bereits zum östlichen Bergregenwald und liegt auf einer Höhe von etwa 1500 m. Charakteristisch sind seine zahlreichen Epiphyten (»Aufsitzerpflanzen«) wie Orchideen oder der Nestfarn, stellenweise gibt es dichtes Unterholz.

Auf einem Spaziergang kann man mit etwas Glück Lemuren wie z.B den Edwards-Sifaka beobachten (insgesamt gibt es sechs Lemurenarten) oder eines der hier heimischen Chamäleons. Das unterstützungswürdige private Waldschutzprojekt ist ein idealer Ort, um abseits der bekannten Nationalparks die Pflanzenvielfalt des Regenwalds und dessen Tiere zu erkunden.

Übernachten

Naturnah – **Lemur Forest Camp:** RN 7 zwischen Ambositra und Fianarantsoa, nächstgrößerer Ort ist Ambohimahasoa, Tel. 033 11 67169, iade@moov.mg, DZ-Zelte 21 €, Zelte mit Gemeinschaftsbad 12,50 €. Die großen Zelte sind unter einem Holzdach mit Veranda platziert.

Infos

Eintritt: 7 €, Guide für geführte Waldtouren (1–4 Pers.) 9 € (mehrere Wanderwege von 2–4 Std.).

Ranomafana-Nationalpark ▶ J 19

Der Gründung des Nationalparks im Jahr 1991 ging eine kleine zoologische Sensation voraus. Zwei Forscher (eine Amerikanerin und ein Deutscher) entdeckten eine bis dato gänzlich unbekannte größere Säugetierart – ein in den vergangenen Jahrzehnten nur noch höchst selten vorkommendes Ereignis – und dokumentierten erstmals die Begegnung mit einem

Goldenen Bambuslemuren. Eigentlich befanden sich die beiden Wissenschaftler unabhängig voneinander auf der Suche nach dem jahrzehntelang nicht mehr gesehenen Großen Bambuslemuren, von dem man befürchtete, dass er ausgestorben sei. Bei den Expeditionen im Regenwald von Ranomafana stießen die beiden zuerst auf den Goldenen Bambuslemuren und etwas später auf die verschollen geglaubte Art.

Mit Unterstützung der amerikanischen Entwicklungshilfe wurde das Gebiet unter Schutz gestellt und der Ranomafana-Nationalpark gegründet. Er umfasst eine Fläche von 416 km² und schützt den Bergregenwald der Ostküste bis hinauf auf eine Höhe von 1417 m. Insgesamt entspringen hier 29 Flüsse, und auch die jährliche Regenmenge von 3000 mm ist beachtlich (zum Vergleich: in Essen sind es 934 mm). Die Jahresdurchschnittstemperatur beträgt gemäßigte 18–20 °C.

Mit der Gründung des Nationalparks versuchten Entwicklungsorganisationen gleichzeitig mit den Menschen in den umliegenden Dörfern zusammenzuarbeiten und sie über den Grund der Schutzbemühungen aufzuklären. Nicht zuletzt wollte man ihnen Wege aufzeigen, wie sie vom Park profitieren können – etwa durch neue Arbeitsplätze im Tourismus oder auch den Verkauf von Nahrungsmitteln und Kunsthandwerk bzw. handgefertigten Gebrauchsgegenständen.

Den Nationalpark umgibt eine 3 km breite Pufferzone, in der ca. 27 000 Menschen leben. Von den Eintrittsgeldern der Besucher fließen 50 % in Projekte, die der dort lebenden Bevölkerung zugute kommen. Eine wichtige Fördermaßnahme richtet sich gezielt an Angehörige der relativ kleinen Ethnie der Tanala. Diese ist in einem Bergregenwaldgebiet ansässig, das sich im Norden zwischen Ambositra und Nosy Varika und im Süden bis Farafangana erstreckt. Da die Tanala traditionell Wanderfeldbau durch Brandrodung betreiben, schult man sie im Hinblick auf andere Methoden der Landwirtschaft.

Idylle im Ranomafana-Nationalpark

Der Nationalpark beherbergt eine eindrucksvoll vielfältige Tierwelt, im Einzelnen sind dies 43 Säugetier-, 115 Vogel-, 62 Reptilien-, 98 Amphibien-, sechs Fisch- und 115 Schmetterlingsarten. Hauptattraktion einer Wanderung durch den Regenwald sind sicherlich die dort lebenden 12 Lemurenarten, u. a. gibt es Edwards-Sifakas, Rotstirnmakis und den Östlichen Grauen Bambuslemur. Mit etwas Glück sieht man auch ein Exemplar der beiden seltenen Arten, für die der Park berühmt wurde: den Goldenen Bambuslemur und den noch selteneren Großen Bambuslemur. Von Letzterem sind lediglich acht Familienverbände im Wald bekannt. Er gehört damit zu den fünf am stärksten vom Aussterben bedrohten Primatenarten. Eine der Gruppen ist gut an Menschen gewöhnt und lebt im Gebiet jenseits der Brücke am Parkeingang.

Wandern im Ranomafana-Nationalpark

Der Hauptwanderweg **Varibolo Trail** beginnt am Parkeingang und führt über eine Brücke auf die andere Seite des Flusses Namorona. Dort gabelt sich der Weg mehrmals, sodass die Führer die Route nach den zeitlichen Vorstellungen der Besucher ausrichten können. Zugleich bestimmen die momentanen Aufenthaltsorte der verschiedenen Lemurenarten die Wahl der Pfade. Während der Hochsaison sind

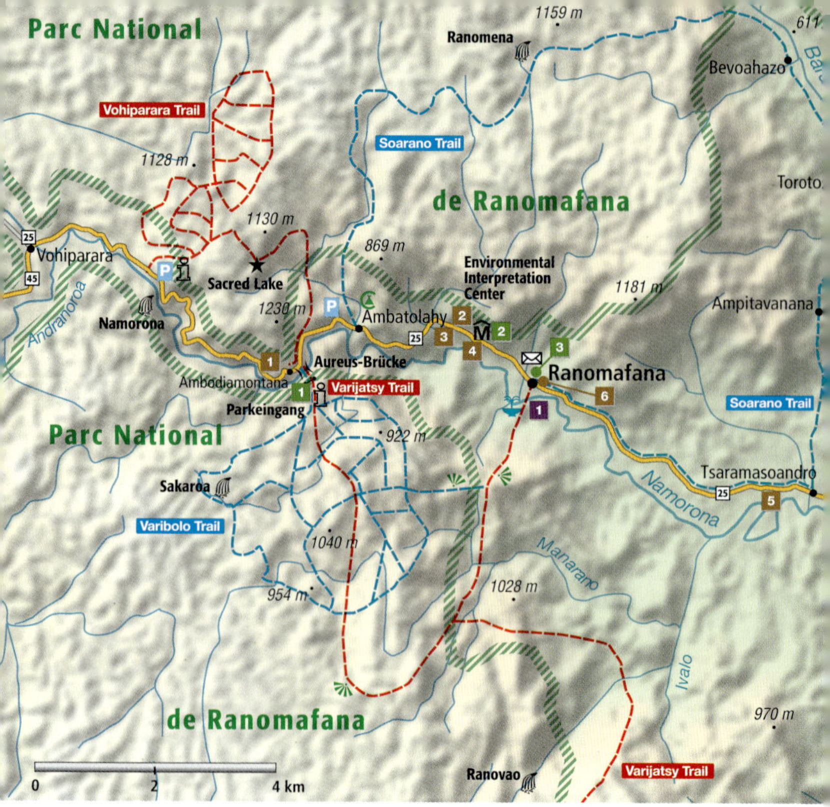

in diesem Bereich des Parks mitunter sehr viele Wandergruppen gleichzeitig unterwegs. Daher ist es gut zu wissen, dass es zum Varibolo-Wegesystem mittlerweile Alternativen gibt.

Der **Soarano Trail** beginnt einige Kilometer oberhalb des Parkbüros am Dorf Ambatolahy und endet in Tsaramasoandro südöstlich von Ranomafana. Die gesamte Rundwanderung dauert 3–4 Tage, die Wanderung kann auch als Hin- und Rückweg von/bis Ambatolahy als Tageswanderung gestaltet werden.

Der **Vohiparara Trail** ist insbesondere für Vogelliebhaber interessant. Er beginnt von Ranomafana aus gesehen 1,2 km vor dem Dorf Vohiparara. Verschiedene, relativ einfache Routen dauern zwischen einer und drei Stunden. Sie führen vorbei an kleinen Bächen durch ausgedünnten Primärwald. Für geübte Wanderer ist eine Verlängerung als Tagestour (8 Std.) über den Andranofady-Pfad möglich.

Dorf Ranomafana

Der Nationalpark leitet seinen Namen von dem Dorf Ranomafana ab, dessen Thermalbad seit Ende des 19. Jh. ein beliebter Ausflugsort für Europäer war. Im Jahr 1880 wurden die warmen Thermalquellen entdeckt und der Ort bekam seinen Namen »Warmes Wasser« (Ranomafana). Einige Jahre später hat man durch den Bau

Ranomafana-Nationalpark

Übernachten, Essen
1 Setam Lodge
2 Centrest Séjour
3 Domaine Nature
4 Forest Australe
5 Cristo Hotel
6 Ihary

Einkaufen
1 Parkshop
2 Museumsshop
3 Markt

Aktiv
1 Thermalbad Ranomafana
2 Mahakaty Reserve

eines Bades Besuchern die Möglichkeit gegeben, in dem als Heilwasser deklarierten Nass zu baden. Für die Gäste, die meist übers Wochenende von Fianarantsoa herüberkamen, wurde eigens ein Hotel errichtet, das **Hotel Station Thermal.** Viele Jahre war das marode Gebäude geschlossen, zurzeit wird es jedoch umfassend saniert sowie erweitert und soll im Jahr 2015 wieder eröffnen. Dann wird nur noch die Fassade einen Eindruck von der Architektur der frühen Kolonialzeit vermitteln. In dem etwa 2000 Einwohner zählenden Dorf befinden sich ein Markt sowie einige kleine Geschäfte und Restaurants. Einen Besuch lohnt das überschaubare **Museum** des Nationalparks am Ortseingang. Es informiert über den Lebensraum Regenwald, die unterschiedlichen Pflanzen- und Tierarten und stellt einige der vom Nationalpark initiierten Projekte vor.

Radtour von Ranomafana zur Küste

Strecke: ca. 170 km, Dauer: ca. 11 Std. mit Pausen, Fahrräder können über die Agenturen Mad Trekking in Fianarantsoa (S. 146) oder Madagascar Grace Tours in Antananarivo (S. 25) organisiert werden

Eine herrliche Strecke zum Fahrradfahren bietet sich zwischen dem **Ranomafana-Nationalpark** und Manakara. Die asphaltierten RN 25 und RN 12 sind kaum befahren und führen meist leicht bergab, durch kleine traditionelle Dörfer und tiefgrüne Landschaften. Bis **Irondro** ist die Vegetation recht üppig, dort biegt die RN 12 nach Manakara rechts ab. Später wird die Landschaft bestimmt durch von Gräsern bewachsene Hügel, aus denen vereinzelt die Ravinala ragt, der ›Baum des Reisenden‹. Auf diesem Abschnitt bieten sich kaum noch schattige Picknickplätze. Sobald die Straße wieder parallel zur Eisenbahnlinie verläuft, wird die Landschaft flacher. Nach einer langen Tagestour wird die Küstenstadt **Manakara** erreicht.

Radtour von Ranomafana zur Küste

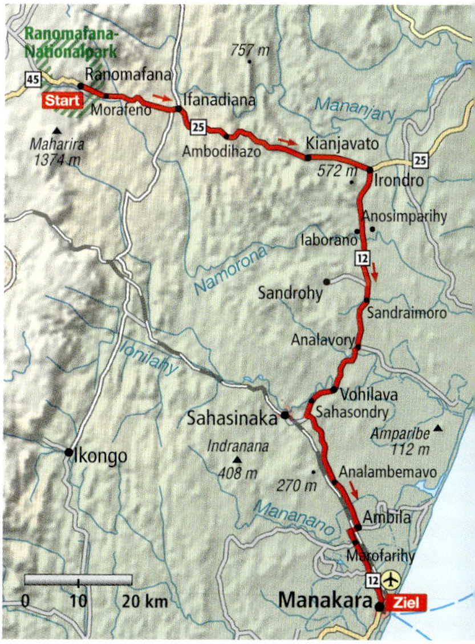

Übernachten, Essen

Angenehm – **Setam Lodge 1**: Buchungen über das Setam-Büro in Antananarivo, Tel. 020 26 41297 oder 032 05 32433, Fax 020 22 32435, www.setam-madagascar.com, setamlodge@setam-madagascar.com, EZ/DZ ab 57 € (inkl. Halbpension). Die komfortabelste Unterkunft im Nationalpark bietet zehn Häuser mit jeweils zwei Zimmern nebst grandioser Aussicht und ein sehr gutes Restaurant.

Gepflegt – **Centrest Séjour 2**: Tel. 033 15 08033 oder Tel. 034 16 52433, centrestsejour@gmail.com, DZ 40 €, Hütte (mit Bad/WC) 18 €, einfache Hütte (Gemeinschaftsbad) 7,50 €. Eine herrliche Gartenanlage lädt zum Verweilen ein. Die 18 Zimmer befinden sich im Gebäude neben dem Restaurant. Im oberen Teil des Areals gibt es acht einfache Hütten, z. T. mit eigenem Bad.

Naturnah – **Domaine Nature 3**: auf halben Weg zwischen dem Dorf Ranomafana und dem Parkeingang, Tel. 032 07 61118, www.domainenaturemada.com, DZ-Bungalows 40–49 €, Frühstück 3,50 €. Wunderschöne Lage, die unteren Bungalows mitten im »Dschungel«, einige mit Blick auf den tosenden Fluss. Die neuen Bungalows mit herrlicher Aussicht auf den Regenwald liegen auf der anderen Straßenseite an einem Hügel (etliche Stufen sind zu bewältigen). Das rustikale gemütliche Restaurant befindet sich unten an der Straße.

Einfach & nett – **Forest Australe 4**: auf halben Weg zwischen dem Dorf Ranomafana und dem Parkeingang, Tel. 033 09 87361, 032 58 33127, austral@netclub.mg, Bungalows 15–18 €, Frühstück ab 1,80 €. Das 2008 eröffnete, schön gelegene Hotel befindet sich oberhalb des Flusses und offeriert 18 kleine Bungalows. Strom gibt es nur begrenzt durch einen Generator (17–22 Uhr).

Außerhalb – **Cristo Hotel 5**: Morafeno (ca. 6 km außerhalb vom Dorf Ranomafana Richtung Manakara), Tel. 034 12 35397, www.cristohotel.cabanova.fr, DZ ab 25 €. Ansprechendes Hotel mit Restaurant östlich von Ranomafana. Neben den Zimmern im Haupthaus können Sie auch einige idylisch gelegene Bungalows mit Blick auf den Fluss Namorona mieten (30 €).

Einfach – **Ihary 6**: Ranomafana, Hauptstr., östl. Zentrum, Tel. 033 12 85722, iharyhotel@gmail.com. DZ ab 22 €. Haupthaus mit Restaurant und dahinterliegenden Bungalows.

Essen & Trinken

In Ranomafana gibt es nur sehr einfache madagassische Restaurants. Am besten isst man in einem der Hotels, zum Beispiel in der **Setam Lodge** oder der **Domaine Nature** (s. links).

Einkaufen

Für einen guten Zweck – **Park- 1 und Museumsshop 2**: Im Nationalpark-Büro am offiziellen Eingang zum Nationalpark gibt es einen kleinen Shop mit Souvenirs, der Erlös kommt Parkprojekten zugute. Das Gleiche gilt für den Shop am ehemaligen Museum am Ortseingang.

Traditionell – **Markt 3**: Auf dem Markt und dem zentralen Platz des Ortes gibt es einige Handarbeiten zu kaufen, sowie die dekorativen großen Samen der Raphia-Palme.

Aktiv

Baden und Erholen – **Thermalbad Ranomafana 1**: tgl. 9–17 Uhr, ca. 1 €. Im Dorf Ranomafana, etwas abseits hinter dem Fluss, kann man in einem kolonialen Thermalbad baden. Der mit dem warmen Wasser einer Thermalquelle gespeiste Pool ist nach einer Wanderung eine wohltuende Erholung.

Chamäleons – **Mahakaty Reserve** 2: tgl. 8–16 Uhr, Eintritt 12 000 MGA (ca. 3,50 €). Einige Kilometer östlich von Ranomafana Richtung Manakara gelegen, kurz nach der Brücke auf der linken Seite. Ein kleines privates Stück Natur, in dem etliche Chamäleonarten zu Hause sind.

Infos

Parkbüro: Das Parkbüro, ca. 16 km oberhalb vom Dorf Ranomafana an der RN 25, bietet alle Informationen zum Park, den Wandermöglichkeiten und vermittelt die obligatorischen Nationalparkführer.

Eintritt: 45 000 MGA (ca. 12,50 €) pro Tag/Person, zzgl. der Kosten für den Führer, Höhe je nach Gruppengröße und Dauer der Wanderung. Eine Preisübersicht hängt im Büro aus.

Anfahrt: Von der RN 7 zweigt etwa 5 km südlich von Ambohimahasoa links eine Straße zum Nationalpark ab. Die 22 km lange Piste führt teilweise schon an der Nationalparkgrenze vorbei und erreicht dann die asphaltierte Hauptstraße RN 25. Die nur wenig längere, aber bessere Alternative besteht darin, ungefähr 20 km vor Fianarantsoa direkt auf die asphaltierte RN 25 zum 30 km entfernten Ranomafana-Nationalpark zu wechseln.

Verkehr

Bahn: Ranomafana ist nicht direkt über die Bahnlinie von Fianarantsoa aus zu erreichen!

Taxi-Brousse: Es gibt Verbindungen nach Fianarantsoa und in östlicher Richtung nach Manakara und Mananjary (S. 214). Da Ranomafana lediglich eine Durchgangsstation ist, sind die Busse zuweilen bereits bei ihrer Ankunft voll besetzt. Um weiterzukommen, ist manchmal Geduld gefragt.

Fianarantsoa ! ▶ J 20

An der Nationalstraße RN 7 liegt 45 km südlich von Ambohimahasoa die Stadt Fianarantsoa. Sie zählt rund 200 000 Einwohner und ist die ›Hauptstadt‹ der Betsileo. *Fianar*, wie die Einwohner ihre Stadt liebevoll nennen, liegt auf einer Höhe von 1100 m und hat ein ähnlich gemäßigtes Klima wie andere Orte des Hochlandes, nur dass die Stadt im Vergleich dazu ausgiebiger mit Regen gesegnet ist.

Die Innenstadt von Fianarantsoa ist in drei Bereiche aufgeteilt. Die von den Merina angelegte **Oberstadt (Haut Ville)** zieht sich über den höchsten Hügel der Stadt, den 1269 m hohen Ivonea. Auf ihm thronte einst der Palast der Königin. Von ihm ist allerdings nichts mehr zu sehen, auf dem Platz steht heute eine Grundschule.

Die mittlere Ebene wird **Neustadt (Nouvelle-Ville)** genannt. Hier befinden sich zahlreiche Bankinstitute und administrative Gebäude. Der Stadtteil wurde von den Franzosen während der Kolonialzeit angelegt, nachdem die Unterstadt nicht mehr genügend Platz bot.

Für die Franzosen war die unterhalb der Neustadt liegende **Unterstadt (Bass Ville)** die eigentliche Kernstadt. Dort befinden sich das unscheinbare Postamt und der 1935 erbaute **Bahnhof** 1. Letzterer fällt durch sein doppeltes Satteldach auf. An der Vorderseite prangt eine überdimensionale Uhr. Das Innere der Bahnhofhalle erweist sich hingegen als recht nüchtern.

Geschichte

Das gesamte Gebiet der Betsileo wurde Anfang des 19. Jh. vom Merina-König Radama I. erobert. Die Gründung

Fianarantsoas geht auf seine Nachfolgerin Ranavalona I. zurück, die einen Verwaltungssitz im Land der Betsileo errichten wollte. 1830 ließ sie sich auf dem höchsten Hügel des Ortes eine königliche Residenz errichten. Hinter dem Hügel wurde ein künstlicher See angelegt, den man in Anlehnung an den zentralen See in Antananarivo ebenfalls Anosy nannte. Weil die Stadt anfangs viele Missionare anlockte, die hier Kirchen und Schulen in der Hoffnung bauten, abseits der Hauptstadt besser arbeiten und missionieren zu können, entwickelte sich Fianarantsoa zur katholischen Hochburg des Landes.

Altstadt von Fianarantsoa 2

Die **Haute-Ville (Oberstadt)** genannte Altstadt von Fianarantsoa ist seit einigen Jahren als schützenswerte Stadtanlage anerkannt und steht auf der Liste der 100 schützenswerten und bedrohtesten Städte der Welt *(World Monument Watch)*. Seitdem gibt es

Fianarantsoa

Sehenswert
- 1 Bahnhof
- 2 Oberstadt (Haute-Ville)
- 3 Kirche Masombahoaka
- 4 Königsplatz Ivonea
- 5 Museum Faniahy

Übernachten
- 1 Tsara Guest House
- 2 Zomatel
- 3 Soafia Hotel
- 4 Mahamanina
- 5 Vala Maison d'hôtes
- 6 Peniela
- 7 Old City Homestay

Essen & Trinken
- 1 Espace Relax
- 2 Gosena
- 3 La Surprise Betsileo
- 4 Chez Dom

Einkaufen
- 1 Pierrot Men

Aktiv
- 1 Mad Trekking

Abends & Nachts
- 1 Moulin Rouge
- 2 Soafia Dance

verschiedene Projekte und Initiativen, die sich den Erhalt und die Renovierung der Altstadthäuser zum Ziel gesetzt haben. Weitere Informationen hierzu bietet www.wmf.org/project/fianarantsoa-old-city.

Ein Spaziergang durch die Altstadt beginnt am Parkplatz vor dem Hügel hinter der roten Backstein-Kirche mit den zwei silbernen Kirchturmkuppeln. Rechts neben der **Kirche Masombahoaka** 3 führt eine Treppe (Rue du Rova) hinauf in den historischen Teil. Nach etwa hundert Metern sehen Sie rechter Hand durch einen weißen Torbogen die malerische kleine, weiß getünchte **Kirche Fahazavana** mit rotbraunen Fensterrahmen. Ihr Turm wird von einem traditionellen Dach aus Backsteinziegeln geschützt. Sehenswert sind auch die vielen **alten Stadthäuser** links und rechts der Gassen. Besonders ins Auge fallen die quadratischen Säulen und Balkone der Obergeschosse.

Am oberen Ende befindet sich ein kleiner Platz mit der 1859 erbauten Kirche Antranobiriky. Durch ein mit grünen Rankpflanzen bewachsenes Tor betreten Sie den Kirchhof. Ein Pfad führt um die Hügelkuppe herum zum obersten **Platz Ivonea** 4, wo einst der Palast der Königin stand. Nur ein Opferstein erinnert noch an die ehemalige königliche Präsenz.

Museum Faniahy 5

Mo–Fr 8–12 und 14–17 Uhr, ca. 1 €

In der Neustadt liegt im Stadtteil Anjoma das kleine Museum Faniahy. Untergebracht ist es in einem 1908 erbauten Haus, das ursprünglich als Schulgebäude für Kolonialkinder diente. Nach Erlangen der Unabhängigkeit nutzte es die Stadtverwaltung, bevor es schließlich in ein Museum umgewandelt wurde.

In drei Räumen wird eine Ausstellung zur Geschichte und Kultur der hier lebenden Volksgruppe der Betsileo gezeigt. Zu sehen sind neben traditionellen Gebrauchsgegenständen des täglichen Lebens auch Fotografien und Aquarelle zu verschiedenen Themen, nicht zuletzt dokumentiert man hier den Alltag der Betsileo und deren Bräuche.

Übernachten

Stadtoase – **Tsara Guest House** 1: Oberstadt, Tel. 020 75 50206 oder 032 05 51612, Fax 020 75 51209, www.tsaraguest.com, tsaraguest@moov.mg, einfache DZ mit Gemeinschaftsbad 50 000 MGA (ca. 14 €), mit Bad/WC 99 000 MGA (ca. 28 €), Superior-DZ 160 000 MGA (ca. 45 €). Das alte Kolonialgut mit romantischem Innengarten und vorzüglichem Restaurant ist heute eines der schönsten Stadthotels Madagaskars. Die einfachen, aber schönen Zimmer liegen im vorderen Haupthaus, die besseren Zimmer in den Gebäuden im Garten, sehr freundlicher Service und das beste Essen der Stadt (Hauptgerichte ab 4 €).

Praktisch – **Zomatel 2**: Place de Zoma, Neustadt, Tel. 020 75 50797 Fax 020 75 51376, soafia.hot@moov.mg, DZ 18 € (Altbau) bis 45 € (Neubau). 53 Zimmer in einem kompakten Hotelbau in der Innenstadt, mit Hallenbad, Café und großem Restaurant.

Ein Hauch von China – **Soafia Hotel 3**: Ambalakosoa (RN 7), Tel. 020 75 50353, Fax 020 75 50553, www.soafia-hotel.com, contact@soafia-hotel.com, DZ ab 30 €, EZ ab 23 €, Familienzimmer 48 €, Suite ca. 74 €. Das von Chinesen geführte Hotel war lange Zeit das beste am Ort, mittlerweile etwas vernachlässigt. Mit Restaurant, Patisserie, Schwimmbad und Souvenirshops.

Zentral & preiswert – **Mahamanina 4**: Neustadt, Tel. 020 75 50250 oder 032 04 93148, Fax 020 75 50250, hotelmahamanina@moov.mg, DZ je nach Standard zwischen 10 und 17 €. 23 saubere Zimmer mit Frühstück.

Altes Stadthaus – **Vala Maison d'hôtes 5**: Altstadt, Tel. 032 43 63598 oder 032 05 39085, vala.house@yahoo.fr, DZ 45 000 MGA (ca. 15 €), EZ ca. 12 €, King-Zimmer 55 000 MGA (ca. 17 €), Frühstück ca. 2,50 €. Liebevoll restauriertes altes Stadthaus.

Traditionell – **Peniela 6**: Altstadt, Tel. 032 40 48656, 032 02 73963, peniela.house@yahoo.fr, DZ mit Gemeinschaftsbad 35 000 MGA (ca. 10 €), Studio (bis 4 Pers.) 75 000 MGA (ca. 21 €), Frühstück 2,50 €. Wunderschön renoviertes Altstadthaus, besonders geeignet für Familien oder kleine Gruppen.

Einfach & sauber – **Old City Homestay 7**: Altstadt, Tel. 032 55 35795, psvv@ moov.mg, DZ ca. 8 €, bei zwei und mehr Nächten DZ ca. 5 €. Die einfachen, aber sauberen Zimmer befinden sich in den Privathäusern mehrerer Familien, einfache Toiletten und Handdusche außerhalb.

Essen & Trinken

Klein und fein – **Espace Relax 1**: Av. du Général Leclerc, Hauptgerichte ab 3 €, Mittag- und Abendessen. Kleines Restaurant mit angeschlossener Bar. Gemischte Speisen aus guter Küche (inkl. Pizza).

Familiär – **Gosena 2**: Über dem Tsara Guest House auf dem Weg zur Altstadt, Hauptgerichte ab 3 €. Speisekarte mit asiatischen und madagassischen Speisen.

Heimisches – **La Surprise Betsileo 3**: Rue Pasteur Ramasitera, Tel. 034 01 99804, Di–Fr 11–14, 18–22 Uhr, Mo geschl. Kleines Restaurant mit madagassischer und französischer Küche.

Beliebt – **Chez Dom 4**: Ampansambazaha, Tel. 020 75 5 12 33, Hauptgerichte ab 2,50 €. Café, Bar und Internetcafé in einem. Preiswerte Gerichte und angenehme Atmosphäre.

Einkaufen

Künstlerische Fotos – **Pierrot Men 1**: neben dem Hotel Soafia (s. links), Mo–Sa 8–18.30 Uhr. Der 1954 in Fianarantsoa geborene Fotograf unterhält ein Fotogeschäft, in dem seine Werke – interessante Aufnahmen des madagassischen Alltags – als Postkarten oder Poster erhältlich sind.

Aktiv

Gut zu Fuß – **Mad Trekking 1**: Ambatolahikosoa (gegenüber Tsara Guest House), Tel. 020 75 9 01 73 oder 032 02 22173, www.mad-trekking.e-monsite.com, mad.trekking@wanadoo.mg. Organisation von Wandertouren um Fianarantsoa und in den Nationalparks, Autovermietung.

Abends & Nachts

Nachtclub – **Moulin Rouge 1**: Der Club liegt an der RN 7 bei der Einfahrt in die Stadt. Täglich geöffnet, aber nur Fr und Sa ist wirklich etwas los.
Für Nachtschwärmer – **Soafia Dance 2**: beim gleichnamigen Hotel, Fr und Sa abend. Alteingesessener Nachtclub in Fianarantsoa. Eine der wenigen Möglichkeiten, im Hochland am späten Abend auszugehen.

Infos

Verkehr

Flug: Fianarantsoa verfügt über keinen richtigen Flughafen. Die einfache Landebahn reicht lediglich für kleinere Maschinen.
Taxi-Brousse: Die Stationen für Überlandfahrten zu Zielen wie Manakara, Toliara und Antananarivo befinden sich auf der RN 7 an der nördlichen Ortsausfahrt.
Bahn: Von Fianarantsoa kann man mit dem Zug nach Manakara an die Ostküste fahren, s. Entdeckungstour S. 148.

Umgebung von Fianarantsoa

Sahambavy ▶ J 20

Die Umgebung von Fianarantsoa ist ein wichtiges landwirtschaftliches Anbaugebiet, u. a. gibt es dort die einzigen Teeplantagen Madagaskars. Auf 335 ha wird Tee für den heimischen ebenso wie für den Exportmarkt (80 %) anbaut und verarbeitet. Die Plantagen befinden sich südöstlich von Fianarantsoa beim fast 1100 m hoch liegenden Dorf Sahambavy und sind entweder über eine 13 km lange Pistenstraße zu erreichen, die 12 km vor Fianarantsoa von der RN 7 abzweigt, oder mit dem Zug Richtung Manakara; der zweite Bahnhof ist Sahambavy (s. S. 149). In der Nähe des Ortes erstreckt sich zwischen den Teeplantagen der gleichnamige See, der für die Städter aus Fianarantsoa ein beliebtes Wochenend-Ausflugsziel ist. Direkt am See liegt das Lac Hotel (www.lachotel.com).

Weinanbau

In der Umgebung von Fianarantsoa, z. B. südlich der Stadt an der Nationalstraße RN 7, sind einige Weingüter ansässig. Der zuerst von europäischen Missionaren in Madagaskar praktizierte Weinanbau wurde während der Kolonialzeit von den Franzosen ausgeweitet. Die auf Madagaskar produzierten Mengen reichen allerdings nur für den heimischen Markt. Es werden Rosé, Weiß- und Rotweine von einfacher bis mittlerer Qualität hergestellt, wobei die Rotweine etwa französischen Landweinen vergleichbar sind.

Ambalavao ▶ H 20

48 km südlich von Fianarantsoa erreicht man die kleine Stadt Ambalavao. Sie ist die letzte typische Stadt des Hochlandes auf dem Weg nach Süden. Charakteristisch sind die aus Backstein errichteten Häuser mit ihren Balkonen. Der Ort ist für seine Papierherstellung bekannt, bei der das Papier nach Traditionen der Antaimoro gefertigt wird. Diese kleine ethnische Gruppe, die an der mittleren Ostküste lebt, lernte als erstes Volk Madagaskars von arabischen Einwanderern lesen und schreiben und in diesem Zusammenhang auch die ▷ S. 151

Auf Entdeckungstour: Dschungelexpress – von Fianarantsoa nach Manakara

Die Bahnstrecke von Fianarantsoa im Hochland hinunter nach Manakara an die Ostküste Madagaskars ist zurzeit eine von nur noch zwei funktionierenden Bahnstrecken. Für Touristen ist die Fahrt ein außergewöhnliches Erlebnis – Sie erleben Madagaskar pur.

Reisekarte: ▶ J/K 20/21

Start: Bahnhof in Fianarantsoa

Dauer: Fahrzeit 10–14 Std.

Fahrplan: Di, Do, Sa um 7 Uhr (und umgekehrt von Manakara Mi, Fr, So um 6.45 Uhr)

Preise: 1. Kl. 40 000 MGA, 2. Kl. 16 000 MGA, Reservierung inklusive

Infos/Planung: Fahrkarte mindestens einen Tag vorher kaufen, Vorbestellung: Tel. 020 75 51355, fce@blueline.mg. Getränke und Essen mitnehmen!

Wie ein Denkmal aus längst vergangenen Tagen steht er da, der Bahnhof von Fianarantsoa am Ende der kolonialzeitlichen Avenue du Dr. Cloitre, die ihre Glanzzeit lange hinter sich hat. Der Bahnhof markiert den Beginn einer oft von Zyklonen zerstörten und mühevoll wieder hergerichten Bahnlinie, die für viele Menschen die einzige Möglichkeit ist, ihre Waren in eine Stadt zu transportieren und dort zu verkaufen.

Auf geht's nach Osten

Die Bahnfahrt beginnt am frühen Morgen. Noch ist es in der auf 1100 m liegenden Stadt morgens recht frisch, und viele der zum Bahnhof eilenden Menschen sind in Decken gehüllt. Es herrscht ein reges Treiben. Große Gepäckstücke und Warenkartons werden in den Bahnhof getragen. Vor dem Ticketschalter steht eine lange Schlange. Wohl dem, der sein Ticket schon am Vortag ergattert hat. Alles wartet auf den Bahnhofswärter, bis er die Tür zum Bahnsteig öffnet und die Reisenden zu den Waggons laufen können. Die Wagen der Schmalspurbahn haben schon etliche Jahrzehnte auf dem Buckel. Als sich die Diesellok endlich unter großem Schnaufen in Bewegung setzt, ist der Zug bereits gut gefüllt.

Für Fahrgäste aus Europa empfiehlt es sich, erster Klasse zu fahren, die zweite Klasse ›quillt‹ meist regelrecht über. Reservieren Sie sich einen Platz auf der linken Seite, denn dort gibt es meist Interessanteres zu sehen. Von Fianarantsoa aus folgen nun 17 weitere Bahnhöfe, die der Zug in einem gemäßigten Tempo (ca. 30 km/h) in den nächsten Stunden anfahren wird.

Nach der ersten Station **Vohimasina** folgt **Sahambavy.** In der Gegend um den kleinen Ort befinden sich die einzigen Teeplantagen Madagaskars. Im satten Grün erstrecken sich die Teesträucher über die Hügel. Die ersten Teepflücker sind schon am frühen Morgen unterwegs. Südlich des Bahnhofs liegt der **See Sahambavy,** ein beliebtes Wochenendausflugsziel für die Stadtbewohner aus Fianarantsoa. Es folgen die Bahnhöfe **Ampitabe** und **Ranomena,** wo man den Eindruck gewinnen kann, die Bewohner der dazugehörenden Dörfer scheinen alle am Bahnhof zu stehen. Auf der weiteren Fahrt durchfährt die Bahn den mit 1072 m längsten Tunnel der Strecke. Langsam nähert sich der Zug dem **Bananenanbaugebiet.** Zur Erntezeit transportieren Farmer die Früchte mit dem Zug nach Fianarantsoa, um sie dort zu verkaufen; zurück fahren sie dann mit anderen Lebensmitteln und den sonst noch benötigten Waren. Bei Kilometer 45 wird die Station **Andrambovato** erreicht. Von dort führt eine Wanderroute in vier bis fünf Tagen bis zum Ranomafana-Nationalpark (s. S. 137). Drei Kilometer nach Verlassen der Station liegt auf der rechten Seite der schöne **Wasserfall Mandriampotsy.** Zudem gibt es bei gutem Wetter immer wieder wunderbare Aussichten auf die Berglandschaft und den Regenwald.

Ingenieurbaukunst

Die während der französischen Kolonialzeit zwischen 1926 und 1936 realisierte Bahnstrecke ist eine Meisterleistung der Bauingenieure. Denn neben den 1100 Höhenmetern musste auch schwieriges Terrain wie u.a. der Bergregenwald bewältigt werden. Aufgrund der höchst anspruchsvollen Topografie war der Bau von nicht weniger als 67 Brücken und 48 Tunneln erforderlich. Mit Macheten und Äxten schlugen die Arbeiter eine Schneise durch den damals an vielen Stellen noch üppigen Urwald. Der Anstieg der Trasse vom Meer hinauf konnte nur in weiten Schleifen umgesetzt werden. Der Tunnelbau in einem so regenreichen Gebiet wiederum war

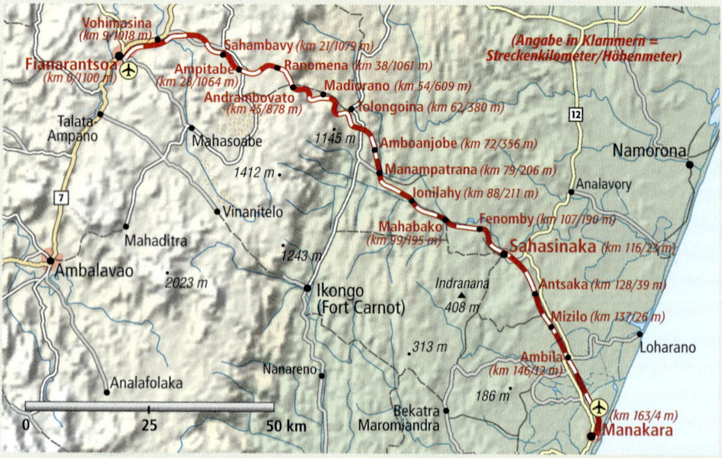

äußerst gefährlich. Die schwierigen Arbeitsbedingungen sollen während der zehnjährigen Bauzeit fast 1000 Arbeiter das Leben gekostet haben.

Zur Küste

Bei Kilometer 54 folgt die Station **Madiorano,** anschließend absolviert die Bahn den mit 3,66 % Steigung steilsten Streckenabschnitt. Nach zwei weiteren Stationen, **Tolongoina** und **Amboanjobe,** erreicht der Zug **Manampatrana.** Der Ort liegt im Zentrum der Kaffeeproduktion – probieren Sie an der Station unbedingt einen Kaffee, er ist einfach köstlich. In Manampatrana hat die Bahn meist etwas länger Aufenthalt, da dort die Wassertanks aufgefüllt werden. Nach der Station **Ionilahy** folgt die Bahntrasse dem Lauf des Faraony und bietet wunderbare Panoramablicke. Viele Bewohner der Region nutzen den Fluss, um ihre Waren zur nächstgelegenen Bahnstation zu transportieren. Doch hat er auch seine Tücken: Bei großen Überschwemmungen, etwa durch Zyklone, werden immer wieder Teile der Trasse unter- oder weggespült und legen dadurch den Zugverkehr meist für Wochen lahm. Auf der weiteren Fahrt hält der Zug in den Bahnhöfen von **Mahabako** und **Fenomby.** Diese liegen in einer Region, in der viele verschiedene Früchte angebaut werden, etliche davon sind Saisonfrüchte, so Avocados (Febr.–April), Orangen und Mandarinen (Juni–Aug.), Mangos (Okt./Nov.) und Litschis (Dez.).

Vom Bahnhof in **Sahasinaka** (Km 116) an verläuft parallel zur Bahntrasse eine Asphaltstraße (RN 12), sodass die Region hier nicht mehr ausschließlich auf die Bahn angewiesen ist. Weil nun das Verladen von Waren entfällt – der Transport auf der viel schnelleren Straße ist konkurrenzlos –, werden die Aufenthalte in den Bahnhöfen deutlich kürzer. Noch vier Stationen, dann ist bei Kilometer 163 das Ziel erreicht – die Endstation kurz vor dem Indischen Ozean: **Manakara** (s. S. 210). Vor dem Bahnhofsgebäude warten Taxi- und Rikschafahrer schon auf Gäste, um sie zu den wenigen einfachen Hotels des kleinen Küstenortes zu bringen.

Herstellung von Papier. Die **Papierwerkstatt** kann besichtigt werden (s. Mein Tipp unten).

Eine weitere Attraktion der Stadt ist der **Zebu-Markt**. Zahlreiche Hirten von nah und fern kommen, um ihre Tiere zu verkaufen. Dann ist ein buntes Treiben von Hirten, Händlern und Tieren zu beobachten – nicht nur auf dem Markt (s. S. 152).

Übernachten

Schlicht und schön – **Bougainvillées:** Tel. 020 75 34001, auxbougainvillesambalavao@gmail.com, DZ 18 €. Diese Unterkunft befindet sich auf dem Gelände der Papierherstellung. Saubere Zimmer mit Standardausstattung.

Einfach – **Tsienimparihy Hotel:** An der RN 7, Tel. 033 11 65723, DZ 10 €, Frühstück ab 2,10 €. Etwas überdimensioniert wirkendes Gebäude mit großem Restaurant und 18 einfach eingerichteten, sauberen Zimmern.

Gemeindeprojekt – **Auberge d'Iarintsena:** 6 km südlich von Ambalavao, Tel. 033 20 28445, DZ 11 €. Dieses 2006 gegründete Projekt ermöglicht es den Dorfbewohnern, mit der Vermietung von Zimmern am Tourismusgeschäft teilzuhaben. Die einfachen und sauberen Zimmer befinden sich in einem renovierten traditionellen Haus. Wanderführer für die Umgebung und den Andringita-Nationalpark.

Essen & Trinken

Beliebt – **Bougainvilles:** Bei der Papierwerkstatt, Nähe Markt, Tel. 020 75 34001, Hauptgericht ab 3 €. Gutes europäisches und madagassisches Essen. Das Restaurant ist bei durchreisenden Gruppen sehr beliebt. Wenn Sie es einrichten können, essen Sie früh (11.30– 12.30) oder spät (ab 14 Uhr) zu Mittag, dann ist es etwas ruhiger.

Aktiv

Weinprobe – **Weinkellerei Soavita:** Nördlich von Ambalavao an der RN 7

Mein Tipp

Papier aus Maulbeerbaumrinde

Bei einem Gang durch die Papierwerkstatt von Ambalavao kann man bei der Herstellung des Papiers der Antaimoro zuschauen. Das Papier wird traditionell aus der glatten Rinde einer Maulbeerbaumart gefertigt, wobei man die zuvor abgezogene Rinde in Wasser weich kocht und dann mit einem Holzhammer zu einem Brei klopft. Nachdem man in ein Wasserbecken einen mit Leinen bespannten Holzrahmen eingelassen hat, wird eine bestimmte Menge des Rindenbreis über dem Holzrahmen aufgelöst und schließlich das Wasser des Beckens abgelassen. Die Rindenmasse setzt sich nun gleichmäßig auf dem Leinentuch ab. Der Rahmen kann entnommen und in der Sonne zum Trocknen aufgestellt werden. Sobald das Papier trocken ist, lässt es sich leicht vom Tuch ablösen.

Auf dem Gelände der Papierwerkstatt befindet sich auch ein Shop mit einer breiten Palette an Produkten, die aus Papier hergestellt sind, z.B. Briefpapier, Umschläge, Grußkarten. Besonders schön sind die sehr unterschiedlich mit Blütenblättern gestalteten Papiere (beim Hotel Bougainvillées, Kontakt Tel. 020 75 34001, 7.30–11.30, 13–17 Uhr, Eintritt frei).

liegt das südlichste Weinanbaugebiet. Führungen Mo–Fr 8–17 Uhr (Mittagspause von 11–13 Uhr). Die Führung ist kostenlos, auf Anfrage gibt es auch eine Weinprobe. Als Gegenleistung erwartet man allerdings von den Besuchern, dass sie etwas kaufen.

Ausflug – **Andringitra-Nationalpark:** Der nahe Nationalpark lädt zum Wandern ein. Für einen Tagesausflug sollte früh aufgebrochen werden, da die Fahrt zum Parkeingang etwa zwei Stunden in Anspruch nimmt. Weitere Informationen s. S. 153.

Infos & Termine

Infos

Büro des Andringitra-Nationalparks: Tel. 020 75 34081, 033 12 34081, pnandringitra@yahoo.fr. Neben Informationen und Tickets gibt es hier Parkführer, mit denen ein Aufenthalt im Nationalpark umfassend geplant werden kann. Eintritt: 45 000 MGA (ca. 12,50 €).

Termine

Zebumarkt: Einer der größten Zebumärkte der Region findet in Am-

Mein Tipp

Ausblick genießen

Idyllisch in der grandiosen Landschaft mit ihren markanten Granitformationen liegt das neue kleine Familienhotel des Ehepaars Joly, das eine private, fast familiäre Atmosphäre bietet und in vier schönen Zimmern Wohlfühlen garantiert. Ein Erlebnis ist auch das Bad im Swimmingpool mit herrlichem Blick auf die Felslandschaft der Umgebung (**La Varangue Betsileo:** Iarintsena, 8 km außerhalb von Ambalavao und 4 km vor dem Anja-Park, Tel. 032 63 37648, Netz funktioniert meist nur abends, www.varangue-betsileo.com, jolymada@varangue-betsileo.com, DZ 28–56 € je nach Zimmer).

balavao jeden Mi und Do statt. Die Hirten vom Volk der Bara bringen ihre Zebus und verkaufen diese meist an Händler, die diese dann zu den großen Städten ins Hochland transportieren lassen.

Verkehr

Taxi-Brousse: Richtung Norden nach Fianarantsoa, Richtung Südwesten nach Ihosy und Toliara. Reisende mit Ziel Ranohira (Isalo-Nationalpark) nehmen ein Taxi-Brousse nach Toliara und lassen sich in Ranohira absetzen.

Anja-Park ▶ H 20

Ein Beispiel für gelungenen »gemeindenahen Tourismus« *(community tourism)* ist der Anja-Park. Ein kleines Dorf 13 km außerhalb von Ambalavao schützt ein 8 ha kleines Waldgebiet zwischen malerischen Granitfelsen.

Die Bewohner des Dorfes führen Besucher für einen Obulus in einer kleinen Wanderung durch den Wald und mit Glück sind Lemuren (Kattas, Larvensifakas) und diverse Vogelarten zu sehen. So profitieren die Dorfbewohner direkt vom Tourismus, durch Eintrittsgelder sowie Souvenir- und Getränkeverkauf. Zudem wird ein Stück Natur und die dort lebenden Tiere geschützt, denn diese sind die Hauptattraktion für die Besucher Weitere Informationen findet man auf der Website www.anjareserve.angelfire.com.

Aktiv

Kurzer Rundwanderweg – **Ankaramahafanina:** Ein Rundweg von ca. 1,5 km (ca. 1 Std.) führt zu den gleichnamigen Felsen, in denen es Gräber gibt (Eintritt 2,50 € plus Trinkgeld für den Führer).

Halbtagestour – **Iandranbaky:** Es gibt einen Rundweg über 4,5 km (6 Std.) und 400 Höhenmeter zum Berg Iandranbaky (1434 m). Eintritt 2,50 € plus Trinkgeld für den Führer.

Andringitra-Nationalpark ▶ H 21

Der Park besticht durch seine grandiose Berglandschaft, aus der riesige Granitfelsen zu wachsen scheinen. Das Gebiet auf dem Matsiatra-Plateau wird von mehreren Tälern durchzogen und vom zweithöchsten Berg Madagaskars gekrönt – dem 2658 m hohen **Pic Imarivolanitra.** Er markiert zugleich die Grenze zwischen zwei ethnischen Gruppen: den Reis anbauenden Betsileo im Norden und den Rinder hütenden Bara im Süden.

Seit 1927 steht das Gebiet als Naturreservat unter Schutz. 1999 bekam Andringitra den Status eines Nationalparks, der seit 2007 zum UNESCO-Weltnaturerbe zählt. Er erstreckt sich über eine Fläche von 312 km² mit Höhen von 650 bis 2658 m. Hier leben 54 Säugetierarten, deren bekanntester Vertreter der Katta ist, gleichzeitig auch Wahrzeichen der madagassischen Nationalparks.

Unter den 108 Vogelarten des Gebietes fällt die Blaue Madagaskar-Fruchttaube *(Alectroenas madagascariensis)* mit ihrem dunkelblauen Federkleid auf. Besonders selten ist die braun und grün gefärbte Lätzchen-Erdracke *(Atelornis crossleyi).* Das Nasenchameläon *(Calumma nasuta)* ist eine von 50 Reptilienarten im Park. Hinzu kommen 78 Amphibien- und 109 Insektenarten.

Die Pflanzen von Andringitra gehören bereits zur speziellen Flora des Südwestens. Unter den rund 1000 Pflanzenarten dieses Nationalparks

Die Gebiete südlich von Ambalavao: für Bergtouren und Paragliding bestens geeignet

sind die endemische *Aloe andringitriensis,* die Würgefeige *(Ficus rubra)* und der *Rhipsalis baccifera,* eine epiphytisch lebende ursprüngliche Kaktusart besonders erwähnenswert.

Im Nationalpark herrschen recht unterschiedliche Temperaturen. Von nachts minus 7 °C auf den Bergspitzen bis tagsüber 27 °C in den Tälern. Auch die Regenmenge variiert stark, im östlichen Teil ist sie wesentlich höher als im westlichen.

Im Südosten verbindet ein 20 km langer Waldkorridor den Nationalpark mit dem **Ivohibe-Spezialreservat,** einem Regenwaldgebiet. Weitere Korridore sollen später ein zusammenhängendes Waldgebiet bis zum Ranomafana-Nationalpark entstehen lassen.

Übernachten, Essen

Herrlicher Ausblick – **Camp Catta:** Tsaranoro, an der Piste zum Park im Nordwesten (Nähe Sahanambo Valley), Tel. 033 15 34719, www.campcatta.com, camp.catta@campcatta.com, DZ im Bungalow 22–54 €, DZ mit Gemeinschaftsbad 13–17 €. Das Camp ist eher eine Lodge, bestehend aus vier komfortablen und acht einfachen Bungalows. Das Camp ist 2016 vorübergehend geschlossen.

Romantisch – **Tsara Camp:** Das zum Tourveranstalter Boogie Pilgrim gehörende Camp liegt etwas außerhalb des Parks im Nordwesten (Nähe Sahanambo Valley), www.boogiepilgrim-madagascar.com, DZ-Zelt 71 € (inkl. Vollpension). Die zehn sehr

schön gelegenen großen Zelte sind mit Badezimmern ausgestattet.
Der Natur ganz nah – **Trano Gasy:** Tel. 033 11 26427, www.tranogasy.com, contact@tranogasy.com, DZ (mit Bad) 60 000 MGA (ca. 20 €), DZ (mit Gemeinschaftsbad) 48 000 MGA (ca. 14 €). Die Zimmer befinden sich in acht mit dem typischen roten Lehm verputzten Bungalows. Es gibt ein Restaurant. Transfers zum Hotel und zum Park nach Voranmeldung z. B. mit Allradwagen zum Andringitra-Nationalpark 250 000 MGA (ca. 69 €).

Einkaufen

Im Park und den kleinen Dörfern ringsherum gibt es kaum etwas zu kaufen. Für mehrtägige Camping-Aufenthalte im Nationalpark, oder bei Bergtouren, sind alle benötigten Utensilien, Lebensmittel und Wasser mitzubringen.

Aktiv

Wandern – **Sahanambo Valley:** Im Nationalpark stehen mehrere Wanderrouten zur Auswahl. Da sich die Lodges im westlichen Teil des Andringitra-Parks befinden, sind dort auch die meisten der Wanderwege, besonders jene um den Pic Tsaranoro (1910 m) und Pic Dody (2100 m).
Bergtouren – **Pic Imarivolanitra (2658 m), Pic Bory (2630 m):** Im Park gibt es zwei Gipfel für Bergtouren; auf der Tour zum Imarivolanitra liegen drei einfache Camps zum Zelten.
Über den Wolken – **Paragliding:** Das Andringitra-Gebirge bietet ideale Plätze für das Paragliding. Organisiert wird es vom Camp Catta (s. S. 154).

Infos

Das **Nationalparkbüro** befindet sich in Ambalavao (s. S. 152). Dort gibt es neben Informationen auch Parkführer, mit denen ein Aufenthalt im Nationalpark umfassend geplant werden kann. Eintritt: 45 000 MGA (ca. 12,50 €).

Verkehr

Auto: Der Andringitra-Nationalpark liegt etwas abseits der Nationalstraße RN 7 und ist über zwei Pisten zu erreichen. Die eine führt direkt von Ambalavao über Sendrisoa zum Namoly Valley Gate. Für die zweite Möglichkeit folgt man zunächst der RN 7 in südwestlicher Richtung (37 km) und dann der ausgeschilderten Piste über Vohitsoaka zum Sahanambo Valley Gate (Western Gate). Der letzte Teil der Pisten ist privat, Mautgebühr ca. 1,80 €. Für beide Pisten sind Allradfahrzeuge erforderlich.

Das Beste auf einen Blick

Der Südwesten

Highlights!

Isalo-Nationalpark: Majestätisch erhebt sich das Sandsteingebirge Isalo aus den weiten Grasebenen der Horombe-Region. In seinen bizarren, in Jahrtausenden entstandenen Felsformationen lassen sich mit etwas Fantasie die verschiedensten Skulpturen und Formen erkennen – ein ideales Gebiet für Wander- und Trekkingtouren. S. 162

Dornenwald bei Ifaty: Gleich hinter dem weißen Sandstrand von Ifaty erstreckt sich der für den Südwesten Madagaskars so charakteristische Dornenwald. Hier wachsen einzigartige Pflanzen wie etwa die Tentakel-Bäume *(Didieraceen)* oder die mit Dornen ausgestatteten Pachypodien. S. 177

Auf Entdeckungstour

Auf Pfaden durch das Sandsteingebirge: Durch Erosion entstanden im Kalksandstein des Isalo-Gebirges tiefe Schluchten und natürliche Wasserbecken. Im Namaza-Canyon mit seinen kleinen Wasserfällen lädt der »Black Pool« während einer Wanderung zum Baden und Erfrischen ein. S. 166

Miary und die heiligen Bäume: Alte Bäume haben in vielen Kulturen eine besondere Bedeutung. Sie werden mit Göttern oder den Geistern von Verstorbenen in Verbindung gebracht. Ein schönes Beispiel ist der beeindruckende Banyan-Baum von Miary. S. 178

Kultur & Sehenswertes

Sakalava-Gräber: Ähnlich wie die Mahafaly bestatten die Sakalava ihre Toten in großen Einzelgräbern. Zwischen Zombitse und Andranovory kann man einige dieser Gräber sehen. S. 170

Tsimanampetsotsa-Nationalpark: Der kaum besuchte Park bietet eine der wenigen Möglichkeiten, Flamingos in Madagaskar zu bewundern. S. 181

Aktiv unterwegs

Wandern im Nationalpark Zombitse-Vohibasia: Der Trockenwald ist ideal für kürzere Wanderungen. Vogelliebhaber haben zudem Gelegenheit zur Tierbeobachtung. S. 169

Schnorcheln und Tauchen: Der Küste südlich und nördlich von Toliara sind Riffe vorgelagert, an denen sich die Unterwasserwelt des Indischen Ozeans erkunden lässt. Eine Tauchbasis gibt es u. a. in Mangily. S. 175

Genießen & Atmosphäre

Relais de la Reine: Das Hotel wurde aus Naturstein gebaut und perfekt in die Landschaft des Isalo-Gebirges eingebettet. Ein herrlicher Ort zum Wohlfühlen und Entspannen. Die Küche zaubert hervorragendes Essen. S. 164

Strand von Ifaty: Der weite weiße Sandstrand von Ifaty lädt zum Sonnenbaden und Spazierengehen ein. Wie gemalt sieht es aus, wenn die Männer der Vezo mit ihren Auslegerbooten zum Fischen rausfahren. Die Sonnenuntergänge sind oft spektakulär. S. 174

Abends & Nachts

L'Hacienda Nightclub: Wenn am Abend eine kühlende Brise vom Meer für angenehme Temperaturen sorgt, beginnt das Nachtleben in Toliara. Im zurzeit angesagtesten Club der Küstenstadt treffen sich dann heimische und Reisende zum Bier und Tanz bei afrikanischen Rhythmen. S. 174

Von den Grassavannen bis zur Küste

Einzigartige Trocken- und Dornenwälder mit kuriosen Pflanzen sind das Wahrzeichen des madagassischen Südwestens. Ein sich vom Rest Madagaskars unterscheidendes, sehr trockenes Klima begünstigte die Entstehung einer ganz eigenen Flora. Fernab der Ostküste, die wie eine Barriere die Wolken abhält, fällt während eines Jahres nur wenig Regen. Durch die Verdunstungen des nahen Indischen Ozeans herrscht im Südwesten allerdings eine für Trockengebiete ungewöhnlich hohe Luftfeuchtigkeit von bis zu 80 %. Die Natur stellt an die Menschen, die in diesem Gebiet leben, ganz besondere Anforderungen. Die Völker der Mahafaly und Antandroy haben sich im Laufe der Jahrhunderte darauf gut eingestellt und Überlebensstrategien entwickelt.

Auf der Nationalstraße RN 7 vom Hochland kommend verändert sich bald merklich die Landschaft. Berg- und Felslandschaften werden zunächst von weiten Grassavannen abgelöst, die sich bis zum Horizont erstrecken. Dann folgt das Isalo-Gebirge, dem sich ein weitläufiges Gebiet mit Resten des Trockenwaldes anschließt. Einzelne hochgewachsene Baobabs ragen wie Wegweiser empor. In den Niederungen der Küste wächst der Dornenwald. Er erstreckt sich in einem ca. 50–100 km breiten Streifen entlang der Küste, etwa von Morombe im mittleren Westen bis hinunter nach Amboasary im Südosten.

In der gesamten Region gibt es nur eine größere Stadt, die Hafenmetropole Toliara (Toléar). Sie ist für alle im Südwesten lebenden Volksgruppen das wichtigste Zentrum.

Infobox

Anreise und Weiterkommen

Den Südwesten erreichen Sie über die RN 7 vom Hochland aus kommend über Fianarantsoa, Ambalavao und Ihosy. Die Straße ist asphaltiert und in gutem Zustand. Auf der Strecke verkehren täglich regelmäßig Überlandbusse (Taxis-Brousses). Ab Fianarantsoa gibt es durchgehend Busse bis Toliara (Tuléar) sowie Busse, die zumindest Teilstrecken zwischen den größeren Ortschaften bedienen. Die Route von Ihosy bis Toliara ist 312 km lang (rund 7 Stunden reine Fahrtzeit).

Ihosy ▸ G 21

Die kleine Stadt am Fuße des Horombe-Plateaus ist die Hauptstadt der Bara, ein Hirtenvolk, das halbnomadisch in den Weiten des zentralen Südwestens (etwa zwischen Andringitra-Nationalpark, Isalo-Gebirge und Betroka) lebt. In früheren Zeiten besaßen die Bara den Ruf, ein ziemlich wildes Völkchen zu sein, bei denen die Männer nur etwas galten, wenn sie gute räuberische Fähigkeiten z. B. als Rinderdieb bewiesen. So entwickelte sich der Rinderdiebstahl zu einer Art Volkssport. Und auch heute noch gelten die Bara bei den übrigen Madagassen als ›recht wilde Gesellen‹.

Ihosy (ausgesprochen: ie-jusch) liegt in 700 m Höhe und hat etwa 18 000 Einwohner. Die Stadt wurde 1948 als

Stützpunkt der Merina gegründet, die von hier den Südwesten des Landes kontrollieren wollten. Ihosy ist ein verschlafenes Städtchen, das die meisten Reisenden nur auf der Durchfahrt wahrnehmen. Neben einem Busbahnhof und Tankstellen gibt es einige kleine Hotels und Restaurants.

Übernachten, Essen

Altbekannt – **Zaha Motel:** an der RN 7, südliche Ortsausfahrt, Tel. 020 75 74083, DZ 12 €. Eine schon etwas in die Jahre gekommene Anlage mit Reihenbungalows, die sich hinter dem Restaurantgebäude befinden. Das Restaurant ist bei vielen Durchreisenden beliebt. Nebenan gibt es auch einen kleinen Kiosk.

Zentral – **Relais Bara:** nahe dem Kreisverkehr, Tel. 020 75 80017, DZ ab 18 000 MGA (ca. 5 €), DZ mit Gemeinschaftsbad ab 12 000 MGA (ca. 3,50 €). Kleines Hotel mit 16 Zimmern.

Infos

Verkehr

Flug: Der kleine Flughafen wird zurzeit nicht von Air Madagascar bedient.

Bus: Vom zentral gelegenen Busbahnhof fahren Taxis-Brousses nach Norden (Fianarantsoa) und Westen (Toliara). Gelegentlich gibt es auch eine Mitfahrgelegenheit nach Fort Dauphin. Die Fahrzeit von Ihosy nach Ranohira (Isalo-Nationalpark) beträgt 1,5 Std.

Ranohira ▸ F 22

Nach dem Verlassen von Ihosy führt die RN 7 hinauf auf das Plateau von Horombe. Oben angekommen befindet sich ca. 11 km hinter Ihosy die Abzweigung der RN 13 nach Tolagnaro (Fort Dauphin). Diese Piste ist allerdings in einem sehr schlechten Zustand. Weiter geht es auf der asphaltierten Nationalstraße RN 7 über die Ebenen von Horombe. Bis zum Horizont erstrecken sich die Graslandschaften, Weidegebiet für die Bara mit ihren großen Zebuherden.

Nach etwa 1,5 Stunden Fahrt ist der kleine Ort Ranohira zu Füßen des weithin sichtbaren Isalo-Gebirges erreicht. Der Name bedeutet »Wasser der singenden Lemuren«. *Hira* ist eigentlich die Bezeichnung für ein madagassisches Sprech- und Tanztheater (s. S. 107). Die Bara benutzen das Wort allerdings auch als Bezeichnung für die Kattas, da die ringelschwänzigen Lemuren den Eindruck erwecken, sich mit ihren Lauten zu ›unterhalten‹. Für menschliche Ohren klingt diese ›Katta-Unterhaltung‹ oft eher nach einem Klagen oder heiseren Rufen.

Ranohira lag ursprünglich noch einige Kilometer näher am Gebirge, bei den beiden Schluchten Canyon des Makis und Canyon des Rats. Der damalige Platz wird heute Andranokova (»Wasser des Königs«) genannt oder von den Parkführern schlicht »Old Ranohira«. Im Zuge der Entstehung der Nationalstraße wurde der Ort jedoch direkt an die RN 7 verlegt.

Die 830 m hoch gelegene Ortschaft ist Ausgangspunkt für den Besuch des Isalo-Nationalparks (s. S. 162). Außer dem **Parkbüro,** in dem es Informationen zu den Wanderungen gibt, der Eintrittspreis bezahlt werden muss und die Parkführer vermittelt werden, hat Ranohira nicht viel zu bieten.

Übernachten

Praktisch – **Motel d'Isalo:** von Ihosy kommend am Ortseingang rechts gelegen, Tel. 032 40 83795, www.motelisalo.com, DZ ab 30 €. Zimmer in

Lieblingsort

Im Canyon des Makis

▶ E/F 21/22

Im Isalo-Nationalpark gibt es viele Orte zum Staunen. Am Rande des Gebirges haben kleine Flüsse im Laufe der Zeit schmale Schluchten geschaffen. Sie wirken wie Oasen, wie in sich abgeschlossene Ruheräume. Der Canyon des Makis beeindruckt durch seine üppige Vegetation. Am Grund der Schlucht schlängelt sich ein Bach entlang. Das Plätschern seiner unzähligen kleinen Wasserfälle lädt während einer Wanderung zu einer Erholungspause ein. Am frühen Morgen können Sie mit etwas Glück die Kattas beim Trinken beobachten (s. S. 164).

Reihenbungalows aus Stein. Mit Restaurant (gutbürgerlich, internationale Standardgerichte) und Schwimmbad.
Alteingesessen – **Chez Bernie:** am zentralen Platz von Ranohira, Tel. 032 05 25769, hotelbernyisalo@orange.mg, DZ im Neubau 22 €, DZ im Altbau 14,50 €, DZ mit Gemeinschaftsbad 6,50 €. Die Zimmer befinden sich in unterschiedlichen Anbauten hinter dem Restaurant gleichen Namens. Die Zimmer im Altbau sind recht einfach, während die Zimmer im gegenüberliegenden Neubau modern und großzügig gestaltet sind.
Funktional – **Orchidée:** zentral gelegen, gegenüber dem Hotel Chez Bernie, Tel. 032 22 67689, www.orchidee-isalo.com, DZ 12–27 €. Relativ neue, funktional eingerichtete Zimmer, ideal für Reisende ohne eigenes Auto.
Weitere Übernachtungsmöglichkeiten außerhalb von Ranohira siehe unter Isalo-Nationalpark (s. S. 164).

Essen & Trinken

Neu im Ort – **Le Zebu Grille:** am Hotel Orchidée, Tel. 032 44 67689. Restaurant mit einem Angebot für jeden Geschmack, besondere Spezialität sind Steaks vom Zebu (ca. 4,50 €).

Einkaufen

Im Ortszentrum gibt es einige kleine Shops für das Nötigste sowie Souvenirstände.

Infos

ANGAP Office: Das Büro des Nationalparks liegt im Zentrum von Ranohira, geöffnet tgl. von 7–17 Uhr.
Eintrittsgebühr: 45 000 MGA (ca. 12,50 €) plus Gebühr für den Parkführer, die sich aus der Länge der Wanderung und der Anzahl der Teilnehmer bemisst (bei 1–4 Pers. mind. der Eintrittspreis).

Verkehr

Flug: Beim Hotel Relais de la Reine (s. S. 164) befindet sich eine Landepiste für kleine Chartermaschinen.
Taxis-Brousses: Ranohira hat keinen eigenen Busbahnhof. Der Ort ist daher nur Durchgangsstation für die Busse zwischen dem Hochland und dem Küstenort Toliara. Daher kann es schwierig werden, einen freien Platz in die eine wie andere Richtung zu bekommen.

Isalo-Nationalpark !

▶ E/F 21/22

Der Isalo-Nationalpark schützt mit 815 km² einen Teil des Isalo-Gebirges. Dieses besticht durch seine einzigartigen Sandsteinformationen und die interessante und vielfältige Flora. Auffällig ist die Form von *Pachypodium rosulatum,* im Deutschen auch Elefantenfuß genannt. In den Fasern ihres kugeligen Rumpfes kann die Pflanze Wasser speichern und so auch lange Trockenperioden überstehen. Von örtlichen Parkführern wird sie oft fälschlicherweise als »Mini-Baobab« bezeichnet. Im Nationalpark leben 14 Lemuren- und 77 Vogelarten, darunter der endemische Benson-Rötel *(Pseudocosyphus bensoni),* ein Verwandter der Drossel.

Markenzeichen des Isalo-Gebirges sind die bizarren Sandsteinformationen. Sie tragen teilweise so poetische Namen wie **Reine d'Isalo** (»Königin von Isalo«) oder **Fenêtre d'Isalo** (»Fenster von Isalo«). Bei der »Königin von Isalo« handelt es sich um einen steil aufragenden Fels links der RN 7.

Er erinnert etwas an eine Frau im wallenden Kleid. Der obere Teil sieht einem Kopf mit Krone ähnlich.

Das »Fenster von Isalo« steht am Rande des Gebirges, einige hundert Meter rechts der RN 7. Es ist ein aufrechter flacher Fels, in dessen Mitte sich ein etwa dreieckiges Loch befindet. Der Ort ist beliebt, um von dort aus den Sonnenuntergang zu erleben: Für kurze Zeit ist der sinkende Feuerball durch die Felsöffnung (»Fenster«) hindurch zu sehen. Daneben ist die Fantasie eines jeden Besuchers gefragt, was er in den natürlich geformten Felsskulpturen erkennt.

Unterwegs im Nationalpark

Die einzigartige Felslandschaft kann gut zu Fuß erkundet werden. Innerhalb des Nationalparks gibt eine Reihe von gekennzeichneten Wanderwegen, die in puncto Länge und Schwierigkeitsstufe unterschiedlich sind. Die vom Parkbüro angebotenen Halbtages- und Tagestouren erfordern in der Regel keine besonderen Ansprüche an die Kondition. Bei Wanderungen innerhalb des Parks muss wie in allen madagassischen Naturschutzgebieten ein Parkführer mitgenommen werden, der vom Parkbüro vermittelt wird. Er kennt nicht nur die Wege, sondern kann auch über die Tiere, Pflanzen und die traditionellen Gebräuche des Gebietes Auskunft geben.

Natural Pool Trail

Der Weg zum »Naturschwimmbecken« ist die beliebteste Wandertour für Besucher des Nationalparks. Sie ist relativ einfach und hat landschaftlich viele Facetten zu bieten: bizarre Felsformationen, interessante Pflanzen, alte Gräber, einen Tapia-Wald und eine natürliche Oase – das namengebende Piscine Naturelle. Zunächst fahren Sie südwestlich auf der RN 7 aus Ranohira hinaus, dann führt nach einigen hundert Metern rechts eine Piste zum Ausgangspunkt (Parkplatz). Von dort gehen Sie auf dem Wanderweg zunächst eine Anhöhe hinauf, der restliche Weg bleibt dann ohne größere Steigungen. Am Ende der etwa einstündigen Wanderung wird der zum Baden und Erfrischen einladende Piscine Naturelle, eine Art Natur-Pool (siehe Entdeckungstour S. 166), erreicht. Auf demselben Weg gelangen Sie wieder zurück. Um die Wanderung etwas zu erweitern (1–2 Std.), ist der neugeschaffene **Crest Trail** zu empfehlen, der als Rundweg von der Route abzweigt.

Namaza Trail

Der Namaza Trail ist ein relativ einfacher Wanderweg in die Schlucht des Namaza-Baches, nur 50 Höhenmeter sind zu bewältigen. Der Weg verläuft vom Parkplatz zunächst durch Wiesen und Felder bis zu einem Campingplatz – hier befindet sich eine Abzweigung, die in ca. zwei Stunden den Weg zum Piscine Naturelle (s. oben) erreicht –, in dessen Nähe sich oft Kattas aufhalten. Dann führt der Weg in die Schlucht zum **Blauen** und **Schwarzen Pool** und ein Rundweg weiter zur **Cascade de Nymphes** (siehe Entdeckungstour S. 166). Der Hin- und Rückweg vom Ausgangspunkt (Parkplatz) nur zu den Pools dauert 2,5 Stunden, inklusive Nymphen-Fall etwa 3,5 Stunden.

Canyon Trail

Der Canyon Trail besteht aus zwei Wanderwegen, die beide vom gleichen, 17 km nordöstlich von Ranohira entfernten Parkplatz starten (Fahrzeit ca. 45 Minuten). Der leichtere

Weg führt in 1,5 Stunden über knapp 2 km zum **Canyon des Makis** (»Lemuren-Schlucht«). Im Wald vor der Schlucht sind mit etwas Glück Kattas und Larvensifakas zu beobachten.

Der zweite Wanderweg zum **Canyon des Rats** (»Ratten-Schlucht«) ist mit 2,5 km etwas länger und dauert ca. 3 Stunden. Am dort fließenden Bach sind die mit dem Eisvogel verwandten Zwergfischer sowie diverse Froscharten zu entdecken.

Malaso Trail

Neben den Wanderrouten gibt es eine Panoramafahrt mit dem Auto. Dieser Malaso Trail startet unweit des Interpretation Centre (s. unten). Die zum Teil sandige Piste, für die ein Allradfahrzeug von Vorteil ist, erstreckt sich über 42 km und führt vorbei an verschiedenen Felsformationen (z.B. das »Fenster« und der »Wolf von Isalo«). Es ist möglich, immer wieder auszusteigen und sich die nähere Umgebung zu Fuß anzuschauen. Eine detaillierte Karte ist im Parkbüro käuflich zu erwerben.

Interpretation Centre

Tgl. 8–17 Uhr, Eintritt frei

Das »Interpretation Centre« (La Maison de l'Isalo) ist ein kleines Nationalpark-Museum und befindet sich rund 10 km außerhalb von Ranohira Richtung Toliara auf der linken Seite. Es umfasst eine Ausstellung zur Entstehung und Geschichte des Isalo-Gebirges sowie zur Besonderheit der Flora und Fauna.

Übernachten, Essen

Stilvoll – **Satrana Lodge** 1: in der Nähe des Interpretation Center, links der RN 7, Tel. 033 20 12314, www.satranalodge-madagascar.com, Tel. 034 14 26087, satranalodgeisalo@yahoo.fr, DZ 73–102 €, Frühstück 6 €. Bei dem von Cortez Expeditions eröffneten Hotel handelt es sich um eine luxuriöse Lodge im afrikanischen Stil. Von jedem der 40 Bungalowzelte genießt man einen herrlichen Blick auf das Isalo-Gebirge.

Romantisch – **Relais de la Reine** 2: Tel. 032 05 12308, www.lerelaisdelareine.com, DZ ab 68 € (einfaches DZ Nebensaison) bis 98 € (DZ Deluxe Hochsaison), Frühstück 5 €, Abendessen 14 €. Die Bungalows aus Stein stehen in Gruppen und fügen sich harmonisch in die Landschaft ein. Das Restaurant lässt kaum Wünsche offen, sehr aufmerksames und freundliches Personal. Das Hotel verfügt über Pferde für Reitausflüge sowie einen Pool.

Luxus – **Le Jardin du Roy** 3: Tel. 020 22 35165, DZ 85–105 €, Frühstück 6 €, Abendessen 16 €. Das Schwesterhotel des Relais wurde 2007 eröffnet und befindet sich ca. 1 km weiter westlich. Die Zimmer des im ähnlichen Stil erbauten Hotels gruppieren sich um einen Pool.

Rustikal – **Isalo Ranch** 4: ca. 2 km außerhalb von Ranohira, www.isaloranch.com, DZ ab 40 €, Frühstück 4 €, Menü 11 €. 20 Bungalows und Schwimmbad vor der Kulisse des Isalo-Gebirges – malerisch.

Naturnah – **Le Palme de l'Isalo** 5: am westlichen Rand des Isalo-Gebirges, gegenüber der Abfahrt zum »Fenêtre d'Isalo«, Tel. 034 16 39175, www.groupeaustralhotel.com, DZ ab 21 €. 19 Bungalows in wunderschöner Umgebung, eingebettet in die Landschaft.

Einfach und gut – **Les Toiles de l'Isalo** 6: an der RN 7 kurz nach Ranohira, Tel. 033 11 02525, toilesdisalo@moov.mg, DZ 25 €, EZ 21 €, Frühstück 2 €/Menü 8 €. Zehn Bungalows mit Blick auf das Isalo-Gebirge, Pool und Restaurant, das auch Picknicks für Wanderungen bereitet. ▷ S. 168

Isalo-Nationalpark
Übernachten
1 Satrana Lodge
2 Relais de la Reine
3 Le Jardin du Roy
4 Isalo Ranch
5 Le Palme de l'Isalo
6 Les Toiles de l'Isalo
1268 m
1304 m
Andakatorano Plateau
Bedabo
Bekoaky Plateau
Green Lake
Green Pool Trail
Ianaboty
Kelihorombe Plateau
Menamaty
865 m
779 m
Canyon Trail
Andranokowa (Old Ranohira)
Canyon des Rats
Canyon des Makis
1086 m
Tanambao
Andozoky
Big Tour Trail
Parc National de l'Isalo
1209 m
Isalobe Plateau
Korobe Plateau
Bevato
964 m
Namaza Trail
793 m
Black Pool
Cascade des Nymphes
757 m
Blue Pool
898 m
903 m
ANGAP Office
Ranohira
Bara Tombs
Crest Trail
Big Tour Trail
Marofangady Plateau
Piscine Naturelle
Natural Pool Trail
Kijana
1082 m
880 m
912 m
Antranotelo Lake
Malaso Trail
Le Loup d'Isalo
Lanakandrarezo
L'Oasis
Interpretation Center
Keliambahatsy Plateau
La Fenêtre d'Isalo
Soarano
La Reine d'Isalo
Malaso Trail
835 m
840 m
805 m
7
0
2
4 km

Auf Entdeckungstour: Isalo-Nationalpark – auf Pfaden durch das Sandsteingebirge

Majestätisch erhebt sich das Isalo-Gebirge aus den Grasebenen der Horombe-Region. Jahrtausende währende Erosion hat den Kalksandsteinfelsen ihr bizarres Aussehen verliehen.

Reisekarte: ► E/F 21/22
Dauer: 6 Std., auch Teilabschnitte sind möglich: »Namaza Trail« (ca. 3,5 Std. von Ranohira) und »Nature Pool Trail« (ca. 2,5 Std. vom Parkplatz), s. S. 163.
Start: Nationalparkbüro in Ranohira (s. S. 162).
Planung: Es empfiehlt sich, morgens um 7 Uhr aufzubrechen. Genügend Wasser und Picknick mitnehmen!

Am frühen Morgen, wenn die Temperaturen in den Ebenen noch frisch sind, begrüßen zahlreiche Vögel den Tag mit ihrem Gesang. Ansonsten herrscht absolute Stille, sobald der Ort **Ranohira** (s. S. 159) verlassen wird. Über eine endlos erscheinende Grasebene, auf der die Bara-Hirten ihre Zebu-Rinder treiben, nähert sich der Wanderer langsam, aber stetig dem Isalo-Gebirge. Über der Ebene kreisen Schmarotzer-Milane und schwarz-weiße Schildraben halten nach etwas Essbarem Ausschau.

Durch den Lemuren-Wald

Durch einen kleinen Wald am Rande des Gebirges, in deren Baumwipfeln sich am Morgen die Kattas der wärmenden Sonne entgegenrecken, wird die schmale Schlucht des Namaza-Baches erreicht. Von Weitem schon ist das Rauschen der zahlreichen kleinen Wasserfälle zu hören. Der Weg führt über kleine und große Steine hinweg hinein in die Schlucht. Etwa 20 Min. später werden zwei größere Becken erreicht, die jeweils von einem Wasserfall gespeist werden. Der **Weiße Wasserfall** und der **Schwarze Wasserfall** bekamen ihre Namen durch die unterschiedliche Wassertiefe ihrer Becken, die das eine hell und das andere dunkel erscheinen lässt – ein idealer Ort für eine kleine Pause.

Nach dem Abstecher in die Schlucht und der Rückkehr zum zuvor passierten Campingplatz geht es hinauf in das Kalksandsteingebirge. Der anstrengende Anstieg wird mit herrlichen Ausblicken zurück auf die Ebenen bzw. voraus auf die endlos erscheinenden Felsformationen des Isalo-Gebirges belohnt.

Bizarre Gestalten

Weiter geht es durch Täler und Anhöhen, immer wieder vorbei an bizarren ›Gestalten‹: Ist das nicht ein Krokodil? Oder das eine Schildkröte? Vielleicht aber auch ein Zwerg – der Fantasie sind keine Grenzen gesetzt.

Das Gebirge, das noch in der Zeit vor der endgültigen Trennung Madagaskars vom afrikanischen Kontinent entstand, besteht aus uralten Gesteinsschichten, die zurück bis ins Perm datiert wurden. Vor ca. 260 Mio. Jahren lag das Gebiet wesentlich tiefer als heute und damit eine Zeit lang sogar unter Wasser. Dies führte zur Bildung von unterschiedlichen Gesteinsschichten mit Sand und Kalk. Die heute sichtbare Felslandschaft entstand zwischen dem Mitteltrias (vor 245–228 Mio. Jahren) und dem Unterjura (vor 199–175 Mio. Jahren) und setzt sich hauptsächlich aus sandigen bis sandig-tonigen Sedimenten zusammen. Diese hatten sich in einer breiten Erdsenke abgelagert. Durch tektonische Bewegung und durch Erosion der Umgebung wurde dieser Sandstein freigelegt. Es entstand ein Plateau von 180 x 20 km Größe. Durch weitere Erosion im Laufe der Jahrtausende entstanden dann innerhalb des Plateaus Schluchten und Felsformationen.

Natürliches Schwimmbecken

Bald fällt ein grünes Band in der ansonsten recht kargen Felslandschaft ins Auge. Ein Bachverlauf lässt seine Ufer in leuchtendem Grün erstrahlen. Wie eine Oase, versteckt hinter Schraubenpalmen, liegt das Wasserbecken **Piscine Naturelle** im Felsen, das durch den Bach stets mit frischem Wasser versorgt wird, ein herrlicher Platz für ein Picknick und ein erfrischendes Bad.

Durch Tapia-Wälder, deren knorrige Rinde den hin und wieder aufkommenden Buschbränden standhält, verlässt der Wanderweg wieder das Gebirge und führt hinunter zu den Grasebenen, in denen sich der Ausgangspunkt Ranohira befindet.

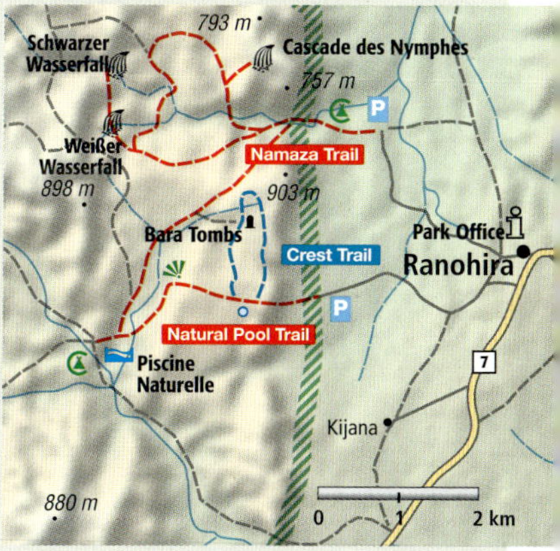

Aktiv

Bei Ausflügen in den Nationalpark sollte immer genügend Wasser mitgenommen werden; in den Monaten September bis Mai kann es gerade zur Mittagszeit recht heiß werden. Die meisten Besucher fahren zum jeweiligen Ausgangspunkt der Wanderung mit Auto oder Bus, da eine Wanderung dorthin durch die Grassavanne vielen nicht attraktiv erscheint. Wenn Sie über kein Transportmittel verfügen, können Sie die Wanderungen aber auch vom Parkbüro in Ranohira aus durchführen, sie dauern dann entsprechend länger.

Mehrtägige Wanderung – **Big Tour Trail:** Diese längste und anspruchsvollste Trekkingtour führt über 80 km einmal längs durch das Nationalparkgebiet, ein einmaliges Erlebnis inmitten dieser einsamen Felslandschaft. Je nach Kondition und Erfahrung müssen dafür 4–6 Tage eingeplant werden. Neben dem obligatorischen Parkführer sollten auch Träger für Proviant und Zelte angeheuert werden. Um zum Ausgangspunkt der Trekkingroute zu gelangen, müssen von Ranohira aus zunächst 40 km Piste bewältigt werden (Allradfahrzeug!).

Infos

MNP Office: Büro des Nationalparks, siehe unter Ranohira, S. 162.

Von Ranohira nach Toliara ▸ C–F 22/23

Nach dem Verlassen des Isalo-Gebirges breitet sich bis zum Horizont eine weite Grassavanne aus. Dort ist die endemische Satrana-Palme *(Bismarkia nobilis)* heimisch, die sehr widerstandsfähig gegen Buschbrände ist. Entlang der wenigen Bachläufe, die das Gebiet durchziehen, stehen Fandra-Schraubenpalmen *(Pandanus pulcheri)* und Vakaka-Palmen *(Ravenea rivularis).* Das Gebiet macht einen verlassenen Eindruck, bis nach einigen Kilometern der Ort Ilakaka auftaucht.

Ilakaka ▸ E 22

Der Ort hat in den letzten beiden Jahrzehnten als »Saphirgräberstadt« Geschichte geschrieben. Noch Anfang der 1990er-Jahre bestand die 1930 gegründete Siedlung nur aus einer Handvoll Häusern, die idyllisch am Bach Ilakaka lagen. Der zufällige Fund von Saphiren Anfang der 1990er-Jahre verbreitete sich wie ein Lauffeuer und der Ort wuchs in rasantem Tempo von wenigen Dutzend Einwohnern auf heute über 20 000. Auf dem Höhepunkt des Saphirfiebers 2001 lebten sogar bis zu 120 000 Menschen im Ort und seiner Umgebung. Alle kamen, um ihr Glück bei der Suche nach Edelsteinen zu machen.

Die Qualität der hier gefundenen Saphire ist außerordentlich hoch. Aufkäufer aus Deutschland (Idar-Oberstein) und Asien (vor allem aus Sri Lanka) geben sich ein Stelldichein. Aber nur wenige Edelsteinsucher sind wirklich reich geworden. Mittlerweile beginnt der Boom abzuebben, da für die Suche immer tiefer gegraben werden muss und die Arbeit sich nicht mehr für alle lohnt. Es gibt berechtigte Sorgen, dass das Saphirfieber die Menschen auch in den nahegelegenen Nationalpark treibt, da auch dort noch Edelsteinvorkommen vermutet werden. Am westlichen Ortsausgang gibt es einen **Showroom.** Von dort werden Führungen zu den Minen angeboten. Wenige Kilometer weiter

Richtung Toliara in **Manombo Be** wurden 2008 ebenfalls Saphire entdeckt und auch dort wächst seitdem eine neue Stadt heran.

Zombitse-Vohibasia-Nationalpark ▸ D/E 22

Auf dem weiteren Weg nach Südwesten durchschneidet die RN 7 etwa 80 km von Ilakaka entfernt einen Teil des Zombitse-Vohibasia-Nationalparks. Er schützt die letzten Reste des Trockenwaldes im Südwesten und dient als Refugium für seltene Vögel. Der Park misst insgesamt 363 km², verteilt auf drei voneinander isolierten Schutzzonen. Kerngebiet bildet der **Wald von Zombitse** mit einer Fläche von 16 845 ha. Hinzukommen die **Wälder von Vohibasia** mit 16 170 ha und **Isoky Vohimena** mit 3293 ha. Erstaunliche 47 % aller endemischen Vogelarten Madagaskars kommen dort vor, darunter eine regional endemische Art, der erst 1972 entdeckte Singvogel Appert's Tetraka *(Bernieria apperti)*, ein Verwandter des Bülbül. Auch unter den Reptilien gibt es lokal endemische Arten wie den Taggecko *(Phelsuma standigui)*.

Übernachten, Essen

Ökolodge – **Zombitse Ecolodge:** Andalamengoke, 7 km vom Parkeingang, 12 km nördlich von Sakaraha, Tel. 033 12 32564, www.zombitse.de, DZ 15–20 € inkl. Frühstück. Die Ökolodge hat zehn Bungalows, davon drei mit eigenem Bad/WC. Ein kleines Restaurant bietet gutes Essen (3-Gänge-Menü 10 €). Die Lodgebetreiber unterhalten auch eine nahegelegene Schule und andere lokale Projekte. Ansonsten bestehen einfache Übernachtungsmöglichkeiten im Ort Sakaraha.

Aktiv

Erkundungen zu Fuß – **Geführte Wanderungen:** Im von der RN 7 durchschnittenen Zombitse-Wald gibt es die Möglichkeit, auf verschieden langen Wanderwegen den Wald zu erkunden (1–3 Std.). Ausgangspunkt ist der kleine Parkplatz neben dem Nationalparkbüro. Wanderungen zur Vogelbeobachtung lohnen nur am Morgen oder Vormittag.

Infos

Eintritt: tgl. 8–17 Uhr, Ticket 4 €, Führer je nach Länge der Wanderung und Größe der Gruppe 4–14,50 €. Ein einfaches Büro inkl. kleinem Parkplatz befindet sich von Ranohira aus kommend auf der linken Seite (nähe Nationalparkschild), der Posten ist allerdings nur am Vormittag besetzt. Wenn Sie den Nationalpark am Nachmittag besuchen möchten, melden Sie sich entweder über die Zombitse Ecolodge oder über das Büro des Nationalparks im einige Kilometer entfernten Sakaraha an.

Zwischen Zombitse und Andranovory ▸ D 22/23

Sobald der Trockenwald von Zombitse endet, tauchen die ersten Baobabs auf, die eigentümlichen Affenbrotbäume. Das Land der Bara wird verlassen, die nun vorherrschende ethnische Gruppe sind die Sakalava. Sie sind ebenfalls hauptsächlich als Rinderzüchter tätig und bauen während der kurzen Regenperiode Mais, Hirse und Hülsenfrüchte an.

Ähnlich wie die Mahafaly bestatten die Sakalava ihre Toten in überdimensionierten Einzelgräbern, die links und rechts der RN 7 in kleinen

Gruppen zusammenstehen. Auf den **Sakalava-Gräbern** wurden früher Holzfiguren platziert, die etwas über das Leben des Verstorbenen erzählten. Bei heutigen Gräbern findet man Malereien, die Auskunft geben über das Leben und die Vorlieben des dort Bestatteten.

Hinweis: Da es in der Vergangenheit immer wieder zu Grabschändungen durch Touristen gekommen ist, wird das Betreten und Fotografieren der Grabanlagen von den Anwohnern nicht mehr erwünscht. Die Fahrer und Reiseleiter sind vom Tourismusamt dazu angehalten, dort nicht anzuhalten. Es gibt aber eine Stelle mit Gräbern links der RN 7, bei der das Anhalten und Fotografieren (gegen Bezahlung) möglich ist. Die Reiseleiter, örtlichen Führer und Busfahrer kennen die Stelle. Bleiben Sie bitte an der Straße und laufen Sie nicht zwischen den Gräbern herum.

Auf dem weiteren Weg nach Toliara wird der Ort **Andranovory** passiert. Dort befindet sich die Abzweigung der RN 10 nach Süden (und Richtung Fort Dauphin, siehe S. 184).

Toliara (Tuléar) ▸ C 23

Am Ende der Nationalstraße RN 7, unterhalb der Flussmündung des Fiherenana, liegt die Stadt Toliara (franz. Tuléar). Sie ist mit 120 000 Einwohnern die größte Hafenstadt der madagassischen Westküste und gleichzeitig Hauptstadt der gleichnamigen, flächenmäßig größten Provinz des Landes.

Die mittlere Jahrestemperatur in der Stadt beträgt 23,7 °C. Im Südsommer kann es recht heiß werden, die höchste gemessene Jahrestemperatur betrug 38,6 °C. Im Südwinter können allerdings die Temperaturen in der Nacht auf bis zu 15 °C (bei 80 % Luftfeuchtigkeit) zurückgehen. Toliara liegt in der trockenen Klimazone des Südwestens, so ist Regen selten. Der mittlere Jahresniederschlag beträgt gerade mal 344 mm.

Der Name der Stadt entstand durch ein sprachliches Missverständnis im 18. Jh. bei der Anlandung der ersten Europäer. Als diese sich bei den Einheimischen nach dem Namen der Bucht und des kleinen Fischerdorfes erkundigten, sollen diese geantwortet haben: »Dort kann man gut ankern« (Toly eroa). Erst 1895 entwickelte sich aus dem Fischerdorf eine richtige Stadt. Die Franzosen hatten sich entschlossen, in Toliara ein Verwaltungszentrum für den Südwesten und einen Hafen einzurichten.

Die Stadt ist großflächig angelegt. Die breite Straße Route d'Intéret General führt ins Zentrum der Stadt. Sie geht über in die **Rue No. 14,** an der zahlreiche Geschäfte und Restaurants liegen. Viele alte Gebäude erinnern an die französische Kolonialzeit. Der wie eine Prachtstraße angelegte **Boulevard Gallieni,** dessen einstiger Glanz sich nur noch erahnen lässt, führt hinunter zum Meer. Am südlichen Ende der Uferstraße (Route de la Porte) liegen der **Hafen** und ein ozeanografisches Museum. Am Rande der Hafenbucht gibt es noch Reste des früher ausgedehnten Mangrovenwaldes.

Die Stadt ist übrigens Namensgeber einer Hunderasse, die übersetzt ins Deutsche »Baumwolle von Toliara« heißt. Es handelt sich dabei um eine kleine Hunderasse mit mittellangem weißem Fell, das wohl zu diesem Namen inspirierte. Die Züchtung entstand während der französischen Kolonialzeit in Madagaskar als Mischung aus mehreren Rassen. Seit 1971 ist der Coton-de-Tulear auch in Deutschland anerkannt und wird seit 1986 regelmäßig in Deutschland gezüchtet (mehr Infos unter www.coton1.de, www.cotons-de-tulear.com und www.coton-de-tulear.biz).

Sehenswert

Musée de la Mer 1

Mo–Fr 9–12 und 15–18 Uhr, Eintritt ca. 2 €

Das kleine ozeanografische Museum an der Route de la Porte wird von der örtlichen Universität betrieben und gibt einen Überblick über das marine Leben um Madagaskar. Neben einer Muschelsammlung besonders hervorzuheben ist ein präparierter Quastenflosser *(Latimeria chalumnae)*. Von dieser Fischart, die sich vor etwa 350 Mio. Jahren entwickelte, nahm die Wissenschaft lange an, dass sie bereits während der Kreidezeit ausgestorben sei. Erst 1938 »entdeckten« Biologen im Indischen Ozean vor Südafrika ein erstes Exemplar, 1952 wurden auch vor Nordmadagaskar mehrere Quastenflosser gesichtet. Den örtlichen Fischern übrigens war der *Kombessa* genannte Fisch schon seit Langem bekannt gewesen.

Musée Mahafaly-Sakalava 2

Tel. 032 04 77591, Mo–Fr 8–11.30 und 15–17.30 Uhr, Eintritt ca. 2 €

Das ebenfalls von der Universität von Toliara geführte Museum am Bd. Ph. Tsiranana zeigt eine Ausstellung zur Kultur und Lebensweise der in dieser Region lebenden Volkgruppen der Vezo, Sakalava, Mikea und Mahafaly. In dem kleinen, liebevoll gestalteten Museum sind u. a. erotische Grabschnitzereien der Sakalava und Masken der Mikea zu sehen.

Arboretum Antsokay 3

Tgl. 7.30–17.30 Uhr (im Febr. geschl.), www.antsokayarboretum.org, Eintritt 15 000 MGA (ca. 4,20 €)

Das Arboretum ist ein Muss für jeden botanisch interessierten Reisenden. Es liegt 14 km außerhalb von Toliara, eine ausgeschilderte Piste zweigt von der RN 7 ab. In dem Arboretum hat der im Jahr 2000 verstorbene Schweizer Botaniker Hermann Pétignat die spezielle Flora des Südwestens versammelt. Auf 50 ha wachsen die teils seltenen Pflanzen, die der Schweizer Wissenschaftler seit 1980 zusammentrug. Rund 7 ha davon sind als Botanischer Garten für Besucher zugänglich. Ein Führer präsentiert die Kostbarkeiten und weiß viel Interessantes von den Pflanzen zu berichten.

Bei dem Rundgang können mit Glück auch einige Tiere beobachtet werden, allein 35 Vogelarten leben in dem Garten. Ein neu eingerichtetes kleines **Museum** zeigt Fossilien und Mineralien aus der Gegend sowie kulturelle Gegenstände der hier lebenden Volksgruppen der Vezo, Mahafaly und Antandroy. Im **Restaurant** wird Ziegenkäse aus hauseigenener Herstellung serviert, sehr zu empfehlen (Menü 25 000 MGA, ca. 8,50 €)!

Übernachten

In Toliara gibt es zahlreiche Hotels der mittleren und unteren Kategorien, aber derzeit (noch) keines im oberen Segment.

Gemütlich – **Le Paille en Queue 1**: Andranomena (RN 7 Stadteingang), Tel. 020 94 44700 oder 032 02 15335, 18 DZ ab 50 €. Nett eingerichtete Bungalows mit roten Giebeldächern in einer Gartenanlage mit Schwimmbad. Gutes Restaurant mit Terrasse und gemütlicher Bar.

Randlage – **Victory 2**: Andabizy (an der RN 7), Tel. 020 94 44064 oder 032 42 82087, Fax 020 94 443 35, www.

Toliara (Tuléar)

Sehenswert
1 Musée de la Mer
2 Musée Mahafaly-Sakalava
3 Arboretum Antsokay

Übernachten
1 Le Paille en Queue
2 Victory
3 Hôtel Le Paletuvier
4 Eden
5 Saphir
6 Hôtel L'Escapade
7 Hôtel Albatros
8 Auberge de la Table

Essen & Trinken
1 Corto Maltese – Bistro Rital
2 L'Etoile de Mer
3 Le Jardin
4 Zansibar

Einkaufen
1 Le Tapis
2 Markt

Abends & Nachts
1 Zaza Club
2 L'Hacienda Nightclub

hoteltulear-victory.com, DZ Classique 29 €, Standard 40 €, Comfort 44 €. Das zurzeit beste Hotel in Toliara. Es liegt in einem weitläufigen Gelände mit Bar, Restaurant und Schwimmbecken am Stadteingang. Die 16 Komfortzimmer und die zwei Suiten liegen um einen Pool, die einfachen (kleinen) DZ im Haupthaus. Nettes Personal und Atmosphäre, kostenloses Internet.

Modern – **Hôtel Le Paletuvier 3**: Bd. Lyautey, Tel. 020 94 44039 oder 032 02 54283, Fax 020 94 44410, www.madadecouverte.com/le-paletuvier, DZ ab 19 €, DZ mit Klimaanlage ab 25 €, Suite 40–50 €. Das Hotel mit seinen 55 nett eingerichteten Zimmern liegt direkt am Boulevard am Meer mit herrlichem Blick auf den Mangrovenwald und den Hafen. Mit Restaurant und Seminarräumen.

Preiswerter Komfort – **Eden 4**: Tanambao, Tel. 020 94 41566, Fax 020 94 44260, eden.hotel@yahoo.fr, DZ 25–31 €. Stadthotel mit 34 Zimmern, ruhig in einer Seitenstraße gelegen.

Funktional – **Saphir 5**: Tanambao, neben dem Eden, Buchung über das Hotel Eden, DZ 14–20 €. Ähnlich wie das Eden, nur etwas älter und mit spartanischen Zimmern. Dann lieber ein paar Euro mehr ausgeben.

Idyllisch – **Hôtel L'Escapade 6**: Sanfily, Bd. Gallieni, Tel. 020 94 41182 oder 032 02 20205, www.escapadetulear.com, DZ 15 € (Extrabett 4 €), Frühstück ab 2 €. Das Hotel liegt zwar an einer Hauptstraße, aber die zehn Zimmer befinden sich in einer kleinen Gartenanlage (mit Schildkröten) hinter dem Haupthaus.

Einfach – **Hôtel Albatros 7**: Tsimenatse, Av. de France, Tel. 020 94 43210, hotelalbatros@moov.mg, DZ ohne TV 11,50 €, DZ mit TV 13,50 €, DZ mit Klimaanlage 17 €. 14 einfache und saubere Zimmer in einem Gebäude, dessen Rückseite zum Meer zeigt.

Außerhalb – **Auberge de la Table 8**: am Arboretum Antsokay, 14 km außerhalb von Toliara, Tel. 032 02 60015, www.aubergedelatable.com, DZ-Bungalow ab 30 €, Frühstück ab 5 €. Kleines Hotel mit sechs schön eingerichteten Bungalows, einem empfehlenswerten Restaurant und Schwimmbad.

Essen & Trinken

Feine Küche – **Corto Maltese – Bistro Rital 1**: Tanambao, Tel. 032 02 64323, 032 04 65742, corto@wanadoo.mg, Hauptgerichte ab 4 €. Kleines aber feines Bistro mit Tageskarte. Die Spaghetti mit Schafskäse sind ein Gedicht, der Apfelkuchen schmeckt wie bei Muttern zu Hause. Sehr zu empfehlen.

Eine Instutition – **L'Etoile de Mer** 2: Bd. Lyautey, gegenüber dem Hotel Paletuvier, Hauptgerichte ab 3 €. Gute Mischung aus Fischgerichten und asiatischer Küche.

Italienisch – **Le Jardin** 3: Rue Général Leclerc, Tanambao, Tel. 020 94 42818. Hauptgerichte ab 3 €. Sehr gutes italienisches Restaurant in einem rustikalen, liebevoll gestalteten Garten.

Bodenständig – **Zansibar** 4: Route de l'Ecole, Hauptgerichte ab 2,50 €. Internationale Küche von nettem Personal serviert.

Einkaufen

Edle Teppiche – **Le Tapis** 1: Rue de Coquillages, Tel. 032 07 76716, www.letapismalgache.com. Mohairteppiche

aus Ampanihy mit traditionellen oder modernen madagassischen Motiven.
Souvenirs – **Markt** 2: Bd. Gallieni, in der Nähe des Denkmals. Täglicher Markt mit diversen kunsthandwerklichen Souvenirs.

Abends & Nachts

Das Nachtleben in Toliara ist wie in vielen Küstenstädten Madagaskars etwas ausgeprägter als im Hochland. Nach der Hitze des Tages trifft man sich in einer Bar und später in einem Club.
Altbekannt – **Zaza Club** 1: Bd. Lyautey. Die Disco ist eine Institution in Toliara. Seit mehr als 20 Jahren lockt sie die Nachtschwärmer an. Gespielt wird eine Mischung aus europäischer, madagassischer und afrikanischer Musik. Die besten Zeiten sind aber wohl vorüber. Achtung: viele junge Frauen, die auf Touristen warten.
Angesagt – **L'Hacienda Nightclub** 2: Bd. Lyautey. Das ist der zurzeit angesagteste Club in Toliara, meist ist die ganze Woche über etwas los. Tanz zu afrikanischen Rhythmen.

Infos

Office du Tourisme de Tuléar: Tel. 020 94 44605, www.tulear-tourisme.com, ortu@tulear-tourisme.com.
Öffnungszeiten: In Toliara haben über die Mittagszeit Geschäfte (12–15 Uhr) und Banken (11.30–14 Uhr) geschlossen.

Verkehr

Flug: Toliara wird tgl. von Air Madagascar angeflogen. Verbindungen mit Antananarivo, Tolagnaro und Morondava.
Taxi-Brousse: Der Busbahnhof befindet sich am Stadtrand an der RN 7. Taxis-Brousses verkehren in Richtung Norden (Morombe), nach Osten (Fianarantsoa) und Süden (St-Augustin und Tolagnaro).
Innerstädtischer Verkehr: Es stehen Pouse-Pousse, Taxis und Taxi-Be zur Verfügung.
Boot: Boote nach Anakao verkehren vom kleinen Hafen aus, dort befinden sich auch die Agenturbüros der Bootseigner, darunter Anakao Express, Tel. 020 94 92416, 034 60 07261, www.anakaoexpress.com, das Schnellboot braucht etwa 1 Std., Hin- und Rückfahrt ab 28 €.

Nördlich von Toliara ▸ C 23

Im Norden wird Toliara vom Fluss Fiherenana begrenzt. Eine Brücke verbindet die Stadt mit den nördlichen Küstenorten. Weite Teile der Küste um Toliara waren ursprünglich mit **Mangroven** bewachsen, doch sind davon nur noch wenige Reste zu finden. Der für die Entwicklung von Jungfischen und Krebstieren enorm wichtige ökologische Brackwasserbereich ist an der Südwestküste in den letzten Jahrzehnten durch Abholzung stark zurückgegangen.

Einige Kilometer hinter der Stadt beginnt die langgezogene **Bucht von Renobe.** Dort befinden sich wunderschöne Strände, die schon zu Kolonialzeiten Besucher anlockten. Sie werden von einem weit draußen liegenden Riff geschützt. Die teils schwierige Sandpiste an der Küste entlang führt durch traditionelle Fischerdörfer der Vezo.

Ifaty und Mangily ▸ C 23

Der bekannteste Strand der Region liegt beim kleinen Dorf Ifaty, etwa

22 km nördlich von Toliara. Nicht weniger populär ist der Strandabschnitt beim kurz dahinter liegenden Dorf Mangily. Beide Strände entwickelten sich in den letzten 20 Jahren zu einem beliebten Erholungsgebiet. Zahlreiche Strandhotels laden zum Erholen und zum Wassersport ein. Durch das weit draußen liegende Riff ist der Wasserstand im Bereich der Strände allerdings vor allem bei Ebbe sehr niedrig, sodass dann Schwimmen kaum möglich ist; nur bei Flut reicht das auch dann recht flache Wasser zum Baden und Wassersport.

In der Nähe von Mangily liegt das **Village des Tortues**, ein Projekt in Zusammenarbeit mit WWF und Parc National de Madagascar (PNM/ANGAP). Seit 2005 werden in dem »Schildkrötendorf« die vom Aussterben bedrohten Strahlen- und Spinnenschildkröten gehalten und gezüchtet. Interessierte Besucher werden von Führern über die Arten, ihre Lebensweise und die Arbeit des Zentrums informiert (www.villagetortues.com, tgl. 9–18 Uhr, Eintritt 1,50 €).

Übernachten, Essen

Luxus – **Paradisier:** kurz vor dem Dorf Mangily gelegen, Tel. 032 07 66009, www.paradisier.net, DZ 71–88 €, Suite mit Meerblick 88–110 €, Frühstück 5 €, Abendessen 14 €. Das beste Strandhotel von Ifaty bietet schön eingerichtete Bungalows direkt am Strand. Geschmackvoll gestaltete Anlage mit Restaurant und Ausflugsservice. Gehört zur Agentur Madagascar Discovery.

Neu gestaltet – **Dunes:** südlich der Ifaty-Bucht, Tel. 032 07 10916, www.lesdunesdifaty.com, DZ ab 65 €, Zimmer mit Meeresblick etwas teurer. Eine komplett renovierte und umgestaltete Anlage, die mit dem alten Dunes Hotel nicht mehr viel gemein hat. Netter Service und empfehlenswertes Restaurant.

Angenehm – **Nautilus:** Ranobe-Bucht, Tel. 032 04 84881, www.nautilusmada.mg, DZ ab 60 €. Gehobene Bungalowanlage am Meer mit angeschlossener Tauchbasis (Deep Sea Club).

Ruhig – **Jardin de Beravy:** Ambalaboy, RN9 17 km nach Toliara, 3 km vor Ifaty, Tel. 032 40 39719, www.hotel-jardin deberavy-tulear.com, DZ ab 24 €. Kleines Strandhotel mit acht einfachen, sauberen Zimmern. Restaurant mit Meeresfrüchten und französischen Spezialitäten.

Atmosphäre – **Bamboo Club:** am nördlichen Ende der Ifaty-Bucht, Tel. 032 04 00427, bambooclubifaty@gmail.com, DZ ab 13–33 €. Die 24 Bungalows sind im heimischen Stil erbaut. Es herrscht eine nette, etwas alternativ wirkende Atmosphäre.

Aktiv

Tauchen und Schnorcheln – **Tauchbasen am Strand:** Das weit draußen im Meer liegende Riff ist vom Strand aus nur mit Booten erreichbar. Diese sowie das benötigte Equipment werden von mehreren am Strand befindlichen Wassersportzentren ausgeliehen. Auch Tauchkurse werden angeboten, z. B. von Atimoo, einer Tauchbasis beim Hotel Mora Mora in Mangily (Tel 032 04 52917, www.atimoo.com). Fünf Tauchgänge kosten für einen Taucher 160 €, für zwei 210 €, Tauchlehrgang Scuba 245 €. Die Preise beinhalten die Bootsfahrt, das Equipment und den Tauchführer. Eine weitere Tauchbasis ist dem Hotel Nautilus angeschlossen (s. oben).

Hochseefischen und Wale beobachten – **Lagon Vision:** Tel. 032 04 77723, jacquotifaty@yahoo.fr. Die Wassersportbasis des Franzosen Jacques Poussars liegt beim Hotel Nautilus. Ausflüge zum Hochseefischen kosten 70 €/ Std. Im Südwinter gibt es manchmal auch die Möglichkeit, Wale vor der Küste zu beobachten, wenn auch meist nicht so gut wie vor der Ostküste (40 €/Std. pro Boot).

Infos

Verkehr

Die Strände von Ifaty und Mangily sind über eine 22 km lange Sandpiste zu erreichen. Für die Strecke muss etwa eine Stunde Fahrzeit eingeplant werden. Taxis-Brousses von Toliara (Ticket ca. 1 €) brauchen fast doppelt so lange.

Weiterfahrt nach Morombe: Die Piste von Ifaty führt weiter nach Norden bis zur Stadt Morombe (s. S. 285). Taxis-Brousses (hier in Form umgebauter Lkws) enden in Manombo (Fahrzeit 4 Std.) oder in Salary (Fahrzeit 8 Std.). Von Salary gibt es nur noch die Möglichkeit, mit einem Boot bis Morombe zu kommen. Wer mit dem eigenen Fahrzeug unterwegs ist, kann von Manombo die Abzweigung auf die Nationalstraße RN 9 nehmen. Diese führt durch das Landesinnere bis zum Fluss Mangoky und biegt später nach Westen ab Richtung Morombe (Fahrzeit mind. 14 Std.!).

Typisches Fischerboot der Vezo am Strand von Ifaty

Der Dornenwald bei Ifaty ! ▶ C 23

Direkt hinter der Küstenstraße, die manchmal direkt am Strand verläuft und dann wieder das Meer einige hundert Meter hinter sich lässt, beginnt der sogenannte Dornenwald. Es ist ein botanisch sehr interessantes und vielfältiges Gebiet, in dem es zahlreiche ungewöhnliche Pflanzen zu entdecken gibt. Unglaublich dicke Baobabs, auch Affenbrotbäume genannt, ragen aus den meist dornigen Büschen hervor. Dazwischen finden sich Aloearten, die von den Einheimischen als Heilpflanze verwendet werden. Überhaupt bietet der Dornenwald eine ganze Reihe von Pflanzen, die der örtlichen Bevölkerung die Möglichkeit geben, Krankheiten zu lindern, Wunden zu desinfizieren oder Blut zu stillen. Daneben eignen sich einige Bäume auch als Baumaterial für den Haus- oder Bootsbau.

Von Weitem zu sehen sind die *Didieraceen* mit ihren tentakelähnlichen Stämmen. Sie werden von den hier lebenden Vezo auch »Kompassbäume« genannt. Da der Wind meist von Nordosten kommt, weisen die Spitzen der stark dornenbewerten Stämme immer nach Südwesten.

Während der langen Trockenperiode von Mai bis November sehen viele Pflanzen des Dornenwaldes wie tot aus, da sie in dieser wasserlosen Zeit ihre Blätter abwerfen, um so ihren Wasserbedarf zu verringern. Aber kurz vor (November/Dezember) und kurz nach der Regenzeit (April) erlebt der Besucher eine wahre Explosion an grünen Blättern, und viele verschiedene Blüten geben der sonst so trockenen Vegetation einen bunten Anstrich.

Leider ist das botanische Paradies an vielen Stellen durch die schnell wachsende Bevölkerung bedroht. In einigen Abschnitten entstanden daher private Parks, um die einzigartige Vegetation vor der Zerstörung zu bewahren. Sie können direkt von der Küstenstraße aus in den Dornenwald wandern oder sich mit einem Auto oder Zebu-Karren zu einem der privaten Schutzzonen bringen lassen.

Aktiv

Spazieren im Dornenwald – **Reniala-Reservat:** Das private 45 ha große Reservat liegt im Hinterland von Mangily. Es ist zu Fuß, mit Geländewagen oder einem Zebukarren (5 € p. P. hin ▷ S. 180

Auf Entdeckungstour: Miary und die heiligen Bäume

Alte Bäume haben in vielen Kulturen eine besondere Bedeutung. Sie dienen als Sitz von Göttern oder werden mit den Geistern von Verstorbenen in Verbindung gebracht. Ein besonders beeindruckendes Exemplar ist im kleinen Ort Miary, 17 km nordöstlich von Toliara, zu bewundern.

Reisekarte: ▶ C 23
Anreise: Da nur wenige lokale Minibusse nach Miary fahren, ist es einfacher, sich in Toliara ein Taxi zu mieten (ca. 25 000 MGA, ca. 7 €). Mit dem eigenen Fahrzeug erreicht man Miary in etwa 30 Minuten über die Verlängerung der Route de l'Université.
Besuchszeiten und Eintritt: Fremden wird nur tagsüber (ca. 7–17 Uhr) Einlass gewährt. Der Eintritt beträgt ca. 2 € plus Trinkgeld für den Führer; extra Obolus für das Königsgrab.

Bei der Ankunft in Miary werden Sie sicherlich zunächst von ein paar Kindern begrüßt. *Vazaha,* wie weiße Europäer in Madagaskar genannt werden, kommen nicht oft hierher. Nach einem kurzen Spaziergang stehen Sie vor einem ›Wald aus einem Baum‹: ein riesiger Banyan-Baum *(Ficus sp.),* der inmitten eines eingezäunten Platzes steht.

Aus einem Baum wird ein Wald

Dieses so überaus beeindruckende ›Baumgebilde‹ wurde strenggenommen nur über eine ›Leiche‹ zu dem, was es heute ist: Banyan-Bäume benötigen wie alle Würgefeigen einen Wirtsbaum für ihr Wachstum. Ihre Samen keimen nicht im Boden, sondern werden von Vögeln auf den Ästen eines Wirtes ausgeschieden. Der aus dem Samen entstehende Keimling bildet lange Luftwurzeln, mit denen sich die Pflanze versorgt. Haben diese langen Wurzeln sich erst einmal im Boden verankert, wachsen sie zu Stämmen heran und der Wirtsbaum stirbt unter der Last der Würgefeige ab. Durch seine zahlreichen, zu Stämmen werdenden Luftwurzeln kann dann sogar im Laufe der Jahrhunderte aus einem einzelnen Baum ein kleiner ›Wald‹ entstehen.

Geschenke für die Ahnen

Der auf mindestens 700 Jahre geschätzte und majestätisch wirkende Banyan-Baum wird seit Jahrhunderten von den Menschen verehrt. Das Areal um den Baum darf nur barfuß und mit Genehmigung eines Ahnenwächters betreten werden. Für einen Besuch ist es erforderlich, ein Geschenk in Form einer Flasche Rum mitzubringen, die den Ahnen zur Besänftigung dargeboten wird. Der heilige Baum von Miary soll heilende Kräfte haben, die ihm die dort lebenden Geister der Verstorbenen verleihen. Viele Kranke kommen hierher, um sich Linderung oder Erlösung von dem Übel zu erbitten. Sogar Ex-Präsident Zafy soll den Baum einst besucht haben.

Die Legende von Miary

Die Legende um den Baum von Miary besagt, dass einst eine große Dürre herrschte und sogar der nahegelegene große Fluss Fiherenana auszutrocknen drohte. Ein Zauberer erschien dem König Baba und empfahl ihm, seine 12-jährige Tochter zu opfern, damit der Fluss weiterhin Wasser führe. Zum Wohl seines Volkes opferte der Herrscher seine Tochter, doch an der Stelle, an der sie begraben wurde, begann nach kurzer Zeit ein Baum zu wachsen. Seitdem gedenken die Menschen des königlichen Opfers.

Nur einige hundert Meter weiter liegt etwas abseits das Grab des Königs Baba. Er war einst Herrscher der im Gebiet lebenden Masikoro, bevor sie von den Sakalava verdrängt wurden. Das Grab darf ebenfalls nur barfuß und mit Führer besucht werden.

Heilige Baobabs

Im angrenzenden Dornenwald, der am besten vom 20 km entfernten Dorf Miary zu erreichen ist, befinden sich zahlreiche Baobabs. Neben dem Banyan-Baum von Miary gelten in Madagaskar auch alte und dementsprechend große Baobab-Bäume als heilig. Sie haben in der Regel nur lokale Bedeutung, oft nur für die Bewohner eines Dorfes. Auch sie sind als Ruhestätte für Ahnen sehr beliebt. Bei einem Spaziergang im Dornenwald lassen sich daher immer wieder Heilige Bäume mit unterschiedlichen Geschichten finden. Begeben Sie sich ruhig in die Hände eines erfahrenen lokalen Führers und lassen sich überraschen, was der Dornenwald verbirgt und welche Geschichten er zu erzählen weiß.

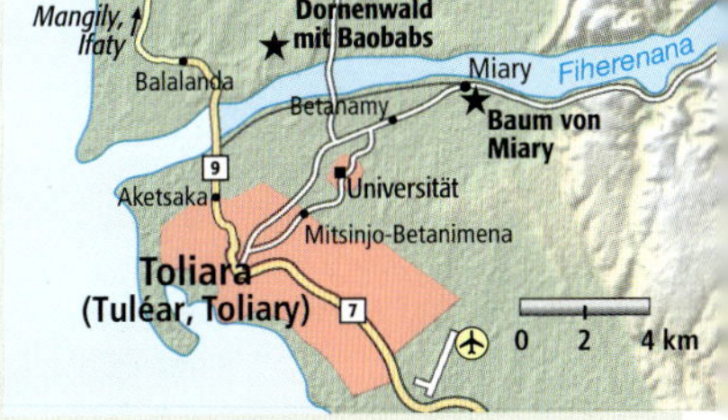

Mein Tipp

Erholsame Strandhotels abseits der Reiserouten
Die Strandhotels nahe **Anakao** sind eine gute Alternative zu den Hotels im nördlich gelegenen Ifaty. Sie liegen sehr abseits – nur mit einem Boot zu erreichen – und garantieren damit erholsame Tage abseits der Reiserouten. Das vorgelagerte Riff sowie die Nähe zu den kleinen vorgelagerten Inseln Nosy Satrana und Nosy Vé bieten Ausflugsmöglichkeiten für Tauchbegeisterte und Vogelliebhaber. Ein Tagesausflug mit Picknick wird von den Hotels organisiert und ist ein wunderschönes Erlebnis. Es empfehlen sich die folgenden Bungalow-Hotelanlagen: **Le Prince Anakao** (Tel. 020 94 43957, www.hotelprinceanakao.com, DZ 20–45 €), **Safari Vezo** (Tel. 034 07 60252, www.safarivezo.com, DZ ab 68 €) und **La Landaka** (Tel. 020 94 92221, www.lalandaka.com, DZ 25–42 €).

und zurück) zu erreichen. Geöffnet tgl. 7.30–17.30 Uhr, Eintritt inkl. Tour 3,50 € (1,5 Std.), 10,50 € (5–6 Std.). Die geführten Wanderungen vermitteln viele Informationen über die einzigartige Pflanzenwelt und führen u. a. zu einem Baobab mit 12,5 m Durchmesser.

Südlich von Toliara

▶ C 23–25

Über die Straße Route d' Intéret General gelangt man von Toliara aus auf die Nationalstraße RN 7. Einige Kilometer außerhalb der Stadt zweigt die Piste nach Anatsogno ab.

Anatsogno (St-Augustin) ▶ C 24

Das Fischerdorf liegt direkt am Wendepunkt des Steinbocks, oberhalb der Mündung des Onilahy-Flusses. Seine Lage ist wunderschön, flankiert von weißen Sanddünen und einem Naturpool in einer Felsenhöhle. In den Blickpunkt der Geschichte geriet das Dorf 1646, als die Briten in der Bucht landeten, um von dort aus Madagaskar in Besitz zu nehmen. Der Plan ging jedoch schief und die wenigen überlebenden Briten zogen wieder ab.

Anakao ▶ C 24

Südlich der Flussmündung befinden sich herrliche Sandstrände. Diese sind wie das Dorf Anakao allerdings schwer zu erreichen, da es im Mündungsbereich keine Brücke über den Fluss gibt. Anakao ist daher nur per Boot von Toliara aus oder mit einem Fahrzeug bis **Sarodrano** und von dort per Boot zu erreichen. Seit einigen Jahren gibt es akzeptable Hotels, sodass sich Anakao trotz der abgeschiedenen Lage zu einer Konkurrenz zu Ifaty entwickelt (s. Mein Tipp oben links).

Nosy Vé ▶ C 25

Ein Highlight ist die Anakao gegenüberliegende Insel Nosy Vé, die bereits 1529 von den Portugiesen als Ankerplatz genutzt wurde. Die Franzosen errichteten Ende des 19. Jh. einige Verwaltungsgebäude (Reste noch zu sehen), bevor sie nach Toliara zogen. Heute stellt die Insel ein Heiligtum der örtlichen Vezo dar, die zweimal im Jahr für eine Zeremonie *(Soro Vorombe)* hierher kommen, um von den Geistern gute Fischfänge zu erbitten. Nosy Vé besitzt wunderschöne Strände und eine Brutkolonie der Rotschwanz-Tropikvögel *(Phaethon rubricauda).* Für den Besuch der unter Naturschutz stehenden Insel wird ein Ticket benötigt (FIMIMANO-Büro, Anakao, ca. 3 €).

Tsimanampetsotsa-Nationalpark ▸ C 25

Tsimanampetsotsa ist eines der ältesten Schutzgebiete Madagaskars. Bereits 1927 wurden der gleichnamige See und seine Umgebung unter Schutz gestellt. Den Status als Nationalpark erhielt das Gebiet allerdings erst 1999. Geschützt wird auf einer Fläche von 432 km² der See sowie Teile des Dornenwaldes. Dieser gedeiht in küstennahen Ebenen auf einem Boden, der reichlich mit Kalkstein durchsetzt ist. In diesem Kalkstein befinden sich in dem Gebiet, das sich bis auf 160 m Höhe erstreckt, auch einige Grotten.

Typisch für diesen Lebensraum sind, als eine der wenigen hier lebenden Lemurenarten, die Kattas. Der Dornenwald ist auch Lebensraum des seltenen Großen Streifenmungos *(Galidictis grandidieri).* Im Park leben des Weiteren 112 Vogelarten, darunter fünf Arten der endemischen Gattung der Seidenkuckucke *(Coua).*

Der **See,** dem der Park seinen Namen verdankt, besteht aus Brackwasser, einer Mischung aus Süß- und Meereswasser. Während der Regenzeit (Dezember–März) vergrößert sich der See um bis zu 30 % und erreicht dann ein Ausmaß von etwa 20 km Länge und 3 km Breite. Der Tsimanampetsotsa ist für Naturliebhaber besonders interessant, da er die seltene Möglichkeit bietet, von April bis November Rosa Flamingos *(Phoenicopterus ruber)* zu beobachten.

Übernachten

Es gibt zurzeit nur zwei Campingplätze am Nationalpark; Zelte und Verpflegung müssen selbst mitgebracht werden. Die nächste Übernachtungsmöglichkeit sind zwei einfache Unterkünfte im Küstenort Beheloka, südlich von Anakao (von dort am besten mit einem Boot zu erreichen), sowie ein neues Hotel im Dorf Ambola:
Idyllisch – **Ambola:** Tel. 032 45 32621, www.ambola-madagascar.com, DZ ab 40 €, Frühstück 4 €. Bungalow-Hotel direkt am eigenen Strand. Verschiedene Aktivitäten, u. a. Ausflüge zum Tsimanampetsotsa-Nationalpark und Bootstouren zum Riff.

Infos

Eintritt: tgl. 7–17 Uhr, Ticket 45 000 MGA (ca. 12,50 €) plus Gebühren für den Parkführer. Tickets im ANGAP-Büro in Toliara oder direkt im Parkbüro am Eingang des Nationalparks (Westseite des Sees). Das Parkbüro vermittelt auch einen Parkführer.
Anfahrt: Zu erreichen ist der Nationalpark über die RN 10 und eine bei km 146 abzweigende, 102 km lange Piste. Die Anfahrt dauert fast einen ganzen Tag! Eine zweite Zufahrtsmöglichkeit besteht über die Küstenpiste über Soalara nach Beheloka. Diese Piste ist aber nur eine Alternative, wenn die Fähre über den Onilahy-Fluss funktioniert (3,5 Std.). Dann fährt einmal wöchentl. auch ein Taxi-Brousse von Toliara nach Beheloka. Etwas einfacher ist die Anfahrt vom Meer her mit einem Boot, z. B. von Anakao aus. Dort helfen die Hotels bei der Organisation. Die Abzweigung von der Küstenpiste zum Nationalparkbüro ist nicht leicht zu finden, ein von den Hotels gestellter Guide kann da sehr hilfreich sein.

Das Beste auf einen Blick

Die Südspitze

Highlight!

Berenty-Park: Nirgendwo sind Lemuren so leicht zu beobachten wie in diesem privaten Schutzgebiet am Mandrare-Fluss: die schönen Kattas mit ihren geringelten Schwänzen oder die weißen Larvensifakas, die scheinbar tanzend die Waldlichtungen überqueren. S. 192

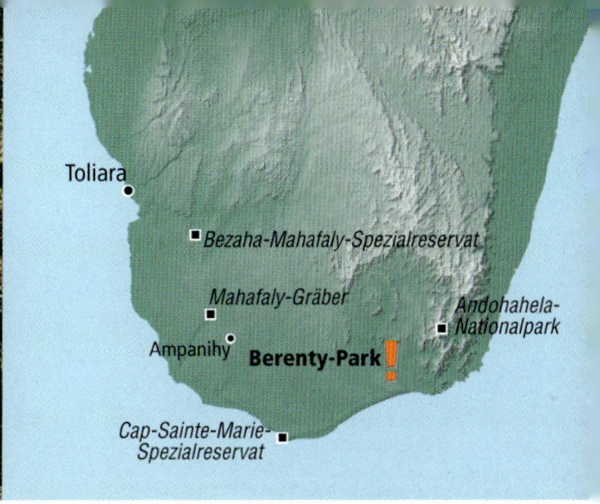

Kultur & Sehenswertes

Mahafaly-Gräber: Im Süden Madagaskars gibt es noch zahlreiche traditionelle Grabstätten des Mahafaly-Volkes. S. 185

Cap-Sainte-Marie-Spezialreservat: Berühmt ist das Cap Sainte Marie vor allem wegen seiner zahlreichen Schildkröten. S. 189

Zu Fuß unterwegs

Wandern im Bezaha-Mahafaly-Spezialreservat: Weitab von gängigen Reiserouten erhält man einen Eindruck von der faszinierenden Flora und Fauna des Südens. S. 187

Wandern im Andohahela-Nationalpark: Zu Fuß geht es durch drei Klimazonen mit ihren unterschiedlichen Pflanzenwelten. S. 196

Genießen & Atmosphäre

Unter dem Sternenhimmel: Im Süden Madagaskars ist der Nachthimmel oft sternenklar. So kann man den eindrucksvollen Sternenhimmel der Südhalbkugel in seiner vollen Pracht bewundern – ein einmaliges Naturschauspiel, das man zum Beispiel auf dem Kirchplatz von Ampanihy genießen kann! S. 187

Abends & Nachts

Nachtwanderung im Berenty-Park: Bei einer Nachtwanderung im Dornenwald des Berenty-Parks können nachtaktive Tiere beobachtet werden. Unter dem meist klaren Nachthimmel bringen Maus- und Wieselmakis Leben in den gegen das Mondlicht bizarr wirkenden Dornenwald. Eulen gleiten lautlos dahin, Chamäleons schlafen auf dünnen Zweigen am Wegesrand. S. 196

Abseits der Reiserouten

Weite Teile des Südens gehören zu den am wenigsten bereisten Gebieten Madagaskars. Das liegt vor allem an der unzureichenden Infrastruktur, d. h. den schlechten Pisten und kaum vorhandenen Unterkünften, viele Naturschutzgebiete können nur mit Campingausrüstung besucht werden. Eine Reise in den Süden sollte daher gut vorbereitet sein. Ein Allradfahrzeug ist unerlässlich.

Dennoch ist eine Erkundung der Südspitze der Insel sehr lohnenswert. Abseits jeglicher Touristenströme erlebt man ein noch ursprüngliches Madagaskar. Die Vegetation mit ihren interessanten sukkulenten Pflanzen, allen voran die typischen Baobabs, gibt immer wieder Anlass zum Halten und Staunen. In den beiden Nationalparks Bezaha Mahafaly und Andohahela wird man wahrscheinlich mit sich und der Natur alleine sein.

Von Toliara nach Betioky ▸ C/D 23/24

Die Reise in den tiefen Süden startet in der Stadt Toliara (s. S. 170). Von dort sollten Sie bereits früh morgens aufbrechen. Nach 65 km auf der RN 7 Richtung Osten wird der Ort **Andra-**

Infobox

Touristeninformation
Im Süden selbst gibt es kein Informationsbüro. Unterstützung bei der Planung einer Tour bekommen Sie bei den Tourismusämtern der nächstliegenden Städte Toliara (s. S. 170) und Tolagnaro (s. S. 200). Bei der Planung und Realisierung einer Tour in den Süden sind auch die in Toliara und Tolagnaro ansässigen Reiseagenturen behilflich. Dort können auch Fahrzeuge inklusive Fahrer gemietet werden.

Anreise und Weiterkommen
Die Südspitze wird am besten von Toliara im Westen oder von Tolagnaro (Fort Dauphin) im Osten aus bereist. Von Toliara aus kommend führt die RN 10 in den Süden. Sie ist eine Piste in unterschiedlich schlechtem Zustand. Bei Ambovombe gelangen Sie auf die etwas bessere RN 13, die bis an die Ostküste führt. Für die rund 500 km lange Strecke von Andranovory bis Tolagnaro sind ohne Abstecher und Besichtigungen mindestens zwei Tage einzuplanen. Um die Besonderheiten des Südens wirklich zu erfassen, empfiehlt es sich, eine Woche Zeit zu nehmen.

Eine theoretische Alternative zur Erkundung der Südspitze bietet die 10 km westlich von Ihosy nach Süden abzweigende RN 13. Der 370 km lange Abschnitt über Betroka nach Ambovombe ist allerdings in einem katastrophalen Zustand, sodass man diese Route lieber meiden sollte.

Mit dem Taxi-Brousse unterwegs
Alle oben genannten Strecken werden unregelmäßig auch mit Taxis-Brousses bedient. Wegen der schlechten Pisten und der langen Fahrt sollten Sie sich das Abenteuer gründlich überlegen.

novory erreicht. Hier zweigt die RN 10 Richtung Süden ab und die Pistenstrecke beginnt. Sie führt durch eine zunächst recht eintönige Landschaft, in der Dornenbüsche vorherrschen. Nach etwa einer Stunde Fahrt (26 km) verlässt man das südwestliche Plateau, ein kurzes Stück alte Asphaltstraße führt hinunter in die Ebenen. Dabei bietet sich eine schöne Aussicht auf die tieferliegenden Gebiete. Zwischen Kilometer 52 und 53 befindet sich die Stelle, an der die Strecke den Wendekreis des Steinbocks kreuzt.

Tongobory und Umgebung ▸ D 24

Nach etwa drei Stunden Fahrt wird Tongobory erreicht. Der Ort liegt am Onilahy, einem der größten Flüsse Südmadagaskars. Wie ein breites grünes Band zieht er sich durch die ansonsten eher trockene Landschaft. Eine Stahlbrücke führt auf die andere Seite des Flusses und des Ortes.

Bereits während des ersten Streckenabschnitts konnte man entlang der Straße die eine oder andere Grabstätte des Volksstammes Mahafaly sehen, der im Südwesten Madagaskars beheimatet ist. Die Mahafaly sind hauptsächlich Rinderhirten und wie die Sakalava für ihre großen Einzelgräber bekannt. Nach der Flussüberquerung des Onilahy erreicht man nun ein Gebiet mit besonders schönen und vor allem gut erhaltenen **Mahafaly-Gräbern.**

Die Grabstätten werden in rechteckiger Form errichtet und mit einer etwa 1 m hohen Mauer – ursprünglich aus aufgeschichteten Steinen, heute mehr und mehr aus Beton – eingefasst. Die Wände dieser neueren Gräber werden malerisch verziert, entweder mit typischen Ornamenten und Motiven der Mahafaly oder mit Bildern, die symbolisch für den Toten bzw. sein Leben stehen. Das Innere der Mauer wird mit Steinen aufgefüllt und in der Mitte der Tote in einem erhöhten Steinaufbau eingebettet.

Auf den Gräbern finden sich zahlreiche Zebuschädel. Diese stammen von den während der Beerdigungsfeier geschlachteten Zebus. Nach den Feierlichkeiten kommen die Tierschädel auf das Grab und noch Jahrzehnte später kann anhand der Schädel-Anzahl der Reichtum der bestatteten Person erahnt werden. Des Weiteren verzieren die Mahafaly ihre Gräber mit hölzernen Stelen. Neben traditionellen Symbolen tragen diese *Aloalo* auf ihrer Spitze eine Abbildung, die als Symbol für die wichtigen Dinge im Leben des Toten stehen.

Eine Fahrstunde später ist das Dorf **Betioky** erreicht, in dem linker Hand die Straße zum 35 km entfernten Bezaha-Mahafaly-Spezialreservat abzweigt (ausgeschildert).

Bezaha-Mahafaly-Spezialreservat ▸ D 24

Das kaum besuchte Spezialreservat gehört mit 600 ha zu den kleinsten Schutzgebieten Madagaskars und besteht aus zwei Vegetationsbereichen: zum einen aus einem Galeriewald am saisonalen Fluss Zanamena, zum anderen aus einem Bereich mit dem für den Süden typischen Dornenwald. In Bezaha-Mahafaly leben 21 Arten von Säugetieren, darunter Larvensifakas, Kattas und der nachtaktive Graubraune Mausmaki *(Microcebus griseorufus)*. Insgesamt 102 Vogelarten sind im Reservat bekannt. Dazu gehören u.a. die Braunstirn-Newtonie *(Newtonia archboldi)*, der Schmalschnabel-Vanga *(Xenopirostris xenopirostris)* und der Madagaskar-Sperber *(Accipiter madagascariensis)*. Des Weiteren gibt es 39 Arten von Reptilien und Amphibien. Bisher sind zudem 210 Pflanzenarten im Reservat beschrieben. Darunter zählen im Dornenwald *Alluaudia procera* und *Pachypodium geayi* sowie *Tamarindus indica* im Galeriewald.

Im Südsommer kann es mit Temperaturen bis 40 °C recht heiß werden. Der Park verfügt nur über spartanische touristische Einrichtungen. Neben dem **Parkbüro** an der Straße gibt es eine Forschungsstelle mit einem **Botanischen Garten** und ein kleines **Museum** u. a. mit einer Insektenausstellung.

Übernachten, Essen

Im Reservat steht ein **Campingplatz** (ohne Einrichtungen, Tel. 034 49 40195) zur Verfügung, das gesamte Equipment sowie Essen, Wasser, Kochutensilien etc. sind mitzubringen, Campinggebühr 12 000 MGA (ca. 3,50 € pro Person).

In Betioky

Konkurrenzlos – **Tsaramandroso:** an der Straße Richtung Reservat, Tel. 033 09 41479, DZ-Bungalow ca. 6–12 €. Das Hotel verfügt über 16 einfache Bungalows mit Dusche (kaltes Wasser). Das kleine Restaurant bietet nur

Aloalo genannte Holzstelen schmücken die Gräber der Mahafaly

madagassische Speisen (rechtzeitig vorbestellen!).

Aktiv

Tierbeobachtung – **Geführte Wanderungen:** Im Reservat werden Halbtageswanderungen angeboten. Um die Chance auf gute Tierbeobachtungen zu erhöhen, sollte man früh, vor 8 Uhr, losgehen. Eine Nachtwanderung (ab 18.30 Uhr) ist ebenfalls interessant.

Infos

Eintritt: Der Eintritt für das Reservat ist im Parkbüro zu entrichten und beträgt 25 000 MGA (ca. 7 €). Hinzu kommt noch eine Gebühr für den Parkführer, die sich nach Länge der Wanderung und Anzahl der Personen bemisst.

Anfahrt: Das Bezaha-Mahafaly-Reservat ist von Betioky aus 35 km entfernt (1,5 Fahrstunden). Vom Beginn der RN 10 in Andranovory bis Betioky sind es etwa vier Fahrstunden.

Ampanihy ▸ E 26

Im weiteren Verlauf der RN 10 befindet sich bei Kilometer 146 die Abzweigung zum gut 100 km entfernten Tsimanampetsotsa-Nationalpark (s. S. 181). Kurz vor dem Etappenziel Ampanihy (26 km) muss der Manakaravavy-Fluss durchfahren werden. Die Piste ist auf dieser Strecke zurzeit sehr schlecht, für die Fahrt bis Ampanihy muss mit 1–1,5 Stunden gerechnet werden.

Die kleine Stadt Ampanihy (»Ort der Fledermäuse«) ist zu einem Zentrum der Produktion von Angora-Wolle geworden. Die Angora-Ziegen wurden in den 1970er-Jahren eingeführt und ein Entwicklungsprojekt kümmerte sich um die Verarbeitung der Wolle und den Vertrieb von daraus hergestellten Mohair-Teppichen. Durch Kreuzungen mit herkömmlichen Hausziegen nahm jedoch die Qualität der Wolle immer weiter ab, sodass das Projekt Ende der 1980er-Jahre zum Erliegen kam.

Erst Mitte der 1990er-Jahre wurde die Teppichverarbeitung wieder aufgenommen. Mit Unterstützung der EU kamen erneut reinrassige Angora-Ziegen nach Madagaskar. Die Verarbeitung und Herstellung kann besichtigt werden. Der Kauf der Mohairteppiche selbst lohnt wegen der größeren Auswahl eher in Toliara (s. S. 173).

Im Zentrum von Ampanihy fällt eine weiß-getünchte katholische **Kirche** auf. Der Bau mit zwei quadratischen Türmen steht auf einem Platz, der von Flammenbäumen gesäumt wird. Nachts spannt sich über Kirche und Platz ein grandioser Sternenhimmel.

Übernachten, Essen

Einfach – **Angora:** im Zentrum nahe dem Markt gelegen, Tel. 033 12 23282 DZ-Bungalows je nach Größe 7–14 €, Frühstück ca. 2 €. Die einfachen Bungalows befinden sich etwas abseits des angeschlossenen Restaurants und haben jeweils WC/Dusche (kaltes Wasser), abends Strom durch Generator.
Einfacher – **Filaos:** Hauptstraße am Ortsende, Tel. 033 23 14172, DZ-Bungalow 5 €, DZ 4,50 €. Die zwei Bungalows und vier Zimmer haben jeweils WC/Dusche (kaltes Wasser).

Infos

Verkehr

Flug: Ampanihy verfügt über eine Landepiste und kann mit einem kleinen Charterflieger erreicht werden.
Auto: Eine schlechte Piste führt Richtung Südwesten zum Küstenort Androka und dem Cap Andriamanao.

Fahrt zum heiligen Baobab

Von Ampanihy aus bietet sich ein Ausflug zum heiligen und größten Baobab der Gegend an. Die Fahrt führt zunächst 6 km die RN 10 zurück nach Norden, bei einer Gruppe von **Mahafaly-Gräbern** geht eine **Piste** links ab. Da die mit einem Allradfahrzeug gut zu befahrende Piste sich häufig gabelt, sollte ein örtlicher Führer in Ampanihy mitgenommen werden. Nach einer Stunde Fahrt und 22 km wird der große **Baobab** erreicht. In seinen dicken Ästen halten sich tagsüber Flughunde zum Schlafen auf. In einer Baumhöhle am Fuß des Baobabs lebt eine Madagaskar-Boa.

Der Baobab oder Affenbrotbaum hat eine für Bäume etwas ungewöhnliche Form. Besonders während der Trockenzeit, wenn der Baum keine Blätter trägt, sieht es so aus, als ob er kopfüber mit den Wurzeln gen Himmel wachse. Interessanterweise erzählt man in den drei Gebieten, in denen der Baobab vorkommt (Madagaskar, Afrika, Australien) eine ähnliche Geschichte, wieso der Baum so aussieht, wie er aussieht:

In Madagaskar war es Gott Zanahary, der die Welt erschuf. Er sah auf sie herab und war zufrieden. Er erfreute sich an all den Pflanzen und Tieren. Doch eines Tages bemerkte er, dass eine Pflanze sehr arrogant und hochnäsig den anderen gegenüber war. Der Baobab behauptete von sich, die schönste und mächtigste Pflanze zu sein. Zanahary gefiel das gar nicht und stellte ihn zur Rede. Er erklärte ihm, dass alle Pflanzen gleich wichtig seien und dass alle ihren Platz auf der Erde hätten, ganz egal, ob sie große oder kleine, viele oder wenige Blüten haben. Doch der Baobab hatte kein Einsehen. Weiterhin erhob er sich hochnäsig über die anderen Pflanzen. Eines Tages wurde Zanahary darüber so wütend, dass er den Baobab mit einer Hand herausriss und ihn kopfüber wieder in den Boden rammte. Seitdem wächst der Baobab ›verkehrt herum‹.

Zum Cap Sainte Marie ▸ E 26/27

Auf der weiteren Fahrt entlang der RN 10 befinden sich erneut schöne Mahafaly-Gräber. Die Piste ist nun recht schlecht, bis zum Ort **Amborompotsy** werden ca. 1,5 Stunden benötigt. Eine Stunde später (61 km vor Beloha) wird ein kleiner Fluss überquert. Nach einer weiteren Stunde (ca. 130 km nach Ampanihy) führt eine Abzweigung nach **Lavanono** an die Küste. Das kleine Fischerdorf befindet sich an einem schönen Sandstrand. Auf dem weiteren Verlauf der RN 10 gibt es zwei Abzweigungen zum Cap-Sainte-Marie-Spezialreservat, von Ampanihy aus gerechnet bei Kilometer 143 und bei Kilometer 163.

Übernachten

Ideal zum Besuch des Reservats Cap Sainte Marie – **Lavanono Eco-Lodge:** Lavanono, Tel. 033 08 65651 oder 032 22 18737, www.lavanono.com, DZ 110 000 MGA (ca. 32 €), DZ in Bungalows »Surf Camp« 60 000 MGA (ca. 18 €). Die Hotelanlage bietet sich für Reisende an, die das rund 25 km entfernte Reservat Cap Sainte Marie besuchen möchten. Die einfachen DZ sind im traditionellen Antandroy-Stil eingerichtet.

Spezialreservat Cap Sainte Marie ▸ E 27

Cap Sainte Marie ist der südlichste Punkt Madagaskars. Es ist Teil eines 1750 ha großen Gebietes, das als Spezialreservat 1962 unter Schutz gestellt wurde. Dieses liegt direkt an der Küste und reicht bis auf Höhen von 200 m. Ungewöhnlich für diesen Teil Madagaskars ist die Steilküste, die bis zu 192 m aufsteigt. Hier weht meist das ganze Jahr über ein kräftiger Wind. Die durchschnittliche Tageshöchsttemperatur beträgt 19–23 °C.

Die Gegend ist bekannt als Fundstelle von Knochen und Eierschalen des legendären Vogel Rock (Elefantenfußvogel, *Aepyornis maximus).* Das Schutzgebiet hat zudem eine der höchsten Schildkrötenpopulationen der Welt, durchschnittlich ca. 3000 der ansonsten seltenen Strahlenschildkröten *(Geochelone radiata)* pro Quadratkilometer leben dort. Ein Grund ist wohl die Tatsache, dass es bei den Antandroy Fady ist, Schildkröten zu essen. Des Weiteren finden sich im Reservat 14 Vogel- und weitere Reptilienarten. Vor der Küste sind zwischen Juni und Oktober oft Buckelwale *(Megaptera novaeangliae)* zu sehen.

Bemerkenswert ist auch die Flora am Kap. Durch den permanenten Wind wachsen die Pflanzen nicht besonders hoch. Einige endemische Pflanzen sind dort zu Hause, wie das Wolfsmilchgewächs *Euphorbia capsaintemariensis.*

Übernachten

Es gibt noch keine festen Übernachtungsmöglichkeiten im oder am Reservat, nächstliegende Übernachtungsmöglichkeiten sind in Lavanono (s. links) und Faux Cap (S. 190). Um den strapaziösen An- und Abfahrtsweg nicht am selben Tag zu bewältigen, ist Zelten die beste Alternative. Einfache Zelte können beim Reservatsbüro gemietet werden: 4 Zelte mit je 2 Plätzen kosten 10 000 MGA pro Zelt/Nacht. Auch Restaurants oder Geschäfte fehlen. Alle Speisen und Getränke müssen mitgebracht werden!

Infos

Eintritt: Das Park-Büro befindet sich im Nordwesten des Reservats an der Zufahrtsstraße. Der Eintritt beträgt 20 000 MGA (ca. 5,60 €) p. P. Hinzu kommt ein Entgeld in vergleichbarer Höhe für den Parkführer.

Dünen aus weißem Sand säumen den Strand von Betany

Betany (Faux Cap)

▶ F 27

Der kleine Ort ist den meisten Madagassen noch unter seinem kolonialen Namen bekannt, der mittlerweile zu Foa-Kapy ›malagasysiert‹ wurde. Betany, am besten über eine gute Piste vom 27 km entfernten Ort Tsiombe aus zu erreichen, liegt bereits im Siedlungsgebiet der Antandroy, eines halbnomadisch lebenden Volkes. Bis zur französischen Kolonialzeit glaubten die Europäer irrtümlich, dort sei der südlichste Punkt der Insel.

Das Dorf lebt vom Fischfang und etwas Landwirtschaft wie Rinderzucht und Anbau von Maniok und Süßkartoffeln. Montags findet ein Wochenmarkt statt. Ein herrlicher weißer Sandstrand lädt zum Baden und Spazieren ein. In den Sanddünen der Umgebung lassen sich mit Glück noch Eierschalen des ausgestorbenen Riesenvogels Rock finden (Ausfuhr nur mit Genehmigung!).

Übernachten, Essen

Idylle inbegriffen – **Libertalia:** am Ende der Hauptstraße, direkt am Strand, Tel. 032 07 56041, www.madalibertalia.com, DZ-Bungalow 36 €, Triple Bungalow 45 € inkl. Frühstück; Restaurant auf Vorbestellung, Menü 10 €. Das Hotel hat seine besten Zeiten hinter sich, wohl auf Grund der Lage ›am Ende Madagaskars‹ ist es heute überteuert. Dennoch bietet es die beste Übernachtungsmöglichkeit vor Ort. Sieben Bungalows haben Blick aufs Meer.

Einfach – **Cactus:** oberhalb des Libertalia-Hotels, Tel. 033 14 96717 oder 034 17 97398 (wegen meist schlechter Verbindung Reservierung auf den Anrufbeantworter hinterlassen), DZ-Bunga-

low 11 €, Frühstück 2,50 €. Die zwölf einfachen Bungalows stehen auf einer Düne oberhalb des Strandes, sehr einfache sanitäre Einrichtungen.

Aktiv

Ausflug – **Tour zum Cap Sainte Marie:** Das Libertalia-Hotel bietet Ausflüge mit Allradfahrzeug zum Reservat an (ca. 1,5 Std. Fahrzeit). Einen Ausflugswunsch sollte man möglichst vorher anmelden.
Naturerlebnis – **Walbeobachtung:** Von Juni bis Oktober gibt es die Möglichkeit, Buckelwale an der Küste zu beobachten, zuweilen sogar schon direkt vom Strand aus. Ein Boot bringt Sie hinaus, den Walen etwas näher. Zu organisieren sind die Bootstouren über die Hotels. Auch einige Fischer bieten ihre Dienste an, hier sollten Sie sich allerdings vorher die Boote genau anschauen.

Auf der RN 13 Richtung Tolagnaro

▸ G/H 26/27

Ambovombe ▸ G 27

Die Stadt Ambovombe (»Ort der vielen Brunnen«, ca. 68 000 Einw.) ist die Hauptstadt der Antandroy und ein wichtiger Verkehrsknotenpunkt der Region: Hier stößt die RN 10 auf die RN 13, eine etwas löchrige Asphaltstraße, die Ihosy im Norden mit Tolagnaro an der Ostküste verbindet. Montags vormittags ist Wochenmarkt und viele Antandroy kommen von weither, um Zebus oder ihre Erzeugnisse zu verkaufen. Es gibt einfache Restaurants und sehr einfache Hotels zum Übernachten. In der Gegend außerhalb der Stadt fallen etliche windschiefe Bäume auf, die aufgrund des starken Windes nur in eine Richtung wachsen. Bis zum nächstgrößeren Ort Amboasary sind es gut eine Stunde Fahrzeit.

Amboasary ▸ G 26

Die kleine Stadt mit 37 000 Einwohnern liegt zu beiden Seiten des Mandrare-Flusses. Sie teilt sich dadurch in die Stadtteile »Nord« und »Sud«. Sie werden durch eine alte, 415 m lange Eisenbrücke verbunden, die von der Firma des Gustave Eiffel (Erbauer des berühmten Eiffel-Turmes) errichtet wurde. Der 270 km lange Mandrare-Fluss ist einer der wichtigsten Flüsse des Südens. Sein Wasser wird auch für die Sisal-Produktion genutzt.

Übernachten

In Amboasary selbst gibt es keine Unterkünfte, aber 3 km vom Ort Ifotaka entfernt, am Ufer des Flusses Mandrare, existiert mit dem **Mandrare River Camp** ein luxuriöses Zeltcamp mit sechs festen Zelten (Tel. 032 40 82583, www.madaclassic.com).

Berenty-Park ! ▸ G 26

Versteckt in den Sisalplantagen nördlich von Amboasary liegt der Berenty-Park. Zu ihm führt nur eine, nicht näher ausgeschilderte Piste, die linker Hand vor Amboasary von der RN 13 abzweigt. Der private Naturpark ist Madagaskars bekanntestes Schutzgebiet. Es gehört der französisch-stämmigen Familie DeHeaulme, die während der Kolonialzeit in der Gegend riesige Sisalplantagen anlegte. Ein kleiner Rest der ursprünglichen Vegetation wurde vor der Rodung verschont und 1936 als privates Schutzgebiet deklariert. Seit 1980 ist der 258 ha große Park auch für Besucher zugänglich.

Berenty steht als Begriff für mehrere kleine Schutzzonen mit unterschiedlicher Vegetation. Der eigentliche Berenty-Park besteht aus einem **Galeriewald,** der westlich am Ufer des Mandrare-Flusses liegt. Der in zwei Parzellen (Malaza und Ankoba) geteilte Wald wird durch Tamarindenbäume dominiert. Hier leben Kattas *(Lemur katta)*, Larvensifakas *(Propithecus verreauxi)* und ausgesetzte Rotstirnmakis *(Eulemur rufus)*, die dort natürlicherweise nicht vorkommen.

Die Kattas mit ihren schwarz-weiß gestreiften Schwänzen sind das Wahrzeichen der madagassischen Nationalparks und durch ihre weite Verbreitung in europäischen Zoos auch bei uns recht bekannt. Nach einer kalten Nacht sitzen die Tiere gerne in den Kronen der Bäume oder auf einer sonnigen Lichtung und wärmen sich mit ausgestreckten Armen an den morgendlichen Sonnenstrahlen.

Die hauptsächlich auf Blattnahrung spezialisierten Sifakas sind auch als ›tanzende Lemuren‹ bekannt. Um eine breite Lichtung oder einen Weg zu überqueren, gehen sie auf den Boden und ›tanzen‹ auf zwei Beinen zum nächsten Baum. Diese interessante Fortbewegungsart ist in Berenty dank der breiten Besucherwege mit etwas Geduld gut zu beobachten. Neben den Lemuren leben eine große Kolonie Rote-Madagaskar-Flughunde *(Pteropus rufus)* sowie verschiedene Vogelarten im Park. Besonders schön ist der am Boden lebende Riesencoua *(Coua gigas)*.

Zum privaten Schutzgebiet zählen auch einige Parzellen mit ursprünglichem **Dornenwald.** Hier sind vor allem Didieraceen, Aloen und Euphorbien anzutreffen. Der Dornenwald ist beliebt für eine Nachtwanderung. Mit

Den Kattas machen die dornenbewehrten Pflanzen nichts aus

Glück sind die nachtaktiven Grauen Mausmakis *(Microcebus murinus)*, Westliche Fettschwanzmakis *(Cheirogaleus medius)* und Weißfuß-Wieselmakis *(Lepilemur leucopus)* zu sehen.

Antandroy Museum

Tgl. 9–17 Uhr, Eintritt frei

An der Einfahrt zum Berenty-Park (hinter dem Restaurant) befindet sich das private Museum zur Kultur der Antandroy (»Die im Dornenwald leben«). In dem kleinen aber feinen Museum wird ausführlich die Geografie und Natur der Gegend sowie die Lebensweise des Volkes dargestellt. Alltags- und Kultgegenstände sind ebenso ausgestellt wie eine naturgetreue traditionelle Hütte. Im ersten Stock befindet sich eine Ausstellung zum Kunsthandwerk der Antandroy. Außerdem ist eines der wenigen vollständig erhaltenen Eier des Elefantenfußvogels zu sehen.

Übernachten

Naturnah – **Berenty Lodge:** am Rande des Berenty-Parks gelegen, Tel. 032 05 41688, zu buchen über SHTM, Tel. 020 92 21758 oder 032 05 41683, www.madagascar-resorts.com, DZ 43 €, DZ-Bungalow 69 € (inkl. Halbpension). Einzige Übernachtungsmöglichkeit für Parkbesucher. 13 Bungalows und 13 DZ mit Dusche/WC. Strom durch einen Generator (nur zeitweise). Der Preis für die Unterkunft beinhaltet gleichzeitig den Parkbesuch inklusive Führer.

Lieblingsort

Vielfalt pur – der Andohahela-Nationalpark

► H 26

Andohahela ist ein ganz besonderer Nationalpark, denn sein Gebiet erstreckt sich von der Regenwaldzone bis hin zum trockenen Dornenwald. Am faszinierendsten erscheint dabei der Teil Tsimelahy, die sogenannte Übergangszone mit Flüssen und Bächen sowie den herrlichen Aussichten auf die grünen Hügel des Parks. In diesem Parkbereich zeigt sich die ganze Vielfalt der Flora und auf den Felsen des Flussbettes sonnen sich Leguane und Skinke (s. S. 196).

Essen & Trinken

Rustikal – **Berenty Restaurant:** Die einzige Möglichkeit zum Essen und Trinken im Park. Angeboten wird in der Regel ein Menü, bei großem Andrang auch schon mal ein kleines Buffet. Das Mitbringen von Verpflegung und Getränken in den Park bzw. zur Lodge ist nicht gestattet.

Aktiv

Erlebnis – **Nachtspaziergang:** Mit Führer sind abends im Dornenwald Tiere und am Himmel Sterne zu beobachten, Dauer ca. 1 Std., s. auch Mein Tipp unten.

Infos

Der Besuch des Naturparks ist nur nach vorheriger Buchung möglich! Ein Ausflug kann in jedem der zur SHTM-Gruppe gehörenden Hotels in Tolagnaro gebucht werden (Le Dauphin, Le Croix de Sud, Miramar, s. S. 206). Das Pauschalpaket beinhaltet Hin- und Rückfahrt, Übernachtung mit Halb- oder Vollpension, Eintritt in den Park sowie Parkführer. SHTM-Büro in Antananarivo: Tanjombato, Tel. 020 24 74349, 032 05 46530, Fax. 020 22 46689, www.mada gascar-resorts.com.

Mein Tipp

Unter dem Sternenhimmel Madagaskars im Berenty-Park

Ein überwältigendes Naturschauspiel können ›Nachteulen‹ im Berenty-Park erleben: Da es hier im äußersten Süden Madagaskars keine großen Städte und kaum Elektrizität gibt, herrscht nachts eine tiefe Dunkelheit und der Himmel ist entsprechend klar. Dies erlaubt es, den eindrucksvollen Sternenhimmel der Südhalbkugel in seiner vollen Pracht zu genießen. Wo ist das Kreuz des Südens? Ein wirklich einmaliges Erlebnis! (s. Aktiv oben)

Andohahela-Nationalpark ▸ H 26

Nicht weit vom Ort Amboasary und dem Berenty-Park entfernt, befindet sich Andohahela (s. Lieblingsort S. 194). Der 760 km^2 große Nationalpark wird noch recht wenig besucht, obwohl die Infrastruktur, zumindest was das Wandern betrifft, schon recht gut ist – für Naturliebhaber allemal eine Alternative zum etwas überlaufenen Berenty-Park.

Der Nationalpark besteht aus drei räumlich getrennten Gebieten, die in Höhen zwischen 120 und 972 m liegen und jeweils ein sehr unterschiedliches Stück Natur bewahren. Im ersten Teil des Parks wird der südlichste Bereich des madagassischen **Regenwaldes** geschützt, im zweiten Teil die sogenannte **Übergangszone,** jenes Gebiet, das sich zwischen Regenwald und trockenem Dornenwald erstreckt. Das Gebiet bildet die Grenzregion der beiden ethnischen Volksgruppen Antandroy und Antanosy. Im dritten Teil des Parks befindet sich der **Dornenwald** mit seiner einzigartigen Pflanzenwelt.

Das Klima variiert sehr stark in den drei Teilen des Nationalparks. Während im Regenwaldteil die jährliche Niederschlagsmenge bei 1600 bis 2000 mm liegt, sind es im Dornenwaldgebiet nur 500 bis 700 mm. Die Temperaturen im Regenwald sind meist nicht ganz so warm, wie sie es im trockenen Teil von Andohahela sind. Durch die unterschiedlichen Lebensräume innerhalb des Nationalparks findet sich eine große Anzahl unterschiedlicher Tier- und Pflanzenarten, darunter 15 Lemurenarten, 129 Vogelarten, 75 Reptilienarten und 50 Amphibienarten. Zu den vorkommenden Lemuren gehören der Larvensifaka, der Katta und der Halsbandmaki *(Eulemur collaris)*. Da Lemuren im Nationalpark nicht in so unnatürlich großer Zahl vorkommen wie im Berenty-Park, sind diese nicht so leicht zu entdecken. Jahreszeit, Tageszeit und Glück entscheiden, ob und welche Halbaffen man bei einer Wanderung sehen kann. Eine Besonderheit des Parks ist die Dreieckspalme *(Dypsis decaryi)*. Sie ist endemisch und kommt nur in der Übergangszone vor.

1999 bekam der Park den »Silver Otter Award« als bestes ökotouristisches Projekt des Jahres. Der Profit durch die Eintrittsgebühren von Andohahela finanziert mehrere Projekte für 77 000 Bewohner der Umgebung.

Übernachten

Im Nationalpark gibt es außer Campingplätzen zurzeit noch keine Unterkünfte. Am Eingang zur Übergangszone Tsimelahy wurden 2014 einige Schutzdächer für Zelte sowie eine einfache Küche und sanitäre Anlagen errichtet, die eine einfache Übernachtung im Nationalpark ermöglichen. Informationen dazu erteilt die Nationalparkbehörde in Fort Dauphin (Tel. 034 49 40186, ahl@parcs-madagascar.com). Auf dem Gelände um den jeweiligen Parkeingang ist einfaches Camping möglich (pro Zelt 3 €).

Infos

Eintritt: Der Eintritt für einen Tag beträgt 7 €, für zwei Tage 12,50 € und wird im Büro des jeweiligen Parkteils bezahlt. Das zentrale Büro mit Interpretation Centre an der RN 13 hat seit 2012 bis auf Weiteres geschlossen. Parkführer nehmen pro Rundweg etwa 2,50 €, sie sind an den jeweiligen Ausgangspunkten der Wanderungen stationiert.

Anfahrt zu den drei Parkteilen: Der Nationalpark ist gut von Amboasary oder von Tolagnaro (Fort Dauphin) aus über die mit Schlaglöchern gespickte Nationalstraße RN 13 zu erreichen, die seit Ende 2013 abschnittsweise asphaltiert wird. Nach 48 km (5 km vor dem Ort Ranopiso) befindet sich auf der rechten Seite das zurzeit geschlossene Informationszentrum des Nationalparks (von Fort Dauphin aus nach 39 km und entsprechend links).

Zum Eingang des Gebiets **Übergangszone** (Tsimelahy) sind es keine 10 Minuten die RN 13 zurück. Die beschilderte Abzweigung beim Dorf Ankarera führt rechts über eine schlechte Piste (Allradfahrzeug!) zum 8 km (30 Min.) entfernten Eingang. Dort befindet sich ein kleines Informationszentrum mit Toiletten. Der Rundwanderweg geht über 3,7 km und dauert etwa 2 Std.

Weitere 10 km auf der RN 13 zurück wird der **Dornenwald** bei Mangatsiaka (Parcelle 2) erreicht. Dort sollte man möglichst früh eintreffen, denn mittags kann es recht heiß werden.

Auf dem weiteren Weg Richtung Tolagnaro befindet sich die **Regenwaldzone** des Nationalparks. Nach 68 km (19 km vor Tolagnaro) folgt die erste Abzweigung zu diesem Teil des Parks. Das Parkbüro befindet sich in Malio, nahe dem Bevava-Fluss.

Nach weiteren 8 km (etwa 11 km vor Tolagnaro) wird in Manambaro die zweite beschilderte Abzweigung erreicht. Auf einer Piste geht es 30 km weiter bis zum Ausgangspunkt für den Manangotry-Rundweg.

Das Beste auf einen Blick

Die Ostküste

Highlight!

Nosy Sainte Marie: Die kleine Insel wenige Kilometer vor der Ostküste Madagaskars ist ein Tropenparadies, wie es im Buche steht. Das Klima verleiht Sainte Marie ganzjährig warme Temperaturen und eine üppig grüne Vegetation, leuchtend weiße Sandstrände laden zum Baden und Spazieren ein. Auf der Insel gibt es kaum motorisierten Verkehr, das Leben läuft entsprechend geruhsam ab. S. 222

Auf Entdeckungstour

Auf dem Pangalanes-Kanal: Die während der Kolonialzeit von den Franzosen angelegte Wasserstraße verläuft parallel zur Ostküste. Ein Erlebnis jenseits der Touristenströme bietet die idyllische Bootsfahrt entlang schmaler Kanäle und zahlreicher Seen, die oft nur durch eine Sanddüne vom Indischen Ozean getrennt sind. S. 212

Piratenfriedhof von Sainte Marie: Die Insel Sainte Marie war während der großen Zeit der Seefahrt ein beliebter Piratenunterschlupf. Aus dieser Zeit zeugen noch einige hellhäutigere Inselbewohner und ein malerisch gelegener Piratenfriedhof beim Hauptort Ambodifototra. S. 224

Kultur & Sehenswertes

Zum König der Antaimoro: Ein Besuch bei einem der letzten Könige Madagaskars ist ein besonderes Erlebnis. Der Ältestenrat im Dorf Ivato empfängt gerne Besucher und erzählt mit Hingabe die Geschichte des kleinen Volkes an der Ostküste, das für seine Papierherstellung berühmt ist. S. 209

›Vanilleküste‹: Im Nordosten liegt das größte Vanille-Anbaugebiet der Welt. In Sambava, im Herzen des Anbaugebietes, liegt der süße Duft der Vanilleblüten in der Luft. S. 235

Zu Fuß & mit dem Rad

Radtour zur Nordostküste: Die Insel Nosy Sainte Marie eignet sich besonders für Radtouren, z. B. von Ambodifotatra nach Ambodiatafana. S. 227

Wanderung zum Marojejy-Camp: Entlang des Pfades im Marojejy-Nationalpark lassen sich botanische Entdeckungen machen. S. 238

Genießen & Atmosphäre

Le Bateau Ivre: Dieses ungewöhnliche Restaurant in Toamasina befindet sich in einem ehemaligen öffentlichen Schwimmbad. Bei abendlicher Livemusik genießt man Meeresfrüchte aller Art sowie europäische Küche. S. 218

Masoala Forest Lodge: Die traumhaft gelegene Zeltlodge am Rande des Masoala-Nationalparks bietet einmalige Impressionen: einsame Strände, Regenwaldtouren und Walbeobachtungen. S. 235

Abends & Nachts

Bars & Clubs: In den Hafenstädten Tolagnaro und Toamasina herrscht am Abend meist noch reges Treiben. In zahlreichen Bars und Clubs treffen sich die Nachtschwärmer nicht nur am Wochenende. Es gibt immer Möglichkeiten, mit Einheimischen in Kontakt zu kommen oder zu afrikanischen Rhythmen zu tanzen. S. 207 und S. 219

Die Ostküste von Süd nach Nord

Die Gebirgskette entlang der Ostküste beschert diesem Teil Madagaskars üppigen Regen. Der Osten ist daher das ganze Jahr über grün und es wachsen alle erdenklichen tropischen Früchte. Im feuchtwarmen Klima der flachen Küstenzone gedeiht der Küstenregenwald. Dahinter, in den Hochlagen mit seinen etwas angenehmeren Temperaturen, erstreckt sich der sogenannte Bergregenwald. Eine große Artenfülle an Tieren und Pflanzen ist dort beheimatet. An vielen Stellen haben allerdings Plantagen den Regenwald verdrängt. Bananen, Litschis, Kaffee und Vanille sind nur einige der vielen exotischen Gewächse, die hier angebaut werden.

An der Ostküste befindet sich mit Toamasina der größte Hafen Madagaskars sowie ein ehemaliger Schifffahrtsweg: der Pangalanes-Kanal. Dem nördlichen Küstenbereich sind zwei interessante Inseln vorgelagert, das Strandparadies Nosy Sainte Marie und das Naturparadies Nosy Mangabe.

Infobox

Anreise und Weiterkommen
Das Reisen entlang der Ostküste ist sehr beschwerlich, da es in einigen Regionen an geeigneten Straßen oder notwendigen Brücken fehlt. Manche Gebiete wie etwa die Bucht von Antongil im Nordosten erreicht man besser mit dem Flugzeug oder vom Meer aus. Es empfiehlt sich daher, die Orte an der Ostküste in jeweils kurzen Abschnitten oder als einzelne Abstecher vom Hochland oder vom Norden aus zu bereisen.

Vor allem für Individualreisende gestaltet sich das Reisen entlang der Ostküste schwierig: Taxi-Brousse-Verbindungen gibt es nur im Umfeld der größeren Ortschaften, wie Tolagnaro, Manakara, Mananjary, Toamasina, Antalaha und Sambava. Längere durchgängige Strecken sind nur mit einem guten Allradfahrzeug zu meistern.

Vorsicht beim Baden im Meer
Das Schwimmen und Baden im Indischen Ozean ist an der Ostküste nicht immer ungefährlich. An den so schönen Stränden sind aufgrund der stark abfallenden Küstenlinie teilweise starke Strömungen vorhanden. Wegen des meist fehlenden schützenden Riffs können Haie bis in Strandnähe kommen. Sicheres Baden ist daher nur an wenigen ausgewiesenen Stränden möglich.

Tolagnaro (Fort Dauphin) ▶ H 26

Die Stadt am südöstlichen Ende des Inselstaates ist bei den Madagassen noch immer unter ihrem kolonialen Namen Fort Dauphin bekannt. Bei der Schreibweise des Mitte der 1970er-Jahre eingeführten madagassischen Namens sind sich bis heute nicht alle einig. Er variiert von Tolagnaro über Tolanaro bis Toalanaro. Am Ende ist aber immer die gleiche Stadt gemeint: Fort Dauphin. Auf einer Halbinsel gelegen, umgeben von fünf Buchten und im Rücken begrenzt durch die Ausläufer der östlichen Gebirgskette, ist sie sicher die am schönsten gelegene Stadt Madagaskars. Aufgrund der abgeschiedenen Lage

Blick auf den Hafen von Tolagnaro (Fort Dauphin)

wurde der rund 50 000 Einwohner zählende Ort allerdings in den letzten Jahrzehnten etwas stiefmütterlich behandelt. So pittoresk die Landschaft um Tolagnaro auch ist, die mit Schlaglöchern übersäten Stadtpisten und die zahlreichen verfallenen Häuser ließen ihn in einem schlechten Licht erscheinen. Dazu kamen eine schwierige Wirtschaftslage und fehlende Arbeitsplätze.

Das ändert sich, seit das kanadische Bergbauunternehmen Rio Tinto über eine Tochtergesellschaft in den Bergen hinter der Stadt Titaneisen abbaut. Am Ende der Galions-Bucht wurde ein neuer Tiefseehafen gebaut (Ehoala), die Straßen umfassend erneuert und mehrere tausend Arbeitsplätze geschaffen. Das Projekt ist allerdings nicht unumstritten, brachte es doch eine umfassende Naturzerstörung mit sich und viele Ausländer in das zuvor so abgeschiedene Städtchen.

Das Wetter in Fort Dauphin ist sehr unbeständig. Da die Stadt zur Klimazone der Ostküste gehört, kann es das ganze Jahr über immer mal wieder zu Regenschauern kommen. Ein stetiger Wind sorgt für überraschende Wetterwechsel, gleichzeitig allerdings auch dafür, dass es in der Stadt nicht ganz so schwül ist wie in anderen Ostküstenorten.

Geschichte

An der Südostspitze Madagaskars entstanden die ersten europäischen Siedlungen der Insel. Schon 1504 landeten Portugiesen an der Flussmündung des Ambinanibe, allerdings nicht freiwillig, denn ihr Schiff wurde bei einem Sturm zerstört. 1527 wurden die letzten Überlebenden von Einheimischen getötet. Gut hundert Jahre später gründeten Franzosen dort ihren ersten permanent besetzten Stützpunkt auf Madagaskar: 1642 kam zunächst eine französische Abordnung unter Führung von M. Pronis zu einer Bucht nördlich von Fort Dauphin, die sie Ste-Lucie nannten. Wenige Monate

später zogen sie weiter nach Süden und errichteten 1643 auf einer Halbinsel ein Fort. Den Ort benannten sie Fort Dauphin, nach dem französischen Kronprinzen, dem späteren König Louis XIV. Nach immer wieder aufflammenden Kämpfen mit den Einheimischen verließen die letzten Franzosen 1674 die Stadt.

Bis zu ihrer Rückkehr sollten mehr als 200 Jahre vergehen. Das zurückgelassene Fort bekam später den Namen Flacourt, nach einem der damaligen französischen Anführer. Dieser hatte nach seiner Rückkehr nach Frankreich ein umfassendes Buch über Madagaskar geschrieben, das für mehr als 150 Jahre die wichtigste Informationsquelle der Europäer über Madagaskar war.

Stadtrundgang

Die Innenstadt von Tolagnaro liegt auf einer Halbinsel, die von drei Seiten vom Meer umspült wird. Sie ist recht übersichtlich, sodass sich die Stadt leicht zu Fuß erkunden lässt. Beginnen Sie an der **Hafenstraße Avenue de Maréchal Foch,** die Hauptstraße mit einigen Geschäften und Souvenirläden. Zwischen den Häusern genießt man einen herrlichen Blick auf die riesige Bucht und den kleinen Hafen. An der Küste liegen einige Schiffswracks, die in den letzten Jahrzehnten hier strandeten.

Richtung Südosten gehend erreicht man den zentralen **Place de France** mit einem kleinen Park und der Post.

Von dort bietet sich ein Blick auf die Reste des 1643 von den Franzosen errichteten **Fort Flacourt**, das heute vom madagassischen Militär genutzt wird. In einem Teil des Forts wurde ein Museum eingerichtet, das von der langen Geschichte dieses Ortes und seiner Menschen berichtet. Von dort bieten sich auch herrliche Ausblicke auf die Buchten um die Stadt (Musée Fort Flacourt, Tel. 033 02 17605, Mo–Sa 8.30–11.30, 14.30–19 Uhr, Eintritt 10 000 MGA, ca. 2,80 €). Da im Militärbereich gelegen, Besuch nur mit Führer.

Rechts neben der Post führt der Weg zur nächsten Bucht. Links sind noch die Mauern des alten Gefängnisses zu sehen. Die Straße führt dann an der Bucht entlang, mit herrlichen Aussichten. Rechts passieren Sie den **Friedhof.** Bei klarem Wetter ist der Hausberg **Pic St-Louis** (529 m) gut zu sehen.

Einige Hundert Meter weiter liegen rechts einige Ruinen des kolonialen Krankenhauses. Rechts führt bald eine Straße hinab zur nächsten Bucht und dem **Libanona Beach** (siehe Lieblingsort S. 205). Nach dem Hotel **Le Miramar** 5 macht die Straße einen Knick nach Norden. Kurz darauf taucht links die langgezogene **Baie des Galions** auf.

Nun geht es am Stadion vorbei bis zur nächsten Kreuzung und dann weiter rechts. Am alteingesessenen Hotel **Le Dauphin** 2 vorbei führt die Straße zurück zum Ausgangspunkt.

Lieblingsort

Entspannen am Libanona Beach ▶ H 26
Fort Dauphin ist von der Lage her sicherlich die schönste Stadt Madagaskars. Sie erstreckt sich auf einer Halbinsel, von mehreren Buchten sowie den grünen Bergen der Ostküste umrahmt. Der Libanona Beach im Südwesten der Stadt ist der einzige ungefährliche Badestrand von Tolagnaro, an den übrigen Stränden rund um Fort Dauphin drohen starke Strömungen und auch unliebsame Hai-Besuche. Durch eine Steilwand abgeschirmt von der Stadt, lässt es sich hier gut entspannen – auch wenn die Wellen an diesem Strand eher zum Spielen denn zum Schwimmen einladen (s. S. 203).

Ausflüge in die Umgebung

7 km außerhalb von Fort Dauphin liegt das **Nahampoana-Reservat** mit Lemuren und anderen interessanten Tier- und Pflanzenarten. In dem privaten Park sind Wanderungen, Bootstouren und bei Übernachtung auch Nachtwanderungen möglich (Eintritt inkl. Führer 8 €, Hin- und Rücktransfer ab 2 Pers. 8 €, Preis für DZ 35 €, DZ mit Gemeinschaftsbad 28 €).

34 km westlich von Tolagnaro befindet sich in Ranopiso (an der RN 13) ein kleines **Arboretum,** in dem die Pflanzenvielfalt des Südens zu sehen ist (tgl. 9–17 Uhr, Eintritt 4 €).

Tolagnaro ist außerdem guter Ausgangspunkt für Ausflüge zum **Andohahela-Nationalpark** (s. S. 196) und dem privat geführten **Berenty-Park** (s. S. 192).

Naturschutzgebiet Mandena

www.riotintomadagascar.com

Der bei Tolagnaro Titaneisen und Zirkon abbauende Minenkonzern Rio Tinto hat als Ausgleich für seine Naturzerstörungen ein Naturschutzgebiet eingerichtet. Das 230 ha große Gebiet, in dem verschiedene Wanderwege angelegt wurden, liegt nördlich von Fort Dauphin am Anandrano-Fluss und Andampy-See. Besuche über Madena Tours möglich (Tel. 034 65 04426, www.facebook.com/mandena.tour).

Übernachten

Die Buchung von Hotels ist auch im Internet unter www.fortdauphinhotel-link.com möglich.

Luxus und Stil – **Kaleta** **1**: über dem Hafen gelegen, Tel. 020 92 21287, Fax 020 92 21097, www.kaletahotel-fortdauphin.com, kaletaresa@moov.mg, DZ ab 65 €. Das alte Stadthotel wurde komplett saniert und ist heute das beste Hotel der Stadt. Große Zimmer mit Klimaanlage, exzellentes Restaurant, Schwimmbad und Massage.

Alteingesessen – **Le Dauphin** **2**: Bd. No.1, Tel. 020 92 21758, 032 05 41683, www.madagascar-resorts.com, DZ ab 76 € inkl. Halbpension. Le Dauphin ist das älteste Hotel der SHTM-Gruppe, der halb Fort Dauphin gehört. Sehr unterschiedliche Zimmer, schöner Garten und gutes Restaurant.

Stadtoase – **La Croix de Sud** **3**: Bd. No. 1, neben bzw. gegenüber dem Dauphin und gleiche Kontaktdaten wie dieses, DZ jeweils ab 82 € inkl. Halbpension. Das La Croix de Sud bietet 32 Zimmer, die um einen tropischen Innenhofgarten gruppiert sind.

Strandnähe – **Talinjoo** **4**: südl. des Libanona Beach, Tel. 034 05 21235, www.talinjoo.com, DZ 150 €. Herrlich gelegenes Hotel mit schön eingerichteten Zimmern mit Balkon. Modernes Restaurant mit guter Küche.

Abseits – **Le Miramar** **5**: oberhalb des Libanona Beach, Kontakt siehe Le Dauphin. Hotelbereich 2016 wegen Renovierung geschlossen, doch das Restaurant ist weiterhin geöffnet.

Ruhig – **Vinanibe Lodge** **6**: 10 km außerhalb am Vinanibe-See, DZ 76 € inkl. Halbpension. Schöne Lodge direkt am See, ideal zur Erholung und zum Wassersport.

Zentral und ruhig – **Du Phare** **7**: auf einer kleinen Anhöhe am Beginn der Av. de M. Foch, Tel. 032 04 85336, hoteldupharefτu@hotmail.fr, DZ ab 31 € inkl. Frühstück und gratis WIFI. Direkt in der Innenstadt, etwas abseits der Hauptstraße gelegen, dadurch angenehm ruhig.

Außerhalb – **Le Port** **8**: an der RN12A, 800 m nordwestl. des Zentrums, Tel. 032 11 00188, www.leport-hotel.com, DZ ab 15–40 €. Fünfzehn Zimmer in einem Bau unweit des Amparihy-See und zehn Bungalows des ehemaligen Motel Gina auf einem Hang direkt an der Hauptstraße im Ort.

Standard – **Village Petit Bonheur 9**: auf dem Weg hinunter zum Libanona Beach, Tel. 032 40 28700, www.hotelfortdauphin.com, DZ ab 14/21 €. Kleines Hotel mit zehn Zimmern und einigen Bungalows im Garten. In der Nähe des Libanona-Strandes.

Essen & Trinken

Beste Lage – **Le Miramar 1**: oberhalb des Libanona Beach, Hauptgerichte ab 3,50 €. Auf einer Felszunge mit wundervollem Blick auf den Libanona Beach auf der einen und die Galions-Bucht auf der anderen Seite. Durchschnittliche Hausmannskost mit freundlichem Personal. Auf Bestellung auch gegrillte Langusten.

Für den großen Appetit – **La Vanille 2**: Ampasikabo, Tel. 032 40 65746, deriazi@yahoo.fr, Hauptgerichte ab 3 €. Nettes Restaurant mit guter Auswahl von Meeresfrüchten bis Pizza.

Mit Meeresblick – **Anosy Resto 3**: Tel. 033 20 36847, Hauptgerichte ab 2,50 €. Kleines einfaches Restaurant mit madagassischer Küche.

Preiswert und lecker – **Las Vegas 4**: an der RN 13 gegenüber dem Gina Club, Hauptgerichte ab 2,50 €. Das Restaurant bietet madagassische Speisen und Pizza. Von dem offen gestalteten Gästebereich können Sie das Leben auf der Straße oder am Abend das Treiben des gegenüberliegenden Club Florida beobachten.

Einkaufen

Das Zentrum der Stadt ist klein und überschaubar. Die wenigen **Souvenirgeschäfte** befinden sich in der Hafenstraße Av. de M. Foch.

Für den täglichen Bedarf – **Markt 1**: tgl. 6–17 Uhr. Außerhalb des kolonialen Zentrums befindet sich bei der Einfahrt in die Stadt (RN 13) rechter Hand der zentrale Markt von Tolagnaro. Dort kaufen die meisten Einwohner ihre Lebensmittel sowie einfache Haushaltsdinge ein.

Aktiv

Kleine Bergtour – **Besteigung des Pic St-Louis 1**: Der Hausberg von Fort Dauphin lässt sich recht einfach erklimmen, ein halber Tag sollte jedoch einkalkuliert werden. Mit dem Taxi geht es ins 3 km nördlich gelegene Antanifotsy zum Ausgangspunkt der Wanderung. Bis zum Gipfel, von dem aus man einen wundervollen Blick über die Stadt und die Küste hat, sind es etwa 2 Std., zurück 1,5 Std.

Abends & Nachts

In-Treff – **Mafana Club 1**: am Anfang der Av. de M. Foch gelegen. Populärster Club. Besonders Fr/Sa und So sehr gut besucht. Mafana bedeutet »heiß«, und das ist durchaus wörtlich zu nehmen.

Geschmackssache – **Florida 2**: gegenüber dem Restaurant Las Vegas. Hauptsächlich madagassische und afrikanische Musik, mit Außenterrasse.

Infos

Office du Tourisme de Fort Dauphin: Rue Realy Abel, Tel. 020 92 21359, 032 02 84634, www.fort-dauphin.com, sobaf@fernet.net. Sehr hilfreiche Anlaufstation für Infos zu Ausflügen, Unterkunft, Transport oder für die Suche nach einem einheimischen Führer für private Touren.

ANGAP/WWF Office: oberhalb der Av. de M. Foch, Tel. 020 92 21268, Mo–Fr

8–12 und 14–17 Uhr. Das Büro erteilt Informationen zum Besuch des Andohahela-Nationalparks (s. S. 196).

Air Fort Service: Av. de M. Foch, Tel. 020 92 21224, www.airfortservices.com. Die Agentur organisiert verschiedene Touren in die Umgebung und vermittelt Mietwagen.

Verkehr

Flug: Der Flughafen befindet sich in der Nähe der RN 13 (ca. 15 Min. vom Zentrum entfernt). Von dort gibt es fast tgl. Verbindungen nach Antananarivo und Toliara (teilweise über Morondava). Air Madagascar, Tel. 020 92 21122, Fax 020 92 21241.

Taxi-Brousse: Einen öffentlichen Busverkehr gibt es tgl. zu allen Orten entlang der RN 13 bis Ambovombe, zudem große Überlandbusse nach Toliara und Antananarivo (über Ihosy und Fianarantsoa). Die Fahrt dauert zwei Tage und ist wegen des schlechten Zustands der RN 13 zwischen Ambovombe und Betroka eine Tortur.

Stadtverkehr: Der Innenstadtbereich von Fort Dauphin ist so klein, dass man alles bequem zu Fuß erreichen kann. Ansonsten stehen einige Taxis, meist alte R4, zur Verfügung. Preis innerhalb der Stadt ca. 1 €, zum Flughafen 2 €.

Von Tolagnaro nach Manakara ▸ J/K 23–21

Vangaindrano ▸ J 23

Der Weg von Tolagnaro (Fort Dauphin) nach Vangaindrano ist eine sehr abenteuerliche Strecke, die nur mit einem Allradfahrzeug und guter Vorbereitung zu bewältigen ist. Schon einige Kilometer hinter Fort Dauphin endet der ausgebaute Teil der RN 12A, es folgen rund 220 km teils schwierige Pistenstraße.

Für die Fahrt sollte genügend Diesel mitgenommen werden. Zum einen gibt es keine Tankstellen, zum anderen müssen mehrere Flüsse auf einfachen Fähren überquert werden. Diese haben manchmal keinen Diesel mehr, sodass der Betrieb nur mit mitgebrachtem Diesel gewährleistet ist. Außerdem ist auf genügend Trinkwasser und Nahrung zu achten. Für die Strecke sind mindestens vier Tage einzuplanen, es gibt keine Hotels auf dem Weg!

Die Landschaft entlang der Strecke erscheint in allen Grüntönen, denn die Vegetation ist aufgrund des Klimas sehr üppig. Plantagen, Kulturland und Reste des Regenwaldes lösen sich immer wieder ab. Die Piste führt immer mal wieder so nah an der Küste vorbei, dass der Indische Ozean und sein weiter Horizont zu sehen sind.

Im 24 000 Einwohner zählenden Ort Vangaindrano angekommen, ist die Zivilisation wieder etwas näher. Vangaindrano liegt am Mananara-Fluss, 12 km von der Küste entfernt. Dort beginnt die ausgebaute Nationalstraße RN 12 Richtung Norden.

Manombo-Spezialreservat ▸ K 23

Das 41 km nördlich von Vangaindrano gelegene Reservat schützt seit 1962 einen 5320 ha großen Rest des Küstenregenwaldes, der insgesamt eine Fläche von 15 000 ha einnimmt. Das Reservat wird durch die Hauptstraße RN 12 in zwei Teile zerschnitten. Ein Teil liegt im Südosten des Dorfes Manombo zwischen der RN 12 und dem Indischen Ozean. Der zweite Teil befindet sich nordwestlich von Manombo, westlich der RN 12.

Im Wald leben acht Lemuren-Arten, darunter eine der seltensten, der Weißkragenmaki *(Eulemur cinereiceps)*. Weitere Lemuren sind der Schwarz-weiße Vari *(Varecia v. variegata)*, Brauner Mausmaki *(Microcebus rufus)*, Östlicher Wollmaki *(Avahi laniger)* und der Graue Bambuslemur *(Hapalemur griseus)*. 58 Arten von Vögeln kommen im Wald vor.

Eine seltene Amphibienart ist nur hier zu finden: der kleine Frosch *Mantella bernhardi*. Im Gebiet lebt die größte Anzahl von Erdschneckenarten auf Madagaskar.

Auch für botanisch Interessierte gibt es einiges zu sehen und entdecken, 90 % der Pflanzenarten des Reservates sind endemisch, darunter der für das Gebiet typische Baum *Hintsia bijuga*.

Übernachten

Es gibt keine Unterkunft oder Restaurants am Reservat, nur einen ausgewiesenen Campingplatz (Equipment sowie Verpflegung sind mitzubringen). Nächste Übernachtungsmöglichkeit ist der Ort Farafangana (s. unten).

Infos

Eintritt: tgl. geöffnet, Ticket 15 000 MGA. Das Parkbüro befindet sich im Dorf Bemelo, Tel. 032 07 59526, 033 23 05074; dort bezahlt man den Eintritt und erhält einen Führer. Es gibt noch keine offiziell angelegten Wanderwege, aber einige örtliche Parkführer kennen sich aus und bieten sich an, das Reservat zu zeigen.

Farafangana ▸ K 22

Der Küstenort Farafangana liegt ca. 68 km nördlich von Vangaindrano und zählt rund 25 000 Einwohner. Während der Kolonialzeit war der Ort ein beliebter Treffpunkt für die in der weiteren Umgebung als Plantagenverwalter arbeitenden Franzosen. Farafangana verfügt über einen kleinen Flughafen, wird aber nur zweimal wöchentlich mit einer Twin Otter von Air Madagascar angeflogen.

Infos

Taxis-Brousses fahren nach Süden Richtung Vangaindrano und nach Norden Richtung Vohipeno und Manakara.

Vohipeno und Ivato ▸ K 21

Vohipeno, 58 km nördlich von Farafangana, ist die Hauptstadt der Antaimoro. Dieses Volk entstand vermutlich im 14. Jh. durch die Vermischung von Einheimischen mit arabischen Einwanderern. Die Antaimoro waren die ersten Madagassen, die lesen und schreiben konnten – das arabische Sorabe. Sie erlernten zudem die Herstellung von Papier aus Maulbeerbaumrinde. Dieses traditionelle Papier wird heute noch hergestellt (s. S. 151).

Bei Vohipeno bietet sich die außergewöhnliche Möglichkeit, dem König der Antaimoro einen Besuch abzustatten. Der Herrscher residiert im Dorf **Ivato,** einige Kilometer flussabwärts.

Von Farafangana aus kommend führt die RN 12 beim Dorf Vohitindri über eine Brücke. Die nächste Piste rechts führt zum Dorf Ivato am Matitanana-Fluss. Bei der Ankunft von Gästen kommt der Ältestenrat zusammen und erzählt gerne die Geschichte der Antaimoro und beantwortet Fragen. Lokale Führer zum Besuch des Königs, einem der letzten Madagaskars, bekommen Sie in Manakara (s. S. 210).

In Dörfern wie Ivato ist zum Schutz vor Wasser und Ungeziefer die Speicherhütte auf Stelzen errichtet

Beim Dorf Ivato liegt eine kleine **Moschee,** deren Ursprünge auf das Jahr 1423 zurückgehen. Der alte verfallene Bau wurde allerdings schon im Jahr 2000 durch einen Neubau ersetzt.

Manakara ▸ K 21

Die heute rund 38 000 Einwohner zählende Stadt ist der Endpunkt der von Fianarantsoa im Hochland herunter führenden Eisenbahnstrecke. Nach ihrer Fertigstellung 1937 entwickelte sich Manakara – durch den Pangalanes-Kanal (siehe Entdeckungstour S. 212) in zwei Hälften geteilt – vom Fischerdorf zu einem kleinen Handelszentrum.

Im Gebiet zwischen dem Kanal und dem Ozean liegt der ursprünglich **koloniale Teil** der Stadt (Manakara Be). Auch wenn er durch zahlreiche Zyklone in den letzten Jahrzehnten arg in Mitleidenschaft gezogen wurde, lässt sich der Glanz der vergangenen Tage noch immer erahnen.

Breite gerade Straßen, verfallene Villen und eine Allee von Filao-Bäumen am Ufer sind noch Relikte aus jener Zeit.

Auf der anderen Seite des Kanals befindet sich die **Neustadt** (Tanambato) mit dem Bahnhof.

Übernachten

Am Meer – **Parthenay Club:** Manakara Be, Ambalafary, Tel. 034 29 80314, www.parthenayclub-manakara.com, DZ 24–52 €. Bungalow-Hotel mit Restaurant, Meerwasserpool und Tennisplatz.

Einfach nett – **Vanille:** im Zentrum am Stadion, Tel. 020 72 21023, www.facebook.com/Lavanillemanakara, hotellavanillemanakara@yahoo.fr, DZ 21 €. Neben dem Haupthaus mit fünf Zimmern und Restaurant gibt es 100 m weiter ein Gebäude mit weiteren vier Zimmern. Das Hotel betreibt außerhalb von Manakara am nördlichen Strandabschnitt einige große, aber einfache Bungalows mit Dusche und Strom (Generator). Sie liegen ca. 30 Min. Fahrt vom Stadtzentrum entfernt (auch mit einer Piroge über den Pangalanes-Kanal in 2 Std. zu erreichen).

Einfach – **Chambres d'hôtes Lac Vert:** Tanambao, Tel. 034 19 91875, lacvert.e-monsite.com, DZ-Bungalows 17 €. Kleines Restaurant mit leckeren Menüs, u. a. Langusten.

Zentral – **Sidi:** im Zentrum der Stadt, Tel. 033 02 80390, sidihotel@moov.mg, DZ ab 17 €. Die Zimmer sind unterschiedlich ausgestattet und gepflegt, durch den gleichfalls im Haus untergebrachten Nachtclub kann es vor allem am Wochenende etwas laut sein.

Außerhalb am Strand – **Eden Sidi:** 13 km südlich von Manakara am Managnano, Tel./Fax 020 72 21285 oder 032 40 29802, DZ-Bungalow 20 €, DZ 12 €. Zwölf Bungalows und sechs Zimmer direkt am Meer gelegen.

Essen & Trinken

Schmackhaft – **La Gourmandise:** am Marktplatz, Di–So zum Mittags- und Abendtisch, Hauptgerichte ab 3 €. Vielleicht das beste Restaurant der Stadt, europäische und madagassische Küche, Meeresfrüchte.

Am Wasser – **La Guinquette:** Manakara Be, nahe dem Strand, Tel. 020 72 21392, Mi–Mo mittags und abends bis 21 Uhr, Hauptgerichte ab 2,50 €. Gutes Essen zu fairen Preisen.

Abends & Nachts

Zentral – **Sidi Club:** im Zentrum, Tel. 020 72 21285, 032 40 29802. Größter Nachtclub von Manakara im gleichnamigen Hotel.

Infos

Verkehr

Flug: Der kleine Flughafen wird zurzeit nicht im Linienverkehr von Air Madagascar angeflogen.

Bahn: Die Strecke führt hinauf ins Hochland nach Fianarantsoa. Abfaht von Manakara Mi, Fr, So 6.45 Uhr, die Fahrzeit beträgt ca. 10–14 Std. Fahrpreise 1. Klasse 40 000 MGA, 2. Klasse 16 000 MGA, Fahrkarten vorbestellen unter Tel. 020 75 51355, fce@blueline.mg.

Taxi-Brousse: Die Station für Fahrten Richtung Fianarantsoa und Mananjary liegt am Ortsausgang (RN 12).

Stadtverkehr: Im innerstädtischen Verkehr herrschen Pousse-Pousse vor. Die Fahrer von Manakara gelten als die aufdringlichsten in Madagaskar. Als Alternative stehen einige wenige Taxis zur Verfügung. ▷ S. 214

Auf Entdeckungstour:
Eine Bootstour auf dem Pangalanes-Kanal

Um die landwirtschaftlichen Waren der Plantagengebiete einfacher zum nächsten Tiefseehafen zu transportieren, legten die Franzosen während der Kolonialzeit einen durchgehend schiffbaren Kanal parallel zur Küste des Indischen Ozeans an. Heute eröffnet der Kanal eine herrliche Möglichkeit, Teile der Ostküste vom Wasser aus zu entdecken.

Start und Dauer: von Toamasina (Tamatave) zum Ampitabe-See 3 Std., Boote am Kanalhafen von Toamasina oder über Calipso Tours (Tel. 020 53 31290) mieten. Von Manakara zum Antaimoro-König 2 Std., Boote können bei der eingestürzten Eisenbrücke oder über die Hotels gemietet werden.
Preise: Motorboot für 3 Std. ca. 40 € p. Pers. (bei 5 Pers.), Kanus für 4 Std. etwa 10 € p. Pers. (bei 2 Pers.).

Planung: Sonnen- und/oder Regenschutz, Trinkwasser und ein Picknick bei längeren Touren.

Leise, nur mit dem Plätschern der Paddel in den Ohren, gleitet das Kanu auf dem Wasser dahin. Eine leichte Brise weht über die Hügel. Die Ufer sind gesäumt von »Elefantenohr« und dem »Baum des Reisenden«, der madagassischen Nationalpflanze. Kleine Dörfer liegen am Ufer, Frauen bereiten Essen zu. Entlang des Pangalanes-Kanals entfaltet sich eine madagassische Landidylle. Fischer versuchen mit Angeln, Netzen und Reusen ihr Glück. Neben Fisch sind Flusskrebse eine beliebte Delikatesse. In den Gewässern sind auch Nilkrokodile zu Hause, die allerdings wegen ihrer Bejagung sehr scheu geworden sind. Obwohl die madagassischen Nilkrokodile im Vergleich zu ihren Verwandten auf dem afrikanischen Festland relativ klein sind, haben die Menschen großen Respekt vor ihnen. Uferstellen zum Wasserholen oder Baden sind mit Palisaden aus Holzstöcken vor unliebsamem Besuch geschützt.

Eine neue Wasserstraße

Die vor der Ostküste oft raue See macht es für kleine Boote schwer, die Küste entlangzufahren. Um die Produkte der Plantagen im Osten zu den Märkten der Städte bzw. für den Export zum großen Hafen nach Toamasina zu bringen, musste ein anderer Verkehrsweg gefunden werden.

An vielen Stellen der Küste befinden sich Sanddünen, dank derer die von den Bergen herabfließenden Flüsse umgeleitet wurden oder durch Stauung Seen bildeten. In den 1940er-Jahren kamen die Franzosen auf die Idee, diese natürlich entstandenen Seen und Flüsse durch einen Kanal zu verbinden, um so einen sicheren Wasserweg entlang der Ostküste zu schaffen. Dieser Pangalanes-Kanal führt von der Hafenstadt **Toamasina** (▶ N 14) aus rund 600 km südlich die Küste entlang bis nach **Farafangana** (▶ K 22). Oftmals trennt ihn nur eine weniger als 100 m breite Sanddüne vom Indischen Ozean.

Ein beliebtes Ausflugsziel

Nach der Kolonialzeit verlor der Wasserweg an wirtschaftlicher Bedeutung, die Instandhaltung wurde eingestellt. Heute ist der Kanal durch Versandung nicht mehr durchgehend für größere Boote befahrbar. Doch nach wie vor bildet er eine wichtige lokale Wasserstraße, auf der die Bauern ihre Erzeugnisse auf den nächsten Markt bringen. Ein Abschnitt bei **Ampasimanolotra** (▶ M 15, Brickaville) entwickelte sich ab den 1960er-Jahren zu einem beliebten Ausflugsziel.

Expeditionslust

Ein interessanter Abschnitt für eine mehrtägige Tour ist der Bereich zwischen **Mananjary** (s. S. 214) und **Manakara** (s. S. 210). In dieser Region leben die Antaimoro. Ihre Dörfer sind noch sehr traditionell organisiert, mit einem Clanchef und einem König. Ein Besuch dieser Dörfer ist ein außergewöhnliches Erlebnis und bietet die Möglichkeit, am dörflichen Leben teilzunehmen.

Mananjary und Umgebung ▸ L 19

Von Manakara weiter der RN 12 folgend, mündet diese in Irondo in die von Fianarantsoa kommende RN 25. Folgt man dieser Straße Richtung Nordosten, wird nach insgesamt 144km nach Manakara die mit rund 30 000 Einwohnern nächstgrößere Stadt Mananjary erreicht.

Hier lebt mit den Antambahoaka das kleinste Volk Madagaskars. Der Ort oberhalb der Mündung des gleichnamigen Flusses liegt etwas abseits der Reiserouten und wird daher von Touristen kaum besucht. Am Wochenende gibt es dort einen großen Fischmarkt.

Nördlich von Mananjary im Dorf **Ambohitsara** befindet sich der »Weiße Elefant«, eine Steinskulptur, die von der örtlichen Bevölkerung verehrt wird. Ob dieser wirklich einem Elefant ähnelt, sei dahin gestellt. Die Menschen hier glauben, dass die ersten Anhänger des Propheten Mohammeds, die nach Madagaskar kamen, diese Steinskulptur mitbrachten.

Übernachten

Stilvoll – **Vahiny Lodge:** am Pangalanes-Kanal, vahinylodge@yahoo.fr, DZ-Bungalow ab 110 € inkl. Frühstück. Stilvoll eingerichtetes Bungalow-Hotel mit Swimmingpool und Gewürz-Boutique. Bootstouren auf dem Kanal.

Freundlich – **Sorafa:** Maritime Bd., Tel. 020 72 09201, DZ-Bungalow 20 €, DZ 15 €. Bungalow-Hotel mit mit Pool.

Strandnah – **Jardin de la Mer:** Ambinany, Tel. 034 07 89639, www.jardindelamer.net, DZ und Bungalows (15–28 €) in einem tropischen Garten mit Blick aufs Meer.

Essen & Trinken

Essen und Ausflüge – **Route des Epices:** Direkt an der Hauptstraße (RN 25) gelegen, Tel. 032 04 80110, www.pangalane.com, Hauptgerichte ab 3€. Eines der besten Restaurants der Stadt. Besonders empfehlenswert sind das Fischfilet á la Vanille oder die Languste in rotem Pfeffer. Mit Ausflugsmöglichkeiten auf dem Pangalanes-Kanal.

Aktiv

Ins Hochland – **Ausflüge:** Von Mananjary aus bieten sich Ausflüge ins Hochland zum **Ranomafana-Nationalpark** (rund 115 km entfernt, s. S. 137) und nach **Fianarantsoa** (ca. 145 km entfernt, s. S. 143) an. Beides ist über die gut ausgebaute Asphaltstraße RN 25 erreichbar.

Abends & Nachts

Palace Nightclub: einziger nennenswerter Nachtclub der Stadt, am Rande des Zentrums.

Infos & Termine

Feste

Sambatra: Großes Beschneidungsfest, das alle sieben Jahre stattfindet. Alle Jungen unter zehn Jahren werden bei einem gemeinschaftlichen Ritual während der Feierlichkeiten beschnitten. Mit Auftritten von Musik- und Tanzgruppen erstreckt sich das Sambatra-Fest über vier Wochen. Das nächste traditionelle Sambatra wird 2021 stattfinden.

Verkehr

Flug: Der kleine Flughafen wird zurzeit nicht im Linienverkehr von Air Madagascar angeflogen.

Taxi-Brousse: Die Station für Fahrten Richtung Fianarantsoa und Manakara liegt am Ortsausgang (RN 25).
Stadtverkehr: Im innerstädtischen Verkehr herrschen Pousse-Pousse vor. Außerdem gibt es einige Taxis.

Von Mananjary nach Toamasina

▶ L/M 19–16

15 km hinter Mananjary zweigt von der RN 25 die RN 24 ab und endet nach 31 km in **Vohilava.** Nach 3 km gabelt sich die RN 24, rechts verläuft die RN 11 Richtung Norden. Die sehr schlechte Pistenstraße führt über Nosy Varika nach **Mahanoro.**

In Mahanoro beginnt die Nationalstraße RN 11A, die allerdings nur eine schlechte Piste darstellt. Der Ort besitzt zwar einen kleinen Flugplatz, der aber nicht im Linienverkehr von Air Madagascar angeflogen wird. Etwa 40 km weiter nördlich ist **Ilaka** erreicht, von hier an wird die Piste etwas besser. 30 km weiter befindet sich die kleine Stadt **Vatomandry,** von dort sind es knapp 50 km bis zur gut ausgebauten RN 2 Richtung Toamasina.

Ampasimanolotra (Brickaville) ▶ M 15

Ampasimanolotra, auch Vohibinany genannt, liegt am Fluss Rianila, direkt an der RN 2. Hier quert die Eisenbahnlinie von Andasibe kommend die Nationalstraße und führt an der Küste entlang weiter bis Toamasina. In der Nähe von Ampasimanolotra beginnen einige Reiseveranstalter mit einer Bootstour auf dem Panga-

Mein Tipp

Übernachten im ›Nest der Träume‹ ▶ M 14
Direkt am Ampitabe-See, in der Nähe des Dorfes mit dem poetischen Namen Akanin'ny Nofy (»Nest der Träume«) liegt das **Hotel Bushhouse.** Die im heimischen Stil gehaltenen Bungalows liegen mit Blick auf den See, Gäste werden mit hauseigenen Booten am Kanal nahe der RN 2 abgeholt. Ein eigener Naturpark mit Lemuren und anderen Tieren lädt zu interessanten Spaziergängen ein. Weitere Informationen unter www.bushhouse-madagascar.com, DZ 42–45 € inkl. Halbpension.

lanes-Kanal (siehe Entdeckungstour S. 212).

Zahlreiche kleine Seen, die durch den Kanal verbunden werden, befinden sich in der Nähe. Einer dieser Seen, **Ampitabe,** hat sich mit ruhigen Hotels und Wassersportmöglichkeiten zu einem beschaulichen Urlaubsziel gemausert (siehe Mein Tipp S. 215; zu erreichen auch mit der Bahn, Bahnhof Andranokoditra).

Toamasina (Tamatave) und Umgebung ▶ N 13/14

Die Stadt Toamasina (übersetzt: »Es ist salzig«) liegt am Ende der RN 2 an einer ins Meer ragenden Landspitze. Dadurch ist sie von zwei Buchten umgeben: die nördliche Bucht von Toamasina und die südliche Bucht

von Ivondro. Toamasina ist die mit Abstand wichtigste Hafenstadt Madagaskars und mit rund 240 000 Einwohnern die zweitgrößte Stadt des Landes. Sie ist Hauptstadt der gleichnamigen Provinz und zentraler Ort des Volkes der Betsimisaraka.

Neben dem wichtigen Überseehafen befindet sich hier Madagaskars einzige Erdölraffinerie, die die gesamte Insel mit Treibstoff versorgt. Toamasina verfügt über eine Universität und einen internationalen Flughafen.

In früheren kolonialen Zeiten hielten etliche Nationen Konsulate in der bedeutenden Hafenstadt. Heute hat Toamasina international nur noch geringe Bedeutung. Ihr Zentrum wird durch einen kolonialen Grundriss geprägt: rechtwinklige Straßen und breite Alleen. Die einst herrliche Uferpromenade ist nach zahlreichen Zyklonen mittlerweile arg in Mitleidenschaft ge-

Toamasina (Tamatave)

Sehenswert
1 Musée du Port

Übernachten
1 Sharon
2 Le Neptune
3 Miramar
4 Le Joffre
5 Génération
6 Central

Essen & Trinken
1 Le Bateau Ivre
2 Veranda
3 Mora Mora

Einkaufen
1 La Chocolatière
2 Nulle Part Ailleurs
3 Bazary-Be-Markt

Aktiv
1 Nosy Alanana
2 Lambahoany Ecotourism Centre

Abends & Nachts
1 Pandora Station
2 Queens Club

zogen. Die frühere Prachtstraße macht heute einen traurigen Eindruck.

Geschichte

Toamasina hat eine wechselvolle Geschichte hinter sich. Viele Europäer kamen und gingen: zuerst die Portugiesen, die im 16. Jh. einen Handelsstützpunkt gründeten und den Ort San Thomas nannten. Später suchten europäische Piraten Unterschlupf, dann kamen die Engländer und zuletzt die Franzosen. Toamasina war einer der wichtigsten Umschlagplätze für Sklaven im Indischen Ozean. Madagassen wurden vor allem auf die Plantagen von Mauritius und Réunion gebracht. Nach der Eroberung von Mauritius 1810 durch die Engländer interessierten sich diese verstärkt für Madagaskar. In den folgenden Jahren kam es zu Auseinandersetzungen zwischen Briten und Franzosen um strategisch wichtige Plätze auf der Insel, wie den Hafen von Toamasina.

Nachdem König Radama I. 1817 das Volk der Betsimisaraka besiegt und damit auch den Hafen erobert hatte, wurde Toamasina zum internationalen Hafen unter eigener, madagassischer Herrschaft. Den Europäern gefiel das gar nicht, wollten sie sich doch nicht den Gesetzen eines madagassischen Monarchen unterwerfen. 1845 versuchten Engländer und Franzosen in seltener Eintracht den Hafen einzunehmen. Trotz Kanonenhagel auf die Stadt gelang ihnen dies nicht.

Die folgenden Jahrzehnte wurden etwas ruhiger. Die bekannte Weltreisende Ida Pfeiffer erreichte 1856 den Hafen von Toamasina und begann von dort ihre Madagaskar-Reise. 1883 versuchten die Franzosen erneut die Hafenstadt einzunehmen, und diesmal hatten sie Erfolg. Toamasina wurde besetzt und kam unter französische Verwaltung, einige Jahre vor der Gründung der Kolonie (1896). Es begann die Blütezeit der von den Franzosen Tamatave genannten Stadt, zahlreiche Prachtbauten und Villen entstanden.

Doch die Einheimischen bekamen schnell die Schattenseiten des europäischen Paradieses zu spüren. Nach der Kolonialisierung Madagaskars durch die Franzosen wurden die einheimischen Bewohner 1895 aus dem Stadtzentrum vertrieben und in den Außenbezirken angesiedelt. Verursacht u. a. durch die schlechten hygienischen Bedingungen brach 1898 und 1900 die Pest aus. Nach der Installation von Abwasserkanälen und der Trockenlegung einiger Sümpfe am Stadtrand verbesserten sich die Verhältnisse.

Um den Waren- und Personenverkehr mit der Hauptstadt zu erleichtern, wurde 1911 eine **Bahnstrecke** durch den Regenwald ins Hochland fertiggestellt. Die 372 km lange Verbindung nach Antananarivo dient heute hauptsächlich dem Güterverkehr. Die Entwicklung der Stadt wurde aufgrund starker Zyklone immer wieder zurückgeworfen. In den Jahren 1927, 1986 und 1994 wurde Toamasina durch diese Tropenstürme in großen Teilen zerstört.

Sehenswert

Musée du Port 1

Di–So, Eintritt 10 000 MGA

Das im Jahr 2006 eröffnete Museum auf dem Gelände des Hafens zeigt eine umfangreiche Fotoausstellung zur Geschichte des Hafens. Zu sehen sind viele Fotografien, die Toamasina zu seiner Glanzzeit Anfang des letzten Jahrhunderts festhalten. Des Weiteren werden regionale Funde und Traditionen der an der Ostküste heimischen Volksgruppen präsentiert.

Übernachten

Platzhirsch – **Sharon 1**: Bd. de la Liberation, Tel. 020 53 30420, www.sharonhotel.mg, sharon@moov.mg, DZ 65–105 €. Die 39 Zimmer haben Klimaanlage, TV und Internet. Das zurzeit wohl beste Hotel am Platz.

Eine Institution – **Le Neptune 2**: 35, Bd. Ratsimilaho, Tel. 020 53 32226, Fax 020 53 32426, www.hotel-neptune-tamatave.com, DZ ab 50 €. Der weiß getünchte Kolonialbau mit seinen 47 Zimmern hat schon bessere Tage gesehen. Dennoch ein Hotel mit Atmosphäre, einem guten Restaurant, Schwimmbad, Casino und Disco.

Strandnähe – **Miramar 3**: Bd. Ratsimilaho, Salazamay, nördlich des Zentrums in Nähe des Strands, Tel. 020 53 33215, www.miramar-hotel-tamatave.com, DZ 23–36 €. Gute Alternative zu den Hotels in der Innenstadt, wenn Sie sich etwas erholen möchten.

Schöner Kolonialbau – **Le Joffre 4**: 30, Bd. Joffre, Tel. 020 53 32390, Fax 020 53 33294, www.hoteljoffre-tamatave.com, DZ 35–58 €. Der alte Kolonialbau erinnert an vergangene Zeiten. Alle Zimmer mit Klimaanlage und TV.

Zentral – **Génération 5**: im Zentrum Nähe Hafen, Tel. 020 57 22022 oder 020 53 32834, www.generationhotel-tamatave.com, DZ je nach Ausstattung 20–35 €. 30 Zimmer mit Balkon und Minibar.

Einfach und sauber – **Central 6**: 16, Bd. Joffre, Tel. 020 53 34086, Fax 020 53 34119, www.central-hotel-tamatave.com, DZ 22 €. Preiswertes Stadthotel in zentraler Lage.

Essen & Trinken

Aus alt mach neu – **Le Bateau Ivre 1**: Bd. Ratsimilaho, Nähe Stadion, Tel. 020 53 30294, batoivre@moov.mg, tgl. 9–23.30 Uhr, Hauptgerichte 3,50 €. Ein ehemaliges öffentliches, privat renoviertes Schwimmbad bildet die ungewöhnliche Kulisse für dieses Restaurant. Meeresfrüchte und europäische Küche. Abends oft Livemusik.

Atmosphärisch – **Veranda 2**: Bd. Joffre, Tel. 020 53 33435, Mo–Sa 7.30–14 und 19–22 Uhr, Hauptgerichte 3 €. Das Haus ist im kreolischen Stil mit viel Liebe zum Detail eingerichtet. Serviert wird internationale Küche.

Fusion – **Mora Mora 3**: Bd. Labourdonnais, Tel. 032 02 77599, Mi–Mo 11–14.30 und 18–24 Uhr, Hauptgerichte 2,50 €. Die Küche bietet eine gute Mischung aus madagassischen und französischen Speisen. Der Service ist schneller, als der Name suggeriert.

Italienisch und mehr – **La Rose des Vents 1**: im Hotel Sharon, Tel. 020 53 30420, Hauptgerichte 3,50 €. Sehr guter Platz für italienische und andere europäische Küche.

Einkaufen

La Chocolatière 1: Bd. Joffre, Mo–Fr 8.30–12, 14.30–18 Uhr, Sa 8.30–12 Uhr. Heimische Schokolade und andere Souvenirs.
Nulle Part Ailleurs 2: 69 Bd. Joffre, Tel. 020 53 32506, Mo–Fr 8.30–12, 14.30–18 Uhr, Sa 8.30–12 Uhr. Die ganze Bandbreite an Souvenirs.
Bazary-Be-Markt 3: zwischen Rue Amiral Billard und Rue Bertho, Ecke Rue des Hovas, tgl. ca. 7–18 Uhr. Neben Lebensmitteln gibt es auch eine Menge einheimisches Kunsthandwerk.

Aktiv

Schnorcheln und Baden – **Nosy Alanana (Ilot aux Prunes) 1:** Diese kleine und bewaldete Insel liegt eine Stunde Bootsfahrt von Toamasina entfernt in der nördlichen Bucht. Das die Insel umgebene Korallenriff macht Lust auf Schnorcheln; Baden ist dort bedenkenlos möglich. Auf Alanana befindet sich auch ein Leuchtturm.
Wandern – **Lambahoany Ecotourism Centre 2:** Boulevard de la Liberté, Tel. 261 32 7193869, www.lambahoany.org, info@lambahoany.org. Das Projekt unterstützt naturnahen und nachhaltigen Tourismus und bietet unterschiedliche Wanderungen sowie sieben einfache Bungalows zum Übernachten an (12 €). Mit europäischem und madagassischem Frühstück (1–1,20 €), einfache Mahlzeiten auf Nachfrage, Bar mit Terrasse.

Abends & Nachts

Pandora Station 1: beim Hotel Miramar, Bd. Ratsimilaho. Recht moderner Nachtclub.
Queens Club 2: Nähe Hotel Sharon, Bd. Joffre. Gemischte Musik (europäisch, afrikanisch, madagassisch).

Infos

Touristeninfomation

Fremdenverkehrsamt Toamasina: 83, Bd. Joffre, Tel. 020 53 91214.

Verkehr

Flug: Air Madagascar fliegt tgl. nach Antananarivo und Nosy Sainte Marie, mehrmals pro Woche nach Antalaha, Mananara, Maroantsetra, Sambava. Einzige internationale Verbindung besteht zurzeit nach Réunion (St-Pierre). Air Madagascar, Tel. 020 53 32738, Fax 020 53 33849, airmadtm@moov.mg. Die französische Air Austral fliegt 2 x wöchtl. nach Réunion (St-Denis). Air Austral, Tel. 020 53 31243.
Taxi-Brousse: Es gibt Busverbindungen entlang der RN 5 nach Mahavelona und Fenoarivo, entlang der RN 2 nach Ampasimanolotra und nach Vatomandry (RN 11A) sowie nach Antananarivo (ca. 8 Std.).
Schiff: Das Boot Cap Sainte Marie fährt die Route Toamasina–Soanierana-Sainte Marie, Abfahrt in Toamasina um 6 Uhr, einfache Strecke nach S.-Ivongo 12 €/2 Std. Fahrzeit, zur Insel Sainte Marie 40 €/4 Std. Fahr- und Liegezeit (www.cap-sainte-marie.com).

Park Ivoloina ▸ N 13

12 km nördlich von Toamasina liegt innerhalb eines 282 ha großen Waldschutzgebietes der Zoo Ivoloina. Der kleine Tierpark wird von der Madagascar Fauna Group geleitet, ein Zusammenschluss wichtiger zoologischer Gärten, die beim Thema Artenschutz in Madagaskar zusammenarbeiten. Von deutscher Seite aus sind

die Zoos aus Münster und Köln mit dabei.

Von diesem Park aus sollen einmal Auswilderungsprogramme in neugeschaffenen Schutzgebieten verwirklicht werden. Etwa zehn Lemurenarten werden gehalten und zum Teil gezüchtet. Sie stammen aus Austauschprogrammen mit Zoos aus Übersee oder aus Beschlagnahmungen der madagassischen Behörden. Für Besucher wurden mehrere Spazierpfade bis 2,5 km Länge angelegt, Boote für Fahrten auf dem Ivoloina-See werden vermietet. Mehr Informationen zur MFG: www.savethele mur.org.

Infos

Infos zum Park: www.seemadagascar.org, Tel. 020 53 93168.
Eintritt: tgl. 9–17 Uhr, Ticket ca. 5,50 €, Führer nochmals gleicher Preis. Nächtliche Führung (Beginn 17.30 Uhr) mit der Chance, das Fingertier zu sehen, nach Anmeldung 5,50 € p. P. Kanufahrt (2,20 €) oder Campingmöglichkeit (1,50 €).
Anfahrt: Zu erreichen über die RN 5 Richtung Mahavelona (Foulpointe), nach 9 km Asphaltstraße links vor der Ivoloina-Brücke (ausgeschildert).

Von Toamasina nach Soanierana-Ivongo ▸ N 14–11

Die Küste nördlich von Toamasina ist geprägt von Plantagenanbau. In dem Gebiet wächst vieles von dem, was als Gewürz oder exotische Frucht zu uns nach Europa kommt. Von November bis Januar begegnen einem zum Beispiel unzählige Traktoren und Lkws auf den Straßen, die hochbeladen mit Litschis Richtung Hafen von Toamasina fahren. Madagaskar ist neben Südafrika wichtigster Litschi-Produzent Afrikas.

Betampona-Naturreservat ▸ M 13

Das rund 45 km nordwestlich gelegene und 2228 ha große Schutzgebiet nahe Ambodiriana ist über die Nationalstraße RN 5 zu erreichen. Der Ursprung des Reservats geht auf ein schon 1926 errichtetes Waldschutzgebiet zurück. Der Park schützt den immer weniger werdenden Tieflandregenwald, hier auf einer Höhe von 250 bis 550 m. Es wird von der Madagascar Fauna Group gemanagt. In diesem Gebiet wurde das erste Wiederaussiedlungsprojekt für Lemuren gestartet. In dem Wald lebte nur noch eine Population von 35 Schwarz-weißen Varis – zu wenig, um dauerhaft zu überleben. Durch Auswilderungen von in Zoos geborenen Varis konnte nicht nur deren Zahl erhöht werden, sondern auch frisches Blut in die von Inzucht bedrohte Population gelangen. Das Projekt wird von zahlreichen amerikanischen und europäischen Zoos unterstützt. Neben dem Schwarz-weißen Vari gibt es noch zehn weitere Lemurenarten, fünf Raubtierarten, 86 Vogelarten und 94 Reptilien- und Amphibienarten.

Infos

Das Betampona-Reservat besitzt den Titel eines »Réserve Naturelle Intégrale«, womit dieses Gebiet den höchsten Schutz genießt. Es ist daher für Touristen nicht geöffnet und darf derzeit ohne Genehmigung der Naturschutzbehörde nicht betreten werden!

Mahavelona (Foulpoint) ▸ N 13

Mahavelona liegt 55 km nördlich von Toamasina an der RN 5, die Fahrt über diese schlechte (ehemalige) Asphaltstraße dauert etwa 1,5 Stunden. Der ursprüngliche Name des Ortes lautete Hopeful Point, ein Name, den englische Piraten dem Fischerdorf einst gaben. Foulpoint, wie auch die Madagassen den Ort heute noch nennen, ist seit langem ein beliebter Urlaubsort für die Städter aus Toamasina und Antananarivo. Grund ist der weiße, kilometerlange und von einem Riff geschützte Sandstrand, einer der schönsten Strände der madagassischen Ostküste. Hier finden sich noch alte Villen aus kolonialen Tagen, Fischer zeigen ihren Fang neben mit Palmblättern bedeckten Holzhütten.

Fort Manda

Tgl. 9–17 Uhr, Eintritt 2 €
Das Fort wurde 1810 von den Engländern in Zusammenarbeit mit den Madagassen errichtet, zu einer Zeit also, als die Engländer gegen die Franzosen um die Vorherrschaft im westlichen Indischen Ozean stritten. Als König Radama I. mit seinen Merina-Truppen die Ostküste eroberte, arbeitete er mit den Engländern zusammen. Nach seinem Tod übernahm die den Europäern gegenüber eher kritisch eingestellte Königin Ranavalona I. die Macht und die Engländer mussten das Fort räumen. Der neu eingesetzte Gouverneur Rafaralahy nutzte daraufhin die Festung für seine Truppen.

Fort Manda weist eine runde Grundform auf. Die stabile Mauer verjüngt sich nach oben immer mehr, beginnend von einer 7 m tiefen Basis bis zum schmalen oberen Ende. Die Mauer wurde aus Sand, pulverisierten Korallen und mit Hilfe von Eiweiß erstellt, da zu dieser Zeit noch kein Mörtel oder Zement zur Verfügung stand. Um die Befestigungsmauer ist ein 10 m breiter und 5 m tiefer Wassergraben angelegt.

Im Zentrum des Forts befand sich die Offiziersmesse sowie die Küche. Im Jahr 1947 suchten hier während des Aufstands der Madagassen gegen die Kolonialherrschaft der Franzosen Frauen und Kinder Schutz vor den Kämpfen. Der madagassische Name Manda bedeutet »Festung« oder »Schutzmauer«.

Übernachtung, Essen

Sportlich – **Manda Beach:** direkt am Strand, Tel. 034 11 22000 oder 033 15 22000, Fax 020 57 22002, www.mandabeach-hotel.com, DZ 17 €, Bungalow (bis 5 Pers.) 33 €. Das beste Hotel am Strand mit 42 Zimmern und Bungalows. Schön im heimischen Stil, mit Palmblättern gedeckte Häuser. Swimmingpool, Golfplatz und weitere Sportmöglichkeiten. Flughafentransfer nach Toamasina wird angeboten.
Strandnah – **Grand Bleu:** am Strand, 100 m südl. vom Hotel Manda Beach, Tel. 020 57 22006 oder 032 02 31161, www.grandbleu-tamatave.com, DZ-Bungalow 24 €, DZ 26 €, Villa 52 €. Die sieben Bungalows, drei Zimmer und die Villa (bis 6 Pers.) liegen direkt am Strand. Die Zimmer sind etwas besser ausgestattet als die Bungalows. Mit Restaurant (Frühstück 3 €).
Harmonisch – **Génération:** Tel. 020 57 22022 oder 020 53 32834, www.generationhotel-tamatave.com, DZ ab 25 €, Bungalows ab 15 €. Die Anlage ist in einen tropischen Garten eingebettet, die Bungalows stehen malerisch unter Kokospalmen, liegen allerdings zurückgesetzt, nicht direkt am Strand. Die Zimmer sind unterschiedlich ausgestattet.

Infos

Verkehr
Flug: Mahavelona verfügt über eine Landepiste, die von Kleinflugzeugen angeflogen werden kann.
Taxi-Brousse: Die RN 5 verbindet die Stadt mit Toamasina im Süden und Soanierana-Ivongo im Norden. In beiden Richtungen besteht Taxi-Brousse-Verkehr.

Fenoarivo (Fenerive) und Tampolo ▸ N 12

Von Mahavelona 25 km weiter die RN 5 Richtung Norden, lag kurz nach dem heutigen Dorf Mahambo die ehemalige Hauptstadt des Betsimisaraka-Reiches. Sie wurde allerdings im vorletzten Jahrhundert verlassen. Heute gibt es nichts mehr zu sehen, was darauf hindeutet. Weitere 10 km nördlich der Ort Antsikafoka, bei dem die RN22 nach Anjambe von der RN5 abzweigt.

38 km nördlich von Mahavelona liegt der Ort **Fenoarivo**. Sein Name bedeutet »Viele Tausend«. In seiner Umgebung befinden sich zahlreiche Plantagen für Gewürznelken

Die RN5 weiter Richtung Norden folgend, liegt 15 km oberhalb von Fenoarivo der Ort **Tampolo** (6000 Einw.) am gleichnamigen See. Unweit des Ortes befindet sich ein knapp 7 km² großes Waldreservat. Es schützt seit 1959 einen Teil des Küstenwaldes und wird von der Universität Antananarivo in Zusammenarbeit mit der amerikanischen Lemur Conservation Foundation gemanagt. Sieben Lemurenarten (u. a. Brauner Maki, Grauer Bambuslemur), 52 Vogelarten und 12 Schlangenarten leben in Tampolo. Seit 2006 gibt es ein Museum und ein Gästehaus (sechs Betten, www.lemur reserve.org/tampolo.html).

Soanierana-Ivongo ▸ N 11

Der Ort wird kurz Sivongo genannt. Hier endet der befahrbare Teil der RN 5. Die Strecke von hier aus weiter nördlich ist nur etwas für extreme Abenteurer. Von Soanierana-Ivongo aus fahren Boote hinüber zur Insel Nosy Boraha (Sainte Marie). Um nicht im Ort übernachten zu müssen, empfiehlt es sich, so früh wie möglich anzukommen, um noch ein Boot nach Sainte Marie zu erreichen (erstes Boot 6 Uhr). Zum Bootstransfer s. unter Sainte Marie.

Nosy Sainte Marie!

▸ Karte 3

Die der nördlichen Ostküste vorgelagerte Insel Sainte Marie ist ein Ort voller Sehnsüchte, Geschichten und Kli-

Nicht nur Besucher lieben die Strände von Nosy Sainte Marie

schees. Schon die Piraten vergangener Jahrhunderte entdecken dort für sich das Paradies. Sonne und Sand, Palmen und Meer, das sind auch heute noch Anziehungspunkt vieler Madagaskar-Besucher. Die Insel hat eine Fläche von rund 200 km² und etwa 18 000 Einwohner. Sie ist 53 km lang und mit 1 bis 6 km Breite relativ schmal. Die kürzeste Entfernung zwischen Kap Antsiraka, das wie eine Spitze aus der Ostküste Madagaskars herausragt, und Nosy Sainte Marie beträgt nur 8 km. Zum Hafen des Küstenortes Soanierana-Ivongo ist die Entfernung mit 25 km schon etwas weiter.

Der Name Nosy Sainte Marie ist ein Kompromiss, der sich aus den realen Sprachgewohnheiten ergab. Die Insel heißt offiziell Nosy Boraha, allerdings kennen sie die Madagassen hauptsächlich unter ihrem kolonialen Namen Ile Sainte Marie. Da sich der französische Name hartnäckig hält, haben pragmatische Madagassen die Bezeichnungen sozusagen vermischt, in dem sie das Wort »Ile« (Insel) ins Madagassische (»Nosy«) setzten.

Sainte Marie ist für viele Besucher der Inbegriff eines Tropenparadieses: weiße Sandstrände, Kokospalmen, das warme Wasser des Indischen Ozeans, in dem sich zahlreiche Fische tummeln, nicht zu vergessen die freundlichen Menschen und ein üppig grünes Hinterland. Hinzu kommt, dass die Insel nur über relativ kleine Hotels verfügt und es kaum motorisierten Verkehr gibt. Zum Entspannen, Spazierengehen und Fahrradfahren genau das Richtige …

Geschichte

Die Insel hieß vor der Inbesitznahme durch die Europäer Nosy Ibrahim. Dies lässt auf frühere Be- ▷ S. 226

Auf Entdeckungstour: Nosy Sainte Marie – ein Spaziergang zum Piratenfriedhof

Kleine Buchten, weiße Strände und eine üppige Vegetation machen die lang gestreckte Insel Sainte Marie zu einem Tropenparadies. Die Piraten früherer Jahrhunderte wussten die strategisch günstige Lage zu schätzen. Erpicht auf reiche Beute, lauerten sie hier im 17./18. Jh. den Handelsschiffen aus Asien auf.

Reisekarte: ▶ Karte 3, B 6
Start: am Hafen des Insel-Hauptortes Ambodifotatra
Eintritt: 3000 MGA oder 1 US$, die Kanu-Überfahrt kostet ca. 1 € pro Pers.
Hinweis: Bei Flut werden Sie nicht trockenen Fußes zum Friedhof gelangen, es sei denn, Sie nutzen für die kurze Überfahrt ein Kanu.

Heute mag es verwundern, dass Nosy Sainte Marie einst einer der weltweit größten Piratenstützpunkte war. Aber die Lage und die Bedingungen der Insel mit ihrer fruchtbaren Erde und ihrem tropischen Klima waren für die Piraten einfach ideal. Es gab Fleisch, Obst und Gemüse im Überfluss. Und die Handelswege waren nicht weit, um die Schiffe auf ihrem Weg von Arabien und Asien abzufangen.

Ein buntes Völkergemisch

Einer der ersten Piraten von Sainte Marie war Adam Baldridge, der 1691 auf die Insel kam. Bereits 1697 kam es zu einem Aufstand der Einheimischen gegen die Piraten. Die Inselbewohner begannen sich gegen den Diebstahl ihrer Rinder und Lebensmittel zu wehren. Sie warteten auf die Abfahrt von Baldridge und töteten 30 der zurückgebliebenen Piraten. Kein Jahr später siedelten sich erneut Piraten an und in den darauffolgenden Jahren lebten bis zu 1500 Piraten auf der Insel.

Die Piratenkapitäne waren in der Regel Engländer, die Mannschaften dagegen recht gemischt. Franzosen, Skandinavier und Niederländer suchten zusammen ihr Glück. Zahlreiche Kapitäne kamen und gingen. Einer der schillerndsten war ein gewisser Thomas White. Die Blütezeit der Piraten auf Sainte Marie ging mit seinem Tod 1708 langsam zu Ende. Nachdem zwei weitere Kapitäne, Edward England und Taylor, 1722 die Insel verlassen hatten, war das Kapitel endgültig beendet.

Aber nicht alle ehemaligen Piraten verließen die Insel. Viele blieben, denn sie hatten mittlerweile eine madagassische Frau und/oder waren mittellos. Sie integrierten sich in die madagassische Gesellschaft und ihre Gene schlummern heute noch in so manchem Inselbewohner.

Zum Piratenfriedhof

Der Spaziergang zum alten Piratenfriedhof führt vom Hauptort der Insel, Ambodifotatra, nach Süden. Die Straße verläuft auf einem **Damm,** der über eine kleine Insel hinweg die Bucht durchquert. Am Grund dieser Bucht sind noch Wracks von originalen Piratenschiffen zu finden. Nachdem der Damm wieder das ›Festland‹ erreicht, zweigt links ein kleiner Weg ab. Dort steht eine **Hütte,** an der man den Eintritt bezahlt und einen örtlichen Führer bekommt.

Durch eine Ansammlung von Hütten führt der Weg über einen Bach weiter bis zu einem Stück mit **Mangroven.** An dieser Stelle befindet sich ein **Steg** zur anderen Seite, der während der Flut schwierig zu begehen und teilweise unter Wasser ist. Der Führer wird Ihnen anbieten, Kanus zu organisieren, die Sie trockenen Fußes auf die andere Seite bringen. Von dort geht der Pfad links hinüber leicht bergauf. Wenn Sie den kleinen Hügel erklommen haben, stehen Sie schon vor den ersten Gräbern des Friedhofes. Von hier aus haben Sie einen herrlichen Blick auf die Bucht und Ambodifotatra.

Sie müssen nicht lange suchen, um auf dem kleinen **Friedhof** das klassische Piratenzeichen zu finden – den Totenschädel mit zwei gekreuzten Knochen. Auf einem der liegenden Grabsteine am Beginn sind sie in den Stein gemeißelt. Ihr Führer erzählt Ihnen gerne die spannenden Geschichten zu den Personen der Gräber.

Allerdings liegen auf diesem Friedhof nicht nur Piraten, sondern auch geflüchtete Verbrecher, Kolonialbeamte sowie einfache Seeleute und Händler. Viele der heute noch erhaltenen Gräber datieren aus einer Zeit (19. Jh.), in der aus den Piraten längst Siedler geworden waren.

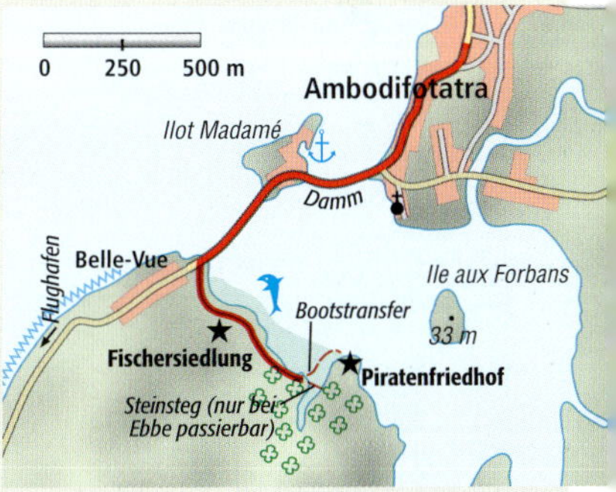

siedlungen durch die Araber schließen. Die Bewohner selber erzählen sich die Geschichte eines Mannes namens Boraha, der von einem Wal ins offene Meer gezogen wurde und nur mit fremder Hilfe (Arabern?) wieder zurückfand. Portugiesische Seefahrer nannten die Insel ab dem 16. Jh. Santa Maria, die Franzosen übernahmen den Namen als Sainte Marie. Die Insel war im 17./18. Jh. ein beliebter Piratenunterschlupf, wovon heute noch ein alter Piratenfriedhof zeugt (siehe Entdeckungstour S. 224). Im 18. Jh. gehörte sie zum Königreich der Betsimisaraka. Deren König Ratsimilaho schenkte die Insel seiner Tochter Betia. Diese verliebte sich in einen französischen Piraten und schenkte wiederum ihm die Insel. Da dieser die Gabe ablehnte, übergab die mittlerweile zur Königin gekrönte Betia die Insel am 30. Juli 1750 dem französischen König.

Das Volk war empört über seine Herrscherin und vertrieb die Franzosen vier Jahre später mitsamt der Königin, die nach Mauritius ins Exil ging. Noch heute erinnert der Strand Bety Beach an die ungeliebte Herrscherin. 1818 landeten französische Truppen auf der Insel, um dem Piratentreiben endgültig ein Ende zu setzen. Unter Führung von Sylvain Roux wurde auf einer kleinen Anhöhe eine Festung errichtet. Reste davon werden heute noch vom madagassischen Militär genutzt. Während der französischen Kolonialzeit diente die Insel von 1901–1957 als Gefangenenlager.

Ambodifotatra

▶ Karte 3, A/B 5/6

Das Dorf mit dem kaum auszusprechenden Namen ist der Hauptort der Insel. Der Name bedeutet »Am Fuß des Baumes«. In früheren Zeiten soll ein großes Exemplar des Strand-Barringtonia *(Barringtonia butonica)* dort gestanden haben, wo sich heute das Dorf befindet. Exemplare der sonst nur in Südostasien vorkommenden Gattung gibt es auf der ganzen Insel. Es handelt sich dabei um einen immergrünen Baum, der bis zu 20 m hoch werden kann. Er bekommt pinselförmige Blüten, die nachts einen intensiven, süßlichen Duft verströmen.

Das Leben in Ambodifotatra geht einen geruhsamen Weg. Das Angebot an Geschäften ist sehr übersichtlich. Interessant ist ein Besuch des **Wochenmarktes.** Jeden Donnerstag kommen

Mein Tipp

Inselparadies Nosy Nato
▶ Karte 3, A 7

Das kleine Eiland Nosy Nato (Ile aux Nattes), das vor der Südspitze Sainte Maries liegt, bildet ein Paradies im Paradies. Für Ruhesuchende und Genießer schöner Natur dürfte diese in jeder Beziehung idyllische Insel mit ihren weißen Sandstränden und ganz ohne Straßen der perfekte Ort sein. Kleine Boote bringen die Gäste auf Wunsch hinüber, theoretisch kann die kurze Strecke auch geschwommen werden. Mittlerweile gibt es sogar einige kleine Hotels auf Nosy Nato, sodass man sich der Idylle gleich mehrere Tage hingeben kann. Die zurzeit beste Hotelanlage der Insel bietet das Le Maningory. Rustikal in Holz und Bambus gehalten, liegen seine Bungalows etwas zurückgesetzt vom Strand (Tel. 020 57 90258, www.maningoryhotel.com, Bungalow ab 38 €, Bootstransfer zum Flughafen).

Inselbewohner auch aus entlegenen Dörfern, um ihre Waren zu verkaufen und Neuigkeiten zu erfahren.

Vor dem Ort und der **Baie des Forbans** (Bucht der Seeräuber) liegt eine kleine Insel namens **Ilot Madame.** Ein Damm verbindet die kleine Insel mit Sainte Marie. Auf der anderen Seite der Bucht gelangen Sie zum Piratenfriedhof mit seinen interessanten Geschichten (siehe Entdeckungstour S. 224).

Radtour zur Nordostküste ▸ Karte 3

Strecke: 70 km, Dauer: 5–6 Std., Fahrräder bekommen Sie an zahlreichen Hotels ausgeliehen (ab 2 € pro Tag)
Starten Sie die Tour in einem der Hotels in der Nähe von **Ambodifotatra.** Es gibt nur eine Hauptpiste, die entlang der Westküste bis hinauf zum **Pointe des Cocotiers** führt. Auf ihr durchfährt man kleine Dörfer mit traditionellen Holzhütten, und immer wieder taucht links eine einsame kleine Bucht auf, die zu einer Pause oder zum Baden einlädt. Wenn Sie in einem der Hotels der mittleren Westküste (Lonkintsy) wohnen, dann reicht die Zeit, um die Fahrradtour bis zur Nordspitze der Insel auszudehnen.

Nach dem Ort **Ambatoroa** führt eine Abzweigung rechts hinüber zur Ostseite. Nach etwa 5 km passieren Sie den **Leuchtturm Albrand.** Ca. 2 km weiter liegt an der Ostküste das Dorf **Ambodiatafana.** Dahinter liegt ein heiliger See. Nehmen Sie jemanden aus dem Dorf mit, der Ihnen den See zeigt und Sie auf die dort herrschenden *Fadys* aufmerksam macht. In Ermangelung an Alternativen muss der Weg von dort wieder zurück zum Ausgangspunkt gefahren werden.

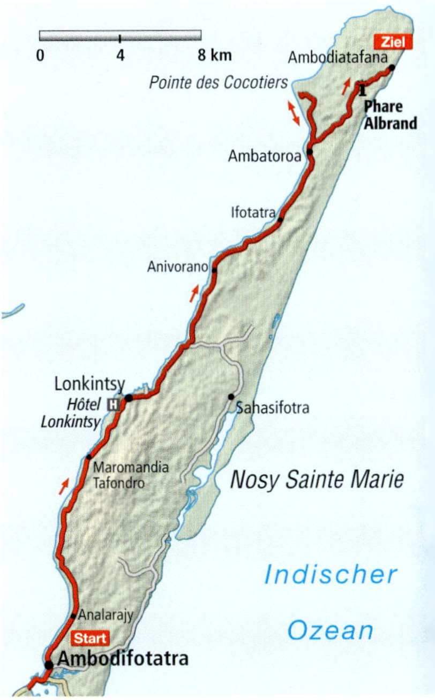

Sainte Marie: Radtour zur Nordostküste

Übernachten

Luxus pur – **Princesse Bora Lodge:** zwischen Flughafen und Ambodifotatra, Tel. 020 57 04003 oder 032 07 09048, www.princessebora.com, DZ mit Halbpension ab 165/195 € (NS/HS). Schon der Transfer vom Flughafen hat Stil – mit dem Zebukarren. Die Lodge lässt kaum Wünsche offen. Fantastisches Restaurant, diverse Ausflugsangebote und Fahrradverleih. In der Walsaison ist bei mindestens drei gebuchten Nächten eine Bootstour zu den Walen inklusive.

Alteingessen – **Soanambo:** zwischen Flughafen und Ambodifotatra, Tel. 020 57 40137, www.hsm.mg, info@hsm.mg, 48 DZ ab je 104 € plus 23 €

Wohnen über dem Wasser – die Bungalows des Hotel Lakana

HP. Eine der ersten Bungalowanlagen der Insel, in einem wunderschönen Garten am palmengesäumten Strand gelegen. 2010 in modernem Stil renoviert.

Komfortabel – **Lakana:** zwischen Flughafen und Ambodifotatra, Tel. 020 57 40132, www.sainte-marie-hotel.com, DZ-Bungalow ab 30/40 € (NS/HS). Schöne Anlage mit freundlichem Ambiente, die Bungalows stehen teilweise auf Stelzen und Steinen im Meer und sind durch einen Steg verbunden.

Einfach gut – **Le Libertalia:** zwischen Flughafen und Ambodifotatra, Tel. 020 32 0276323, www.lelibertalia.com, DZ-Bungalow 31–42 €. Die im heimischen Baustil gehaltenen neun Bungalows sind schlicht, aber gut. Das Hotel bietet Bootstouren an (Walbeobachtung) sowie Fahr- und Motorradverleih.

Den Strand vor der Tür – **La Crique:** nördlich von Ambodifotatra, Tel. 020 57 90245, www.lacrique-saintemarie.com, DZ-Bungalow ab 99 000 MGA (ca. 35 €), Bungalows mit Gemeinschaftsbad 55 000 MGA (ca. 19 €). Zwölf Bungalows aus Stein und Holz an einer der schönsten Buchten der Insel.

Essen & Trinken

Frisches von Meer – **La Bigorne:** Ambodifotatra, Hauptgerichte ab 2 €. Meeresfrüchte erwarten Sie in diesem Restaurant im kolonialen Ambiente.

Gut Aufgetischt – **Le Jardin:** Ambodifotatra,Hauptgerichte ab 2 €. Gutes Essen und reichliche Portionen. Auch für Snacks zwischendurch.

Einkaufen

Neben den Hotels gibt es nur im Hauptort Ambodifotatra einige wenige Geschäfte, darunter auch einige Souvenir-Shops.

Aktiv

Die meisten Hotels auf Sainte Marie bieten verschiedene Bootsausflüge zum Schnorcheln, Tauchen und zur Walbeobachtung an.

Daneben gibt es einige Sportmöglichkeiten sowie Verleih von Fahrrädern, Motorrädern und Quads. Sainte Marie eignet sich hervorragend für Fahrradtouren, da es kaum motorisierten Verkehr gibt.

Infos

Verkehr

Flug: Der Flughafen liegt am südlichen Ende der Insel. In der Hochsaison (Juli–Dez.) tgl. Verbindungen mit Air Madagascar nach Toamasina und Antananarivo. Im Norden der Insel befindet sich außerdem eine neue Landepiste für kleine Charterflugzeuge.
Taxis: Es gibt nur wenige Taxis auf der Insel. Sie kommen bei Flugankünften zum Flughafen und stehen sonst im Hauptort Ambodifotatra oder an einem der Hotels.
Schiff: Regelmäßiger Bootsverkehr zwischen dem Inselhafen Ambodifotatra und dem Küstenort Soanierana-Ivongo (Überfahrt je nach Bootstyp 1–2 Std.). **Cap Sainte Marie:** Das Boot fährt die Route Toamasina–Soanierana–Sainte Marie und zurück, Abfahrt jeweils um 6 Uhr morgens. Toamasina–Soanierana 2 Std. (28 €), Soanierana–Sainte Marie 1 Std. Fahrzeit (12 €), Gesamtstrecke 40 €, Hin- und Rückfahrtticket 70 € (www.cap-sainte-marie.com); **Princesse Saphira:** Tel. 032 04 68186, ähnlich schnelle Überfahrt wie bei der Cap. Neben diesen schnellen Booten gibt es noch einige kleinere, langsamere und auch billigere Boote für die Überfahrt (ab ca. 9 €).

Rund um die Bucht von Atongil ▶ N/O 8–10

Die Orte an diesem Teil der Ostküste sind meist nur mit dem Flugzeug oder einem Boot erreichbar, da die Straßenverhältnisse meist sehr schlecht sind. Das macht einen Besuch recht teuer und ist zudem sehr zeitintensiv. Dennoch lohnt sich ein Abstecher zu dem einen oder anderen der Orte, die sich durch ihre Abgeschiedenheit ihre Autentizität bewahrt haben.

Mananara und Ile Aye-Aye ▶ N 10

Die Stadt im Süden der Antongil-Bucht wird selten von Fremden besucht. Der Landweg über die RN 5 ist schwierig und die Linienverbindung der Air Madagascar eingestellt. Dennoch lohnt sich ein Besuch, denn auf der dem Ort vorgelagerten Insel Aye-Aye hat man die Möglichkeit, das seltsame Fingertier *(Daubentonia madagascariensis)* in Freiheit zu sehen: Die private Insel wird allgemein »Ile Aye-Aye« genannt, nach dem madagassischen Namen für das Fingertier.

Die 10 ha große Insel dient hauptsächlich dem Anbau verschiedener tropischer Früchte. Dennoch leben hier einige Fingertiere, die in dieser Art von Vegetation leichter zu sehen sind als im dichten Regenwald. Mananara selbst ist Ausgangsort für den Besuch des gleichnamigen Nationalparks.

Übernachten

Meerblick – **Aye Aye:** direkt am Strand von Mananara, Tel. 033 12 15624, DZ 25 000 MGA (ca. 9 €). Nett eingerichtete Bungalows.

Gediegen – **Chez Roger:** Mananara, Tel. 033 19 67271, DZ 40 000 MGA (ca. 14 €). Kleine Anlage mit sechs Bungalows, die dem Besitzer der Insel Aye-Aye gehört.
Meerblick – **Tany Marina:** Antanambe (ca. 35 km südlich von Mananara), Tel. 033 01 10059, www.tanymarina.com, DZ-Bungalow ab 11 €. Idealer Ausgangspunkt zum Besuch des Mananara-Nord-Nationalparks und der Insel Nosy Atafana.

Aktiv

Inselwelt – **Ausflüge:** Inseltouren zur Insel Aye-Aye organisiert das Hotel Chez Roger, Preis p. P. 8 €. Bootstouren von Mananara zur Insel Nosy Antafala (im Nationalpark Mananara-Nord) dauern knapp 3 Std. (eine Strecke) und kosten hin und zurück rund 100 €. Organisation über eines der beiden Strandhotels.

Infos

Büro Mananara-Nord-Nationalpark: im Ortsteil Mahambolona, tgl. 8–17 Uhr, tmv.parks@gmail.com. Informationen über das Gebiet, Tickets für den Besuch des Parks, Hilfe bei der Organisation des Parkführers.

Mananara-Nord-Nationalpark ▸ N 10

Der Nationalpark ist in ein gleichnamiges Biosphärenreservat eingebettet, das eine Fläche von 1440 km² einnimmt. Dieses war das erste von der UNESCO ausgewiesene Biosphärenreservat in Madagaskar. Der Nationalpark selber ist ein kombiniertes Schutzgebiet, das Teile des Meeres sowie des Küstenwaldes beinhaltet. Er wurde 1989 gegründet, umfasst eine Fläche von 240 km² und reicht in Höhen bis etwas über 400 m. Das Klima ist tropisch feucht-warm mit Durchschnittstemperaturen von 19–26 °C. Der marine Teil des Parks umfasst 10 km² und beschränkt sich auf das Seegebiet zwischen den kleinen, der Küste vorgelagerten Inseln Nosy Antafana, Rangontsy und Hely.

Der Sockel, auf dem Mananara liegt, ist 2,75 Mrd. Jahre alt. Durch Erosion entstanden vor ungefähr 770 Mio. Jahren enge, meist gerade Täler, kantige Felsmauern, bei denen die Wasserläufe sich in Kaskaden ergießen. Dieses Landschaftsbild erschwert den Zugang zum Parkgebiet. Die Vegetation ist in den Felsschluchten ungemein üppig und dicht. Die Niederschlagsmenge erreicht enorme 2900 mm pro Jahr.

Im Park leben 13 Lemurenarten, unter ihnen der Büschelohrmaki *(Allocebus trichotis)*, eine der kleinsten Primatenarten der Welt. Er wurde 1875 von Naturforschern entdeckt, anschließend aber nie wieder von Fachleuten gesehen, sodass angenommen wurde, er sei ausgestorben. 1989 machte sich ein Zoologe mit madagassischer Hilfe auf die Suche nach dem Tier und fand wieder einige Exemplare. Von den meist im verborgenen lebenden 17 Kleinsäugerarten kann man nur mit Glück einen zu Gesicht bekommen.
Unter den 57 Vogelarten gibt es einige interessante endemische Arten, wie den Rotschwanzvanga *(Calicalicus madagascariensis)* und den in madagassischen Kinderliedern oft besungenen Madagaskar-Falken *(Falcon newtoni)*, den die einheimischen *Hitsikitsika* nennen. Eine enorme Artenvielfalt zeichnet die Pflanzenwelt von Mananara-Nord aus. Insgesamt wurden bisher 1025 Arten entdeckt. Im Meeresteil des Parks leben neben sieben Arten von Süßwas-

serfischen in den zahlreichen Bächen u. a. 179 Fischarten sowie zwei Arten Reptilien und Säugetiere. Letztere – die seltene Gabelschwanz-Seekuh *(Dugong dugong)* und der nur saisonal anzutreffende Buckelwal *(Megaptera novaeangliae)* – sind nicht immer zu sehen.

Übernachten

Es gibt nur einfachste Unterkünfte, bessere Alternative bietet das Camping (Equipment und Verpflegung mitbringen!), z. B.:
Camping – **Dorf Sahasoa:** Platz für ca. 20 Personen, verwaltet von der Frauengemeinschaft des Dorfes zusammen mit der Parkverwaltung. Preis Zeltplatz 30 000 MGA (ca. 10,50 €).

Infos

Eintritt: tgl. 8–16 Uhr, Eintritt 15 000 MGA (ca. 5,50 €). Neben dem Parkbüro in Mananara (s. S. 230) befindet sich auch ein Büro in Parknähe, und zwar im Dorf Antanambe.
Anreise: Der Nationalpark ist wegen der schlechten Infrastruktur nicht leicht zu erreichen. In Antanambe (RN 5) biegt eine Piste nach Westen ab. Das dem Park am nächsten liegende Dorf Verezanantsoro wird nach 8 km erreicht. Eine andere Möglichkeit ist die Strecke von Mananara nach Sandrakatsy. Sie ermöglicht den Zugang zum westlichen Teil des Nationalparks. Weitere Informationen bietet das Nationalparkbüro in Mananara. **Anreise per Boot:** Zwischen April und Okt. ist diese Anreise bei ruhiger See möglich, fragen Sie im Büro nach der Situation. Von Mananara zum Nationalpark sind es 1,5 Std. mit dem Schnellboot bzw. 3–4 Std. mit dem normalen Boot; von Antanambe zum Nationalpark sind es mit dem Schnellboot 45 Min. Das Schnellboot hat Platz für 8 Pers.

Maroantsetra ▸ N 8

Der Ort hieß ursprünglich Ambatomasina (»Heiliger Stein«), wurde dann von den Europäern Port Boynes genannt. Bei der Madagassisierung der Städtenamen erhielt er den noch heute gültigen Namen Maroantsetra. Die Menschen leben hauptsächlich von der Landwirtschaft und vom Fischfang. Am Ortsrand befindet sich auch eine kleine Schiffswerft, in der große Holzboote gebaut werden. Der Ort ist heute Ausgangspunkt für den Besuch der Insel Nosy Mangabe sowie des Masoala-Nationalparks.

Übernachten, Essen

Unter Palmen – **Le Relais de Masoala:** im Ortsteil Andranonagozy, Tel. 034 79 49505, www.relaisdumasoala.com, DZ-Bungalow 52–70 €. Die schönen Bungalows liegen in einem Garten unter Kokospalmen. Mit gutem Restaurant und Schwimmbad.
Malerisch – **Masoala Resort:** Maroantsetra, Tel. 033 15 05152, www.masoalaresort.com, DZ-Bungalows 45–65 €. Kleine Anlage mit 13 Bungalows.

Infos

www.maroantsetra.com: Webseite zur Stadt und Umgebung.
Büro Masoala-Nationalpark: Tel. 032 02 67572, Fax 020 88 81289, hsalava@yahoo.fr, tgl. 8–17 Uhr. U. a. Auskünfte und Tickets zum Besuch des Nationalparks und der Insel Nosy Mangabe.

Verkehr

Flug: Maroantsetra ist aufgrund seiner abgelegenen Lage am besten mit dem Flugzeug zu erreichen. Mehrmals wöchentlich verbindet Air Madagascar die Stadt mit Antananarivo (teilweise über Toamasina oder Antalaha).

Lieblingsort

Das Naturjuwel Nosy Mangabe ▶ N 9

Geschützt durch die Wogen des Meeres liegt die kleine, grüne Insel in der Bucht von Antongil. Derart abseits gelegen, bietet Nosy Mangabe einen idealen Lebensraum für seltene Tier- und Pflanzenarten. Ein ursprünglicher, faszinierender Regenwald bedeckt die Insel, in dem die schönen Varis in den Wipfeln der Bäume von Ast zu Ast springen (s. S. 234).

Taxi-Brousse: Einzige einigermaßen funktionierende Verbindung ist ein Bus entlang der RN 5 nach Mananara. Es besteht keine Straßenverbindung weiter nach Norden Richtung Antalaha!
Ortsverkehr: Maroantsetra kann bequem zu Fuß erkundet werden. Es gibt auch einige klapprige Taxis.

Nosy Mangabe ▸ N 9

Die 520 ha große Insel gehört verwaltungstechnisch zum Masoala-Nationalpark (s. rechts). Sie war in früheren Zeiten bewohnt, wie u. a. die Gräber *(Hazovato)* von Antimaroa-Familien beweisen. Die Antimaroa sind eine lokale Untergruppe der Betsimisaraka.

Im 17. Jh. unterhielten die Holländer für kurze Zeit eine Sklavenstation auf der Insel. Sie diente zur Verschiffung der Sklaven nach Südafrika und Indonesien.

Heute erfreut sich der Besucher an dem seit 1965 geschützten üppigen Regenwald und fünf Lemurenarten: den Schwarz-weißen Vari, den Braunen Maki und drei nachtaktiven Lemuren. Während einer Nachtwanderung gibt es gute Chancen, einige davon zu sehen, auch das seltene Fingertier. Mit Glück ebenfalls zu entdecken sind die fast perfekt an die Rinde der Bäume angepassten Blattschwanzgeckos. Schnell zu übersehen ist die kleinste Chamäleonart *(Brookesia sp.)*, sie wird nicht größer als ein Daumennagel (s. Lieblingsort S. 232).

Übernachten

Die meisten Gäste besuchen die Insel als Tagesausflug von Maroantsetra aus. Es besteht allerdings die Möglichkeit auf der Insel zu zelten. Der **Campingplatz** kostet pro Zelt 2000 MGA (ca. 0,70 €). Ein Zeltplatz mit Dach (wegen des häufigen Regens ganz praktisch) 5000 MGA (ca. 1,80 €).

Infos

Eintritt: Neben den Parkgebühren muss ein Parkführer angeheuert werden, Kosten ab 24 000 MGA (ca. 8,50 €). Tickets und Infos zum Besuch der Insel erhält man in Maroantsetra im Büro des Masoala-Nationalparks (s. rechts).
Anreise: Nosy Mangabe liegt 5 km vom Festland entfernt. Ein Boot benötigt ab Maroantsetra je nach Größe und Motor sowie je nach Wetterlage 20 bis 60 Min. Preis je nach Boot, z. B. von Le Relais du Masoala 69 € für bis zu 6 Personen.

Halbinsel und Nationalpark Masoala ▸ O 8/9

Mit einem jährlichen Niederschlag von 3000 bis 4000 mm ist die Masoala-Halbinsel die feuchteste Region in Madagaskar. Die Monate mit der besten Chance auf regenfreie Tage sind September, Oktober und November. Die Tagesdurchschnittstemperatur beträgt 24 °C.

Die Halbinsel beherbergt den größten zusammenhängenden Regenwald Madagaskars – lange Zeit Terra incognita. Mittlerweile gibt es verschiedene Forschungsprojekte, die sich den Geheimnissen des Waldes nähern. Und spätestens seit der Eröffnung der Masoala-Regenwaldhalle im Zoo Zürich ist der einzigartige wie bedrohte Lebensraum auch in Europa ein Thema. Der Zoo Zürich ist auch maßgeblich an der Erforschung und am Schutz des dortigen Regenwaldes engagiert. Ein Besuch in dem riesigen Gebiet ist aber immer noch ein Abenteuer und erfolgt zurzeit hauptsächlich von der Küste aus.

Der weite Teile der Halbinsel umfassende Masoala-Nationalpark ist zweifelsohne ein Schutzgebiet der Superlative. Mit 2468 km² ist er der größte Naturpark Madagaskars und bietet der Wissenschaft seit mehreren Jahren eine Fülle von neu entdeckten Tier- und Pflanzenarten. Der im Jahr 1997 gegründete Park erstreckt sich bis zu einer Höhe von 1311 m und umfasst neben der Halbinsel auch 100 km² Meeresgebiet sowie die Insel Nosy Mangabe (s. S. 234). In den Regenwäldern der Halbinsel sind 50 % der Tier- und Pflanzenarten Madagaskars zu finden. Zehn Lemurenarten leben dort, darunter vier, die zu den bedrohtesten Primaten der Erde zählen. Und es ist das einzige Gebiet, in dem der Rote Vari *(Varecia rubra)* vorkommt. 1970 wurde in Masoala der Schlichtmungo *(Salanoia concolor)* entdeckt, eine noch nicht erforschte Raubtierart. 102 Vogelarten leben hier, darunter der seltene Madagaskar-Schlangenhabicht *(Eutriorchis astur)*. Er ist endemisch in Nordost-Madagaskar, galt seit 1930 als ausgestorben, wurde aber 1997 wieder gesichtet. Seitdem wurden sieben Paare lokalisiert, davon nisten sechs innerhalb der Masoala-Nationalparkgrenzen.

Auch die Fülle an Pflanzenarten ist erstaunlich und jedes Jahr kommen neue Entdeckungen dazu. Im Nationalpark gedeihen sieben Arten Mangroven, 99 Arten Seealgen und eine endemische Kannenpflanze, Nepenthes masoalensis.

Übernachten

Traumhaft – **Masoala Forest Lodge:** 40 km von Maroantsetra entfernt, am Strand des Nationalparks, www.masoalaforestlodge.com, DZ 392/490 € (NS/HS), EZ 255/319 € (NS/HS), Mindestaufenthalt drei Nächte, Gäste werden mit Booten zur Lodge gebracht (1–3 Std. Bootsfahrt/10 €). Eine luxuriöse Zeltlodge mit allem Komfort. Ein einmaliges Erlebnis: einsame Strände, Regenwaldtouren und Whale Watching (Juni–Sept.). Es werden auch Touren zur Insel Nosy Mangabe angeboten.

Waldnah – **Le Petit Relais:** Lohatrozona (▶ O 9), Tel. 032 40 21381, petitrelais@gmail.com, www.relaisdumasoala.com, DZ-Bungalow 263/329 € inkl. Vollpension (NS/HS). Herrlich gelegene, schöne Bungalows an einem Hang am Waldrand unweit des Strandes. Der Bootstransfer von Maroantsetra nach Lohatrozona dauert ca. 1,5 Std.

Infos

Eintritt: tgl. 7–17 Uhr, 25 000 MGA (ca. 9 €) kostet das Ticket plus Gebühren für den Parkführer. Das offizielle Büro des Masoala-Nationalparks befindet sich in Maroantsetra (s. S. 231). Informationen zum Nationalpark und Projekten in der Region unter www.masoala.org.

Anreise: Die südlichen Parkbereiche sind über eine schwierige Piste oder per Boot von Maroantsetra aus zu erreichen, der Bereich um Cap Est liegt in der Nähe der Stadt Antalaha (45 km, ca. 4 Std.).

›Die Vanilleküste‹ zwischen Antalaha und Sambava ▶ N/O 6/7

Der Küstenabschnitt zwischen Antalaha und Iharana im Norden könnte durchaus diesen Namen tragen, denn dort liegt das Gros der madagassischen Vanilleproduktionsstätten. Einst mit großem Abstand weltgrößter Vanilleproduzent – Anfang der 1990er-Jahre wurden hier noch rund 90 % der weltweit angebauten Vanille geerntet –, ist der Anteil in den letzten 20 Jahren kontinuierlich auf heute ca. 60 % gefallen. Grund ist die Zerstörung vieler Vanilleplantagen durch immer wieder auftretende Zyklone, die die Vanille zeitweilig zu einem seltenen Gut werden ließ. Diese Situation wurde von einigen anderen Ländern erkannt, die daraufhin ihre eigene Vanilleproduktion starteten oder massiv ausweiteten (Indonesien) und so einen Teil des Vanillemarktes übernahmen. Dahinter steckte sicherlich auch der amerikanische Konzern Coca-Cola, weltgrößter Abnehmer von Vanille, der seine Abhängigkeit von Madagaskar und die dadurch bedingten hohen Vanillepreise senken wollte.

Antalaha ▸ O 7

Die 30 000 Einwohner zählende Stadt liegt im Zentrum des Vanilleanbaus. Die süßlich duftende schwarze Schote ist eine der Haupteinnahmequellen von Antalaha. Allerdings nur soweit es die Wetterbedingungen zulassen. denn die Stadt erlebte in den letzten Jahren eine katastrophale Zeit. Im Jahr 2004 zerstörte ein Zyklon große Teile der Stadt und der Vanilleplantagen. Nach dem mühevollen Wiederaufbau wütete 2007 erneut ein Zyklon und zerstörte die Stadt und fast 90 % der Plantagen. Die Menschen haben in ihrem Unglück großes Stehvermögen gezeigt und wollen sich vom Schicksal nicht unterkriegen lassen. Es ist dieser gebeutelten Region zu wünschen, dass sie für die nächsten Jahrzehnte verschont bleibt und sich wieder etwas erholen kann. In der Stadt befindet sich eine Baumschule zur Züchtung von heimischen Pflanzen, die zur Wiederaufforstung genutzt werden.

Übernachten, Essen

Großzügig – **Ocean Momo:** Route de Stade Ankoalabe, Tel. 032 02 34069, www.ocean-momo.com, DZ ab 70 000 MGA (ca. 25 €), die besseren mit Klimaanlage 35–45 €. Das Hotel besteht aus 20 Bungalows, die teilweise bis zu fünf Personen Platz bieten. Es verfügt neben einem Restaurant auch über Internet, einen Shop (Vanille!) und eine eigene Autovermietung.

Strandnah – **Palissandre:** Rue de la Mer, Tel. 020 88 96523, h.palissandre@sat.blueline.mg, DZ ab 22 € inkl. Frühstück. Die Zimmer im erst 2007 eröffneten Hotel sind schön eingerichtet und teilweise klimatisiert (35 €).

Einfach – **Le Cocotier:** Stadtteil Basse Ville (Unterstadt), Tel. 032 04 29730, DZ mit Warmwasser ca. 8,50 €, DZ-Bungalow mit Kaltwasser ca. 6 €. Die recht simplen Bungalows bieten zwar nicht viel Komfort, sind für den Preis aber ganz in Ordnung. Das angeschlossene Restaurant bietet hauptsächlich gute chinesische Küche.

Infos

Verkehr

Antalaha ist über die RN 5A vom Norden her zu erreichen. Vom Süden kommend ist die Straße teilweise extrem schlecht. Die bequemste Anreise bietet das Flugzeug: Air Madagascar fliegt Antalaha regelmäßig von Antananarivo sowie von den Nachbarstädten aus an.

Sambava ▸ O 6

Bei einem Spaziergang durch den im Herz der Vanille-Region gelegenen Ort

Nach der Ernte werden die Vanilleschoten getrocknet

strömt oft ein betörender Duft durch die Straßen. In der Umgebung werden u. a. auch Kokospalmen, Kaffee und Gewürznelken angebaut.

Übernachten

Meeresrauschen – **Carrefour:** am südlichen Strandabschnitt, Tel. 020 88 92060, hotelcarrefour@yahoo.fr, DZ ab 21 €. Das Hotel mit 31 Zimmern in unterschiedlicher Ausstattung liegt direkt am Strand und verfügt nur über einen Frühstücksraum.

Einfach – **Las Palmas:** am südlichen Strandabschnitt, Tel. 032 40 07372 laspalmas.hotel@gmail.com, DZ-Bungalow ab 19 €. Sechs kleine Holzbungalows abseits des Strandes und ein Restaurant mit bescheidener Auswahl.

Rustikal – **Orchidea Beach:** am südlichen Strandabschnitt, Tel. 020 88 92324, orchideabeach2@yahoo.fr, DZ mit Klimaanlage ab 28 €, Bungalow ohne Klimaanlage ab 13 €. Das Strandhotel bietet 12 Zimmer sowie einige einfache Bungalows.

Infos

Sambava ist über die RN 5A von Iharana her zu erreichen. Einfacher ist es mit dem Flugzeug, Air Madagascar fliegt die Stadt regelmäßig von Toamasina, Antsiranana und Antananarivo aus an.

Andapa ► N 7

Die Stadt Andapa liegt rund 100 km südwestlich von Sambava und ist über die relativ gute RN 3B zu erreichen (ca. 3 Fahrstunden). Diese folgt mehr oder weniger dem Verlauf des Lokoho-Flusses. Andapa liegt in einem der größten Reisanbaugebiete des Landes. Durch ihre Höhenlage ist das Klima im Vergleich zum Küstenort Sambava für Europäer gleich angenehmer. Einige einfache Hotels ermöglichen eine Übernachtung im Ort. Ein guter Grund, dieses abgelegene Städtchen zu besuchen, bietet der **Marojejy-Nationalpark** (s. S. 238).

Antanetiambo-Naturreservat

Das 25 ha große private Naturschutzgebiet liegt nur 6 km nördlich von Andapa und wurde mit ausländischer Unterstützung eingerichtet, um den Nördlichen Bambuslemur *(Hapalemur occidentalis)* zu schützen. Daneben leben auch zahlreiche Vogelarten in dem Gebiet, z. B. die seltene Madagaskar-Ohreule *(Asio madagascariensis).* Eine eigens eingerichtete Baumschule sorgt für Setzlinge zur Wiederaufforstung und Besuchern werden Einblicke in das Leben und die Kultur des heimischen Tsimehety-Volkes vermittelt. Bei Interesse wird nach einer geführten Wanderung gern ein typisch-traditionelles Gericht serviert (ca. 1,80 €). Neben dem Reservat befindet sich zudem eine große Fischfarm, in der Paratilapia gezüchtet werden.

Infos

Réserve Naturelle Antanetiambo: Eingang beim Dorf Matsobe, Tel. 032 40 11881, 032 43 64302, www.antanetiambo.marojejy.com, info@marojejy.com, Eintritt halber Tag 3,50 €, ganzer Tag 5,20 €, Wanderführer ganzer Tag ca. 6,50 €.

Übernachten

Ruhig – **Beanana:** am Ortsrand, Tel. 020 88 07047, 032 07 16113, hsbeanana@yahoo.fr. Kleines Hotel mit 10 Zimmern um einen Garten gruppiert.

Marojejy-Nationalpark

▶ N 7

Das Gebiet wurde 1948 vom französischen Botaniker Professor Henri Humbert das erste Mal nachweislich bereist. Ihm zu Ehren wurde später ein Wasserfall innerhalb des Nationalparks nach ihm benannt. Bereits 1952 wurde das Waldgebiet unter Schutz gestellt. Im Jahre 1998 bekam das Reservat den Status eines Nationalparks und seit 2007 ist Marojejy als UNESCO-Weltnaturerbe anerkannt.

Der Name bezieht sich auf den höchsten Berg des Gebietes. Der heutige Nationalpark ist 602 km² groß und erstreckt sich über Höhen von 90 bis 2137 m. Er beherbergt u. a. elf Lemurenarten, darunter den seltenen Seidensifaka *(Propithecus candidus)*, 118 Vogel-, 149 Reptilien- und Amphibienarten sowie 275 Farn- und 35 Palmarten.

Ein Besuch ist möglich, die Wanderungen sind allerdings im Allgemeinen recht anstrengend, da jeweils etliche Höhenmeter überwunden werden müssen. Zurzeit ist nur ein Wanderweg ausgewiesen. Er beginnt am Dorf Manantenina und führt zum Gipfel des 2137 m hohen **Marojejy.** Für diese Tour werden mindestens zwei Tage benötigt. Die Wanderung ist etwas einfacher, wenn man sie schon am Marojejy-Camp beendet.

Wanderung zum Marojejy-Camp

Strecke: Parkbüro–Marojejy-Camp 12 km, Dauer: zwei Tage, Übernachtung: Mantella-Camp, Marojejy-Camp, der Nationalpark bietet Wanderungen auf Teilstrecken an

Die erste Etappe führt in einer 2-stündigen Wanderung vom **Parkbüro** in Manantenina aus über **Mandena** bis zum **Parkeingang** (5,6 km). Für Reisende mit weniger Zeit und/oder Kondition empfiehlt es sich, ab hier nur noch ein oder zwei Stunden in den Wald hineinzulaufen und auf demselben Weg wieder zurückzukehren.

Vom Parkeingang verläuft die Mantella-Tour oberhalb des Manantenina-Flusses. Der 4 km lange Weg führt in 2–3 Stunden von 250 auf 450 m und endet am ersten Lagerplatz, dem **Mantella-Camp.** Entlang des Pfades sind immer wieder interessante Entdeckungen zu machen: eine Vielfalt von teilweise sehr kleinen Blüten, verschiedene Pilzformen, Baumfrösche und Chamäleons und mit etwas Glück die schneeweißen Seidensifakas. Das Mantella-Camp besteht aus sechs einfachen Hütten mit Küchenutensilien und einem Zeltplatz. Vom Camp wird über eine 800 m kurze, aber interessante Regenwaldstrecke der schöne **Humbert-Wasserfall** erreicht.

Die letzte, etwas anstrengendere Etappe führt zum **Marojejy-Camp,** das in 2 km Entfernung auf einer Höhe von 755 m liegt. Für die Strecke sind je nach Kondition mit 1–2 Stunden Gehzeit zu rechnen. Für die Anstrengung wird man mit einer grandiosen Pflanzenwelt und teilweise herrlichen Aussichten in die Umgebung entschädigt. Im Marojejy-Camp befinden sich vier Hütten und ein Zeltplatz.

Infos

Eintritt: tgl. 8–17 Uhr, Tagesticket 10 000 MGA (ca. 3,50 €), Parkführer ab ab 7000 MGA (ca. 2,50 €). Ein Büro des Nationalparks befindet sich in Andapa (Tel. 020 88 07027, Fax 020 88 07140, angapandapa@moov.mg), ein weiteres am Nationalpark im Dorf Manantenina. Weitere Informationen zum Park und zum Wandern bieten die Webseiten travel.marojejy.com und www.marojejy.com.

Anreise: Manantenina liegt an der RN 5B, 40 km vor Andapa. Mit dem Taxi-Brousse von Sambava oder Andapa

Wanderung zum Marojejy-Camp

Wanderweg durch einen Bambushain im Marojejy-Nationalpark

kommend, können Sie sich in Manantenina absetzen lassen.

Anjanaharibe-Sud Special Reserve ▸ N 7

Das noch kaum bekannte Reservat besteht bereits seit 1958 und schützt auf 172 km² den stark bedrohten Bergregenwald Madagaskars. Sein Name bedeutet zu Deutsch »Platz des großen Gottes«. Das Reservat liegt an den östlichen Hängen des Anjanaharibe-Massivs und erstreckt sich über Höhen von 500 bis 2064 m, d. h., bis zur Spitze des Berges Anjanaharibe-Anivo.

Das Gebiet verzeichnet einen enormen Regenfall von über 3000 mm im Jahr. Die Chancen auf trockene Tage sind in den Monaten April, Mai, Oktober und November am besten. In den unteren Lagen werden Durchschnittstemperaturen von 18 °C im Juli und 25 °C im Februar erreicht. In den Höhenlagen, besonders auf den Bergspitzen, kann das Thermometer in den Nächten des Südwinters bis nahe 0 °C fallen.

Anjanaharibe-Sud beherbergt einige zoologische Raritäten, darunter die größte Lemurenart, den Indri, der in seinem nördlichsten Verbreitungsgebiet in einer fast gänzlich schwarzen Farbvariante vorkommt. Eine der

seltensten Primatenarten ist der Seidensifaka *(Propithecus candidus)*, der nur hier und im angrenzenden Marojejy-Massiv zu finden ist.

Eine botanische Besonderheit stellt der Takhtajania-Baum *(Takhtajania perrieri)* dar, eine 120 Mio. Jahre alte Pflanzenart. Mit seinen kleinen roten Blüten gehört er zu den ersten blühenden Baumarten der Erdgeschichte. Zwar bereits im Jahr 1909 entdeckt, wurde die Wissenschaft erst wieder 1994 auf die Art aufmerksam und erforscht sie seitdem gründlich.

Es stehen mehrere Wanderrouten zur Verfügung. Der 4,3 km lange **Ranomafana-Trail** beginnt an der Piste beim Mandritsarahely-Bach und führt zunächst an mehreren Quellen vorbei in den Regenwald. Dann passiert der Weg das außerhalb der Reservatsgrenze liegende Dorf Andranomafana, überquert den Marolakana-Fluss und gelangt zu einer heißen Quelle. Meist sind während dieser Wanderung Weißkopfmakis *(Eulemur albifrons)* zu beobachten.

Der etwas schwierigere **Takhtajania-Trail** führt zu den namensgebenden Bäumen, in deren Nähe oft Rotbauchmakis *(Eulemur rubriventer)* zu sehen sind. Als Fortführung dieses Weges kann man in einer mehrtägigen Tour dem **Summit-Trail** folgen auf den 2064 m hohen Anjanaharibe-Anivo. Bei dieser Tour sollten Sie für genug Proviant, Zelte, Träger und warme Kleidung sorgen.

Infos

Eintritt: tgl. 8–17 Uhr, 10 000 MGA (ca. 3,50 €), Parkführer 21 000 MGA (ca. 7,30 €), Träger 10 000 MGA (ca. 3,50 €), Camping 4000 MGA (ca. 1,40 €), anja naharibe.marojejy.com. Parkführer vermittelt entweder das Parkbüro in Andapa oder man kann sie wie die Träger im Dorf Befingotra anheuern.

Anreise: Von Andapa führen zwei Pisten ins ca. 10 km Luftlinie entfernte Ambodipont. Dort zweigt eine Piste ins insgesamt 20 km von Andapa liegende Andasibe-Mahaverka ab (bis dort Taxi-Brousse-Verkehr). Von dort führt eine schlechte und nur während der Trockenzeit befahrbare Allradpiste über Befingotra zum Reservat. Ohne Allradfahrzeug dauert eine Wanderung direkt von Andasibe-Mahaverka nach Befingotra 2–3 Std. und von Befingotra bis zum Campingplatz am Marolakana-Fluss nochmals ca. 3 Std.

Das Beste auf einen Blick

Der Norden

Highlight !

Montagne-d'Ambre-Nationalpark: Dieser Park schützt einen Regenwald, wie er im Buche steht. Durchzogen wird er von Bächen mit hohen Wasserfällen. Neben etlichen Lemurenarten bewohnen ihn zahlreiche Vögel und Reptilien. Des Weiteren gibt es eine artenreiche Flora, darunter große Nestfarne, Farnbäume und zahlreiche Orchideenarten. S. 254

Auf Entdeckungstour

Ankaranas heilige Höhlen: Im Kalksteingebiet von Ankarana sind im Laufe von Jahrmillionen zahlreiche Höhlen entstanden, die heute diversen Tierarten einen Lebensraum bieten. Die Einheimischen verbinden einige der Höhlen mit den Mythen und Legenden ihrer Vorfahren. Fadys spielen hier daher eine große Rolle. S. 258

Segeln zwischen den Archipelen: Madagaskars größte vorgelagerte Insel, Nosy Be, ist seit Jahrzehnten ein beliebtes Urlaubsparadies. Die benachbarten Inseln und Archipele allerdings sind noch weithin unbekannt. Ein Bootsausflug oder ein mehrtägiger Segeltörn bietet die Gelegenheit, diese Perlen des Indischen Ozeans kennenzulernen. S. 266

Kultur & Sehenswertes

Ylang-Ylang-Destillerie: Auf den Plantagen von Nosy Be wächst der Grundstoff für einige der berückendsten Gerüche der Welt. Der Ylang-Ylang-Baum liefert einen wichtigen Bestandteil teurer Parfüms. In einer Destillerie wird der kostbare Grundstoff aus den Blüten extrahiert. S. 263

Zu Fuß unterwegs

Wanderung zum Antomboka-Wasserfall: Am Ende des Wanderweges im Nationalpark Montagne d'Ambre rauscht ein 80 m hoher Wasserfall. S. 255

Wandern im Analamerana-Reservat: Das noch wenig besuchte Reservat von Analamerana ist durch seine unterschiedlichen Klima- und Vegetationszonen eines der vielfältigsten und interessantesten Naturschutzgebiete Madagaskars. S. 256

Genießen & Atmosphäre

Pâtisserie Colbert im Grand Hôtel: Kuchen und Gebäck vom Feinsten, dazu Kaffee oder Tee – ein Gedicht. Zu genießen ist dies im Grand Hôtel von Antsiranana, wo eine Zweigstelle der bekannten Hotel-Konditorei Colbert aus Antananarivo residiert. S. 250

The Litchi Tree: Ein wunderschön restauriertes altes Anwesen in Ambohitra (Joffreville) mit Panoramablick und exzellentem Restaurant in unmittelbarer Nähe zum Regenwald. S. 253

Abends & Nachts

Vahiné Bar: Die Bar ist vor allem für jüngere Leute ein beliebter Treffpunkt in Antsiranana, am Wochenende gibt es Livemusik. S. 252

Le Djembe: Der populäre Club in Nosy Bes Hauptort Andoany (Hell-Ville) mit moderner Musik und großer Lichtanlage ist für Urlauber wie Einheimische eine attraktive Adresse. S. 265

Das Reich der Archipele und Gebirgszüge

Der Norden erstreckt sich vom Vulkanplateau Ankaizina, mit seinen beiden Gebirgsmassiven Ambondrona und Tsaratanana, bis hinauf zum nördlichsten Punkt Madagaskars – dem Cap d'Ambre. Das Gebiet ist geprägt vom Zusammenspiel verschiedener Landschaftsformationen und unterschiedlicher Klimazonen. So hat insbesondere das Aufeinandertreffen des feuchtwarmen Ostküstenklimas mit dem trockenen Klima der Westküste interessante mikroklimatische Regionen entstehen lassen. Während im Norden Trockenwälder mit Baobabs genauso zu finden sind wie die Vielfalt des Regenwalds, stößt man im Tsaratanana-Massiv des zentralen Nordens auf den mit 2876 m höchsten Gipfel Madagaskars, den Maromokotro.

In der Region um Antsiranana nördlich des Maromokotro lebt das Volk der Antakarana. Es ist verwandt mit den Betsimisaraka der Nordostküste. Während die Menschen in den Küstenregionen vom Fischfang leben, züchten sie im Inland Zebus. Die Ethnie der Antanarana (»die in den Felsen«) sind mit 350 000 eine der kleineren Volksgruppen. In den Küstenregionen gibt es viele Muslime.

Infobox

Touristeninformation

Office Regional du Tourisme d'Antsiranana: Rue Colbert, Ecke Rue Flacourt und Place Foche, Tel. 033 05 30632. Beide Büros sind geöffnet Mo–Sa 8–12 und 15–18 Uhr.

Internet

www.office-tourisme-diego-suarez.com
www.hotel-nord-madagascar.com

Anreise und Weiterkommen

Der Flughafen von Antsiranana liegt rund 6 km außerhalb der Stadt. Tägliche Verbindungen mit Air Madagascar bestehen nach Nosy Be und Antananarivo. Mehrmals wöchentlich nach Mahajanga. Taxis warten vor dem Terminal, Kosten: 10 000 MGA (ca. 3,50 €). Die Stadt ist auch mit Taxis-Brousses von Ambanja und Sambava erreichbar. Der Busbahnhof liegt im Süden der Stadt.

Antsiranana (Diego-Suarez) ▸ N 3

Antsiranana ist die größte und wichtigste Stadt des Nordens. Mit rund 200 000 Einwohnern und einem kleinen, aber geschäftigen Hafen ist sie das Zentrum der Region. Obwohl der koloniale Name Diego-Suarez offiziell aufgegeben wurde, nennen die meisten Madagassen sie auch über 30 Jahre nach der Umbenennung immer noch liebevoll einfach Diego.

Die Stadt liegt an einer 250 km² großen Bucht und gehört landschaftlich zu den am schönsten gelegenen Städten des Landes. Die riesige Bucht mit ihren weißen Sandstränden lädt zum Baden und Spazierengehen ein. In der Bucht liegt weit sichtbar das Wahrzeichen der Stadt – »der Zuckerhut« *(Pain de Sucre)*. Der heimische Name der kegelförmigen Insel lautet Nosy Lonjo.

Wunderschön: die Gesichtsbemalung der madagassischen Frauen

Im Hinterland locken grüne Berge zum Wandern. Der ›Hausberg‹ Montagne des Français, benannt nach dem dortigen Denkmal für die gefallenen Franzosen während der Schlacht gegen die Briten im Jahr 1942, bietet eine gute Aussichtsmöglichkeit auf die Stadt.

Architektur und Infrastruktur des Zentrums sind auch heute noch deutlich von ihrer kolonialen Vergangenheit geprägt: Breite Boulevards und alte Häuser bestimmen ihr Aussehen. Der 1897 mit dem Oberkommando der in der Stadt stationierten französischen Truppen betraute Colonel J. Joffre begann ab 1899 mit der Stadtplanung und legte den Grundstein für die heutige Innenstadt. Bereits 1903 wurde er jedoch wieder abberufen.

In den Straßen sieht man ein buntes Völkergemisch. Neben den ansässigen Antankarana gibt es Chinesen, Pakistani, Europäer und alle erdenklichen Mischungen. Da die Stadt Madagaskars größter Marinestützpunkt ist, leben hier auch viele Militärangehörige.

Geschichte

Der ehemalige koloniale Name der Stadt Diego-Suarez geht auf zwei portugiesische Seefahrer zurück. Diego Diaz landete am 10. August 1500 als erster Europäer überhaupt an der madagassischen Küste. Im Februar 1506 folgte ihm Herman F. Suarez und ankerte ebenfalls in der Bucht von Antsiranana. Beide waren mit ihren Schiffen durch einen Sturm zur Nordküste getrieben worden und fanden Schutz in der fast geschlossenen Bucht. In Erinnerung an die beiden Seefahrer verliehen die Portugiesen ihr und dem dortigen Dorf den Namen Diego-Suarez. Der einheimische Name der Hauptstadt der Antakarana lautete damals Antomboka.

In der Stadt wird gerne die angeblich historisch belegte Geschichte der Piratenrepublik Libertalia erzählt; sie klingt wunderbar, ist aber wohl doch nur Fiktion. Die in der Bucht heimisch gewordenen Piraten sollen einen Hang zur Gerechtigkeit gehabt und Ideen

0
150
300 m
Leuchtturm
Anse de la Dordogne
Point du Cor
Jardin de Pavillion (Place Musique)
Place Joffre
Rue Joffre
Rue Gardenneau
Rue Richelieu
Bank
Rue Flacourt
Bank
Rue Castelneau
R. de la Republique
Rue de l'Ourea
Rue du Corail
Port de la Nievre
Rue des Quais
Av. de France
Bank
R. Villebois Mareuil
Rue d'Imhaus
Militärisches
Gelände
Boulevard Militaire
Hafen
Rue Sadi Carnot
Imperial Bank
Boulevard Etienne
Rue de l'Abattoir
Anse Melville
Boulevard Sakaramy
Rue des Quais
Rue Colbert
Rue de la Marne
Rue Monseigneur Courbet
Rue de Lt. Vaucheret
Route de la Marine
Rathaus
Rue Lavigerie
Rue Francois de Mahy
Rue Benjowsky
Av. Lally Tollendal
Rue Gauche
Rue Rigault
R. Cabot
Baie des Amis
Rue du Duchesne
Rue Lafayette
Bd. Le Myre de Villers
Av. Sourcouf
Air Madagascar
Rue de Prison
Av. Général de Gaulle
Place du 14 Octobre
Rue Montcalm
Bd. Sylvain
Rue Montcalm
Boulevard Cayla
Rue du Petite Thouar
Rue Dugay Trouin
Rue Dugay Trouin
Avenue Pasteur
Avenue Pasteur
Rue Bezare Justin R. du Suffren
Rue Comores
Rue Comores
Rue Sainte Marie
Rue Sainte Marie
Rue des Glorieuses
Route de l'Ankarana
Boulevard Duplex
Rue de Loky
Rue Mozambique
Rue de Fiarantsoa
Rue Caen
Avenue Villaret Joyeuse
Rue Sakalava
Rue de la Reine Betty
Rue du Gl. Drouot
Rue d'Arromanches
Rue Jean Ralaimongo
Av. de la Nation
Rue des Glorieuses
Rue Sakalava
Route de la Pyrotechnie
Taxi-Brousse-Station West
Taxi-Brousse-Station Süd
Flughafen, Ambanja, Antananarivo

Antsiranana (Diego-Suarez)

Sehenswert
1 Markt
2 Place Forch
3 Markthalle
4 Hôtel des Marines
5 Denkmal Joseph Joffre
6 Kathedrale
7 Englischer Friedhof

Übernachten
1 La Note Bleue
2 Le Grand Hôtel
3 Le Suarez
4 Kings Lodge
5 Emeraude
6 Imperial
7 Le Jardin Exotique
8 Le Petit Paradis
9 Belle Vue
10 Kartiffa
11 Kikoo

Essen & Trinken
1 Balafomanga
2 Le Melville
3 La Rosticceria
4 Libertalia
5 Le Tsara Be
6 La Grilladon
7 L'Etincelle
8 Le Relais Joffre
9 San Diego Rock Café

Einkaufen
1 Ino Vaovao
2 Azur Artisanat

Aktiv
1 Diego Raid Quad
2 Compagnie Salinière de Madagascar
3 Montagne des Français
4 Tsingy Rouge

Abends & Nachts
1 Vahiné Bar

für eine neue Gesellschaft in Freiheit und Gleichheit verfolgt haben. Sie gründeten eine Republik, in der es die erste funktionierende Demokratie mit Mitbestimmungsrechten sowie eine gerechte Verteilung der erbeuteten Reichtümer gab. Die schöne Geschichte stammt aus der Feder Captain Charles Johnsons alias Daniel Defoes, des Autors von »Robinson Crusoe«.

Dass nach arabischen Seefahrern im 10. Jh. Piraten die Bucht von Antsiranana nutzten, ist dagegen unstrittig. Der geschützte Platz war im 17. Jh. neben Nosy Sainte Marie der wichtigste Piratenstützpunkt Madagaskars. Nach dem Abzug der Piraten wurde es eine Zeitlang etwas ruhiger, bis 1838 die Franzosen die Bucht besetzten und dort 1885 einen Militärstützpunkt errichteten. 1901 errichtete man das erste Gefängnis, obwohl die Zahl der Einwohner noch recht überschaubar war. 1905 lebten 855 Franzosen und weitere 78 Europäer in der Stadt. Dazu kamen 247 Inder, 72 Chinesen und 772 Afrikaner. Die Zahl der Madagassen ist nicht überliefert. Während des französischen Vichy-Regimes nutzten im Zweiten Weltkrieg Japaner die Bucht als Durchgangsstation für ihre Kriegsschiffe und U-Boote. 1942 wurde Antsiranana von den Briten erobert und besetzt. Erst nach dem Sturz des Vichy-Regimes übergab man die Stadt wieder den Franzosen. Die französische Fremdenlegion war noch bis 1975, also 15 Jahre nach der Unabhängigkeit, in Diego stationiert. 1976 wurde die Stadt dann im Zuge der ›Madagassierung‹ in Antsiranana umbenannt – zu Deutsch einfach: der Hafen.

Das in der Region lebende Volk der Antakarana bildete trotz starker äußerer Einflüsse in den letzten Jahrhunderten eine Einheit. Sie wurden seit dem 17. Jh. durch einen Monarchen regiert. Bekannt sind König Tsialana I. (1809–22), König Tsialana II. (1823–83) und Königin Binao (1881–1923).

Stadtrundgang

Diego lässt sich gut zu Fuß erkunden. Das kolonialzeitliche Viertel liegt auf einer Halbinsel. Von dort erstreckt sich die Stadt Richtung Süden. In den Straßen dieses Viertels pulsiert das Leben. Hier befindet sich auch der große **Markt** 1. Um Richtung Kolonialvier-

Lieblingsort

Pittoresker Ruinencharme – das Hôtel des Marines 4

In der Rue Richelieu fällt eine Ruine auf, die vom Glanz vergangener Tage erzählt. Der einst prächtige Bau wurde 1920 als Krankenhaus für Minenarbeiter errichtet, ehe er in ein Hotel der Minengesellschaft umfunktioniert wurde (Hôtel des Mines). Später diente das Gebäude den französischen Marineoffizieren als Quartier. Von den Fenstern der Ruine, die mittlerweile von Palmen bewachsen ist, fällt der Blick aufs Meer und lässt den Besucher von vergangenen Zeiten und Kulturen träumen.

tel zu kommen, nehmen Sie die Rue Bezare Justin, die später in die Rue Suffren übergeht, Richtung Norden und bleiben auf der Straße, die ein wenig später Rue Lafayette heißt.

Mit Erreichen des **Place Forch** 2 haben Sie den Beginn des ehemaligen Kolonialviertels erreicht. Am Platz steht die Stadtverwaltung und neben dem **Denkmal Ph. Tsirananas,** des ersten Präsidenten des unabhängigen Madagaskars, der Neubau des regionalen Tourismusbüros. Richtung Norden beginnt die Rue Colbert, die Einkaufsstraße, sie ist das Herz des Stadtteils. Im oberen Drittel passieren Sie auf der linken Seite die alte **Markthalle** 3, die heute vom Kulturinstitut Alliance Française genutzt wird. Die Straße endet an der Rue Richelieu. Links weiter folgt auf der rechten Seite die sehenswerte Ruine des **Hôtel des Marines** 4 (s. Lieblingsort S. 248).

Folgt man der Straße weiter, kommt der **Hafen** in den Blick. Vom linker Hand erhöht liegenden **Place Joffre** (früher Place de l'Admiral Ronarch) haben Sie eine schöne Aussicht. Auf dem kleinen Platz steht seit 2008 das **Denkmal Joseph Joffres** 5, der die Befestigung des Hafens veranlasst hatte. Die nach ihm benannte Rue Joffre führt zurück zur Rue Colbert. Um wieder zum zentralen Place Foch zurückzugelangen, nehmen Sie die hinter der Rue Colbert verlaufene Parallelstraße Rue de la Marne. An dieser befindet sich auf der linken Seite auch die katholische **Kathedrale** 6 der Stadt. Weiter südöstlich über den Boulevard Duplex erreichen Sie die Friedhöfe. Der **Englische Friedhof** 7 fällt durch seine gepflegten Gräber und den englischen Rasen auf. Dort liegen britische Soldaten, die im Zweiten Weltkrieg 1941/42 bei Kämpfen mit Japanern und Anhängern des französischen Vichy-Regimes ums Leben kamen.

Übernachten

Luxuriös – **La Note Bleue** 1: Rte. de Ramena, Tel. 032 07 12548, www.diego-hotel.com, bleudiego@gmail.com, DZ 125 €. Die Farbe Blau ist, wie der Name des Hotels verrät, Programm. Es gibt 16 Zimmer und fünf Suiten und einen spektakulären Blick auf die Bucht und den Zuckerhut.

Stilvoll – **Le Grand Hôtel** 2: 46 Rue Colbert, Tel. 020 82 23063/64, 032 40 88143, www.grand-hotel-diego.com, grandhotel_diego@yahoo.fr, DZ ab 105 €. Bestes Hotel der Stadt mit 66 Zimmern und gutem Restaurant, schön angelegtem Pool, Casino und Bank. Angenehme Atmosphäre, sehr zu empfehlen ist die hauseigene **Pâtisserie Colbert** (tgl. 6.30–12.30 und 15.30–21 Uhr).

Aussicht – **Le Suarez** 3: 4 km außerhalb des Zentrums, www.suarez-hotel.com, DZ-Bungalow 69 €. Die 12 Bungalows liegen in einer Parkanlage mit Blick auf die Bucht. Neben einem guten Restaurant gibt es eine Bar und ein Schwimmbad.

Am Fuß des Mt. Français – **Kings Lodge** 4: 8 km östlich von Antsiranana, Tel. 020 82 22599, www.kingdelapiste.de, DZ 45 €, Frühstück 6 €. Von den acht Zimmern aus hat man einen schönen Blick auf die Bucht. Dem Besitzer gehört auch der nahe gelegene botanische Garten Mille Baobab.

Modern – **Emeraude** 5: Rue Rigault, Kreuzung Rue Gauche, Tel. 020 82 22 544, www.hotelemeraude-diego.com, DZ 40 €, Suite 57 €. Das Stadthotel hat 18 Zimmer und zwei Suiten.

Freundlich – **Imperial** 6: Rue Colbert, Tel. 020 82 23339, www.hotelimperial-diego.com, DZ ab 38 €. Das mitten im Zentrum liegende mehrstöckige Hotel hat funktional eingerichtete Zimmer mit Klimaanlage.

Farbenfroh – **Le Jardin Exotique** 7: 9, Rue Louis Brunet, Tel. 020 82 21933,

www.jardinexotique.hotel-diegosuarez.com, DZ ab 24 €. Betten mit Moskitonetzen, kleiner tropischer Garten und eine Terrasse zum Meer.
Romantisch – **Le Petit Paradis** 8: Rue de la Prison, Tel. 032 47 89113, www.petitparadis-hotel-diegosuarez.com, DZ 21 €. Saubere Zimmer in familiärer Atmosphäre und ein kleiner romantischer Garten.
Einfach – **Belle Vue** 9: 35, Rue François de Mahy, Tel. 020 82 21021, DZ 19 €. Beliebt bei Rucksackreisenden.
Meeresblick – **Kartiffa** 10: Rue Richelieu, Tel. 032 07 59775, www.kikoohotel.com, DZ ab 51 000 MGA (ca. 18 €). Ruhig gelegenes Hotel in der Nähe des Hafens. Einfache, nett eingerichtete Zimmer mit Meerblick.
Zentral – **Kikoo** 11: Rue Castelneau, Tel. 032 07 59775, www.kikoohotel.com, ab 51 000 MGA (ca. 18 €). Kleines Hotel im Zentrum mit einfachem Restaurant. Von den oberen Zimmern kann man bis zum Meer schauen.

Essen & Trinken

Fisch & mehr – **Balafomanga** 1: Rue Louis Brunet, Tel. 020 82 22894, Hauptgerichte ab 4 €. Eines der besten Restaurants der Stadt. Fisch und Meeresfrüchte aller Art.
Nobel – **Le Melville** 2: Rue Richelieu, beim Hotel Allamanda, Hauptgerichte ab 4 €. Sehr gute europäische Küche.
Italienisch – **La Rosticceria** 3: 47, Rue Colbert, Tel. 020 82 23622, larosticceria@moov.mg, Mo–Sa 12–22 Uhr, Hauptgerichte ab 4 €. Das erste italienische Restaurant in Diego. Sehr gutes Essen mit entsprechenden Preisen.
Angenehm – **Libertalia** 4: Av. Tollendal, Hauptgerichte ab 3 €. Bekannt für seine Grillspezialitäten, daneben auch europäische und madagassische Gerichte. Am Wochenende schon mal Livemusik.
Charmant – **Le Tsara Be** 5: 36, Rue Colbert, Tel. 032 04 94097, tgl. geöffnet, Mittag- und Abendessen, Hauptgerichte ab 3 €. Guter Platz, um bei leckerem Essen das Treiben auf Diegos Einkaufsmeile zu beobachten.
Empfehlenswert – **La Grilladon** 6: Av. Sourcouf, Hauptgerichte ab 3 €. Nettes Restaurant mit sehr gutem Essen und gemütlicher Bar, auch schöner Außenbereich. Es gibt nicht nur Grillgerichte, wie der Name vermuten lässt.
Einladend – **L'Etincelle** 7: Rue Colbert, gegenüber dem Grand Hotel, Hauptgerichte ab 2,50 €. Kleines, nettes Restaurant mit Speisen zu guten Preisen.
Romantisch – **Le Relais Joffre** 8: Place Joffre, Hauptgerichte ab 2,50 €. Ein Gartenrestaurant mit preiswerten und guten Gerichten.
Fast Food & Musik – **San Diego Rock Café** 9: Av. Tollendal, Tel. 020 82 21988, Hauptgerichte ab 2 €. Einfacher Speiseplan, beliebter Treffpunkt für die Jugend.

Einkaufen

Die **Rue Colbert** ist Antsirananas Flanierstraße. Dort finden Sie alle gängigen Souvenir- und T-Shirt-Läden und auch Bankfilialen, Wechselstuben, Restaurants und Cafés. Der Markt und weitere Shops liegen im südlichen Stadtteil unterhalb der Rue Lafayette.
Große Auswahl – **Ino Vaovao** 1: Rue Colbert, schräg gegenüber dem Imperial Hotel, Tel. 020 82 22838. Große Auswahl an Kunsthandwerk, Schmuck, Rum, Postkarten und T-Shirts. In den großen Ausstellungsraum gelangen Sie, wenn Sie durch den Laden hindurch zum hinteren Bereich gehen.
Gut sortiert – **Azur Artisanat** 2: Rue Colbert, neben dem Concorde Hotel. Ebenfalls eine gute Auswahl an unterschiedlichem Kunsthandwerk.

Aktiv

Quad-Ausflüge – **Diego Raid Quad 1**: Rue Colbert (Nähe Grand Hôtel), Tel. 032 58 89077, www.diegoraid.com. Vermietung von 4WDs, Quad-Ausflüge mit Führer zu bestimmten Ausflugszielen (ab 82 € pro Quad/Tag).

Salinenbesichtigung – **Compagnie Salinière de Madagascar 2**: Tel. 020 82 21373, Fax 020 82 29394, www.salines-diego.com, consalmag@moov.mg. Seit 1895 baut die französische Firma in den Salinen von Antsahampano Salz ab. Nach Voranmeldung kann man die Produktion in den Salinen besichtigen.

Bergwanderung – **Montagne des Français 3**: Eine schöne Wanderung führt auf den »Berg der Franzosen«, von dem Sie eine herrliche Aussicht auf die Bucht haben. Der Pfad beginnt etwa 8 km außerhalb der Stadt Richtung Ramena Beach, nahe der Kings Lodge (s. S. 250).

Reizvoller Ausflug – **Tsingy Rouge 4**: 2 Std. Fahrzeit von Antsiranana entfernt (1 Std. Asphaltstraße, 1 Std. rote Sandpiste), etwas abseits der Nationalstraße RN 6. Für Individualreisende kostet der Eintritt 10 000 MGA (ca. 3,50 €). Die sogenannten Roten Tsingys haben mit den echten Tsingys wie in Ankarana (s. S. 256) nicht viel zu tun. Sie erinnern nur ihrem Aussehen nach an die berühmten ›Felsnadeln‹ aus Kalksandstein. Anders als diese bestehen sie aus sehr porösem Sandstein und sind das Ergebnis neuerer Erosion.

Abends & Nachts

In-Treff – **Vahiné Bar 1**: 32, Rue Colbert, gegenüber BNI-CA, Tel. 020 82 22653. Netter Treff vor allem für jün-

Bizarre Felsnadeln: die durch Auswaschungen entstandenen Tsingy Rouge

gere Leute, am Wochenende gibt es häufig Livemusik.

Infos & Termine

Feste

Zegny Zo: Alljährlich findet im Mai ein Straßenfestival statt. Es treten heimische und ausländische Musik-, Theater- und Tanzgruppen auf.

Verkehr

Flug: Die Stadt Antsiranana verfügt über einen Flughafen und tägliche Verbindungen mit Air Madagascar nach Antananarivo und Nosy Be.

Taxi-Brousse: Mit einem Taxi-Brousse kommen Sie zu allen Orten entlang der RN 6 sowie nach Joffreville und zu den Orten entlang der Bucht. Es gibt zwei Stationen, die sich südlich des Marktes befinden: eine an der Route d'Ankarana und eine an der Rue Bezare Justin (Verlängerung der Rue Lafayette).

Stadtverkehr: In der Stadt fahren Taxis, der Preis ist Verhandlungssache (ab 1 €).

Ambohitra (Joffreville) ▸ M/N 3

Das heute etwas verschlafen wirkende Städtchen Joffreville entwickelte sich aus einem 1902 errichteten Militärlager der Franzosen. Im Jahr 1950 wurde die französische Fremdenlegion hier stationiert und der Ort nach dem ersten Militärkommandanten in Antsiranana benannt. Die Militärangehörigen fanden hier oben ein angenehmeres Klima vor als an der Küste. Nach Abzug der Fremdenlegionäre 1975 verfiel das Städtchen zusehends, und die breite Hauptstraße sowie die Ruine des oberhalb der Stadt sitzenden ehemaligen Krankenhauses wirken etwas überdimensioniert. Die verfallenden Kolonialvillen vermitteln noch einen Eindruck vom früheren Wohlstand des Ortes. Seit den 1990er-Jahren kommen mehr und mehr Besucher zum nahe gelegenen Nationalpark Montagne d'Ambre, was dem Ort einen kleinen Aufschwung und neue Hotels bescherte. Unter seinem madagassischen Namen ist die Stadt übrigens kaum bekannt. Allgemein nennt man sie weiterhin bei ihrem französischen Namen Joffreville.

Mein Tipp

Zimmer mit Aussicht

Das wunderschöne, restaurierte Hotel **The Litchi Tree** liegt auf einer Anhöhe und bietet einen weiten Blick bis Antsiranana. Im Haupthaus befindet sich ein exzellentes Restaurant, in einem Nebengebäude gibt es fünf geschmackvoll und mit viel Liebe zum Detail eingerichtete Zimmer. Neben dem Grundstück beginnt der Regenwald, wo zahlreiche Vögel beobachtet werden können. Wenn die großen Litschibäume auf dem Grundstück reife Früchte tragen, kommen auch die Lemuren aus dem nahen Wald zum Haus.

The Litchi Tree: Ambohitra, oberhalb der Hauptstraße (ausgeschildert), Tel. 033 12 78454, www.thelitchitree.com, 80 €, Halbpension mit Mittag- oder Abendessen 24 €.

Übernachten

Weitblick – **Nature Lodge:** kurz vor Joffreville, abseits der Hauptstraße gelegen, Tel. 032 07 12306, www.na

turelodge-ambre.com, naturelodge@ wanadoo.mg, DZ 75 € inkl. Frühstück und Steuern. 12 hübsche Bungalows mit Veranda. Von der Terrasse des Restaurants schweift der Blick in die Natur, die Bar lädt zu einem Drink ein.
Familiär – **Le Relais de Montagne d'Ambre:** am oberen Ende der Hauptstraße links halten (ausgeschildert), DZ 30 000 MGA (ca. 11 €). Gästehaus mit vier Zimmern und Gemeinschaftsbad in einem alten Stadthaus. Auf Vorbestellung gibt es leckere Hausmannskost mit frischem Gemüse.
Einfach – **Sakay-Tanay:** Tel. 032 04 28122, DZ ab 25 000 MGA (9 €). Einfaches Gästehaus in etwas heruntergekommenem Stadthaus mit vier Zimmern, z. T. mit Waschbecken/ Toilette.

Essen & Trinken

Einige Imbissstände entlang der Hauptstraße. Restaurants nur in den Hotels; in Gästehäusern muss das Essen in der Regel vorbestellt werden.

Aktiv

Wandern – **Le Fontenay Nature Park:** Das private Waldreservat gehört zum gleichnamigen Hotel (Tel. 033 11 34581, www.lefontenay-madagascar.com, contact@lefontenay-madagascar.com, DZ 127 € inkl. Frühstück). Auf zwei verschiedenen Wanderrouten (auch Nachtwanderungen) können Lemuren und Vögel beobachtet werden. Eine Halbtagestour kostet 12–28 € pro Pers. (je nach Gruppengröße), inkl. Guide und Getränken.

Infos

Verkehr

Auto: Zu erreichen von Antsiranana aus über die RN 6 Richtung Süden. Nach ca. 11 km führt eine Abzweigung rechts nach Joffreville (weitere 20 km).
Taxi-Brousse: Es gibt einen regelmäßigen Busverkehr nach Antsiranana.

Nationalpark Montagne d'Ambre! ▸ M 3

Auf 230 km² erstreckt sich der Regenwald des Amber-Gebirges, davon gehören 182 km² zum **Nationalpark Montagne d'Ambre**. Hinzu kommen ca. 48 km² des **Reserve Special de la Forêt d'Ambre,** das etwas abseits des Nationalparks liegt. Der geschützte Bergregenwald befindet sich in Höhen von 850 bis 1475 m.

Das Gebiet beherbergt einen der schönsten Regenwälder Madagaskars. Große Nestfarne umwinden die Äste der Bäume, an denen malerisch Bartflechten im Wind wehen. Schöne Farnbäume und zahlreiche Orchideenarten säumen die Wanderwege. Insgesamt 1020 Pflanzenarten sind hier bekannt, u. a. edle Holzarten wie Palisander.

Auch die Tierwelt ist sehr interessant. Vor allem besteht die Chance, den seltenen Schopfibis *(Lophotibis cristata)* zu sehen. Diese früher auch Mähnenibis genannte Art ist hier im Wald zu beobachten. Am Picknickplatz zeigt sich manchmal auch der schöne Ringelschwanzmungo *(Galidia elegans)*. Auch Lemuren leben in diesem Regenwald, sind hier allerdings nicht so oft zu entdecken wie z. B. im Ranomafana- oder Andasibe-Mantadia-Nationalpark. Mit etwas Glück zeigen sich aber die nur im Norden vorkommenden Arten Sanford-Maki *(Eulemur sa fordi)* und Kronenmaki *(Eulemur coronatus)*.

Im Nationalpark gibt es des Weiteren sechs Seen und einige Wasserfälle zu bewundern. Sie sind teilweise heilige Orte für die heimische Bevölkerung und daher auch mit *Fadys* (bestimmten Verhaltensregeln) versehen.Obwohl eines der ältesten Schutzgebiete (gegründet 1958) und von Antsiranana leicht zu erreichen, ist die touristische Infrastruktur bislang nicht sehr weit entwickelt. Es gibt zwar einige ausgewiesene Wanderwege und es werden auch mehrere, verschieden lange Wanderungen angeboten (ab 2 Std. bis zu Tagestouren), die wenigen Parkführer gehen allerdings weniger enthusiastisch an die Arbeit. Ein Spaziergang oder eine ausgedehnte Wanderung ist aber aufgrund der wunderschönen artenreichen Vegetation sowie der guten Möglichkeiten, zahlreiche Vogelarten zu beobachten, dennoch sehr empfehlenswert.

Wanderung zum Antomboka-Wasserfall

Strecke: ca. 6 km, Dauer: 2–3 Std.
Mit einem (Allrad-)Fahrzeug kann man vom **Parkeingang** bis zu einem **Picknickplatz** in den Wald fahren, wo alle Wanderungen beginnen. Vogelliebhabern sei allerdings empfohlen, die Strecke dorthin zu Fuß zu gehen, da sich die Vögel an und auf dem breiten Weg leichter beobachten lassen als im Dickicht des Waldes. Der **Wanderweg Antomboka** zweigt nach rechts vom befahrbaren Hauptweg ab und führt am Rande des Regenwaldes ohne steile Passagen zu einem 80 m hohen **Wasserfall.** Der Pfad ermöglicht immer wieder herrliche Ausblicke auf die vor dem Gebirge liegenden Ebenen bis hinüber zum Meer. Auf dem Rückweg ist es empfehlenswert, den **Weg Voie des mille arbres,** den »Weg der tausend Bäume«, einzuschlagen (ausgeschildert), um etliche der stattlichen Urwaldbäume zu sehen. Der Weg mündet in den **Wanderweg Ampijoroana.** Nach rechts führt dieser wieder zum Ausgangspunkt der Wanderung zurück.

Übernachten

Direkt am Nationalpark gibt es nur die Möglichkeit zum Zelten. Unterkünfte aller Preisklassen finden Sie im 5 km entfernten Ambohitra (s. S. 253).

Infos

Eintritt: tgl. 7–17 Uhr, Ticket 25 000 MGA (ca. 9 €) pro Person plus Gebühr für Führer je nach Zeitaufwand.

Wanderung zum Antomboka-Wasserfall

Analamerana-Reservat ▸ N 3/4

Im Nordosten liegt das wenig besuchte, 347 km² große Reservat von Analamerana. Es ist durch seine unterschiedlichen Klima- und Vegetationszonen eines der vielfältigsten und interessantesten Naturschutzgebiete Madagaskars. In den Trockenzonen sind diverse sukkulente Pflanzen zu Hause. Dazu zählen Arten von Pachypodien und Euphorbien. Eine Besonderheit sind die insgesamt drei Baobab-Arten, die in dem Gebiet vorkommen. In den regenreicheren Zonen des Parks finden sich verschiedene Palmen- und Pandanus-Arten. Auch besonders seltene Tierarten leben in Analamerana, wie der Perrier-Sifaka *(Propithecus perrieri)* und der Schlegel-Vanga *(Xenopirostris damii)*. Daneben sind auch Sanford- und Kronenmakis sowie zahlreiche Vogel- und Reptilienarten zu sehen.

Von Antsiranana aus gelangt man über die RN 6 ins Reservat und hat zwei Möglichkeiten, das Gebiet zu erkunden. Den nördlichen Teil erreichen Sie auf der RN 6 bis Sadjoavato (23 km vor Anivorano). Dort zweigt eine Piste in östlicher Richtung zum Dorf Ankarongana ab, von wo die Wanderungen in den nördlichen Bereich des Parks beginnen.

Zum Besuch des westlichen Teils fahren Sie bis Anivorano (ca. 50 km von Diego). Dort führt beim heiligen Antanavo-See eine Straße nach Osten, die nach einigen Kilometern in eine Piste übergeht. Es gibt vor Ort keine touristischen Einrichtungen, mit Ausnahme einiger Wanderwege und Parkführer.

Das Campen ist möglich, das gesamte Equipment (Zelte, Lebensmittel, Wasser) muss allerdings mitgebracht werden. Ausflüge zum Reservat werden auch von diversen Tourveranstaltern in Antsiranana angeboten. Es sind ebenfalls Tagesausflüge möglich.

Ankarana-Nationalpark ▸ M 4

Westlich der Hauptstraße RN 6 liegt der rund 182 km² große Ankarana-Nationalpark. In dem Gebiet befinden sich ebenfalls sogenannte Tsingys, teils scharfe ›Kalksteinnadeln‹, die durch Erosion in Jahrtausenden entstanden sind. Neben den bizarren Kalksteinformationen beherbergt das Schutzgebiet einen der typischen Trockenwälder des Nordwestens, in dem Besuchern eine abwechslungsreiche Fauna begegnet.

Dort leben elf Lemuren-, 14 Fledermaus-, 96 Vogel- und 60 Reptilien- und Amphibienarten (s. Entdeckungstour S. 258). Gut zu beobachten sind hier nicht zuletzt einige Lemuren, vor allem der Sanford-Maki *(Eulemur sanfordi)* und der Kronenmaki *(Eulemur coronatus)*. Mit ein wenig Glück können auch tagsüber die nachtaktiven Wieselmakis *(Lepilemur sp.)* an ihren Schlafplätzen (Baumhöhlen) ausgemacht werden.

Die Flora ist besonders im Bereich der Tingys bemerkenswert. In den Nischen haben sich Pflanzen wie das Elefantenfußgewächs *Pachypodium baroni,* der Baobab Adansonia perrieri und der mit dem Flammenbaum verwandte *Delonix velutina* entwickelt.

Übernachten, Essen

Luxus einmal anders – **Iharana Camp:** einige Kilometer hinter Chez Tonton, Tel. 032 11 06296, www.iharanabushcamp.com, DZ-Hütte 184 € (inkl. Halbpension). Luxuriöses Camp des Veranstalters Evasion sans Frontière (Büro in Antsiranana im Grand Hôtel, Tel. 020 82 23061), das an einem kleinen See am Rande des Nationalparks liegt. Die 2-stöckigen Hütten wurden nach ökologischen Gesichtspunkten errichtet. Das Restaurant serviert traditionelle madagassische Gerichte.

Naturnah – **Ankarana Lodge:** 1 km vom Parkeingang entfernt, www.kingdelapiste.de, DZ Bungalow 99 €, Lemuren, Vögel und Reptilien sind hier schon in Lodgenähe zu beobachten.

Ursprünglich – **Chez Tonton (Tsingy Relais):** 22 km nach dem Parkeingang Ost (ca. bei Kilometer 129 km von Antsiranana) führt eine Piste rechts zum Dorf Ambatomitsangana (etwa 30 Min. Fahrzeit), Tel. 032 40 01460, DZ ca. 35 € inkl. Halbpension. Die Zimmer und Hütten sind wie in einem traditionellen Dorf gebaut und angelegt und man bekommt den Eindruck, in einem normalen madagassischen Dorf zu leben. Mme. Sahada kümmert sich um das Wohl ihrer Gäste.

Übernachten

Angenehm – **Chez Aurélien:** 200 m vom östl. Parkeingang an der PK 108, Tel. 032 02 78600, aurelien_ank@yahoo.fr, Bungalows mit Toilette und Dusche (Kaltwasser) ab 9 €.

Essen & Trinken

Am Parkeingang Ost befindet sich ein einfaches Restaurant. Dort kann Essen im Voraus bestellt werden. Auch als Picknick, das Ihnen dann gegen Mittag zu einem Picknickplatz innerhalb des Parks (mit Allradfahrzeug erreichbar) gebracht wird (inklusive kalter Getränke!).

Aktiv

Wandern – **Ankarana-Nationalpark:** Seit einigen Jahren bestehen gute Wandermöglichkeiten zu den Tsingys und zu den verschiedenen Höhlen des Parks. Es gibt **drei Parkbüros**, von denen aus Wanderpfade angelegt wurden. Am einfachsten zu erreichen ist der **Eingang Ost,** an der RN 6 gelegen. Von dort führen mehrere Wege in das Innere des Nationalparks. Der nahe gelegene Trockenwald bietet gute Gelegenheiten, Lemuren und Vögel zu beobachten. Beim abseits gelegenen **Parkbüro Süd** beginnen die Wanderungen u. a. zur **Grotte des Crocodiles** (Höhle der Krokodile). Vom **Parkeingang West,** zu erreichen über eine Piste, die südlich von Anivorano (RN 6) in westlicher Richtung abzweigt, können weitere Höhlen und der **Lac Vert** (Grüne See) erwandert werden.

Infos

Eintritt: tgl. 7–17 Uhr, 25 000 MGA (ca. 9 €) pro Person plus Gebühr für Führer je nach Zeitaufwand.

Nosy-Hara-Archipel ▸ M 2

Westlich des Cap d'Ambre liegt der verträumte, nach seiner größten Insel benannte Nosy-Hara-Archipel. Er besteht aus zwölf kleinen Inseln, deren schroffer Kalkstein und weiße Sandstrände etwa 5 km vor der Küste aus dem azurblauen Meer ragen. Der Archipel ist über eine schlechte Pistenstraße von Antsiranana aus zu erreichen und Fischerboote bringen Interessierte hinüber zu den Inseln. Bei einem solchen Ausflug muss mindestens eine Zeltübernach- ▷ S. 260

Auf Entdeckungstour: Ankaranas heilige Höhlen

Im Kalksteingebiet von Ankarana sind im Laufe von Jahrmillionen zahlreiche Höhlen entstanden, die heute diversen Tierarten einen Lebensraum bieten. Die Einheimischen verbinden mit einigen Höhlen Mythen und Legenden ihrer Vorfahren.

Reisekarte: ▶ M 4
Start/Dauer: Haupteingang bei Mahamasina an der RN 6. Tsingy Meva Trail 2–3 Std. (inkl. Abstecher zur Grotte des Chauves-souris)
Öffnungszeiten: Nationalpark 7–18 Uhr, Parkbüro 7.30–16 Uhr.
Eintritt: 25 000 MGA (ca. 9 €), plus Entgelt für den Führer (ab 25 000 MGA).
Infos/Planung: Wegen der Hitze unbedingt viel Wasser mitnehmen. Für die Höhlen ist eine Taschenlampe erforderlich. Durch das Restaurant am Parkbüro kann ein Picknick organisiert werden (inkl. kalter Getränke!).

Vom **Haupteingang** führt der Tsingy Meva Trail hinein in den morgendlichen Trockenwald. Es lohnt sich früh aufzubrechen, dann ist es nicht so heiß und zahlreiche Vögel hüpfen von Ast zu Ast. Mit etwas Glück sind auch Lemuren zu beobachten. Vor allem Sanford-Makis *(Eulemur sanfordi)* halten sich gerne im Trockenwald auf.

In Baumnischen sind zuweilen sogar nachtaktive Wieselmakis *(Lepilemur ankaranensis)* zu entdecken, die dort den Tag dösend und schlafend verbringen. Zuweilen aber schauen sie die Besucher des Parks mit ihren riesigen Augen schläfrig an. Nach nur wenigen Hundert Metern wird ein Flussbett erreicht, das die meiste Zeit des Jahres ausgetrocknet ist. 2,2 km nach dem Parkbüro erreicht man eine Abzweigung zur 870 m entfernten **Grotte des Chauves-souris** (Fledermaushöhle), eine gut im Wald versteckte Höhle im Randbereich des Gebirges. Um sie zu entdecken, müssen auf dem Weg jedoch erst einmal 165 steile Stufen erklommen werden.

Im dunklen Felsen

Untermalt vom Fiepen der Fledermäuse herrscht eine gespannte Stimmung im dunklen Inneren der Höhle. Schon bald ist der Schein der Taschenlampe die einzige Lichtquelle und bizarre Felsformationen tauchen im Lichtkegel wie Spukgebilde aus der Dunkelheit auf.

Es gibt zahlreiche Höhlen im Gebiet von Ankarana. Das Kalkmassiv aus der Jura-Zeit befindet sich auf einer basaltischen Ebene, die 50 m über dem Meeresspiegel liegt. Neben den Höhlen durchzieht ein unterirdisches Flusssystem von 120 km Länge das Kalksteinmassiv. An der Oberfläche ist es stark erodiert, so entstanden die Tsingys, die ›Kalksandsteinnadeln‹, für die der Ankarana-Nationalpark ebenfalls bekannt ist. Die Höhlen von Ankarana liegen im Siedlungsgebiet der Antankarana und waren als Ort für Begräbnisse und Stätte der Ahnen stets von großer kultureller Bedeutung für diese. Während der Eroberungsfeldzüge des Merina-Königs Radama I. dienten die Höhlen der örtlichen Bevölkerung als Zufluchtsstätte. Über Jahrhunderte entstanden Mythen und Legenden. Jede einzelne Höhle hat ihre Geschichte. Gleichzeitig gelten für die Höhlen traditionelle *Fadys* (Gebote und Verbote, s. S. 35, 58), die jeder Besucher zu beachten hat. In heutiger Zeit z. B. das Verbot, Knochen zu berühren, Tiere zu stören oder Stalaktiten bzw. Stalakmiten abzubrechen.

Grotte der Krokodile

Um zwei der interessantesten Höhlen von Ankarana zu besuchen, ist eine weitere Fahrt zum **Südeingang** des Parks erforderlich. Von der RN 6 zweigt 22 km südlich von Mahamasina eine Piste zum Südeingang ab. Vom dortigen Parkbüro fahren Sie bis zur nahen Nationalparkgrenze und starten von dort die Wanderung zur Krokodil- und Taubenhöhle. In der **Grotte des Crocodiles** leben bei den Menschen der Region als heilig geltende Krokodile. Sie symbolisieren die Wiedergeburt der Ahnen und sind so vor den Menschen geschützt.

Ein ganz besonderes, geheimnisvolles Erlebnis ist es, wenn durch ein Loch in der Höhlendecke Licht das Innere erleuchtet und einen magischen Zauber verbreitet.

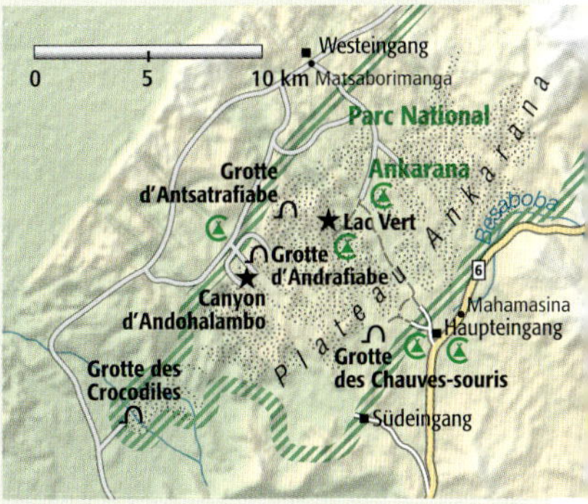

tung eingeplant werden. Man kann den Ausflug auch bei einer Agentur buchen (s. unten, Infos).

Im Wasser um den Archipel lebt eine Fülle an bunten Fischarten, und Meeresschildkröten nutzen die Strände zur Eiablage – ein wahres Eldorado für Schnorchler und Taucher! Dieses abseits jeglicher Reiserouten liegende Inselparadies ist zudem Heimat einiger der letzten Madagaskar-Seeadler *(Haliaeetus vociferoides)*, einem der seltensten Greifvögel der Welt.

Als einzige ist die 2 x 0,6 km große Nosy Hara bewaldet und beherbergt zwei Lemurenarten und eine Reihe von Reptilien, darunter das kleinste Chamäleon der Welt, das erst 2007 entdeckte etwa 2 cm große Zwerg-Erdchamäleon *(Brookesia micra)*. Die anderen Inseln weisen nur spärliche Vegetation auf, darunter aber einige interessante Vertreter der Florazone wie Baobabs und einen Verwandten des Flammenbaums.

Infos

Fahrten zum Archipel organisieren die örtlichen Agenturen in Antsiranana, wie: **Le Paradis du Nord,** Av. Princesse Fatima Achimo, Tel. 020 82 21405, www.leparadisdunord-diego.com.

Ambilobe ▶ M 4

Die Nationalstraße RN 6 führt in ihrem weiteren Verlauf nach Ambilobe. Die kleine Stadt am Mahavavy-Fluss ist die Hautstadt der Antankarana. Noch heute sollen Angehörige der letzten Könige dieses Volkes in der Stadt leben. In der Umgebung von Ambilobe liegen ausgedehnte Zuckerrohrplantagen – ein Großteil des in Madagaskar produzierten Zuckers stammt von dort.

Übernachten, Essen

Einfach – **Hotels in Ambilobe:** Das Mamisoa im Stadtteil Antafiankasaka sowie das Mahavavy und das Golden Hotel im Stadtteil Antanamariazy sind recht einfach, verfügen aber alle drei über ein Restaurant. DZ ab 5 €.

Abstecher nach Osten und Süden ▶ N 4, L 5

Bei Ambilobe zweigt eine Straße in Richtung Osten ab und führt in das 160 km entfernte Küstenstädtchen Iharana (Vohémar). 100 km von Ambilobe bzw. 60 km von Iharana entfernt liegt der Ort **Daraina** (▶ N 4). In dessen Nähe kümmert sich die private madagassische Organisation FANAMBY um den Schutz des örtlichen Waldes und die dort lebenden Goldkronensifakas (s. Mein Tipp S. 261).

Entlang der RN 6 in südwestlicher Richtung folgt als nächster größerer Ort **Ambanja** (▶ L 5). Die Stadt liegt im Zentrum eines Kakaoanbaugebiets, nur ca. 15 km von der Küste entfernt, und dient als Anlaufstation für Reisende mit Ziel Nosy Be. Von Ambanja aus sind die kleinen Häfen **Ankify** und **Antsahompano** über eine Piste gut zu erreichen (ca. 20 km nördl., 1 Std. Fahrzeit). Von beiden gibt es Fährverbindungen nach Nosy Be. Die Bucht, an der sich die Orte befinden, nennt sich **Baie des Russes.** Der Name stammt aus der Zeit des russisch-japanischen Krieges, als 1904 russische Kriegsschiffe in der Bucht lagen und viele Seeleute an Typhus starben.

Übernachten, Essen

In Ambanja

Modern – **Le Diamant:** Parallelstraße zur RN 6, Tel. 020 86 50259, DZ ca.

Goldkronensifakas bei Daraina ▶ N 4
Ein Waldgebiet bei Daraina ist Heimat eines der seltensten Primaten der Welt, des Goldkronensifaka *(Propithecus tattersalli)*. Er lebt in einem noch ungeschützten Wald, der durch Gold- und Edelsteinfunde in der Gegend stark gefährdet ist. Die Lobby der Goldsucher verhinderte bisher auch eine Einigung, in diesem Gebiet ein offizielles Reservat zu etablieren. Reisende können durch einen Besuch und ihr Interesse die Bemühungen einer lokalen Schutzorganisation unterstützen. Ihr Büro befindet sich von Iharana kommend am Ortseingang. Ein Führer aus dem Ort bringt Sie für 15 000 MGA (ca. 5,20 €) in das etwas abseits liegende Waldstück. Etwa 1 Std. benötigen Sie bis zum Dorf Andranotsimaty, in dessen Nähe sich die Sifakas befinden. Die Tiere sind mittlerweile an Menschen gewöhnt und gut zu beobachten. Übernachtungsmöglichkeit bietet das Zebu-Camp einige Kilometer nördlich von Daraina (DZ-Zelt 60 €). Weitere Infos: FANAMBY, Tel. 020 22 63661, association-fanamby.org.

15 €. Frühstücksservice, aber kein Restaurant. Modern wirkender Hotelbau.

In Ankify
Inselblick – **Le Baobab:** 2 km vom Hafen, Tel. 032 07 20887, DZ ab 50 €. 42 Bungalows im Schatten der Bäume. Das Restaurant liegt malerisch auf einem Felsen mit Blick auf Nosy Komba.
Abseits und ruhig – **Ankify Lodge:** Tel. 032 04 66781, www.ankifylodge.com, DZ 40–50 €. Bungalows mit Bad/WC, von üppiger Vegetation umgeben. Ein gutes Restaurant im Kolonialstil liegt auf einer kleinen Anhöhe.
Freundlich – **Le Panoramique:** nahe Strand, Tel. 032 57 71201, lepanoramique@hotmail.fr, DZ 40 €. Das Hotel organisiert Bootstransfers nach Nosy Be.

Nosy Be ▶ Karte 2

Die »Große Insel«, so der madagassische Name Nosy Be in deutscher Übersetzung, ist die größte der Madagaskar vorgelagerten Inseln. Sie ist schon seit einigen Jahrzehnten ein beliebtes Ziel für Strandurlauber. Während Reisende in den Anfangsjahren des Tourismus Nosy Be als erholsamen Abschluss ihrer Rundreise wählten, etablierte sich die Insel bei Sonnenhungrigen aus Europa in den vergangenen Jahren zunehmend als alleiniges Urlaubsziel.

Seit der Flughafen ausgebaut wurde und Charterflüge angeboten werden (zurzeit von Mailand und Paris aus), kommen vor allem Italiener und Franzosen zum Badeurlaub in die neu entstandenen Strandhotels. Aber Nosy Be bietet mehr als nur Badespaß im Indischen Ozean. Die vorgelagerten Riffe mit ihren Schwärmen leuchtend-bunter Fischen sind ein ideales Gebiet zum Schnorcheln und Tauchen. Ein vielfältiges Wassersportangebot bietet Möglichkeiten vom Tretbootfahren bis hin zum Törn auf einer luxuriösen Segeljacht. Und auch die Regionen im Inneren der 325 km² großen Insel laden zum Erkunden und Entdecken ein.

Geschichte

Bereits 1649 versuchten die Briten unter Führung von Robert Hunt, die Insel Nosy Be in Besitz zu nehmen und eine Siedlung und Handelsstation

Im Norden von Nosy Be: Auslegerboote am Strand von Ambatoaloak

zu gründen. Der Plan schlug fehl, da die Einheimischen sich gegen die Eindringlinge wehrten und verschiedene Krankheiten den britischen Siedlern zu schaffen machten. 1839, während des Feldzuges von Merina-König Radama I., diente die Insel als Rückzugsort für die bedrängten Sakalava-Herrscher. In ihrer Not wandten sie sich an den Sultan von Zanzibar, der ihnen letztendlich aber nicht helfen konnte. 1840 kam der Franzose Passot nach Nosy Be (franz.: Nossi Bé) und wurde ebenfalls von den Sakalava um Unterstützung im Kampf gegen die vordrängenden Merina gebeten. Passot wandte sich an Admiral de Hell, den Gouverneur der Insel Réunion (damals noch Ile Bourbon), und leitete die Bitte weiter. Bereits 1841 wurde Nosy Be offiziell von Frankreich annektiert und ein wichtiger Stützpunkt, von dem aus die Franzosen in den folgenden Jahrzehnten ganz Madagaskar kolonialisierten.

Andoany (Hell-Ville)

▶ Karte 2, B 4

Der Hauptort von Nosy Be wurde während der französischen Besatzungszeit von 1841 bis 1960 nach Admiral de Hell benannt. In Unkenntnis der Geschichte assoziierten spätere Reisende Hell-Ville häufig mit einem »Ort der Hölle« (engl.: *hell*), an dem sich in der Vergangenheit vermeintlich schreckliche Dinge zutrugen. Aber weit gefehlt: Hell-Ville (Andoany) ist eher eine Mischung aus Fischerdorf und Handelsplatz. Viele Besucher kommen nur wegen des Hafens hierher (s. Entdeckungstour S. 266). Doch ein Spaziergang durch den bunten Ort mit seinen mittlerweile zahlreichen Souvenirläden lohnt durchaus.

In Andoany befindet sich ein Friedhof mit russischen Gräbern. Diese erinnern an den fast vergessenen Russisch-Japanischen-Krieg zu Beginn des 20. Jh. An die damaligen Leiden der Seemänner knüpft im Übrigen auch das bekannte deutsche Lied »Wir lagen vor Madagaskar« an. Zeilen wie »Und hatten die Pest an Bord. In den Kesseln, da faulte das Wasser. Und täglich ging einer über Bord« haben mehr mit historischen Ereignissen zu tun hat, als die Lagerfeuerromantik des Mundorgelklassikers dies zunächst vermuten lässt.

Ausflugsziele

Andilana Beach und Vulkan Mt. Passot ▶ Karte 2, A 2 und B 3

Beliebt ist Nosy Be vor allem wegen seiner Strände. Zahlreiche Buchten mit feinem Sand umgeben die Insel. Als schönster Strand gilt **Andilana Beach** an der Halbinsel Antanimalady im Nordwesten. Im Inneren von Nosy Be erhebt sich mit 329 m der höchste Berg der Insel. Der erloschene **Vulkan Mt. Passot** ist ebenfalls ein beliebtes Ausflugsziel. Vor allem zum Sonnenuntergang kommen viele Neugierige, um die Stimmung der untergehenden Sonne zu genießen. Vom Mt. Passot aus hat man zugleich einen herrlichen Rundumblick über die Insel. Und kann des Weiteren auch einige der kleinen vorgelagerten Inseln erkennen.

Interessant ist die Pflanze Ylang Ylang, die auf den Plantagen von Nosy Be wächst. Aus den weißen Blüten wird ein Grundstoff für teure Parfüms gewonnen. Die **Ylang-Ylang-Destillerien** sind einen Besuch wert und befinden sich hauptsächlich im Süden der Insel.

Nosy Komba ▶ Karte 2, C/D 5

Ein ähnlich gut besuchtes Ausflugsziel ist Nosy Komba (s. S. 267). Auf der »Lemuren-Insel« leben Mohrenmakis *(Eulemur macaco),* die recht zahm sind, da sie von Besuchern gefüttert werden. Nur die männlichen Tiere dieser Art haben die namengebende schwarze Fellfarbe. Die weiblichen Exemplare haben ein hellbraunes Fell und weiße Ohrbüschel. Die Insel wird vor allem vormittags aufgesucht. Am Nachmittag kann es zwar heiß werden, aber dann haben Sie die Lemuren fast für sich. Um die ruhigeren Momente der Insel zu genießen, ist eine Übernachtung in einem der mittlerweile entstandenen, durchaus guten Hotels empfehlenswert. Bei einer Wanderung haben Sie vom mit 590 m höchsten Punkt der Insel eine schöne Aussicht.

Nosy Tanikely ▶ Karte 2, B 5

Nicht weit von Nosy Komba entfernt liegt das Marine-Schutzgebiet von Nosy Tanikely (s. S. 267). Das Gewässer um diese kleine Insel ist ein absoluter Traum für Schnorchler. Mit Glück sehen Sie auch eine Meeresschildkröte lautlos dahingleiten. Auf einem Hügel inmitten der Insel steht ein alter Leuchtturm. Auf großen Bäumen zu seiner Rechten hängen tagsüber zahlreiche Flughunde. Sie warten auf die Nacht, in der sie auf der Suche nach Früchten, ihrer Hauptnahrung, ausschwärmen. Bei Ebbe ist es auch möglich, Nosy Tanikely zu Fuß zu umrunden.

Lokobe-Reservat ▶ Karte 2, C 4

Naturliebhabern wird auch das mit 740 ha relativ kleine Lokobe-Reservat gefallen. Es erstreckt sich einige Kilometer östlich von Andoany. Vom Dorf **Ambatozavavy** aus gelangt man per Boot und zu Fuß an die äußere Grenze des Reservats, das für Besucher nicht zugänglich ist. Die Bootsfahrt geht entlang der Küste bis zum Fischerdorf **Ampasypohy.**

Dort befindet sich der Ausgangspunkt einer ungefähr zweistündigen Wanderung bis zur Reservatsgrenze. Neben Mohrenmakis entdeckt man mit etwas Glück auch die eigentlich nachtaktiven Wieselmakis *(Lepilemur dorsalis)* in ihren Schlafbäumen oder man begegnet einer Madagaskar-Boa. Diese Würgeschlangen sind für uns Menschen ungefährlich. Daneben leben zahlreiche Chamäleonarten in dem Gebiet wie das unglaublich bunte Panther-Chamäleon *(Furcifer pardalis).* Ausflüge nach Lokobe werden von dem Veranstalter Nosy Be Original organisiert (s. S. 265, inkl. Mittagspicknick ca. 20 € p. P.).

Übernachten

Das Hotelangebot in Nosy Be hat in den letzten Jahren enorm zugenommen, jedes Jahr entstehen neue Hotels. Informationen und Buchungen unter www.nosybehotel-link.com. Aus der Fülle hier eine kleine Auswahl:

Luxuriös – **Amarina:** Befotaka Bay, Tel. 020 86 92128, Fax 020 86 92126, www.orahotels.com/oraresortamarinahotel, DZ ab 140 € aufwärts. Das Hotel gehört zu den besten der Insel, es lässt fast keinen Wunsch offen. Vor allem für Erholungssuchende geeignet, für Unternehmungen etwas abseits.

Afrikanisches Flair – **Vanila:** Tel. 020 86 92101-03, Fax 020 86 92105, www.vanila-hotel.com, info@vanila-hotel.com., DZ ab 117 €, Klimaanlage 10 € Aufpreis pro Nacht, Suite 295 €. 41 schön gestaltete Zimmer in einem Haupthaus nicht weit vom Strand. Gutes Restaurant, Bar und Schwimmbad.

Familiär – **Chanty Beach:** 5 km nördlich von Dzamandzar (gegenüber der Insel Sakatia), Tel. 020 86 92816, www.chantybeach-hotel.com, DZ-Bungalow 79 €. Herrlich direkt am Strand gelegenes, kleines Anwesen.

Meeresblick – **Le Grand Bleu:** Andilana Beach, Tel. 033 14 24816, www.legrandbleunosybe.com, DZ 59–65 €, Aufpreis Klimaanlage 10 €. Nicht direkt am Strand gelegen, sondern auf einer Anhöhe mit herrlichem Blick über das Meer. Schwimmbad und viele Ausflugsangebote.

Gemütlich – **L'Ylang Ylang:** Ambatoloaka, Tel. 020 86 92632, www.hotel-lylangylang.com, hotel.lylang@wandoo.mg, DZ 46–70 €. Kleines angenehmes Hotel mit 12 Zimmern. Die teureren davon haben eine Klimaanlage.

Stadthotel – **Diamant:** 10, La Batterie, Andoany, Tel. 020 86 61448, madexof@gmail.com, DZ ab 21 €. Für Reisende, die mit der Fähre ankommen oder abfahren, kann es vorteilhaft sein, eine Nacht im Hauptort zu verbringen. Saubere Zimmer mit Klimaanlage.

Essen & Trinken

Die größte Auswahl an Restaurants finden Sie im Hauptort Andoany (Hell-Ville), zu empfehlen sind z. B.:

Pizza & mehr – **Nandipo:** Rue Albert I, Tel. 033 44 39412, nandipomadagascar@yahoo.com, Hauptgerichte ab 4,50 €. Restaurant mit Pizzeria und Bar.

Essen & Musik – **Le Manava:** Rue Reine Tsiomeko (beim Moulin Rouge), Tel. 032 04 39454, Hauptgerichte ab 4 €. Europäische und madagassische Küche, große Portionen, sehr lecker.

Einkaufen

Jedes Hotel hat seinen eigenen Souvenir-Shop, und in den Touristenzentren haben sich etliche Händler bei den Hotels niedergelassen. Kunsthandwerk und auf Nosy Be hergestellte Wellness-Essenzen kann man überall kaufen.

Aktiv

Das Angebot auf Nosy Be ist fast unüberschaubar geworden. Insbesondere von den Hotels werden alle Arten von Wassersport angeboten, auch Wanderungen, Ausflüge zu Nachbarinseln (s. S. 266), Rad- und Motorradverleih etc. Am besten mehrere Angebote vergleichen. Infos: www. nosybe-tourisme.mg.
Jachttouren – **Nosy Be Original:** Tel. 032 48 85755, www.madadecouverte.com, und Escapades, Tel. 032 05 12624, www.nosybe-madagascar.com. Bootstouren z. B. mit Katamaran ab 250 € pro Pers./Tag inkl. Essen (ab 2 Pers.), Inselrundfahrt (95 000 MAG), Ausflüge zum Lokobe-Reservat (100 000 MAG), zur Nosy Sakatia (100 000 MAG), zum Marinereservat Nosy Tanikely (115 000 MAG, kombiniert mit Nosy Komba 125 000 MAG) und zur Nosy Iranja (125 000 MAG). Ausflüge inkl. Essen.

Abends & Nachts

Ein Nachtleben gibt es außerhalb der Hotels nur in Andoany.
Le Djembe: Populärer Club mit europäischer Hightechmusik- und Lichtanlage sowie Klimaanlage.

Infos & Termine

Feste

Alljährlich im Mai findet das populäre **Musikfestival DONIA** statt. Es treten verschiedene Musik- und Tanzgruppen aus der Region auf. Daneben gibt es sportliche Wettkämpfe und einen feierlichen Umzug durch Andoany. Infos: www.festival-donia.com.

Verkehr

Flug: Nosy Be verfügt über einen internationalen Flughafen 12 km nordöstlich von Andoany. Zurzeit bestehen Verbindungen nach Mailand und Paris. Air Madagascar fliegt zudem tgl. nach Antananarivo, meist über Antsiranana oder Mahajanga.
Taxi-Brousse: Die Stationen im Hauptort Andoany verbinden diesen mit allen größeren Dörfern auf Nosy Be.
Fähre: Vom Hafen in Andoany aus gibt es zahlreiche Fährverbindungen nach Ankify und Antsahampano. Beide Dörfer liegen unweit der Stadt Ambanja. Die Überfahrt dauert etwa 1,5–2 Std., mit Schnellbooten 30 Min. (5 € p. P.) und dem Katamaran 20 Min. (4 € p. P.).
Stadtverkehr: In Andoany und bei größeren Hotels stehen Taxis bereit (Tagesausflüge auf Verhandlungsbasis).
Mietwagen: Bekommen Sie am Flughafen bzw. über die großen Hotels.

Von Ambanja nach Anbondronamy

▶ L 5–J 10

Der Hauptstraße von Ambanja aus folgend, geht es weiter Richtung Südwesten. Nach 20 km führt die Straße unweit des Meeres an der Ampasindava-Bucht vorbei. Anschließend wird die gleichnamige Halbinsel passiert, an deren Ende die Ortschaft Maromandia liegt. Entlang der Küste sind oft kleine Inseln in Sichtweite vom Strand zu erkennen, etwa die nach dem ehemaligen Merina-König benannte **Nosy Radama** oder die romantische **Nosy Lava.**

Einziger größerer Ort an der weiteren Strecke ist **Antsohihy**. Die Stadt verfügt über einen Flughafen, den Air Madagascar zeitweise mit einer Twin-Otter anfliegt. Nach 135 km erreichen Sie Anbondronamy und damit die Abzweigung auf die RN 4 nach Mahajanga (s. S. 274). Richtung Süden führt die RN 4 bis Antananarivo (s. S. 88).

Auf Entdeckungstour: Segeln zwischen den Archipelen

Madagaskars größte vorgelagerte Insel, Nosy Be, ist seit vielen Jahrzehnten ein beliebtes Urlaubsparadies. Die benachbarten Inseln und Archipele allerdings sind noch weithin unbekannt. Ein Bootsausflug oder ein mehrtägiger Segeltörn bieten die Gelegenheit, diese Perlen des Indischen Ozeans kennenzulernen.

Reisekarte: ► K/L 4/5

Start: Hafen von Andoany (Hell-Ville). Dauer: 1 Tag (Nosy Komba/Tanikely), mehrere Tage (Nosy Mitsio)

Preise: ab 25 € pro Person (1 Tag)

Infos/Planung: Mehrere Anbieter für Bootsausflüge und Segeltörns haben ihre Büros in Andoany (► Karte 2, B 4). Den Kontakt stellen auch die meisten Hotels her.

Jachtcharter: Infos zum Mieten von Jachten auf www.indianocean-adventure.com. Für das Chartern ist ein nautischer »CV« Niveau 4/5 Voraussetzung.

Am kleinen Hafen von Andoany (Hell-Ville) herrscht reges Treiben. Von hier fahren die Fischer hinaus, um ihrer Arbeit nachzugehen. Frauen warten auf die Rückkehr und kümmern sich um den Fang. Verschiedene Fährverbindungen bringen Menschen und

Waren hinüber zum ›Festland‹ nach Ankify. Einige Jachten betuchter Besucher ankern abseits des Bootsstegs. Boote liegen bereit für einen Ausflug in die Inselwelt um Nosy Be. Beliebt sind Halb- und Ganztagestouren zu den nahen Inseln Nosy Komba und Nosy Tanikely.

Die Lemureninsel

Südlich des Hafenstädtchens Andoany liegt schon in Sichtweite die Insel **Nosy Komba** (s. S. 263). Sie ist berühmt für die dort lebenden Lemuren. Ein kleiner Spaziergang führt zu einer Anhöhe hinter dem Fischerdorf, dort sind die Tiere anzutreffen. Die Mohrenmakis *(Komba)* sind recht zutraulich, sodass man sie aus nächster Nähe beobachten und fotografieren kann. Nach einer weiteren kurzen Fahrt gen Westen erreichen Sie die Insel Nosy Tanikely.

Marine-Reservat Tanikely

Seit zwei Jahrzehnten schützt ein Marine-Reservat das Schnorchlerparadies (s. S. 263). Bereits zwei Meter vom Strand entfernt sind Sie von betörend bunten Fischen umgeben. Immer wieder kann man neue Farben und Formen entdecken. Bei Pauschaltouren ist ein Mittagspicknick auf **Nosy Tanikely** meist inbegriffen.

Mitsio-Archipel

Um die weiteren Inseln und Archipele um Nosy Be zu entdecken, sind mehrere Tage einzuplanen. Das wunderschöne Mitsio-Archipel liegt rund 60 km nordöstlich von Nosy Be und erstreckt sich über 70 km. Es besteht aus der von Fischern und Farmern bewohnten Hauptinsel **Nosy Mitsio** (Grande Mitsio) sowie zahlreichen kleineren Inseln. Die Attraktion der Hauptinsel sind ihre an der Nordwestküste liegenden »Orgelpfeifen«. Dabei handelt es sich um beeindruckende Basaltfelsen, ein Relikt aus der vulkanisch aktiven Zeit. Es gibt mehrere kleine Buchten, die zum Ankern eignen. Die Korallenriffe bieten hervorragende Tauchmöglichkeiten. Sogar Mantas können hier regelmäßig beobachten werden.

Nosy Be am nächsten (ca. 45 km) liegt die Insel **Tsarabanjina,** eine der schönsten Inseln des Archipels mit unterschiedlich gefärbten Felsen und einer interessanten Flora. Auf Tsarabanjina befindet sich auch ein luxuriöses Hotel gleichen Namens (tsarabanjina.constancehotels.com). Im Norden von Grande Mitsio liegt **Nosy Ankarea.** Die hügelige Insel lädt zum Spazierengehen ein. Von der höchsten Stelle auf 219 m haben Sie einen herrlichen Ausblick auf Mitsio und seine Riffe. In der stellenweise noch weitgehend unberührten Vegetation finden sich neben stattlichen Exemplaren von Elefantenfußgewächsen auch das überaus bunte Panther-Chamäleon *(Furcifer pandalis).*

Das Beste auf einen Blick

Der Westen

Highlights!

Baobab-Allee bei Morondava: Einen überwältigenden Anblick bieten die majestätisch hochaufragenden Baobabs entlang einer Pistenstraße bei Morondava. Mehrere hundert Jahre alt sind diese Bäume, die durch eine Laune der Natur eine natürliche Allee bilden. S. 280

Nationalpark Tsingy de Bemaraha: Die fantastische Landschaft dieses Schutzgebiets ist seit 1990 UNESCO-Weltnaturerbe. Seine Besonderheit liegt in den Tsingys genannten ›Kalksteinnadeln‹ – durch Erosion freigelegte, jahrtausendealte, bizarre Felsformationen. S. 283

Auf Entdeckungstour

Bootstour auf dem Manambolo: Eine der schönsten und spannendsten Möglichkeiten, den ›Wilden Westen‹ Madagaskars zu bereisen, bietet eine Bootstour auf dem Manambolo. So können Gebiete erreicht werden, die sonst kaum ein Reisender zu Gesicht bekommt. Die Flusserkundung führt Sie durch Trockenwälder und Schluchten bis zur faszinierenden Landschaft des Nationalparks Tsingy de Bemaraha. S. 286

Kultur & Sehenswertes

Königsgräber der Sakalava: Ein Zeugnis der vergangenen Königreiche der Sakalava sind deren *Doany* genannten Königsgräber. Die Wächter dieser Gräber bewahren die Geschichten der ehemaligen Herrscher und lassen sie in ihren Erzählungen wieder lebendig werden. S. 275

Zu Fuß unterwegs

Ankarafantsika-Nationalpark: Die Trockenwälder des Parks laden zum Wandern und zu kleinen ›Tierexpeditionen‹ ein, bei denen verschiedene Lemuren und Vögel beobachtet werden können. Interessant ist auch ein Besuch der Zuchtstation für Schnabelbrustschildkröten. S. 271

Nachtspaziergang im Kirindy Forest: Ein besonderes Erlebnis ist es, die Natur nachts zu erkunden und nachtaktive Tiere zu beobachten. Das Mondlicht scheint alle Sinne zu schärfen; Natur wird neu erfahrbar. S. 282

Genießen & Atmosphäre

Anjajavy: Dieses Resort macht den Traum vom einsamen Sandstrand und unberührter Natur weitab jeglicher Reiserouten wahr. Seine luxuriösen Villen liegen rund 120 km nördlich von Mahajanga und lassen keine Wünsche offen. S. 278

Abends & Nachts

Blues Rock Café: Die Bar ist ein beliebter Treffpunkt in Mahajanga. Hier können Sie nicht nur nette Leute kennenlernen, sondern auch eine Kleinigkeit essen, Billard spielen oder sich eine Sportübertragung ansehen. An manchen Wochenenden gibt es auch Konzerte. S. 278

Im Land der Baobabs

Madagaskars Westen erstreckt sich von der Mahajamba-Bucht im Norden bis zur Stadt Morombe im Süden. Das Gebiet ist touristisch wenig erschlossen, was in erster Linie auf die dürftige Infrastruktur zurückzuführen ist. Alle größeren Städte der Westküste sind lediglich über schlechte Pisten zu erreichen, sodass manchmal für Strecken von wenigen hundert Kilometern deutlich mehr als ein Fahrtag benötigt wird. Die Städte sind demgegenüber gut in das Streckennetz von Air Madagascar eingebunden, doch bleiben die Verkehrswege zwischen den Orten insgesamt in schlechtem Zustand oder fehlen sogar ganz. Nicht vorhandene Brücken machen das Reisen z. T. ganz unmöglich. Eine wirkliche ›West-Rundfahrt‹ ist daher nicht bzw. nur unter schwierigen Bedingungen möglich. Madagaskars Westen zu bereisen, bedeutet daher, sich einzelnen Zielen punktuell zu nähern.

Das westliche Gebiet stellt eine eigene Klimazone dar. Sie wird nach der vorherrschenden Vegetation auch Trockenwaldzone genannt, denn bestimmt wird sie von einer lang andauernden Trockenperiode. In dieser werfen die meisten Pflanzen ihre Blätter ab. Einige Tiere wie Fettschwanzmakis oder Schildkröten befinden sich dann für einige Monate im sogenannten Trockenschlaf. In der Regenzeit von November bis März fällt etwas Regen, der die Pflanzen wieder ergrünen lässt. Die Flüsse, die aus dem regenreicheren Hochland kommen, wandeln sich in dieser Zeit zu reißenden Strömen.

Im Westen lebt das halbnomadische Hirtenvolk der Sakalava. Ihr Bevölkerungsanteil beträgt zwar weniger als 10 %, doch da sie ein Viertel der Staatsfläche bewohnen, haben sie unter den madagassischen Ethnien das größte Verbreitungsgebiet.

Infobox

Touristeninformation
Office Regional du Tourisme Mahajanga: Flughafen Philibert Tsiranana, Tel. 020 62 93188, ortmajunga@moov.mg, www.majunga.org.

Anreise und Weiterkommen
Schlechte Nationalstraßen in Richtung Westen machen das Flugzeug zum angenehmsten Verkehrsmittel. In den Städten stehen Taxis und z. T. Pousse-Pousse (Rikschas) zur Verfügung.

Auf der RN 4 nach Mahajanga

Die Stadt Mahajanga ist von den Westküstenstädten noch am besten über die Straße zu erreichen. Auch wenn die RN 4 einst eine gut asphaltierte Straße war, reiht sich schon seit Jahren ein Schlagloch ans nächste und macht die 540 km lange Strecke zwischen Hauptstadt und Küste zu einem 12-stündigen Abenteuer. Die RN 4 führt von Antananarivo zunächst am Ambohinao-See und dem Ambohitantely-Spezialreservat vorbei (siehe S. 118) nach Ambondromamy. Dort teilt sie sich: Die RN 4 zweigt nach Westen ab, die RN 6 führt geradeaus nach Norden. Auf der Strecke von Ambondromamy nach Mahajanga (152 km) wird nach ca. 38 km ein sehenswerter Nationalpark erreicht.

Ankarafantsika-Nationalpark ▸ H/J 10

Der Ankarafantsika-Nationalpark befindet sich auf Höhen von 75–390 m und gehört zu den ältesten Schutzgebieten Madagaskars. Bereits 1927 wurde ein Teil des heutigen Parks unter Schutz gestellt. Den Status eines Nationalparks hat Ankarafantsika jedoch erst seit 2002. Dabei wurden weitere Gebiete (z. B. Ampijoroa) miteinbezogen. Das heute 1350 km² große Areal schützt den für den Westen so typischen Trockenwald und ist gleichzeitig ein wichtiger Lebensraum für seltene Vogelarten. Insgesamt beherbergt Ankarafantsika 129 Vogel- und acht Lemurenarten.

Auf verschiedenen Wanderrouten sind Coquerel-Sifakas *(Propithecus coquereli)*, Braune Makis *(Eulemur fulvus)* und zahlreiche Madagaskar-Leguane zu sehen, zudem eine der größten Schlangenarten Madagaskars, die Madagaskar-Boa *(Acrantophis madagascariensis).* Zu beobachten sind auch zahlreiche Vögel wie der endemische Rotvanga *(Schetba rufa)* und der seltene Madagaskar Fischadler (s. auch Lieblingsort S. 273).

Forststation Ampijoroa

Am Eingang zum Ankarafantsika-Nationalpark an der RN 4 liegt die Forststation Ampijoroa. Neben dem Nationalparkbüro und einem Campingplatz befindet sich dort auch ein Zucht- und Forschungszentrum für die vom Aussterben bedrohte **Schnabelbrustschildkröte.** Ihren Namen bekam die in Madagaskar *Angonoka* genannte Schildkröte aufgrund eines langen Vorsatzes am unteren Panzer. Sie gehört mit weniger als 1000 Exemplaren zu den seltensten Reptilienarten der Welt. Seit 1986 bemühen sich der Wildlife Preservation Trust und der WWF mit Hilfe weiterer Naturschutzorganisationen um den Schutz dieser größten madagassischen Schildkrötenart. Die Schnabelbrustschildkröte kommt nur noch in einem kleinen Verbreitungsgebiet im Nordwesten vor.

Der rapide Rückgang der imposanten Tiere ist einerseits auf die Abholzung der Wälder, andererseits auf die aus Kontinental-Afrika stammenden Buschschweine zurückzuführen, denn Letztere können offenbar dem Geschmack der Schildkröteneier nicht widerstehen, nach denen sie im Boden wühlen. 1994 schrumpfte der Bestand auf weniger als 400 Tiere. Durch die Schutzmaßnahmen ist er nun wieder leicht gestiegen. Fast 200 Schildkröten sind bislang allein in der Zuchtstation aus ihren Eiern geschlüpft. Neben dieser seltenen Art werden dort auch andere madagassische Schildkrötenarten gezüchtet und erforscht.

Übernachten

Einfach – **Gîte d'Ampijoroa:** Nahe dem See Ravelobe, DZ 38 000 (12 €), DZ-Bungalow ab 100 000 MGA (ca. 35 €). Neben mehreren kleinen Zimmern gehören 7 Bungalows mit Bad zur Unterkunft der Parkverwaltung (Kontaktdaten s. S. 274).

Naturnah – **Ampijoroa Camping:** Tel. 032 05 56059. Einfacher Zeltplatz in der Nähe des Parkeingangs, pro Zelt 6000 MGA. Zeltmiete: Safarizelt 25 000 MGA (9 €), kleines Zelt ab 15 000 MGA (5 €). Es gibt eine Küche und Waschgelegenheiten.

Einkaufen

Handwerk – **Raphiabast:** Innerhalb vom Park befindet sich im Dorf Ampombolava (an der RN 4) eine

Lieblingsort

Urwaldbrücke im Ankarafantsika-Nationalpark ▶ H/J 10
Hinter dem mythenumrankten Ravelobe-See liegt diese Hängebrücke im Ankarafantsika-Nationalpark, die den Wanderer tief in den Trockenwald hineinführt und ihm die Möglichkeit bietet, auch einmal einen längeren Blick auf die dort lebenden Vögel und Reptilien zu werfen. Die mit den Ästen und Zweigen der Pflanzen nahezu verwobene Brücke ist ein idealer Platz zum Verweilen und Beobachten.

Raphiabastwerkstatt. Den Bast gewinnt man von der Raphia-Palme, deren junge noch nicht entfaltete Blätter damit überzogenen sind. Raffiabast wird auf traditionelle Art mit Naturfarben getönt und dann weiterverarbeitet.

Aktiv

Wandern – **Erkundung des Ankarafantsika-Nationalparks:** Den Besuchern stehen verschiedene Wanderwege und Touren zur Auswahl:
Tour Baobab: Einfacher Spaziergang von knapp 2 Std. Schwerpunktthema ist die Flora des Parks, zu sehen sind z. B. der Madagaskar-Baobab *(Adansonia madagascariensis)* oder der Krokodilbaum *(Hura crepitans)*.
Tour Coquereli: Der 2-stündige leichte Rundgang bietet gute Möglichkeiten, verschiedene Lemuren- und Vogelarten zu beobachten.
Tour Retendrika: Der knapp 3-stündige Wanderweg bietet neben der Tierbeobachtung weitere Besonderheiten der Flora des Gebietes.
Tour Source de Vie: Ein 3,5-stündiger Rundgang zu den Seen des Nationalparks, bei dem die zahlreichen Gewässer eine der Hauptattraktionen sind. Man kann auch eine Bootsfahrt auf einem der Seen buchen.
Nightwalk: Bei dem nächtlichen Spaziergang (ca. 2 Std.) sollen die Besucher die nachtaktive Tierwelt entdecken. Beginn jeden Abend um 19 Uhr.

Infos

Eintritt: Geöffnet 7–17 Uhr, Ticket 25 000 MGA (ca. 9 €) plus Gebühr für den Führer entsprechend Gruppengröße und Dauer der Wanderung.
Nationalparkbüro in Mahajanga: Tel. 020 62 78000 od. 033 02 13186, aks@parc-madagascar.com.

Mahajanga (Majunga) ▸ G 9

Die Stadt Mahajanga liegt am Mündungsdelta des 525 km langen Betsiboka, an der Bucht von Bombetoka. Da der Fluss reichlich Schlamm aus dem Hochland mit sich führt, der sich während der Überschwemmungen in der Regenzeit auf den Böden der ganzen Region ablagert, beschert er den Bauern ertragreiche Felder. Angebaut werden Mais und Zuckerrohr sowie Tabak und Baumwolle.

Geschichte

Mahajanga hieß ursprünglich *Mji Angaia*, was in der arabisch beeinflussten Sprache der dort lebenden Antalaotra »Ort der Blumen« heißt. Die Volksgruppe der Antalaotra umfasst jene Menschen arabischer und indischer Herkunft, die sich einst an der Nordwestküste niederließen und sich später mit den Sakalava vermischten. Schon vor mehreren Jahrhunderten wuchs das ursprüngliche Fischerdorf zu einem bedeutenden Handelszentrum heran. Besonders Araber kamen hierher, um mit den Einheimischen Waren zu tauschen, darunter neben Reis und Gewürzen auch Stoffe, Edelsteine und Sklaven aus dem Inland.

Ab 1740 diente der Ort den Boina, einer Untergruppe der Sakalava, als Hauptstadt und Sitz ihres Königs. Ende des 18. Jh. gerieten die Boina-Sakalava immer mehr unter Druck der expandierenden Merina, und Königin Ravahiny (1780–1808) war die letzte Sakalava-Monarchin, die noch über ein geeintes Sakalava-Reich herrschte. Nach ihrem Tod konnten die Merina weite Teile ihres geschwächten Reiches erobern. Dies hatte zur Folge, dass die untereinander zerstrittenen Sakalava sich noch einmal gemeinsam gegen die Merina erhoben und sie 1825 vorläufig aus großen Teilen des Westens wieder vertreiben konnten. Die Franzosen nahmen die Stadt im ersten französisch-madagassischen Krieg ein und setzten sich dort fest. Ihr dort installierter Militärstützpunkt spielte eine wichtige Rolle im zweiten Krieg und bei der endgültigen Eroberung Madagaskars.

In der Stadt lebt eine große Gemeinde von Komorern, die in den letzten Jahrzehnten aufgrund der politischen Wirren in ihrer Heimat hierher kamen. Zudem haben sich viele indische Händler in der 170 000 Einwohner zählenden Stadt angesiedelt.

Stadtbesichtigung

Mahajanga besteht aus zwei Stadtteilen. Die Altstadt liegt im Bereich des **Hafens** 1. Dieser Teil ist stark durch die hier seit über 100 Jahren lebenden Inder geprägt. Zahlreiche Gewürzläden offerieren ihre wohlschmeckenden und wunderbar duftenden Produkte. Die Neustadt mit ihren während der Kolonialzeit angelegten rechtwinkligen Straßenzügen befindet sich dahinter.

Das Zentrum der Stadt erstreckt sich in einem Areal, das im Norden von der Avenue de France und im Osten von der Avenue de la République begrenzt wird. Dort finden sich ebenfalls noch einige Kolonialgebäude, wie die **Post** 2, die weiß getünchte katholische **Kathedrale** 3 mit ihrem auffallenden pyramidenhaft aufsteigenden eckigen Turm und das 1956 errichtete eher schlichte **Rathaus** 4. Durch die langen Handelsbeziehungen mit den Arabern sowie die eingewanderten muslimischen Inder gibt es einen hohen Prozentsatz von Muslimen in der Stadt. Das zeigt sich auch durch die hier häufiger zu sehenden Moscheen.

Das Wahrzeichen Mahajangas ist der wohl größte **Baobab Madagaskars** 5 mit einem schier unglaublichen Umfang von 21,70 m und einem geschätzen Alter von etwa 1000 Jahren. Der Baum steht am Ende der Avenue de France unweit der **Strandpromenade** 6. Der mit Palmen gesäumte Boulevard Poincar, auf dem zahlreiche Sitzbänke zum Verweilen einladen, führt in südlicher Richtung zum Point de Sable und dem **Leuchtturm** 7.

Ziele in der Umgebung

Das **Mozea-Akiba-Museum** 8 liegt etwa 4 km nördlich des Zentrums in der Nähe des Strandes *(Plage touristique)*. Das Museum beherbergt Exponate zur Geschichte und Naturkunde der Region. Interessant sind zudem Dokumente, Informationen und Artefakte zur Volksgruppe der Sakalava (Di–Fr 9–11 und 15–17 Uhr, Eintritt 1 €).

Ungefähr 3 km nördlich des Flughafens befindet sich der **Cirque Rouge** 9, Platz der »Roten Erde«. Bei dem durch Erosion entstandenen farbigen Naturschauspiel präsentiert sich das Gestein in den verschiedensten Rottönen und mit zahlreichen kleinen Canyons und Säulen. Besonders bei Sonnenuntergang erstrahlen die Felsen als grandioses Farbenspiel.

Die Geschichte der früheren Sakalava-Reiche wird bei den Bestattungsorten der Sakalava wieder lebendig. Die *Doany* genannten **Königsgräber** 10 befinden sich ca. 12 km nördlich von Mahajanga. Sie sind mit einem Holzzaun umgeben und werden von einem Wächter gepflegt. Innerhalb des Areals steht ein hölzernes Gebäude.

In diesem werden in einem Zebuhorn die königlichen Reliquien *(Dady)* aufbewahrt (z.B. Fingernägel, Zähne). Dem madagassischen Glauben zufolge leben die Seelen der verstorbenen Könige im Umfeld der Gräber fort, wobei die *Dadys* die Kraft geben, dass der König weiterleben kann.

Die Reliquien werden bei regelmäßigen Zeremonien, *Fitampoha* (königliches Bad) genannt, in Öl getränkt und in Wasser gebadet. Diese Elemente sind auch von ostafrikanischen Königsritualen bekannt. Fragen Sie vor dem Betreten des Areals nach möglichen *Fadys*, die eingehalten werden müssen.

Übernachten

Informationen zu zahlreichen Unterkünften findet man auch unter www.hotels-majunga.com.

Sympathisch – **La Piscine** 1: Bd. Marcoz, Tel. 020 6224172, Fax 020 62 23965, pscinehotel@madatours.com, DZ 70–118 €. Die sehr gut ausgestatteten 31 Zimmer liegen in einem ausgedehnten Komplex mit eigenem großen Schwimmbad (50-Meter-Becken!) direkt am Meer.

Zentral – **Hôtel de France** 2: 4, Rue du Maréchal Joffre, Tel. 020 62 23781, Fax 020 62 22326, DZ ab 73 €. Hotel mit 20 Zimmern in einem kolonialzeitli-

Mahajanga (Majunga)

Sehenswert
1 Hafen
2 Post
3 Kathedrale
4 Rathaus
5 Baobab-Gigant
6 Strandpromenade
7 Leuchtturm
8 Mozea-Akiba-Museum
9 Cirque Rouge
10 Königsgräber

Übernachten
1 La Piscine
2 Hôtel de France
3 Sunny
4 Coco Lodge
5 Karibu Lodge
6 Antsanita Resort
7 Le Badamier
8 Villa Mena

Essen & Trinken
1 Marco Pizza
2 Le Zoreole
3 Kohinoor

Einkaufen
1 Bazary Be

Aktiv
1 Anjohibe-Grotte

Abends & Nachts
1 Blues Rock Café

chen Gebäude im Zentrum der Stadt, 150 m bis zum Meer.
Praktisch – **Sunny** 3: zwischen Innenstadt und Flughafen gelegen, www.sunnymada.com, sunny@dts.mg, DZ ab 50 €. Ein Hotel mit 40 Zimmern, ausgestattet mit Klimaanlage und TV. Es gibt außerdem ein Schwimmbad und diverse Freizeit- bzw. Sportangebote.
Charme – **Coco Lodge** 4: 49, Av. de France, Tel. 020 62 2023, Fax 020 62 23490, www.coco-lodge.com, contact@coco-lodge.com, DZ 52 €, Suite 69 €. Die 16 freundlich eingerichteten Zimmer verfügen über kostenlosen Internetzugang (WLAN).
Atmosphäre – **Karibu Lodge** 5: Bd. Marcoz, La Corniche, Tel. 020 62 24710/11, www.karibulodge.net, DZ ab 60 €. Anlage mit modernem afrikanischem Flair und Swimmingpool.
Am Strand – **Antsanita Resort** 6: nördlich von Mahajanga beim Fluss Morira, ca. 1 Std. vom Stadtzentrum und 30 Min. vom Flughafen entfernt, Tel. 020 62 91363, www.antsanitia.com, antsanitia@antsanitia.com, DZ ab 43 €, Bungalows mit eigener Veranda ab 55 €. Eine herrliche Anlage an einem einsamen Strand mit schön gestaltetem Schwimmbad.
Zentral – **Le Badamier** 7: Av. de la République, Tel. 020 62 24065, www.hotelmajunga-lebadamier.com, DZ 24–31 €, Suite 41–49 €. Die 27 Zimmer und 6 Suiten sind sauber und zweckmäßig eingerichtet.
Ruhig – **Villa Mena** 8: Rue Pasteur Androva, Tel. 020 62 29465, www.villamena-hotelmahajanga.com, DZ-Bungalows je nach Ausstattung 16–27 €. Kleines Hotel mit nur 8 Bungalows in ruhiger Lage.

Essen & Trinken

Papas Rezepte – **Marco Pizza** 1: Tsaramandroso, Tel. 032 40 03202, Hauptgerichte ab 3 €. Exzellente europäische Küche.
Der Indische Ozean lässt grüßen – **Le Zoreole** 2: Av. de la Libération, Ecke Av. de France, Hauptgerichte ab 3 €. Die Küche vereint alle Spezialitäten des Indischen Ozeans, sehr lecker.
Indisch und vegetarisch – **Kohinoor** 3: Rue H. Garnier, Hauptgerichte ab 2,50 €. Beliebt nicht nur beim indischen Teil der Bevölkerung. Auch für Vegetarier zu empfehlen.

Einkaufen

Täglich Brot – **Bazary Be** 1: Av. de la Republique, tgl. 6–17 Uhr. Der zentrale Markt befindet sich in der Altstadt.

Mein Tipp

Luxus im Niemandsland
Fernab von Straßen und westlicher Zivilisation liegen an der Nordwestküste im »Niemandsland« zwischen Mahajanga und Nosy Be einige luxuriös ausgestattete »Fly-in«-Strandresorts. Für das entsprechende Geld können Sie hier einen Urlaub an einsamen Stränden genießen und eine fast noch unberührte Natur erleben.
Anjajavy: Die luxuriösen Villen dieses Resorts liegen rund 120 km nördlich von Mahajanga, www.anjajavy.com, DZ ab 420 € inkl. Halbpension.
La Maison de Marovasa-Be: Moramba Bay, 20 km nördlich von Anjajavy., www.marovasabe.com, Preis DZ ab 500 € inkl. Vollpension.
Lodge des Terre Blanches: Diese Lodge liegt in Antanimalandy, 100 km nördlich von Mahajanga und 25 km südlich von Anjajavy, Tel. 032 04 33820, www.lodgeterresblanches.com, DZ ab 140 € inkl. Vollpension. Flug oder Bootstransfer von Mahajanga oder Nosy Be werden extra berechnet.

Das Angebot umfasst alles für den täglichen Bedarf Nötige. Des Weiteren gibt es in der Straße einige Bankinstitute und diverse Läden.

Aktiv

Verborgene Schönheit – **Anjohibe-Grotte 1:** Diese seit 1996 zugängliche Höhle liegt 82 km nordöstlich von Mahajanga. 3 Std. Fahrzeit wegen schlechter Piste. Eine beeindruckende Höhle mit Stalagmiten und Stalaktiten. Dort wurden u.a. Knochen ausgestorbener Flusspferde gefunden.

Abends & Nachts

Bar und Musik – **Blues Rock Café 1:** 18, Quai Orsini, Tel. 032 04 89780, tgl. ab 19 Uhr. Beliebte Bar, in der auch kleine Gerichte serviert werden. Dazu Billard und Sportübertragungen, an manchen Wochenenden auch Konzerte.

Infos & Termine

Infos

Office Regional du Tourisme Mahajanga: Flughafen Philibert Tsiranana, Tel. 020 62 93188, www.majunga.org, ortmajunga@moov.mg.

Feste

Fanompoambe: Im Juli feiert die Sippe der Boeny vom Volk der Sakalava alljährlich das Fest zum Gedenken an die Ahnen der Könige. Dabei werden die königlichen Reliquien in ›heiligem Wasser‹ gebadet.

Verkehr

Flug: Air Madagascar verbindet Mahajanga mit Antananarivo und Nosy Be. International bieten Air Madagascar und Air Austral Verbindungen nach Dzaoudzi/Mayotte (Komoren) und Réunion (St-Denis).
Auto: Mahajanga ist gut über die Asphaltstraße RN 4 von Antananarivo aus zu erreichen (12 Std.). Daneben gibt es die Verbindung zur RN 6 nach Antsiranana.
Taxi-Brousse: Busse fahren in die umliegenden Orte, u.a. nach Katsepy und Marovoay. Überlandbusse verkehren auf der RN 4 bis Antananarivo und auf der RN 6 nach Vaovao und Antsiranana.
Überlandbus: Malagasy Car, www.malagasycar.com, malagasycar@gmail.com, Abfahrt am Hotel La Corniche tgl. 7 Uhr, Ankunft Antananarivo um

17 Uhr, 78 000 MGA (ca. 27 €), inkl. Mittagessen; Transpost, Abfahrt an der Hauptpost in Mahajanga, Fahrzeuge nicht klimatisiert, aber besser als herkömmliche Taxis-Brousses, Mo, Mi, Fr nach Tana 25 000 MGA (ca. 9 €) ohne Essen, auch andere Ziele.

Fähre: Die erste Überfahrt ins 10 km entfernte Katsepy beginnt um 7.30, gegen 8.30 Uhr setzt die erste Fähre von Katsepy nach Mahajanga über. Letzte Rückfahrt gegen 16.30 Uhr.

Schiff: Der Franzose J. P. Calloch unterhält zudem eine Schiffsverbindung zwischen Nosy Be und Mahajanga, einmal wöchtl., Fr: Mahajanga – Nosy Be, Mo: Nosy Be – Mahajanga, Fahrtzeit 20 Std. Einige Frachtschiffe nehmen manchmal Passagiere nach Nosy Be und anderen Zielen mit. Informationen bei den Schifffahrtgesellschaften Auximad (Av. de France) und Socotram (Quai Moriceaux).

Katsepy ▸ G 9

Der kleine Fischerort Katsepy liegt auf der anderen Seite der Bombetoka-Bucht und ist mit dem Hafen in Mahajanga durch eine mehrmals täglich verkehrende Fähre verbunden. Der Ort ist eine gute Ausgangsstation für die interessanten Ziele südlich von Mahajanga dar. Dazu gehört die kleine Insel **Nosy Boeny** in der Boina-Bucht (Baie de Boeny). Dort befinden sich Ruinen einer Stadt der Antalaotra aus dem 16. Jh., von der allerdings nur noch die Grundmauern zeugen. In 3–4 Stunden von Katsepy aus zu erreichen ist das **Lac-Kinkony-Naturreservat.** Zu sehen sind vor allem Lemuren und Wasservögel. Es gibt keine touristischen Einrichtungen. Campingmaterial und Verpflegung muss man selbst mitbringen. Ausreichend Wasser nicht vergessen!

Übernachten, Essen

Einfach – **Chez Chabaud:** Tel. 032 07 06734, c.chabaud@hotmail.fr, 7 einfache Bungalows (DZ ab 13 €) und ein gutes Restaurant mit frischem Fisch (ab 5 €). Die Besitzerin unterhält auch ein Zeltcamp am Kinkony-See.

Vom Hochland nach Morondava

Die Strecke von Antananarivo nach Morondava ist lang, und die Piste in einigen Abschnitten sehr schlecht. Der Weg führt von der Hauptstadt zunächst über die RN 7 nach Süden. Nach Morondava gelangt man auf zwei Pistenstrecken. Die etwas bessere RN 34 beginnt ab Antsirabe und ist bis zum Ort Miandrivazo asphaltiert. Der Ort dient als Startpunkt der Bootstouren auf dem Tsiribihina-Fluss (s. S. 132). Im weiteren Verlauf fährt man auf der RN 34, die nun nur noch eine Piste ist, bis nach Malaimbandy. Dort trifft die RN 34 auf die RN 35 Richtung Morondava. Eine alternative Strecke führt ab Ivato, 12 km südlich von Ambositra, auf der RN 35 über Malaimbandy nach Morondava. Der erste Abschnitt ab Ivato ist allerdings momentan in einem sehr schlechten Zustand. Von Antananarivo nach Morondava müssen Sie ca. 12–16 Std. Fahrzeit einplanen.

Morondava ▸ D 18

Die Stadt Morondava ist eines der historischen Zentren der Sakalava. Sie ist die drittgrößte Hafenstadt an der Westküste, auch wenn der Hafen mittlerweile etwas an Bedeutung verloren hat. Die Bewohner sind größtenteils Vezo, ein mit den Sakalava

Madagaskars Sightseeing-Klassiker: die grandiosen Baobabs bei Morondava

verwandtes Volk, das überwiegend vom Fischfang lebt. Heute hat sich die 35 000 Einwohner zählende Stadt vor allem zu einem landwirtschaftlichen und touristischen Zentrum entwickelt. Letzteres verdankt sie dem Umstand, dass eines der bekanntesten Wahrzeichen Madagaskars vor ihren Toren liegt: die berühmte Baobab-Allee.

Baobab-Allee ! ▶ D 17

In jedem Bildband und vielen Filmen über Madagaskar ist die legendäre Baobab-Allee zu sehen. Die auch Affenbrotbäume genannten Baobabs *(Adansonia grandidieri)* sind mehrere hundert Jahre alt und die natürliche Allee, die sie bilden, ist nichts anderes als eine Laune der Natur. Majestätisch stehen sie in Reih und Glied und geben ein wunderschönes Motiv ab. Die Allee liegt etwa 45 Min. Autofahrt von Morondava entfernt. Wer gern sportlich unterwegs ist, kann sich ein Fahrrad mieten oder mit einem Squad zur Allee fahren. Die beliebteste Zeit für Fotografen ist die Zeit vor dem Sonnenuntergang, da die Baobabs im rötlichen Licht besonders schön wirken. Eine weitere Attraktion sind die 11 km weiter stehenden **Baobabs Amoureux,** die sich »Liebenden Baobabs«, die ihren Namen dem Umstand verdanken, dass sich die beiden Stämme der Bäume ineinander verdreht haben.

Sakalava-Gräber ▶ D 17

Traditionelle Sakalava-Gräber sind rechteckig und aus Holz. Die Seitenhöhe variiert zwischen ca. 90 und 120 cm. An den vier Ecken werden geschnitzte Holzfiguren platziert, die im Zusammenhang mit dem Leben des Verstorbenen stehen. Sie künden z. B. von Reichtum (Zebus) oder Fruchtbarkeit (Kinder). An der mittleren Westküste finden sich auch Gräber mit erotischen Darstellungen. Leider wurden diese Holzfiguren bei vielen der alten

Gräber von Reisenden entwendet und außer Landes geschmuggelt. Und so finden sich auf den leicht zugänglichen Gräbern heute keine Schnitzereien dieser Art mehr. Aufgrund solcher Grabschändungen sind die Sakalava vorsichtiger geworden, wen sie zu ihren Grabstätten bringen. Typische Grabschnitzkunst (auch mit erotischen Darstellungen), können Sie in darauf spezialisierten Holzwerkstätten u.a. in Morondava direkt erwerben, ohne dafür die Gräber zu beschädigen.

Es gibt relativ versteckt liegende alte Gräber, zu denen Sie mit Hilfe und in Begleitung eines Führers gelangen. In Richtung **Belo-sur-Tsiribihina** beispielsweise gibt es mehrere Dörfer, in deren Nähe sich solche Sakalava-Gräber befinden. Das nächste heißt **Akirijibe,** 13 km weiter liegt **Antalitoko.** Wenn Sie eine Besichtigung planen, fragen Sie im jeweiligen Ort nach den Gräbern und einem Führer, der Sie begleiten kann. Beachten Sie, dass ggf. *Fadys* vor Ort einzuhalten sind.

Übernachten

Luxuriös – **Palissandre Côte Ouest:** Nosy Kely, Tel. 020 95 52022, www.palissandrecote-ouest.com, DZ 165 €. Neues Hotel am hinteren Ende der Halbinsel Nosy Kely, in der Nähe des Leuchtturms. Gehobenes Restaurant, Schwimmbad und Barbereich.

Großzügig – **Renala au Sable d'Or:** Nosy Kely, Tel. 032 04 97688, renala.contact@blueline.mg, DZ-Bungalows mit Klimaanlage 49 €, DZ 32 €. Hotel mit komfortablen Bungalows in zwei Reihen an einer Sanddüne am Strand. Gutes, offen gestaltetes Restaurant mit freundlicher Bedienung.

Nett – **Baobab Café:** Nosy Kely, Tel. 020 95 52012, www.baobabcafe-hotel.net, baobab@blueline.mg, DZ 35–86 €. Die Zimmer sind recht unterschiedlich. Ein Teil liegt im vorderen Haupthaus, die anderen in einem Gebäude am Swimmingpool.

Strandleben – **Le Masoandro:** Nosy Kely, Tel. 020 95 52347, www.chezmaggie.com, info@chezmaggie.com, DZ im Sakalava-Stil ab 33 €, DZ mit Klimaanlage 39–56 €.

Etwas älter – **Les Philaos:** Nosy Kely, Tel./Fax 020 95 52081, sica@moov.mg, DZ ab 20 €. Insgesamt 18 Zimmer mit unterschiedlicher Ausstattung auf der dem Meer zugewandten Seite, einige mit Klimaanlage und Kühlschrank.

Günstig – **Morondava Beach:** Tel./Fax 020 95 52318, www.hotel-morondava-beach.com, mbeach@blueline.mg, DZ Bungalow ab 35 000 MGA (ca. 13 €), DZ Bungalow mit Klimaanlage 70 000 MGA (ca. 25 €). Gutes Preis-/Leistungsverhältnis.

Essen & Trinken

Aussicht – **La Capannina:** vom Zentrum kommend, kurz vor Nosy Kely gelegen, Hauptgerichte ab 3 €. Gute Auswahl an verschiedenen Speisen. Während des Essens hat man einen schönen Blick auf die Lagune.

Abseits – **Tsikaroe:** Rue Jirama, Andabatoara, Tel. 032 40 01150, Hauptgerichte ab 3 €. Etwas außerhalb des Zentrums gelegenes Restaurant mit schöner Terrasse. Unter deutsch/madagassischer Leitung gibt es gutes Essen und eine nette Atmosphäre.

Zentral – **MadaBar:** im Zentrum, Tel. 032 04 78399, Hauptgericht ab 2,50 €. Restaurant mit annehmbarer Küche und angeschlossener Bar.

Einkaufen

Einige wenige und zum Teil einfache Geschäfte befinden sich auf der Hauptstraße Avenue de l'Indépendance im Zentrum Morondavas.

Mein Tipp

Dem Fossa dicht auf den Fersen
Der **Kirindy Forest** lohnt mehr als nur eine Tagesvisite. Durch die Übernachtung in der zwar einfachen, aber akzeptablen Lodge ist es möglich, seltene nachtaktive Tiere zu sehen, wie den Fossa oder die ungewöhnlichen Riesenspringratten. Zwei Fossas streunen in der Dämmerung zwischen den Bungalows umher.
Kirindy Lodge: Tel. 032 40 16589, einfache 12 Holzbungalows à 26 € (kalte Dusche), 31 € (mit Warmwasser), im Zelt 10 000 MGA (ca. 3,50 €), mit einfachem, aber gutem Restaurant.

Abends & Nachts

Einige kleine Diskotheken bieten am Abend die Möglichkeit, bei recht gemischter Musik zu tanzen und zu feiern. Im Stadtteil Nosy Kely liegen das **Jamaika** und **My Lord** (Maison Rouge).

Infos

Verkehr

Flug: Täglich gibt es Flugverbindungen mit Air Madagascar nach Antananarivo, mehrmals wöchentlich nach Toliara (Tuléar).
Schiff: Ein Schnellboot (Hatea) im Linienverkehr verbindet Morondava mit Belo-sur-Mer. Informationen im Hafen.
Taxi-Brousse: Die Taxi-Brousse-Station befindet sich in der Innenstadt, in der Nähe des Marktes. Es gibt regelmäßige Verbindungen nach Belo-sur-Tsiribihina (ca. 4 Std.) und Antsirabe (ca. 12 Std.), in der Trockenzeit auch »Lkw-Busse« nach Toliara (2–3 Tage!).

Nördlich von Morondava

Oberhalb von Morondava liegen einige Naturschutzgebiete, die einen guten Eindruck von der Vielfalt Westmadagaskars vermitteln. Der Besuch eines jeden Reservates lohnt sich. Relativ einfach in etwa 1,5 Std. Fahrzeit über eine gute Pistenstraße zu erreichen, ist der Kirindy-Wald, dies gilt auch für das 30 km nördlich an der Piste nach Belo-sur-Tsiribihina liegende Andranomena-Spezialreservat (ca. 1 Std. Fahrzeit). Etwas schwieriger und zeitaufwendiger ist ein Besuch des Tsingy-de-Bemaraha-Nationalparks. Aufgrund schlechter Pisten und der zeitraubenden Flussüberquerung sollten dafür drei Tage einkalkuliert werden.

Kirindy Forest ▶ D 17

Der Kirindy-Wald ist eines der sehr wenigen privat geführten Schutzgebieten auf Madagaskar. Das auch als »Swiss Forest« bekannte Gebiet liegt 65 km nordöstlich von Morondava und umfasst ein Gebiet von etwa 100 km^2. Dieser Wald gehört zur neugeschaffenen Menabe-Schutzzone, die sich auf einer Gesamtfläche von 1250 km^2 erstreckt. Kirindy ist berühmt für seine Madagaskar-Riesenspringratten *(Hypogeomys antimena)*, die allerdings bei einem Abendspaziergang nur mit etwas Glück zu sehen sind. Häufiger zu beobachten sind Rotstirnmakis und Madagaskar-Leguane *(Oplurus cuvieri)* und das größte madagassische Raubtier – der Fossa *(Cryptoprocta ferox)*. Während der Trockenzeit, wenn die Bäume kaum Blätter tragen, kommen Vogelfreunde auf ihre Kosten. Während des Südsommers können die Temperaturen tagsüber auf über 30 °C steigen.

Die Wanderungen führen stets in jenes Gebiet, das sich hinter der DPZ-Forschungsstation erstreckt (die Station des deutschen Primatenzentrums Göttingen ist nicht zugänglich!). Die Länge des Spazierganges ist mit dem Parkführer abzusprechen. Wer Riesenspringratten sehen möchte, nimmt besser an einer Nachtwanderung in die entlegeneren Bereiche teil.

Infos

Eintritt: 25 000 MGA (ca. 8,50 €) für 1–3 Tage, Parkführer je nach Länge der Wanderung ab 5000 MGA (ca. 1,70 €) pro Gruppe (1–4 Pers.), 7000 MGA (ca. 2 €) für Nachtspaziergang, Anmeldung im Büro der **Forststation CFPF** in Morondava am Ortseingang, cfpfmva20051@yahoo.fr.

Andranomena-Spezialreservat

▶ D 17

Das Andranomena-Spezialreservat liegt 30 km nordöstlich von Morondava. Eine Piste, die 4 km vor Morondava nach Norden abzweigt, führt in Richtung des Reservates. Wie der Kirindy Forest gehört das Andranomena-Spezialreservat zur Menabe-Schutzzone. In dem 64,2 km² großen Gebiet sind rund 80 % der Tier- und Pflanzenarten endemisch. Der Trockenwald ist Heimat der seltenen **Flachrückenschildkröte** *(Pyxis planicauda)*. Daneben gibt es sieben Lemurenarten wie z. B. die Larvensifakas *(Propithecus verreauxi)*, 48 Vogel- und elf Reptilienarten. Auf verschiedenen Wanderwegen kann man das Reservat erkunden. Es gibt derzeit allerdings keinerlei touristische Einrichtungen.

Infos

Die Anmeldung zum Besuch des Reservates erfolgt über das Büro von **Madagascar National Parks** in Morondava (Tel. 020 95 52420). Einen Führer bekommt man im Dorf Marofandilia.

Tsingy-de-Bemaraha-Nationalpark ! ▶ D/E 14/15

Seit 1990 ist die fantastische Landschaft der Tsingys in der Region von Bemaraha UNESCO-Weltnaturerbe. Der 1577 km² große Nationalpark liegt auf Höhen zwischen 75 und 700 m. Seine Besonderheit sind die Tsingys genannten ›Kalksteinnadeln‹. Diese

Für Botaniker interessant: die Pflanzen des Tsingy-de-Bemaraha-Nationalparks

bizarren Felsformationen entstanden durch Kalkablagerungen von Riffen während einer Zeit, als Gebiete Madagaskars teilweise unter Wasser lagen. Nach der Anhebung wurde der dabei entstandene Kalkstein durch Erosion freigelegt und im Laufe von Jahrtausenden bildeten sich teils messerscharfe spitze Felsauswaschungen.

In den Tsingys de Bemaraha gedeihen zahlreiche Pflanzenarten, die sich zwischen den Kalksteinfelsen eine gut geschützte ökologische Nische erobert haben. Neben der vielfältigen Pflanzenwelt sind im Park 13 Lemuren-, 94 Vogel-, 66 Reptilien- und 22 Amphibienarten heimisch. Allerdings können Besucher nur einen relativ kleinen Teil der Tsingys besichtigen.

Im Randbereich existieren mittlerweile eine Reihe von Wanderwegen. Der »Große Rundwanderweg« führt in 4–5 Std. zu interessanten Tsingy-Formationen und unterschiedlichen Zonen der Trocken- und Feuchtflora. Beim »Manambolo-Weg« werden u. a. die Gräber besucht, die den Vazimba zugeschrieben werden. Die Vazimba gelten madagassischer Überlieferung zufolge als Urbevölkerung Madagaskars, die schon vor der Ankunft der Indonesier die Insel besiedelten. Die »Andadoany« und »Tantely« genannten Wege bieten wiederum kurze und einfache Wanderungen von ca. 2 Std.

Übernachten, Essen

Mit schönem Blick – **Orchidée de Bemaraha:** bei Bekopaka, Tel. 034 07 16579, www.orchideedubemaraha.com, DZ ab 25 €. Auf einer Anhöhe mit schönem Rundblick.

Wie bei den Sakalava – **Tsingy Lodge:** Tel. 033 11 50756, www.tsingy-lodge.com, DZ-Bungalow mit Bad 32 €. Die im Sakalava-Stil errichteten Bungalows vermitteln das Gefühl, in einem traditionellen Dorf zu wohnen. Im Restaurant gibt es ein tgl. wechselndes Menü.

Rundum versorgt – **Tanankoay:** Tel. 032 02 22662, www.tanankoay.com, DZ-Bungalows mit Bad 24 €, DZ ohne Bad ab 6 €. 16 Hütten im heimischen Stil. Das Restaurant serviert gutes Essen (Menü ab 5,50 €), umfangreiches Ausflugprogramm.

Infos

Anfahrt: Der Nationalpark ist über die Piste Richtung Belo-sur-Tsiribihina (110 km) zu erreichen. Kurz vor dem Ort muss der Fluss Tsiribihina mittels einer Fähre überquert werden. Von Belo-sur-Tsiribihina sind es noch weitere 100 km Piste bis zum Nationalpark, inklusive einer weiteren Flussüberquerung am Manambolo.

Südlich von Morondava

Der Süden von Morondava ist noch schwieriger zu bereisen als der Norden. Bisher kommen kaum Reisende in dieses Gebiet. Lohnenswert ist die Natur des relativ neuen Kirindy-Mitea-Nationalparks (nicht zu verwechseln mit dem gleichnamigen Reservat nördlich von Morondava). Aber die fehlenden touristischen Einrichtungen machen den Besuch zuweilen abenteuerlich.

Belo-sur-Mer ▶ C 18

Dieses Fischerörtchen der Vezo, einem mit den Sakalava verwandtem Volksstamm, liegt ca. 70 km südlich von Morondava. Es hat in den letzten Jahren an Beliebtheit gewonnen, da die vor seiner Küste liegenden kleinen Inseln herrliche Schnorchel- und Tauchmöglichkeiten bieten. Zudem gilt der Ort als Basis zum Besuch des Kirindy-Mitea-Nationalparks.

Übernachten

Familiär – **Tsara Belo:** Tel. 033 02 91164, www.tsara-belo.com, DZ 65 €, EZ 49 € inkl. Halbpension, einfache Zimmer ab 16 €. Holzbungalows am Sandstrand. Das Hotel Renala in Morondava organisiert einen Transfer per Boot (2,5 Std.).

Aussicht – **Chez Lova:** Tel. 032 40 19249, restolovabelo@yahoo.fr, DZ 25 000 MGA (ca. 9 €). Mit neuem Restaurant und schönem Blick.

Romantisch – **Ecolodge Menabe:** Tel. 033 094 3632, www.menabelo.com, info@menabelo.com, DZ ab 28 €. Die neun Bungalows mit DZ oder zwei Räumen (Familienbungalows) sind aus regionalen Materialien.

Kirindy-Mitea-Nationalpark

▶ C/D 18/19

Der 722 km^2 große Nationalpark gehört zu den neueren Schutzgebieten Madagaskars und wurde erst 2006 für Besucher eröffnet. Sein Areal umfasst einen Küstenabschnitt südlich von Belo-sur-Mer sowie ein Trockenwaldgebiet im Hinterland. Hier leben zehn Säugetier-, 47 Vogel- sowie 23 Reptilienarten. Es stellt das nördlichste Verbreitungsgebiet der Kattas *(Lemur katta)* dar. Rosa-Flamingos *(Phoenicopterus ruber)* sind nur an wenigen Orten in Madagaskar zu sehen. Auch an den beiden im Parkgebiet liegenden Seen Ambondro und Sirave sind sie lediglich saisonale Gäste. Die beiden Seen bieten auch der akut vom Aussterben bedrohten Bernier-Ente *(Anas bernieri)* Heimat. Zudem wachsen drei Baobab-Arten im Park, der sich in der klimatischen und botanischen Übergangszone vom Südwesten zum Westen befindet. Mittlerweile gibt es auch einige Wanderwege. Ansonsten sind keine touristischen Einrichtungen vorhanden, Campingausrüstung und Verpflegung müssen mitgebracht werden.

Infos

Eintritt: Der Park ist von Mai bis November tgl. 7–17 Uhr geöffnet, Ticket 10 000 MGA (ca. 3,50 €) plus Gebühren für den Führer. Die zuständigen Nationalparkbüros befinden sich in Morondava und Belo-sur-Mer.

Anfahrt: Über RN 11 nach Bemanonga (8 km von Morondava), dann 105 km weiter südlich bis zum Park (ca. 3 Std.). Eine Alternative sind Motorboote entlang der Küste (ca. 2,5 Std.).

Morombe ▶ B 20

Die etwa 10 000 Einwohner große Kleinstadt liegt malerisch am Kanal von Mosambik und ist vom Rest des Landes weitgehend abgeschnitten. Nur eine 200 km lange sandige Piste verbindet Morombe mit Ifaty und Toliara (10 Std.). Der Landweg Richtung Hochland ist ausgesprochen abenteuerlich, denn die schlechten Pisten sind kaum befahrbar. Morombe verfügt über einen kleinen Flughafen, der zweimal die Woche mit einer kleinen Twin-Otter von Air Madagascar angeflogen wird (via Toliara oder Morondava). Er ist ein Ort weitab jeglicher Touristenrouten.

Übernachten

Sympathisch – **Baobab:** Tel. 034 11 00158 oder Tel. 020 22 42701 (Büro in Antananarivo), nassim.tahora@gmail.com, DZ 72 000 MGA (ca. 25 €), mit Klimaanlage etwas teurer. 16 Bungalows in einer netten Anlage. In Andavadaoka führt derselbe Besitzer das Coco Beach, Tel. 034 14 00158.

Einfach – **Lakana Volamena:** Tsinjorano, am Strand, Tel. 032 02 14724, www.piroguedormorombe.com, DZ zwischen 10 und 35 €. Verschieden ausgestattete Zimmer.

Auf Entdeckungstour: Bootstour auf dem Manambolo

Der ›Wilde Westen‹ Madagaskars ist vielerorts noch schwierig zu bereisen. Eine der schönsten und spannendsten Möglichkeiten bietet eine organisierte Bootstour auf dem Manambolo-Fluss. So werden Gebiete erreicht, die sonst kaum ein Reisender zu Gesicht bekommt. Besonders faszinierend ist die Landschaft im Tsingy-de-Bemaraha-Nationalpark, der zum UNESCO-Weltnaturerbe zählt.

Start: Bootsfahrt ab Ankavandra (▶ E 15)
Dauer: 3 Tage auf dem Fluss, ca. 7 Tage mit An- und Abreise (s. unten)
Anreise: Um den Manambolo von Antananarivo auf dem Landweg zu erreichen, sind 1–2 Tage einzuplanen. Für die Strecke über die weitgehend asphaltierte RN 1 bis Tsiromanomandidy werden ca. 6 Std. benötigt. Von dort ist eine Pistenstraße bis Ankavandra am Manambolo-Fluss zu bewältigen. Für diese Fahrt sollte ein weiterer Tag einkalkuliert werden. In Ankavandra gibt es ein einfaches Hotel. Von dort startet am anderen Morgen die Bootstour.
Preis: ab ca. 50 € p. P./Tag
Infos/Planung: Auf Flusstouren spezialisierte Agenturen sind www.madcameleon.com und www.remoterivers.com.

Der Manambolo entspringt am Rande des Hochlandes und fließt in südwestlicher Richtung. Nach dem Tsingy-de-Bemaraha-Nationalpark teilt er sich und seine beiden Arme münden bei Bevoay bzw. Masoarivo in den Kanal von Mosambik.

Der erste Tag auf dem Fluss

Sobald an der Anlegestelle in **Ankavandra** Gepäck und Proviant für die nächsten Tage in den Kanus verstaut sind, geht es hinaus auf den Manambolo, einen der großen Flüsse im Westen Madagaskars. Vorbei an kleinen Dörfern gleiten die Kanus stromabwärts. Menschen holen Wasser am Fluss oder waschen sich. Im Verlauf des ersten Tages nehmen die Siedlungen ab und die Landschaft verändert sich. Die Hügel werden sanfter und die Vegetation trockener als im Hochland. Am späten Nachmittag, rechtzeitig vor der schnell heranziehenden Dämmerung, wird das Nachtlager aufgeschlagen. Weit abseits touristischer Pfade bleibt nur die Übernachtung im Zelt oder unter dem Sternenhimmel. Am nächsten Morgen setzen die Boote die Fahrt auf dem Wasser fort – fahren tiefer hinein in den Westen. Dorthin, wo es keine Straßen gibt und kaum Kontakte zur Außenwelt.

Schluchten und Felsnadeln

Am dritten Tag erreicht man das **Plateau du Bemaraha.** Die Boote gleiten durch die **Gorges du Manambolo,** die beeindruckende Manambolo-Schlucht. Mit etwas Glück erkennt man Vögel oder sogar Lemuren vom Boot aus. Am Ende der Schlucht wird ein weiteres Mal ein Nachtlager aufgeschlagen. Nach kurzer Bootsfahrt am nächsten Vormittag gelangt man zur Ortschaft **Bekopaka** und zum Eingang des **Tsingy-de-Bemaraha-Nationalparks.** So bleibt am Nachmittag noch Zeit, diese einzigartige Landschaft zu erkunden. Der Nationalpark schützt die ungewöhnlichen ›Felsnadeln‹, die hier aus dem Boden zu wachsen scheinen. Ein Phänomen jahrtausendealter Erosion. Dazwischen wachsen Pachypodien, Euphorbien und Aloen. Und auch Lemuren sind hier heimisch (s. S. 283).

Land der Baobabs

Am Park endet die Bootstour. Es empfiehlt sich, noch einen ganzen Tag im Schutzgebiet zu verbringen, bevor es auf den beschwerlichen Weg zurück in die ›Zivilisation‹ geht. Die ersten 25 km in Richtung **Belo-sur-Tsiribihina** (▶ D 16) sind eine Abenteuerpiste. In dem malerischen Ort, der zu einer Erholungspause einlädt, mündet der für Bootstouren ebenfalls beliebte Tsiribihina. Vom Küstenort führt eine bessere Piste durch eine mit majestätischen Baobabs bewachsene Landschaft zur Hafenstadt Morondava (s. S. 279). In Morondava (▶ D 18) angekommen, erwarten uns etwas bessere Hotels und eine tägliche Flugverbindung nach Antananarivo.

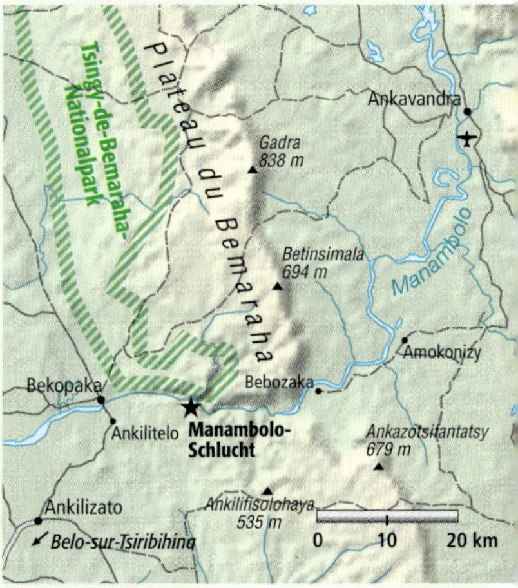

Sprachführer Madagassisch

Verständigung auf Reisen

Die Madagassen sprechen eine einheitliche Sprache, Malagasy genannt. Alle ethnischen Gruppen sprechen verschiedene Dialekte, sodass sie sich untereinander teilweise nur schwer verstehen. In den Hotels und Restaurants wird in der Regel neben madagassisch auch französisch sowie teilweise englisch gesprochen. Mit einigen Grundkenntnissen in Französisch kommt man gut zurecht. Es ist aber auch nützlich, sich einige gängige Wörter in Madagassisch anzueignen und die richtige Aussprache (z. B. für Ortsnamen) zu lernen. Im madagassischen Alphabet gibt es die Buchstaben C, U und X nicht, einige werden außerdem unterschiedlich zum Deutschen ausgesprochen: so O wie U, J wie DS, das H wird nicht gesprochen. Bei der Aussprache liegt die Betonung auf der vorletzten Silbe. Die letzte Silbe ist meist kaum hörbar.
Beispiel: Antananarivo = Ntananariv(u), Nosy Be = Nus(i) Be

Allgemeines

Guten Tag/ Guten Morgen	manahoana
Hallo	salama
Auf Wiedersehen	veloma
Danke/Vielen Dank	misaotra/~betraka
Bitte	tsy misy fisaorana
Entschuldigung	azafady
Ja/nein	eny/tsia
Wer?/Was?	iza?/inona?
Wie?/Wie viel?	ahoana?/firy?
Wo?/Wohin?/	aiza?/hakaiza?/avy
Woher?	aiza?
Wann?	rahovina?
Ich/du	aho/ianao
Gut/schlecht	tsara/ratsy
Billig/teuer	mora/lafo
Schnell/langsam	haingana/miadana
Groß/klein	be/kely
Schön	tsara tarehy
Dreckig	maloto

Unterwegs

Haltestelle	fijanonan'ny bus
Auto	fiara
Benzin	lasantsy
Schiff	sambo
Rechts	havanana
Links	havia
Geradeaus	mahintsy any aloha
Auskunft	filankevitra
Abfahrt/Abflug	fiaingana
Ankunft	fahatongavana
Gepäck	entana
Handgepäck	entana antanana
Zoll	doany
Postamt	paositra
Geöffnet	mivoha
Geschlossen	mihidy
Kirche	fiangonana
Museum	trano vakoka
Strand	morontsiraka
See	farihy
Ort/Stadt	tanàna/vohitra
Insel	nosy
Straße	lalana
Brücke	tetezana
Parkplatz	parkina

Zeit

Tag	andro
Woche	herinandro
Monat	volana
Jahr	taona
Heute	androany/anio
Gestern	omaly
Morgen	rahampitro
jetzt	izao
Spät/später	taraiky/taraikiraiky
Früh/früher	aloha/alohaloha
Am Morgen	amin'ny maraina
Am Nachmittag	amin'ny Tolakandro
Am Abend	amin'ny hariva
In der Nacht	amin'ny Alina
Montag	alatsinainy
Dienstag	talata
Mittwoch	alarobia

Donnerstag	alakamisy
Freitag	zoma
Samstag	asabòtsy
Sonntag	alahady
Feiertag	andro fety

Notfall

Hilfe!	vonjeo!
Gefahr!	loza
Polizei	polisy
Krankenhaus	trano fitraboana
Arzt/Zahnarzt	dokotera/~panao nify
Frauenarzt	dokotera ho an'ny vehivavy
Apotheke	fivarotam-panafody
Medikament	fanafody
Schwanger	bevohoka
Unfall	loza
Verletzung	maratra
Schmerzen	fanaintainana/ mangirifiry
Krank	marary
Blut	rà
Röntgen	radiò
Schlaftablette	fanafody mampatory

Übernachten

Einzelzimmer	efitra ho an'olonto-kana
Doppelzimmer	efitra ho an'olon-droa
Bett	fandriana
Gästehaus	tranombahiny
Hotel	hotely
Mit WC	misy gaboné
Toilette	trano fivoahana
Dusche	trano fidiovana
Mit Frühstück	miaraka amin'ny sakafo maraina
Rechnung	faktiòra
Ermäßigung	fihenambidy
Nachricht	hafatra
Handtuch	servieta

Madagassische Begriffe und ihre Bedeutung

Cotier	Bezeichnung für die Küstenbewohner (aus dem Franz. übernommen)
Fady	Traditionelles Gebot oder Verbot
Famadihana	Totenumbettung bei den Merina
Gasy	Kurz für Malagasy (die Sprache sowie die Madagassen)
Hira Gasy	Traditionelles Sprech- und Musiktheater
Imerina	Reich der Merina
Lakana	Einbaum, Piroge
Lamba	Gewebtes Tuch, Kleidung
Lamba mena	Totenschleier
Maki	Allgemein für Lemur
Ombiasy	Traditioneller und ritueller Heiler
Pousse-Pousse	Rikscha (vom französischen *pousse* = schieben)
Rova	königlicher Palast
Sambatra	Beschneidungszeremonie
Tana	Kurzwort für die Hauptstadt Antananarivo
Tavy	Brandrodung
Taxi-Brousse	»Busch-Taxi«, privater, öffentlicher Transport (Auto, Minibus, Bus)
Tsingy	Spitze Kalksteinformationen
Valiha	Bambus-Gitarre
Vazaha	Ausländer/Weißer

Mülleimer	fanariam-pako
Wasser	rano
Küche	laozia

Einkaufen

Preis	vidiny
Geld	vola
Wechselgeld	famerimbola
Kreditkarte	carte de Credit
Trinkgeld	kadòa
Bezahlen	mandoa vola
Postamt	paositra
Brief/Karte	taratasy/karta postaly
Briefmarke	Hajia
Metzgerei	mpivaro-kena
Bäckerei	panao mofo
Markt	tsena
Lebensmittel	zava-pihinana

Im Restaurant

Tisch	latabrata
Messer	antsy
Gabel	forisety
Löffel	sotro
Glas	vera
Teller	lovia
Guten Appetit	mazotoa homana
Prost!	ho ela velona
Die Rechnung, bitte	faktiora aza fady

Zahlen

0	zero	12	roa ambin' ny folo
1	iray	20	roapolo
2	roa	30	telopolo
3	telo	40	efapolo
4	efatra	50	dimampolo
5	dimy	60	enimpolo
6	enina	70	fitompolo
7	fito	80	valompolo
8	valo	90	sivifolo
9	sivy	100	zato
10	folo	200	roanjato
11	iraika ambin'ny folo	1000	arivo

Die wichtigsten Sätze

Allgemein

Freut mich, Sie kennenzulernen	Faly mahafantatra anao aho
Ich heiße …	… no anarako
Wie geht es Ihnen?	Manao ahoana ianao?
Ich verstehe nicht	tsy azoka
Ich spreche kein Malagassisch	tsy miteny malagasy aho

Unterwegs

Wo ist … die Taxi-Brousse-Station?	Aiza ny … fijanonan ny taxi-brousse?
Wann treffen wir uns?	Rahoviana isika no ihaona?
Ist dieser Platz frei?	Malalaka ve ity toerana ity?
Haben Sie ein freies Zimmer?	Manana efitra malalaka ve ianareo?
Ich möchte reservieren	mila mamandrika … aho
Ich möchte bestellen	te hanafatra … aho

Notfall

Ich habe – Fieber	Miakatra hafanana aho
– eine Erkältung	voan'ny sèry aho
– Kopfschmerzen	marary loha aho
– Bauchschmerzen	marary kibo aho

Einkaufen

Haben Sie …?	Ianao ve manana …?
Was kostet das?	Oatsinona ny vid in'io/ito?
Das ist zu teuer.	Iafo loatra, lafo be.
Ich brauche …	…mila … aho
Ich suche …	mitady … aho

Kulinarisches Lexikon

Gewürze/Zubereitung

dipoavatra	Pfeffer
jorofo	Gewürznelken
kary	Curry
mamy	süß
mangidy	bitter
masika	scharf
sakamalao	Ingwer
sakay	Chili
sira	Salz
siramamy	Zucker
tongolo gasy	Knoblauch
vanilla	Vanille

Eier und Milchprodukte

atody	Eier
dobera	Butter
fromazy	Käse
omelety	Omelett
yaortà	Jogurt

Fleisch

atidoan-kena	Gehirn
atin-kena	Leber
bitro	Kaninchen
henakisoa	Schweinefleisch
henomby	Rindfleisch
henondry	Lammfleisch
lambo	Wildschwein
lelan'omby	Zunge
saosisy	Wurst

Geflügel

akoho	Huhn
ganagana	Ente
gisa	Gans
vorontsiloza	Truthahn

Fisch und Meeresfrüchte

akorandriaka	Muscheln
angisy	Tintenfisch
foza	Krabben
oran-dranomasina	Languste
lamatra	Thunfisch
trondro	Fisch

Gemüse

anana	Gemüse
baranjely	Aubergine
karaoty	Karotte
laisò	Kohl
mangahazo	Maniok
ovy	Kartoffeln
pitipoà	Erbsen
poivron	Paprika
salady	Salat
tongolo	Zwiebel
tsaramaso	Bohne
vary	Reis
voanio	Kokosnuss
voanjo	Erdnuss
voatabia	Tomaten

Obst

akondro	Banane
mananasy	Ananas
manga	Mango
paiso	Pfirsich
paoma	Apfel
papay	Papaya
poara	Birne
voaloboka	Weintrauben
voanjo	Erdnuss, Kokosnuss
voasary	Orange

Süßspeisen und Backwaren

biski	Kekse
mofo	Brot
mofo mamy	Kuchen
tantely	Honig

Getränke

dité	Tee
kafé tsotra	Kaffee schwarz
kafé misy ronono	Kaffee mit Milch
labiera	Bier
rano (- misy gazy)	Wasser (mit Kohlensäure)
ranom-boankazo	Saft
ronono	Milch

Autor/Abbildungsnachweis/Impressum

Der Autor: Schon in seiner Kindheit träumte Heiko Hooge vom Kontinent Afrika, seiner Weite, seinen Tieren und seiner vielseitigen Natur. Nach einer zoologischen Ausbildung in seiner Heimatstadt Köln arbeitete er auf Mauritius und in Südafrika. 1991 folgte die erste Reise nach Madagaskar, das ihn auf Anhieb faszinierte. Mitte der 1990er-Jahre lebte er zwei Jahre auf der Insel und wechselte beruflich als Studienreiseleiter zum Tourismus. 2006 erschien sein erster Reiseführer über Uganda & Ruanda, 2012 über Äthiopien.

Abbildungsnachweis

Felicitas Fincke, Bremen: S. 6, 296

Glow Images, München: S. 69 (prisma)

Heiko Hooge, St. Augustin: S. 12 (4x), 13 o. li., 13 o. re., 50, 57, 72/73, 76, 77, 86 li., 93, 98, 103, 106, 124 re., 125, 131, 134/135, 138, 148, 152, 154/155, 156 re., 160/161, 178, 182 (2x), 186/187, 190/191, 194/195, 198 o. re., 201, 204/205, 210, 224, 243, 248/249, 252

Huber-Images, Garmisch-Partenkirchen: Titelbild (Morandi)

Markus Kirchgessner, Frankfurt a. M.: S. 29, 88

laif, Köln: S. 10 (age); 266 (Amme); 26 (Bonaventura); 283 (Gamma); 242 li., 262 (Gardel/hemis.fr); 60, 222/223, 228 (hemis.fr); 157, 166 (Hoa-qui); 11 (Hoa-Qui+Top); 9 (Holland.Hoogte); 75, 198 li., 237 (Jacana); 53 (Kirchgessner); 268 li., 280 (Montico/hemis.fr); 7 o., 13 u. li., 16/17, 25, 58, 124 li., 127, 199, 232/233 (Steinhilber); 63 (The New York Times/Redux); 8, 35, 183, 193 (Vaisse/eyedea)

Look, München: S. 55, 156 li., 176/177 (age/fotostock); 84/85 (Erber)

Mauritius Images, Mittenwald: S. 7 u. (africa media online); 87, 112/113, 240/241 (age); 80 (Flirt); 33 (imagebroker/Gerhard); 78 o. (imagebroker/GTW); 212 (imagebroker/Niedermeier); 79 (Minden Pictures); 78 u. (Oxford Scientific); 83 (Photononstop); 42/43, 258 (Runkel); 117 (UnitedArchives)

Thorsten Negro, tanalahorizon.com: S. 13 u. re., 66/67, 86 re., 122, 242 re., 245, 269, 272/273

Katja & Josef Niedermeier GbR, Team Focuswelten, Bergen: S. 268 re., 286 (© www.focuswelten.de)

Kartografie

DuMont Reisekartografie, Fürstenfeldbruck
© DuMont Reiseverlag, Ostfildern

Umschlagfoto

Titelbild: Baobab-Bäume, Morondava

Hinweis: Autor und Verlag haben alle Informationen mit größtmöglicher Sorgfalt geprüft. Gleichwohl erfolgen alle Angaben ohne Gewähr. Bitte schreiben Sie uns! Über Ihre Rückmeldung und Ihre Verbesserungsvorschläge freuen wir uns: **DuMont Reiseverlag,** Postfach 3151, 73751 Ostfildern, info@dumontreise.de, www.dumontreise.de

4., aktualisierte Auflage 2017

Redaktion/Lektorat: Susanne Pütz, Lioba Waleczek, Christine Traber (Panorama), Nadja Gebhardt
Grafisches Konzept: Groschwitz/Blachnierek, Hamburg
Printed in China

FSC® www.fsc.org MIX Papier aus verantwortungsvollen Quellen FSC® C020056